德意志的美與罪

余杰——著

目錄

推薦序　余豈好辯哉，余，杰也／5
推薦序　能進史冊的文化戰士總是偏激和偏見的／9
初版序　德國究竟在哪個岔道走錯了？／11
新版序　德國，西方的「東方」／18
第一章　言論自由是信仰自由的開端／31
——從馬丁·路德故居到古騰堡印刷博物館
第二章　屈辱的共和，失敗的憲政／61
——尋覓逝去的威瑪共和國

第三章　爲奴隸的母親／89
——訪柏林珂勒惠支紀念館
第四章　希特勒是怎樣煉成的？／119
——訪希特勒起家之地：慕尼黑HB皇家啤酒屋
第五章　從焚書到焚人／149
——柏林「焚書紀念處」側記
第六章　非常美，非常罪／179
——在柏林電影電視博物館遇見萊尼·萊芬斯坦和《奧林匹亞》
第七章　「我們死了，卻能夠呼吸」／209
——訪「布亨瓦德警示與紀念公園」
第八章　「睡吧，我的眼睛不會闔上」／235
——柏林「歐洲被害猶太人紀念碑」側記
第九章　敬拜上帝，還是敬拜暴君？／263
——訪德國新教聯合會總部

第十章　白玫瑰永遠綻放／291
——訪慕尼黑「白玫瑰」基金會
第十一章　在死亡之地重建愛與和平／319
——訪柏林圍牆遺址及和解教堂
第十二章　祈禱和燭光的力量／347
——訪萊比錫聖尼古拉教堂
第十三章　遲到的懺悔還是懺悔嗎？／375
——鈞特·葛拉斯為何隱瞞親衛隊的履歷？
第十四章　讓習慣黑暗的眼睛習慣光明／403
——我們的生活，就是一部《竊聽風暴》
註釋／430

推薦序

余豈好辯哉，余，杰也

——謝志偉，台灣駐德代表

拉丁文裡有句古諺叫「*Nomen est omen*」，其一譯法可爲「人如其名」。瞭解余杰流亡海外前後至今作爲的人，都會同意，這位集膽識、內涵、勇氣於一身，抗共不歇，寫作不輟，撥雲見日辯眞理的書生是個提著筆桿子對抗槍桿子的傑出好漢子。

其實，他還未離開中國的時候，常也是一手提書袋，一手提腦袋地在和中共政權周旋的。本書幾篇章節結束時，都有類似字句如：二〇〇八年十月二十五、二十六日完稿。是日，亞歐領袖高峰會在北京召開，北京朝陽區國保大隊的便衣在我家樓下晝夜監視」或「二〇〇九年六月一日，『六四』二十週年紀念日前夕，近十名祕密警察守候在我家樓下」。

好，先是拉丁文，再來古漢語。（古）漢語同音多同義，依我看，眼前，「杰」字同「傑」通「節」，就是一例。而「節」者，指木之堅實不折，謂人之堅毅不屈也，眞乃余杰面對中共政權不屈不撓之寫照。而，我想，余杰這本厚達四百多頁的書起自「馬丁路德」應非巧合。

馬丁路德當年以一本《聖經》的原義及一本初心的堅毅點燃了讓當時歐洲中古世紀末教宗和皇帝的龐大世界天翻地覆的宗教改革之火。事件的高潮就是一五二一年，四月十七、十八兩天，馬丁路德在德南小城沃爾姆斯（Worms）的帝國會議上冒著生命危險拒絕撤回他聲稱「教皇所言並非即是眞理，教皇既是人，亦會犯錯」的論述。他辯解所講的最後一句話「這是我的立場，我別無選擇。上帝助我，阿門。」膾炙人口至今，在西方世界尤其家喻戶曉。

身爲基督徒，力抗中共邪惡政權的余杰走訪了路德之城威登堡（Wittenberg），寫下這段曲折歷史，用心之深，下筆之切，當非偶然。而，這也是這本書非常值得一讀之所在：余杰寫的固是德意志五百年前至當下的盛衰風華史，字裡行間，卻也處處透露著面對當代中國淪爲共黨迫害人權，扭曲眞理的對象之悲憤與憂心。而難能可貴的是，此憂心也兼及於陷入中共魔爪的香港及飽受威脅的台灣。尤其在論評「人權壓迫史」之章節裡，台灣的鄭南榕烈士和德國的紹爾兄妹、中國的劉曉波和廖亦武並列，令我讀了心頭震撼不已。

余杰非屬長期留德之輩，然除了短期造訪德國東南西北歷史原地及相關紀念館之外，其博覽中譯相關德國史料群籍之眾，穿插引用，互爲演繹之廣且深，著實令人讚佩之心不禁由然而生。況且，他還透過文史資料抽絲剝繭地理出中德台三國間在某些重大事件上的連結，令人既驚訝也驚艷。篇幅所限，我就不多言，讀者可自行詳閱，在此僅舉一在二二八事件幾年後被國民黨政權槍斃於台北馬場町的旅台任教於台灣師範學院（今之國立師範大學）的藝術家黃榮燦這個名字。余杰對這位於槍斃後被草草埋屍於六張犁亂葬崗的藝術家與魯迅及德國版畫家柯勒惠支（Käthe Kollwitz）間的連結之描繪，令人讀來真是心有戚戚焉，能不潸然淚下者幾稀矣！

本書二〇〇九年初版時，書名為《從柏林圍牆到天安門》，旨在「比較德國和中國現代化道路之異同」，十二年後再版，更名為《德意志的罪與美》，依我判斷，應是對這些年來德中關係糾結於「經貿」與「人權」之間的錯綜複雜頗有感觸/微言所致。其中曲折，讀者自有體會。我作為台灣駐德代表，基於外交禮儀，就不作評論。倒是我認為，拜登總統入主白宮不足百日，世局就已出現可令吾人對「習政權」說聲「夜路走多了，總會碰到鬼」的理由。

余杰在書末寫道，「我相信，有一天，我終將看到一部中國版本的《竊聽風暴》。」中國需要類似的電影，讓觀眾從黑暗中看到光明，從恐懼中發現希望。我可以很自信地在此回應：「會的！這一天終會到來的！」——只要勇敢、有智慧的中國人、台灣人、香港人、圖博人、維吾爾人及蒙古人等及自由世界的盟友們手牽手，肩並肩地站在一起對抗橫霸殘酷的中共政權，而許多跡象顯示，這些已是現在進行式了。

一如在本書中也提到且亦是我二度使德後有幸結為摯友的中國流亡德國的作家廖亦武兩年前斬釘截鐵所公然宣稱的「中國是全世界的威脅」，香港流亡台灣的詩人劉偉棠在其詩作

〈同仇〉裡引詩經秦風的話：「脩我戈矛，與子同仇」，這就是暴政必亡的保證。

總之，余杰透過這本書帶領中文讀者穿過德國近代、當代史的漆黑隧道，轉接光明大道，同時也對照著中國近代、當代史至今尚拋錨在交流道上的黑暗軌跡，非常精彩！

最後，我要指出，日後回頭看中共政權無能侵台而是垮台時，余杰這個提著筆桿子力抗槍桿子的傑出好漢子之功勞，絕對要記上一筆。

爲眞理而辯，只爲眞理而辯，這是他的立場，別無選擇。是爲序。

推薦序

能進史冊的文化戰士總是偏激和偏見的

——廖亦武，流亡詩人和作家

結識余杰已二十多年，他的尖銳一如既往，是非、對錯、愛憎、恩怨，經緯分明，透澈如水，如嬰兒之啼哭或歡笑，一切均出於天性或自然而然。余杰令我想起魯迅，或者余杰就是這個時代的魯迅——兩個時代的眾多老於世故者，都挖苦、嘲諷甚至攻擊他倆的偏激和偏見，但能夠進入史冊的文化戰士總是偏激和偏見的。「完美的蒼蠅畢竟是蒼蠅，不完美的戰士也是戰士。」這魯迅的敵我總結，也是我對余杰的敵我評價。

天安門大屠殺以來，最爲光彩奪目卻跌宕起伏的兩位北大才子，是余杰和王丹。王丹爲余杰的另一方向，令我想起胡適。王丹的溫和、理性、大度與堅韌，都神似胡適。余杰和王丹的共同點是從不放棄原則，這也是劉曉波生前激賞他倆的原因。

梳理了余杰的成長軌跡，再回頭看這本經過兩次修訂的嚴厲批評德國的書，紹爾兄妹、焚書廣場、梅克爾總理、赫塔·穆勒、沃爾夫·比爾曼，等等，都與我流亡十年息息相關。作爲在德國家喻戶曉的紹爾兄妹獎之得主，作爲設立於納粹焚書之國恥紀念的書業和平獎之得主，我內心有萬語千言想對余杰說。可是我明白，他那一顆一再預言「特洛伊城將毀於共產木馬」的赤子之心，尤為珍貴。

滄海桑田，物是人非，可我是幸運的，因為余杰是我始終如一的摯友。

（二〇一一紹爾兄妹獎、二〇一二德國書業和平獎、二〇一八瓦茨拉夫·哈維爾基金會獎得主）

初版序

德國究竟在哪個岔道走錯了？

一八四〇年之後，沉睡的清帝國心不甘情不願地被裹脅到現代化和全球化進程之中。面臨三千年未有之變局，面臨被列強瓜分的命運，帝國的統治階層和知識菁英放下天朝大國的面子，尋求以西方經驗擺脫困境，即「師夷長技以制夷」，即「中體西用」。

一九一一年，辛亥革命瓦解了兩千年的皇權專制和儒法互補的官方意識形態，學習和模仿西方文明變得尤爲迫切。對於所有意識到當務之急是恢復國家富強、重返世界強國之林的政治領袖和新式知識分子來說，面前擺放著若干先進國家的經驗，有許多潛在的夥伴和榜樣——英國經驗、法國經驗、日本經驗、俄國經驗、美國經驗和德國經驗等，你方唱罷我登場。

美國歷史學家柯偉林在其關於民國史的著作《蔣介石政府與納粹德國》中，系統而深入地分析了蔣介石政權重視德國經驗的原因。民國初年，議會民主、君主立憲、地方自治等新的政治形式，走馬燈式地被中國人呼喚、學習、應用最後拋棄。社會主義作爲一種意識形能力量，先是以德國社會民主黨和俾斯麥國家干預經濟理論相混雜的模式，繼而以十月革命之後的列寧－史達林式的共產主義的形式在中國政治舞台上出現了。而納粹黨和希特勒崛起後，中國菁英們突然發現這是一條強國的捷徑。在此一背景下，「與德國的密切合作，在實際上導致了對該國某些基本經驗的模仿，在國民黨政府謀求國家統一、增強經濟實力、尋求民眾支持的各項努力中，均打上了這種模仿的烙印，所有上述努力都是在日益增加的日本威脅下進行的。」

然而，蔣介石和蔣廷黻、錢端升、朱家驊、俞大維等菁英知識分子對德國模式五體投地，卻忽略了德國發展中的一個根本問題，即在經濟現代化飛速發展的同時，未能建立起一套行之有效的政治制度和社會制度，從危機四伏的君主制的第二帝國走向脆弱的威瑪共和國，再走向其存在的目的就是對內獨裁和對外戰爭的第三帝國，德國的稱霸貞的將帶給人類「美麗新世界」嗎？

長期以來，漢語知識界重點致力於中國與法國、英國、俄國、美國、日本等國現代化路徑之比較，而忽略中國與德國現代化路徑之比較。其實，中德兩國的現代化進程具有更多相似之處。德國在歐洲現代民族國家興起的過程中，屬於後發展國家，故而使用「非常手段」來獲得「加速度」或「超速度」。為求立竿見影之果效，民族主義及其他極端意識形態（無政府主義、共產主義、法西斯主義等）相繼出現和盛行，導致社會轉型經歷諸多曲折。無產階級暴力革命的氾濫和兩次世界大戰的發動，德國均是歐洲乃至世界的「風暴眼」。革命和戰爭吞噬了千萬民眾之性命，也毀滅了德國在半個多世紀裡所積累的資源和人才。二戰之後，處於冷戰前沿陣地的東西兩個德國長期對峙，柏林圍牆成爲民族軀體上一道醜陋的傷疤。直到一九八九年柏林圍牆倒塌，次年兩德統一，新的聯邦德國逐漸發展成爲民主鞏固、經濟發達、社會祥和的歐洲第一強國。

相比之下，中國爲了擺脫近代以來被列強欺凌的命運，從鴉片戰爭到太平天國，從戊戌變法到義和團運動，從辛亥革命再到共產主義革命，也走上一條愈來愈激進的道路。一九四九年中共奪取政權之後，毛澤東向蘇聯老大哥「一邊倒」，在效法史達林主義同時，也摻雜了納粹的統治特色，如結合群眾運動與警察國家，打造「一九八四」式的「全能社會」。毛澤東的烏托邦狂想失敗之後，復出的鄧小平開始「摸著石頭過河」的「改革開放」。但終其一生，鄧小平沒有像彼岸的蔣經國那樣在內外壓力之下作出開放報禁和黨禁的「縱身一躍」。胡耀邦和趙紫陽短暫執政時期的自由化及思想解放運動，在一九八九年的槍聲和坦克的轟鳴聲中戛然而止。此後，中共在有限的經濟自由化與政治上的法西斯主義之間取得了一種巧妙的平衡。

昔日蔣介石政權學習德國的企圖失敗了，如今中國的共產黨又走上同一條歧路。在全球經濟危機的大背景下，北京當局巋然不動，理直氣壯，「北京共識」隱然挑戰「華盛頓共識」，「中美共治」的「新兩極」呼之欲出。中國高唱「大國崛起」之凱歌，亞洲四小龍的光輝日漸黯淡；亞非拉第三世界萬國來朝，歐美列強亦爭先恐後前來「發大財」。就連百年宿敵國民黨，亦甘作小妾，奴顏卑骨，卑躬屈膝。

然而，共產黨政權以奴役數億勞工獲得的「低人權優勢」，再以之創造的持續二十多年GDP不低於百分之五的經濟增長，對中國民眾、全球華人乃至全人類而言，是福還是禍？

中國並未發展出「第三條道路」，今日中國的政治、經濟、文化、教育等方面的情勢，與當年的納粹德國有著驚人的相似之處。德國從腓特烈到俾斯麥再到希特勒，與中國從毛澤東到鄧小平再到江澤民，歷史在不同時空中重演。

二〇〇六年和二〇〇八年，我先後應德國筆會、德國外交部及歌德學院邀請，兩度訪問德國。在此期間，足跡遍及德國三十多個大中小城市和鄉村，與政府高官、國會議員、人權團體、智庫、記者、大學教授、作家、歷史學家、神職人員、中國問題專家以及許多普通民眾交談和討論。在此基礎上，完成了這本德國觀察記。這不是一本學術著作，我採取遊記、對話、訪談、報導文學、歷史考據、政治評論等多種文體相結合的跨文體寫作方式，力求鮮活而生動地傳達出「德國經驗」對「中國現實」的啓發意義。我努力讓這本書具有鮮明的時代性及政治參與精神。這不僅是一本單向度地向華語世界傳達「德國故事」或檢討「華語世界之德國觀」的著作，而且力圖在兩國的歷史與現實之間架設起一座橋樑。

我帶著問題訪問德國，也帶著問題歸來，並在對思考和解答問題的過程中完成這本書。比如：在萊芬斯坦爲柏林奧運會拍攝的電影《奧林匹亞》中，藝術與政治之間究竟是什麼關係？以此爲個案，可探究「納粹美學」是如何形成的。然後，再以此來透視二〇〇八年北京奧運會上張藝謀導演的開幕式，極權主義宣傳術蠱惑人心的奧祕是什麼？

又如，德國作家鈞特‧葛拉斯在新書《剝洋蔥》中披露自己當過青年黨衛軍的經歷，在德國知識界引發一場「地震」，人們紛紛質問這位「德國的良心」何以沉默半個多世紀之久？在有過「反右」與「文革」慘痛經歷的中國知識界，也普遍存在「猶抱琵琶半遮面」的「葛拉斯的困境」。

又如，在教會屈從納粹的背景下，德國神學家潘霍華及「白玫瑰」小組爲何投身抵抗運動，基督信仰給反抗者提供了什麼樣的精神資源？對今天正在走向公開化的中國家庭教會來說，潘霍華、索菲兄妹的生命選擇有何啓發意義？

再如，在德國現代化進程中，「法蘭克福議會」和「威瑪共和國」失敗的原因是什麼？議會民主和憲法至上的原則爲何長期難以在德國植根？二戰之後的民主實踐如何在西德獲得成功？冷戰之後，兩德的統一是如何順利完成的？作爲對照，清末的立憲運動和民初的政黨政治、議會政治爲何失敗？共和政治的失敗，是否與文化傳統及民族心理息息相關？

再比如，「大屠殺」究竟是「德國特色」還是「人類共同的悲劇」？德國人是如何處理歷史與記憶的？台灣的「二二八」與中國的「六四」，以及韓國的光州事件、柬埔寨紅色高棉的階級殺戮等，是否都可放置在「猶太人大屠殺」的維度上衡量與反省？人類在追尋眞相與和解的道路上，應當作出怎樣的努力？

這些關鍵問題，一直以來很少爲中德兩國學界所關注和探討。本書展開許多嶄新的、懸而未決的話題，期望爲讀者帶來富有刺激性和挑戰性的閱讀與思想的樂趣。

我也深知，一切歷史都是思想史和觀念史，在此意義上，德國的近代史始於一五一七年的路德改教。路德改教的明與暗、輝煌與缺陷，深刻影響了此後德國文化和政治的走向。我在書中描述了納粹和共產黨兩大極權主義在德國興起時，基督徒和教會的反抗與屈服，慷慨悲歌與恥辱低頭。從一五一七年路德改教到一九八九年萊比錫聖尼古拉教堂的和平祈禱，近五百年間德國文化和德國歷史的美與罪的對峙——珂勒惠支與萊芬斯坦的對峙，潘霍華與希特勒的對峙，和解教堂與柏林圍牆的對峙，紹爾兄妹與蓋世太保的對峙，高克與史塔西的對峙……美，讓人心醉；罪，讓人心碎。

中國（以及台灣），始終是我探討德國問題時的參照系。澳大利亞廣播公司李・達菲爾德在一九八九年時曾穿梭在北京天安門廣場和柏林布蘭登堡廣場，一個地方發生了悲劇，另一個地方發生了喜劇；一個地方血流成河，一個地方載歌載舞。他在《新聞中的柏林圍牆：大眾傳媒與一九八九年東歐集團的崩潰》一書中，試圖解答「爲什麼北京的暴行沒有在東德重演？」他的答案是：東德沒有中國那麼孤立，前者擁有先進的通訊設備，使當局很難封鎖消息；東德大部分地區可看到西方電視新聞，與西方的電話通訊十分方便，家用攝像機拍攝的畫面經常被偷運到西方電視台播放；大規模社會運動得以利用大眾媒體宣傳其主張：趕走共產黨、自由選舉、開放經濟以及後來的德國統一；同時，大批人通過鄰國匈牙利逃到西方，到西德可自動獲得公民權。兩個地方的事件向著不同方向演變，還有不同文化傳統、權力結構、公民意識等複雜因素。

二十年之後，李·達菲爾德發現這兩個地方已是天壤之別：德國統一後，前東德地區得到長足發展。與此同時，天安門事件後的中國，在經濟上取得驚人增長，卻付出了代價：經濟受到「牛仔資本主義」驅使；人權狀況惡化；貧富差距擴大；官僚腐敗難以控制；環境破壞嚴重等。中國百姓無法像歐洲人那樣自由地討論問題。今天在北京工作的外國記者仍有著一九八九年在東歐一樣的牢騷——所有資訊受到限制，尤其是民眾無法公開表達意見。

最後，李·達菲爾德寫道：「在柏林，人們可以在曾經被柏林圍牆隔斷的布蘭登堡門前自由地、經常甚至是誇張地昂首邁步。在北京，天安門廣場拍照留念的人們，會不會也思索二十年前的那裡發生的一切？記憶永存。然而，就像二十年前一樣，我們對於哪怕即將發生的事情，也總是那麼知之甚少。主動權掌握在中華人民共和國的人民手中，但誰都無法知道歷史會是怎樣發展：是像當年東歐那樣，人民從厭惡、不滿，發展到對專制政權的極度蔑視？還是會發生完全出乎意料的變化？」

誰能回答這些問題？

我在書中嘗試給出我自己的回答。

是為序。

二〇〇九年六月二日

「六四」二十週年紀念日前夕，近十名祕密警察守候在我家樓下

新版序
德國，西方的「東方」

納粹不是極右派，而是極左派

在一九九〇年十月三日（正好也是我的生日）於柏林愛樂音樂廳舉行的慶祝德國重新統一儀式上，德國總統魏查克驕傲地宣稱：「歷史上頭一次，整個德國都在西方民主國家中擁有了穩固的位置。」然而，此後三十年眞是如此嗎？

二〇一一年三月十七日，聯合國安理會通過美國、英國和法國的動議，阻止利比亞政府軍對班加西守軍的屠殺威脅。在投棄權票的幾個大國中，德國和俄羅斯選擇與中國站在一起。這並非德國歷史學家（被譽爲代表德國「正統思想」的「國家歷史學家」）海因里希·奧古斯特·溫克勒所說的「德國歷史上頭一回出現的自我邊緣化行爲」，而是德國再次暴露出它的東方性——它是西方國家中的東方國家，不單是地理意義上的，更是哲學和精神意義上的「東方」，它比日本更「東方」——《明鏡週刊》承認，相對於西歐的人權、自由，還有理性主義與啓蒙主義，德國人對於豐饒卻也隱諱的東方世界總是帶著憧憬。德國是偏離西方文明正統最遠的西方國家，是文明國家中的「不文明國家」或「半文明國家」——溫克勒頗不情願地承認：「在德國，西方民主觀念的阻力是任何一個曾屬於古西方的歐洲國家都不能比擬的。」

德國是音樂和哲學的故鄉。然而，馬克思主義誕生在德國，納粹主義也誕生在德國，這絕非偶然。德國沒有也不可能永遠告別過去，當德國總理表示，要像歐洲其他大國那樣不帶感情地指導國家事務的意向時，許多人都感到戰慄。史蒂文·奧茨門在《德國史》發出問號這可能是古老的德國文化準備回歸鐵血鬥士歲月所發出的隆隆聲響嗎？德國的幽靈又回來了，無論這個幽靈是馬克思的幽靈，還是希特勒的幽靈——其實，這兩個幽靈是同一個幽靈。

一九二〇年，希特勒將黨員人數屈指可數的德國工人黨改名爲德國國家社會主義工人黨，簡稱納粹黨。因爲納粹黨後來與共產主義者和社會主義者爲敵（納粹的三大敵人爲基督教、猶太人和布爾什維克），它常常被歸入極右翼政黨——其實，這是一個常識性的錯誤，一個二十世紀政治哲學中最嚴重的「張冠李戴」，或者說是納粹黨覆亡後，左派爲與之撇清關係而採取的一種高明的敘事策略。

由此，右派因爲被視爲納粹的同類而遭到妖魔化，左派卻得以金蟬脫殼、拍手稱快。實際上，眞正的右派走中道之路，尊重傳統（基督教傳統）和秩序（清教徒秩序），反對激進的和全盤式的革命。右派的觀念秩序摒棄極端主義，根本沒有所謂的「極右」，或者說「極右」就是「右」的敵人。而作爲右派對立面的左派陣營，則不存在「溫和左派」，因爲「左」本身就是激烈和極端的代名詞。

在羅伯·維特曼、大衛·金尼合著的《惡魔日記》一書指出，納粹黨與共產黨、社民黨之間確實存在著你死我活的競爭關係，那是爭奪權力的緣故：希特勒將奪取政治權力看作是革命的完成，戈培爾則將其看作是革命行動的最後一個階段。有趣的是，戈培爾早年信奉民族主義的社會主義，企圖實現納粹與共產黨的合作，他在一封寫給共產黨的公開信中表示：「你我雙方互相爭鬥，但實際上我們並非敵人。鬥爭讓我們的力量被分散，這樣就無法達成共同的目標了。」可見，在本質上，納粹主義與馬克思主義是同類。它們首先是一種「身分政治」——以工人階級爲其先鋒隊，以階級鬥爭的名義實行極權主義統治。納粹在俾斯麥的基礎上建立了第一個福利國家，宣布五月一日爲國家勞動節，希特勒多次讚揚工人的勤勞。（彼得·曼施泰因的研究表明，國社黨中有百分之三十五爲工人。迪克·吉爾里在《希特勒和納粹主義》說，科南·菲舍爾的研究表明，有許多手工勞動者參加了納粹衝鋒隊。于爾根·法爾特的選舉研究表明，國社黨百分之四十的選票來自於工人階級。而納粹的經濟政策大大改變了此前的自由貿易和個人企業精神，將工業和商業牢牢控制在政府手中——若未經過一個新的、由二十五個監督機構組成的經濟獨裁部門的許可，德國公司在國際貿易中不得購買和出售任何商品。約翰·韋茨在《希特勒的銀行家》說道，納粹時代的西門子與中共的華爲一樣，都是由代理人管理的國有企業。

納粹與共產黨的相似之處，除了趨向集體主義的威權福利國家、討好工人階級的身分政治、國家資本主義的經濟模式之外，當今左派最熱衷的環保議題也是納粹的拿手好戲。納粹的環保思想背後是民族主義的「自然崇拜」。正如希特勒的御用哲學家、「黑森林哲學家」海德格在紀念納粹義勇軍士兵的演講中所說：「這位義勇軍士兵透過槍口，用他的心眼遠眺黑森林的高山、森林與峽谷，爲了德意志民族及其帝國而死去。」池上俊一在《德國不思議》一書中提及，納粹在屠殺猶太人的同時，制訂了西方最完備的保護動物（包括寵物）的法律；納粹在掠奪他國自然資源的同時，致力於打造「清潔的帝國」，將維護森林視爲整個大自然保育的核心；納粹在清除殘疾人和精神病患者的同時，推行反酒精、反吸菸運動，在預防醫學上也不遺餘力，保持身體健壯，試圖建立「健康國家」。希特勒終身不菸不酒，而且茹素，愛狗，愛森林中的一草一木，是完美的「環保先鋒」——今日美國民主黨「綠色新政」的提倡者，以及台灣極左派的「護礁運動」，誰也比不上希特勒。

被神話的德國的轉型正義：大屠殺是納粹的專利嗎？

二〇〇四年三月二十四日，前拉脫維亞女外長、時任歐盟委員的桑德拉·卡爾尼特在萊比錫書展的演講中說，一九四五年「納粹瘟疫」結束後，「恐怖在歐洲的另一半繼續蔓延，在鐵幕的另一側，蘇聯還在繼續迫害和滅絕東歐以及自己的民族。歐洲歷史在我們缺席的情況下書寫了五十年，這是一種成王敗寇的歷史書寫。直到鐵幕倒下，研究者才最終有機會接觸檔案資料和受害者的經歷；他們的考察證實，國家社會主義和共產主義這兩種極權統治在罪惡程度上不相上下。」

「罪惡程度不相上下」——這幾個字眼讓德國猶太中心副主席所羅門·克爾恩抗議性地離開了大廳，他說這樣的表述是「無法接受的」。戰後，猶太人成功建立了以色列國，而且在西方掌握了經濟、學術和媒體的權力，他們追討納粹罪行的努力讓人肅然起敬。但另一方面，猶太人將納粹大屠殺定義為人類歷史上空前絕後、獨一無二的暴行，「大屠殺」成為特指對猶太人的屠殺，從而反向形塑了某種猶太民族主義和「猶太人命貴」的觀念。已經去世的華裔人權活動人士吳宏達在華盛頓建立了一間小小的卻門可羅雀的「勞改博物館」，有一次，他與幾個街區之外的宏大的大屠殺博物館聯繫，希望對方闢出一個展廳展出中共大屠殺的史料和事物，卻被對方婉拒——對方沒有說出來的潛台詞是：中國人不是猶太人，中國人不如猶太人命貴。

對於德國人來說，他們的轉型正義的核心就是將納粹大屠殺視為唯一的和絕對之惡。德國前總理布蘭特在華沙二戰死難者紀念碑前下跪，被普遍視為一種對德國歷史罪責的懺悔。然而，在我看來，下跪過於誇張和煽情，它掩蓋了深刻且多元的思考。曾任布蘭特撰稿人的作家鈞特·葛拉斯，對於集中營的存在以及他隱瞞了六十年的曾身為青年親衛隊的污點，「採取一種他所謂的詩的『苦行』和『懷疑主義』態度。」葛拉斯甚至以大屠殺為論據反對德國統一：「德國人再一次被賦予『選民』的角色：只有他們曾犯下莫可名狀的滔天大罪，所以現在他們理應拒絕統一，繼續活在可悲的永恆譴責之中。」這種過度表演的自虐感動了很多德國人，卻感動不了我。

「今天誰還在討論滅絕亞美尼亞人這件事呢？」一九三九年，希特勒這樣問他的將軍們。當時希特勒正讓將軍們在東線即將爆發的戰爭中，「拋掉你們心中的憐憫」、「行動要粗暴」、「要極其嚴厲」。希特勒說得沒有錯。但猶太人當然不能接受此種類比——海外的亞美尼亞人不具備猶太人在西方的權勢，西方對亞美尼亞人命運的關注，不能望猶太人之項背。直到今天，亞美尼亞受到背後有俄羅斯和土耳其支持的亞賽拜然的攻擊時，西方仍視若無睹。同樣，德國人當然也不接受希特勒的這種類比——土耳其人哪裡比得上優秀的日耳曼人？

一切都在一九八六年那場「歷史學家爭論」中塵埃落定。哈伯瑪斯和葛拉斯等左派大獲全勝，由此將納粹的罪行德國化、絕對化、不可比擬化。後來，偏左翼的英國歷史學家埃文斯不同意提摩希·史奈德在《血染之地：希特勒和史達林之間的歐洲》一書中將希特勒和史達林兩個暴君的殺戮相提並論，在他的《歷史與記憶中的第三帝國》一書中，認爲這是「冷戰敘事」。然而，這兩個暴君及其實施的大屠殺和種族滅絕，在本質上是一樣的：希特勒的集中營與史達林的古拉格不分軒輊。希特勒屠殺了六百萬猶太人以及數量相當龐大的俄國人、波蘭人和東歐諸民族；史達林也殺害了數百萬計的烏克蘭人、俄國人和東歐、中亞的各少數民族。希特勒和史達林都透過種族或階級滅絕來實現其願景：希特勒要清除歐洲的猶太人，征服蘇聯和東歐諸國，拓展德意志的生存空間；史達林要迅速實現農業集體化，並且往東西兩個方向擴大蘇聯帝國的疆域，實現共產主義的國際化。希特勒和史達林之後，毛澤東、習近平、金日成家族、波布、米洛塞維奇等獨裁者繼續著規模不等的種族滅絕政策。在全世界眾目睽睽之下，習近平將數百萬維吾爾人關進「具有中國特色的集中營」，讓他享有了「習特勒」之威名。

「以罪爲傲」不是眞誠的反省和懺悔

有一次，我在哈佛大學的演講中用大屠殺形容毛時代的大饑荒，哈佛大學的教授和學生們搖頭表示不同意，彷彿他們被嚴重冒犯了。

無獨有偶，德國歷史學家溫克勒在《永遠活在希特勒陰影下嗎？》提出的「不能類比」的理由是：「德國在文化上是一個西方國家，參與了歐洲的啓蒙運動，並有悠久的法治國家傳統。而俄國與柬埔寨的情況卻完全不同。當然，我們並不能因此原諒史達林和紅色高棉的罪行。只不過，希特勒及其幫兇們的行爲需要用西方標準來衡量。在這種歷史背景下，德國發起的大規模種族屠殺，包括對猶太人、辛蒂人和羅曼人的屠殺，是二十世紀最大的罪行，也是世界史上最大的罪行。」

這裡，溫克勒用「當然」、「只不過」等詞彙完成了價值觀的三次轉折，暴露出他骨子裡揮之不去的種族優越感——納粹大屠殺必須「用西方的標準來衡量」，而俄羅斯、柬埔寨以及他不屑提及的中國等「東方」的屠殺則有另一套標準。在兩套截然不同的標準中，被希特勒屠殺的各族人的生命自有其價值；但被希特勒、波布和毛澤東屠殺的另一些種族的生命則有另一種價值（次要價值）。納粹的罪行才是「最大」的，而發生在東方和非洲的屠殺是完全可忽略不計的。看來，「被誰殺」比「被殺」這一事實更重要：被納粹屠殺的人有福了，因爲有歷史記載你們，有後代的德國人紀念你們；而被東方暴君屠殺的人無福了，你們被埋葬、被遺忘、被無情從歷史書中抹去，而且與西方世界無關（儘管馬克思主義和法西斯主義的病毒都是從西方傳來的）。溫克勒的論述，在看似義正辭嚴地聲討納粹的同時，卻不自覺地與納粹思想驚人地「同構」。

從美國人類學家本尼迪克特在其名著《菊與刀》中提出「罪感文化」和「恥感文化」的區分後，德國與日本對待戰爭罪行的態度的對照就成了一種固化的看法——德國做得很好，日本做得很糟。中國也巧妙地利用這一論述佔據道德至高點，無限誇大作爲受害者的悲情。這種看法實在是一大迷思。實際上，日本比德國更「西方」，而德國比日本更「東方」。在戰爭罪行本身以及對待戰爭罪行的方式上，日德對照還有其他維度：首先，日本當然犯下了嚴重的戰爭罪行，但日本不曾像德國用集中營的方式大規模屠殺其本國及其佔領國的少數族裔；其次，日本對戰爭罪行的反省未必比德國差——儘管沒有一個日本政客向布蘭特那樣下跪，卻有日軍將領更勇敢地剖腹自殺，戰後日本的反戰運動也比德國更聲勢浩大且持久。

在這場漫長的「認罪」比賽中，長期被不公正對待的日本，終於有人敢於打破沉默、發出異議——長駐德國的日本記者三好範英敏銳地發現：二戰後國際社會對納粹的倒行逆施大加撻伐，讓德國知識分子受盡折磨，而爲求得心理補償，就是以自己克服過去並付出清償爲傲，這應該也是一種不自然的情感面向。德文有個詞叫作「以罪爲傲」（Schuldstolz），只要是因戰爭而來的一切，都由德國承擔道歉。雖然聽起來很矛盾，但是身處其中的德國人堅信自己徹底「克服過去」，並獲得了道德上的高度，也因而產生了所謂的「贖罪的意識形態化」。由此，德國人完成了由「自虐」到「自傲」的轉化。

德國人習慣於居高臨下地批評日本、教導日本「重視人權」（他們甚至認爲，中日之間的所有爭端，錯的都是日本），似乎冠冕堂皇。但三好範英在《德國風險》揭露了這背後極爲幽暗的心態：「對德國人而言，只要不斷重複德國在『克服過去』所做的每一步努力，正是世界的楷模，而日本仍然邪惡，就會不時挑起這種扭曲的優越感。藉此，一再因爲納粹的過往而被人譴責的德國人，發現了『在道德上比自己更低劣的日本人』，或許也就找到了回復平衡的精神機制。」

我認爲，納粹的大屠殺與種族滅絕，既有「德國特徵」，又有「普世意義」。納粹的種族屠殺不是第一次，也不是最後一次。這種說法並非弱化納粹的罪行，而是在一個更爲寬廣的大歷史視野和人類整體的高度上看待納粹大屠殺及其他類似的屠殺。

將納粹、國民黨與共產黨釘在同一個歷史恥辱柱上

「反法西斯」的宣告，在德國和全球範圍內，都讓人無可挑剔。然而，諸多打著「反法西斯」旗號的政黨和運動，並非爲了反法西斯，而是通過打法西斯這隻「死老虎」來樹立其話語權力、政治正確及統治合法性。

比如，共產黨統治的東德從歷史中得出的教訓不是反極權，而是「反法西斯」，他們將柏林圍牆命名爲「反法西斯防衛牆」——儘管牆的那一邊並沒有法西斯，儘管他們自己像法西斯那樣在牆下任意射殺無辜平民。

又比如，二〇二〇年肆虐美國的「黑命貴」運動中，躲在幕後操縱的「安提法」組織——英語「antifa」起初源自德語「Antifa」，德語中「Antifa」爲「antifaschistisch」（反法西斯主義者）之縮略語。專門研究安提法的歷史學家馬克·布雷指出：「不要忘記他們自稱爲革命派。他們是超出了傳統自由派-保守派政治光譜的無政府主義者或共產主義者。」他們是「黑命貴」運動中最暴力的一群人，他們造成了數百個平民和警察的傷亡以及數十億的財產損失。

而那些聲稱反法西斯的左派政客和文人，一遇到還活著的、升級版的法西斯——中共政權——的時候，立即瞠目結舌乃至滿臉堆笑。我在十多年前訪問德國時，曾當面將劉曉波和獨立中文筆會的資料交到德國總理梅克爾手中——十多年之後，我逐漸知道這樣做是「明

珠暗投」。梅克爾一直穩穩當當地執政，讓她的導師柯爾時代的「德國的歐洲化」悄然轉向「歐洲的德國化」；然而，與此同時，比一百萬穆斯林難民湧入德國而產生的「德國的伊斯蘭化」之隱憂更嚴重的卻是「德國的中國化」。梅克爾的親中政策超過其前任施密特和施羅德，儘管她像兩位前任那樣肉麻地恭維中國，但她讓德國的經濟繁榮完全仰賴於中國的奴隸勞工和畸形市場，因而對中國將數百萬維吾爾人關進「有中國特色的集中營」不置一詞。

二〇〇九年，我兩度訪問德國之後完成了《從柏林圍牆到天安門》一書，比較德國和中國現代化道路之異同——我在二〇〇八年北京奧運會的窮奢極慾中，看到了一九三六年柏林奧運會的影子。當年，戈培爾向德國人公開喊話，要大家「必須展現出比巴黎人更優雅的面貌」。果不其然，訪客們「都對德國的國力與年輕人的熱情感到印象深刻，被戈培爾的宣傳手法給蒙蔽了」。批判納粹的作家威利·布蘭特寫道：「誰不會被那種氛圍給打動？所到之處，只見年輕人都是笑容可掬，各種新的紀念性建築四處林立，經濟繁榮無比，而這一切都足以印證納粹的施政成功。歡騰的觀眾絕對不會受到任何反對聲音的打擾，集中營裡的哭喊聲以及受迫害者死前的慘叫聲，是不會傳到體育館裡的。」之後，納粹德國發生了什麼事情，不用再多說了。

同樣，我在北京奧運期間的半軟禁狀態中（可以在小區內散步，出小區必須乘坐警方的車輛，且不得進入奧運場館附近）寫作這本德國主題的書，我看到了中國正在沿著納粹的道路高歌猛進。這種儒家天下主義加上共產極權主義的路徑，不是始於習近平登基，而是始於二〇〇八年北京奧運。我奮筆疾書，大聲吶喊，卻無人傾聽。

這本書在台灣出版之後，中國在納粹化的方向上加速行駛，而我的人生也發生了若干劇變。因零八憲章，劉曉波被捕並被判重刑，我逃離中國、流亡美國。然後是劉曉波「被肝癌死」，以及揭露中共暴政的「證詞」寫作者廖亦武成爲有史以來在德國最成功的華文作家——與此同時，德國的反美傾向，以及德國與中國的「準盟友」關係，日漸明晰。用三好範英的說法，「懷抱著東方憧憬的德國，其實是對自己曾是大陸國家的再發現」；而用我說法就是，中國之於德國是一面鏡子，德國在中國的身上發現了同樣有濃得化不開的帝國情結的自己。

十二年之後，我在原書稿的基礎上增補了若干新的材料和晚近十二年來發生的事件，讓全書更爲豐富與鮮活，並更名爲《德意志的美與罪》重新出版。美與罪，是德國文化和德國精神中深刻的二元對立，是晚近五百年德國歷史中的二重奏：新天鵝城堡堪稱人間仙境，卻又是自殺勝地；華格納的歌劇宛如天籟之音，卻成爲納粹閃電戰的背景音樂；尼采的《查拉圖斯特拉如是說》字字珠璣，卻在希特勒的《我的奮鬥》中被演繹成殺人哲學；納粹的軍服讓穿上的官兵顯得英俊瀟灑、神采飛揚，卻不能掩飾他們的鐵石心腸、殺人如麻……如此美，如此罪，美與罪，剪不斷，理還亂。

當年，我在書中所作的預言一一實現，我卻絲毫沒有高興之意。十二年前，我在書中的警告，至今仍未過時：無論是對於中國、還是對於台灣，剔除來自德國的浪漫主義、絕對主義、集體主義、國家主義和民族主義思想，乃是民主化、民主鞏固和轉型正義的必修課。

在爲禍中國的共產黨和爲禍台灣的國民黨身上，既有蘇俄共產黨的烙印，也有德國納粹的陰影。唯有將納粹、國民黨和共產黨釘在同一個歷史恥辱柱上，德國人、台灣人和中國人才能眞正享有「免於恐懼的自由」。

二〇二一年三月二十六日

華盛頓郊區費郡綠園群櫻堂，後院的櫻花即將盛開

第一章

言論自由是信仰自由的開端

——從馬丁·路德故居到古騰堡印刷博物館

> 思想一旦取得印刷品的形式，就比任何時候都更難毀滅；它四處擴散，不可捕捉，不能摧毀。在建築術時代，它（思想）化爲山嶽（建築），挾著強大的威力佔據一個時代、一個地點。現在它化爲鳥群，飛向四方，同時佔領天空各處與天空各點。在印刷術發明之前，宗教改革只是教會內部的分裂行爲。有了印刷術，它便成爲革命。
>
> 董豫贛《文學將殺死建築》

偉人和他背後同樣偉大的妻子

我們一出威登堡的火車站，滿頭白髮、身材高大、精神矍鑠的米特維克先生早已在月台上等候我們。米先生熱情地歡迎我們來訪，他是威登堡市政府旅遊局的志工，專門接待來外國賓客。他是一位會講故事的老人，我們一邊往城裡走，一邊聽他滔滔不絕地講述本地「老故事」。

威登堡的官方名字，前面冠以「路德之城」，這是德國所有城市中唯一以人名來命名的，就連歌德、貝多芬、巴哈等人都未能享有如此待遇。對於這座小城，路德的意義實在太重大，沒有路德就沒有它的今天。

米特維克在威登堡出生和長大，那時威登堡還是東德的領土。他在大學教授工程學科，雖對政治不太感興趣，但作爲一名虔誠的基督徒，他感到有一種無形的壓抑。他想方設法逃離東德，一九八九年春天，移民西德的申請終於獲得了批准。但命運無常，他剛剛移居西德，一切還未安置好，柏林圍牆突然之間就倒塌了，東德很快不復存在。

數年後，退休的米特維克返回生於斯、長於斯的威登堡。退休的生活安逸而寧靜，他便報名到旅遊部門當了一名志工導遊。雖非導遊專業出身，但他拿出研究學術的勁頭，幾年之後便成了威登堡歷史地理領域的權威。他嫌官方編輯的導遊手冊不盡詳細，且有若干錯誤，遂自行編輯一本，並複印若干份送給遊客。他的敬業精神讓我們深感敬佩。

我們在威登堡有半天訪問時間，米特維克說，他將儘量安排我們遊覽小城最精華部分。步行大約十多分鐘，便到了名叫路德維希的小公園，樹木鬱鬱蔥蔥，中間有一小亭。這便是路德率領學生們焚燒《教宗逐路德出教諭》的地方。此教宗諭令斥責路德爲「異端、誹謗和謬誤，干犯敬虔者的耳朵，危害淳樸的頭腦，顚覆公教的眞理」，甚至將他比喻爲一隻「闖進葡萄園的野豬」，並敕令路德在六十天內收回其言論。諭令發表之後，教廷派出特使分赴各地，在許多地方展開大規模的焚燒路德著作的群眾運動，對付不服從的異端，教廷有豐富的應對經驗。

路德沒有坐以待斃。一五二〇年十二月十日，威登堡大學的學生以及許多熱愛福音眞理的信徒來到此處集會。人們將羅馬教廷檔案、教宗諭令集等扔進了篝火之中。路德堅毅地從人群中走出，手舉那份開除他教籍的教宗諭令向大家示意，然後親自將它扔進烈火之中。「這是一個極其莊嚴的時刻，它在一定程度上象徵著改革派與羅馬教會無可挽回的正式決裂。」[1]

此後，路德用兩個星期時間寫出反駁教宗諭令的文章，斬釘截鐵地宣告：「憎惡黑暗熱愛光明是每個人的正當權利。」[2]宗教改革浪潮遂一發而不可收拾。

教宗萊奧做夢也沒有想到，這個不知名的、有些神經質的德國修士，動搖了天主教會持續了一千多年的絕對教權。觸發路德撰寫九十五條論綱的兜售贖罪券的行動，其目的是爲修建梵蒂岡聖彼得大教堂籌集資金。當我遊覽世界上最大的天主教教堂聖彼得大教堂時，不禁爲教宗們的「聰明一世，糊塗一時」感喟萬千——教堂之壯美，並非與信仰之純正成正比。中世紀的教宗們愚蠢地認爲，將教堂修得越大，上帝在天上就會首先看到，這座教堂中的人便首先得救。這是一種功利主義的妄想。爲了修建教堂，而違背信仰的神聖原則，這難道不是買櫝還珠嗎？此種可笑的思維與言行，千百年來無數人都在前仆後繼地實踐之。

繼續往前走數百米，便進入內城。威登堡是一座袖

❹

❶現代機械印刷術發明者古登堡。

❷路德改教，帶來歐洲宗教及政治版圖的劇變。

❸精美絕倫的《古騰堡聖經》。

❹路德故居。

珍小城，直到今天也只有一萬六千多居民，街道略顯冷清，在路德時代這裡只有三千人口，還不如中國一座小縣城。比起德國其他名城來，它的發展略遲一些，路德傳記的作者寫道：「這個建築在易北河畔一小塊三角地上的城市，長大約一英里，最寬處半英里。城牆內零星聳起約四百間房屋——這裡最多三千人。街道髒兮兮的，乾草覆蓋在泥房子上，而他將居住的城東的奧古斯丁修道院，還只是半完工。」[3]

但是，當時威登堡具有兩個明顯的優點：首先，它是德國最強大的邦之一薩克森邦的首府，它的統治者是選帝侯腓特烈，腓特烈受過良好的教育，信仰虔誠，施行仁政，被人們稱爲智者。

其次，威登堡擁有一所大學，每年有兩百名學生入學，新的威登堡大學是腓特烈的驕傲與歡樂所在，他將全力保護其中的成員。儘管他從未完全採納路德的想法，可是在將要到來的暴風驟雨中，這位重量級政治人物對路德的庇護與支持絕對是重要的。

❶

❷

❸

當年的修道院已改建成路德故居。從中庭進入便可以發現，門前的石頭柱子上鐫刻著路德的肖像。這就是「凱薩琳門」，是路德專門爲妻子凱薩琳修建的。中庭有一小花園，中間是一尊凱薩琳健步如飛的銅像。在德國很少看到爲偉人的妻子所立的銅像，尤其是像凱薩琳這樣的平民女子。由此可見，凱薩琳在路德生活中有多麼重要。她算不上美女，但對路德而言眞是「骨中之骨、肉中之肉」。

宗教改革興起之後，路德安排一批逃難來此的修女還俗結婚，凱薩琳是「剩下」的那一個。路德直到最後才決定結婚，匆匆忙忙地與凱薩琳舉行簡陋的婚禮。婚後，精力充沛的凱薩琳管理整個家庭，包括爲了補貼家用而招攬的若干寄宿的學生。他們有六個孩子，夭折了兩個。凱薩琳還經營著一家啤酒廠和養豬場，這樣才能讓這個家庭維持相對富裕的生活水準。這樣一位精明能幹的妻子，如果不是因爲路德掀起的宗教改革，只能是一位被埋沒在修道院中鬱鬱寡歡的修女。

❹

❶作者夫婦在路德夫人凱薩琳塑像前合影。

❷威登堡是一座寧靜而優雅的小城。

❸路德當年張貼九十五條論綱的教堂大門，如今已經改為金屬門。

❹路德當年焚燒教宗諭令的小花園以依舊草木蔥蘢。

路德是他領導的宗教改革成果的第一批享受者——他是第一代娶妻生子的修士。如果沒有凱薩琳的精心照料，不善持家的路德，一個人很難堅持過那段嚴峻的歲月，也很難集中精力寫作神學論文和與論敵辯論的小冊子。路德說：「一個虔誠、敬神、親切、顧家的妻子，是上帝給人最大的恩賜。」[4]

走上二樓，路德樸素的書房和其他房間按照原來的樣子保存著。路德剛到這裡時，只是五十多個修士中普普通通的一員。宗教改革風暴之後，其他修士離開了，選帝侯將整個修道院都送給路德。這樣，路德一家可以從容地安置書房、臥室、餐廳、會客廳等房間。傢俱簡單，空間卻頗爲寬闊。中間那個最大的房間，是路德的會客室，有木窗櫺和巨型瓷烤爐——即那時的暖氣設備。路德家的瓷烤爐比不上德國王宮的瓷烤爐的精美，卻算是一件奢侈品。路德和朋友及學生們在此進行了無數對話和討論，這些「桌邊談話」被人們整理出來，至今讀來仍饒有趣味。這裡的物品都是當年的原物，雖只

❶

❷

❸

有五百年歷史，但對於德國人來說彌足珍貴。最幸運的是，二戰的轟炸沒有對這裡造成什麼傷害。

在偉人背後，有一位同樣了不起的妻子。路德與凱薩琳在此盡享天倫之樂，晚餐後，他們通常一起讀經、禱告、奏樂、聊天。有時，路德會逗凱薩琳，說她話太多；她會半開玩笑地威脅說，要回修道院去。凱薩琳操作的熾熱的烤爐，提醒路德——上帝是熾烈的愛的熔爐。路德的小狗托佩目光堅定地盯著主人手中的一塊肉，不讓任何事轉移它的注意力。路德說：「如果我能夠像這隻狗盯著肉一樣恆切地禱告該多好！」

在外出講道時，路德給妻子寫了許多熱情洋溢的書信，其心態宛如熱戀中的少年人。有些信件充滿幽默感，有一封信這樣開頭——「我至親至愛的家庭主婦凱薩琳·路德太太，女博士，養豬場的管家以及所有可以表彰她的技能」。正如路德傳記《這是我的立場》的作者、耶魯大學歷史學家培登指出的：「這人對自己同胞的影響，最根深蒂固的是在家庭中。家庭事實上是改教運動深刻影響的唯一生活範圍。經濟走向資本主義之路。政治走向專制主義之路。但家庭接受了列祖親切而且敬虔作風的質素，那是路德為他自己的家人所訂的模式。」這種夫唱婦隨的生活，成為德國人心目中的典範。

追求言論自由和信仰自由的先驅

二〇一七年是路德改教五百週年，對於新教國家來說，是一個值得隆重紀念的時刻。經過宗教改革的區域，五百年來形成若干新教國家，特別是組成「五眼聯盟」的英國、美國、加拿大、澳大利亞和紐西蘭，堪稱當今民主、自由、法治及自由市場經濟國家之典範。而未經歷宗教改革的天主教、東正教世界以及未進過自身的宗教改革和近代化的伊斯蘭世界和儒家文化圈，則至今仍然問題多多。有宗教改革和沒有宗教改革，結果大不一樣。

如果說路德對於其他地方的新教徒來說，是一個遙遠地方和遙遠時代的偉人；那麼，對於威登堡人來說，路德就在他們身邊。有一位德國史家說過，三百年來只有一個德國人真正瞭解路德，那人便是巴哈。而在基督教的思想大師當中，若想找與路德等量齊觀、「能與上帝摔角」的信心偉人，就只有猶太的使徒保羅、中世紀的奧古斯丁、瑞士的加爾文以及法國的巴斯卡、丹麥的齊克果、俄國的杜思妥也夫斯基、蘇格蘭的諾克斯、英格蘭的約翰·班揚以及美國的愛德華茲等屈指可數的幾個人。與路德並肩作戰的神學家墨蘭頓——他堪稱最理解路德的人，他在威登堡的故居與路德故居相距只有數百米之遙——在路德的葬禮上說：「路德乃是上帝給這個末後時代一位嚴厲的醫生。」[5]

在路德故居的一樓，是一間紀念品商店。我購買了一幅克拉納赫繪製的路德肖像。這是路德本人最喜歡的一幅肖像：畫面上是五十歲的路德，稍稍發胖，目光沉靜而不乏肅穆。他不再是那個瘦弱的青年修士，儼然有一代宗師的氣度。克拉納赫是當時德國最受歡迎的畫家，也是路德的鄰居和好友——開設他的工作室和印刷廠的院子近在咫尺。

威登堡不是德國最有名的旅遊城市，這裡沒有宏偉的古代建築及優美的自然風光，唯有馬丁·路德。最近幾年，來威登堡參觀的世界各國的新教徒和遊人愈來愈多，亞洲人中有很多是韓國的基督徒，米特維克本人接待過若干韓國教會參訪團。我是他接待的第一個中國客人。他從德國媒體上瞭解到，近年來中國教會發展極爲迅速。

從路德故居出來，便走上威登堡的主街——學院路，兩邊都是精美的商店、咖啡館和餐廳。威登堡只能算一座「迷你型」小城，卻有王者之風，這是因爲德國的許多小城都源於神聖羅馬帝國，有一種中古遺留下來的「唯我獨尊」的自信。

我好奇地問：「威登堡當地教會的現狀如何呢？」米特維克坦率地回答，威登堡的教會大都不太興旺，首先，這裡原屬東德地區，教會受到各種有形無形之壓力，信徒流失嚴重，統一之後仍未恢復元氣。其次，當地經濟不太景氣，許多年輕人去西部大城市去尋找發展機會，教會後繼無人。

基督教的衰落不僅是威登堡，而是整個德國乃至歐洲的景象。路德改教之後兩百多年，基督教的世俗化漸呈燎原之勢。德國浪漫主義作家諾瓦利斯說，當你談論宗教的時候，你指的完全是熱情，《聖經》的可靠性並不重要。哲學家施勒格爾說，基督教已經變得老弱無力，而藝術受到召喚，來保存宗教的核心，人應當擺脫基督教本眞的中心觀念——罪孽。哲學家施萊爾馬赫更指出，宗教是審美的，這裡涉及到的是感覺和直觀，而非道德的行動。[6]於是，「美」取代了「罪」，爲了美，罪是被允許的。在精神層面的「德國的現代性問題」由此滋生。

碰巧，我們在路上偶遇一位美國路德宗教會的宣教士。這位女士來此好幾年了，與米特維克很熟悉，畢竟這是一個「低頭不見抬頭見」的小城。這位熱情爽朗的美國女士，在路口與我們高聲攀談起來，一看便與拘謹內向的當地居民不同。她告訴我們，她一邊在大學圖書館研究路德神學，一邊帶領當地一個小小的團契。倘若路德復生，發現威登堡這座當年新教的中心，如今教徒比例僅有百分之二十，居然需要美國派遣宣教士來幫助，不知該作何感想呢？

穿過立有路德及墨蘭頓銅像的市集廣場，便可看到瑪利亞教堂。這是威登堡最古老的建築。路德曾在此講道多年。再往前走，便是城堡教堂——教堂的大門比教堂更有名，因為路德的九十五條論綱便貼在這裡。當時，教堂剛剛開幕，大門是學者們發佈各種資訊的中心，路德貼出的論綱立即吸引了許多學生和教師閱讀。當年路德張貼論綱的那扇木製大門在「七年戰爭」中被燒毀了，如今看到的大門是一八五八年用青銅仿製的。路德和他的同伴們的雕像陳列在中殿，據說每個夜晚，當遊客們都離開之後，這些雕像仍然會繼續他們關於神學的討論，直至深夜。

當教宗向全歐洲信徒出售贖罪券時，當修士台徹爾作為「委託代辦」宣稱「錢幣叮噹一聲落入銀庫，靈魂立即出煉獄」時，路德意識到不能保持沉默，即使所有神職人員和信徒都沉默，他亦不能沉默。他並不是沒有察覺到腳掌所踏之地的危險。經過一番猶豫和掙扎之後，他寫了一系列論題——即被稱為〈辯贖罪券之效力〉的九十五條論綱。路德指出，教宗無權赦免人的罪責，人們通過購買贖罪券來免罪的想法是錯誤的。這篇論綱表面上沒有可能引起騷亂或造反的文字，卻點燃了人們的怒火，激起了人們小心掩飾著的、對貪婪的羅馬教廷的蔑視。

也許連路德本人都未料到，他在這扇大門上貼出論綱，將撼動羅馬天主教橫亙整個中世紀的、統合整個歐洲的宗教信仰的歷史。他將改變德意志及歐洲的政治版圖，也將更新數千萬基督徒的信仰實質。路德的舉動就像今天的人們在大眾媒體和社群媒體上公佈自己的觀點並尋求他人支持一樣。他將一份論綱的副本寄給該地區教會的最高統治者阿爾布雷希特大主教，並附函勸他停止贖罪券的買賣；但他並沒有要讓論綱「保密」的念頭，他有意透過將意見貼在教堂大門上的方式讓其成爲公共事件，「路德將論綱貼在教堂被用作公告板的正門上——這個問題由此躍上了大學內外的學術討論會的桌面上。」[7]這表明路德深切地認識到個人言論必須公開化才有力量。

路德在論綱的開頭即表明：「因熱切愛慕眞理，渴望能弘揚眞理，文學及神學博士和常任神學講師馬丁·路德神父將於威登堡主持關於下列論題的爭鳴。誠望不能參與口頭辯論之士，可用書面形式發表意見。」[8]在路德看來，眞理不能用某種封閉的方式、由一小部分人來討論並確立。他用這樣一種沒有退路的方式，打破了教會內部少數人對眞理的壟斷。

就張貼論綱來看，路德是信仰自由的先驅，更是言論自由的捍衛者。言論自由是信仰自由的前提，當一名信仰者不能公開表達與傳揚其信仰之時，信仰自由便是空中樓閣，便是不完全的和受限制的。路德在反駁教宗諭令時說：「我的願望是讓每個人都說出自己的意見。教宗還從未有一次使用《聖經》反駁，也未與反對他的任何人的言論、著作和行爲進行辨理。但是他卻一直採用鎮壓、放逐和火刑的手段，用武力與禁令，或者通過各國國王，或利用其黨徒進行遏制，或者以虛僞的言詞和騙局進行欺壓。」路德認爲，任何人，包括教宗都不能擅自宣布什麼是眞理、什麼是謬誤，更不能以暴力強迫別人接受或放棄眞理。他又說：「既然眞理與公義歷來不禁絕公議，那麼樂於接受檢查和審判就是光明磊落的表現。」[9]路德相信，「公議」是人們抵達眞理的必要途徑，眞理不能被幽禁在密室之中。

五百年後猶有回聲——「這是我的立場」

到了這一階段，波瀾壯闊的宗教改革運動，已非威登堡這座小城及其統治者腓特烈選帝侯所能容納的了。整個德意志上上下下都在討論路德驚世駭俗的論點。德意志的諸侯們發現，路德爲他們提供了對抗羅馬教廷的思想資源，他們紛紛向路德拋出橄欖枝。

羅馬發出愈來愈嚴厲的指令，要求將路德押送到教廷。新上任的神聖羅馬帝國皇帝查理五世，夾在擁護路德的諸侯和要求將路德繩之以法的教宗之間，不知所措。在諸侯們的建議下，他命令召開帝國會議，由他本人親自出席，傾聽路德的主張。於是，路德被召到沃爾姆斯。

我在路德故居的這間小小的書房裡，遙想當年路德與皇帝的會面的場景。這個礦工的兒子，這個從小受到父親虐待還帶著心靈創傷的修士，居然與皇帝平等站在一起。二十二歲的查理五世與三十七歲的路德，是兩個多麼不一樣的人啊：一個衣著華美，一個衣著樸素；一個面色紅潤，一個面色蒼白；一個是歐洲最有權勢的統治者，一個是既無權勢也無財富的普通修士。他們本來不會有會面的機會，但上帝的安排如此奇妙，讓這兩個迥然不同的人在大廳內見面，在德意志的歷史上，「代表政權的國家人物和代表精神思想界的人物，從來沒有如此面對面地互相揣摩對方的外表和內在的力量，進行直接的較量。」[10] 初次會面，彼此都深懷成見：皇帝將路德看作是瘋瘋癲癲的農民，路德將皇帝看作是頭腦簡單的孩子。

在第二天的召見中，路德先用優美的拉丁文論述其神學觀點。皇帝要求他用簡單的德文闡述之。於是，路德說出了那段改變歷史的話：「除非我發現我有違背《聖經》或犯有其他證據確鑿的罪行，否則我將一如既往，絕不放棄我的觀點，我的良心將因爲我的行動符合上帝的教導而感到安寧。」在路德心中，唯有上帝是絕對眞理的代表，基督徒的自由來自於他對眞理的追求。此時此刻，路德不再在風吹殘葉的響聲中戰慄，相反，他能站在暴風雨中嘲笑雷轟和閃電。是這種力量，使他坦然說出：「這是我的立場。我不得不如此，願上帝幫助我，阿門。」這句話是用德語說的，有人要求他用拉丁語再說一遍，於是他又用拉丁語肯定了這一結論，並高舉雙臂，作騎士勝利的姿態。

路德的論點孰是孰非，性格軟弱、知識有限的查理五世沒有當場作出評判。如果他將路德逮捕、送交羅馬教廷，路德只能是死路一條，但他會得罪德意志的諸侯及民眾，他的皇冠不能戴得穩穩當當；如果他選擇站在路德這一邊，教廷及支持教宗的法國、西班牙等大國，立即會將他當作叛教者。聽完路德的宣告之後，查理五世以一種巧妙的方式來應對：他一言不發地離開大廳，留下路德一個人在那裡喃喃自語：「我站在那裡，動不了了，上帝幫助我，阿門！」

路德自由地走出大廳時，外面的民眾熱烈鼓掌，向這名卑微卻大無畏的修士道賀；也有少數人叫喊著：「絞死他！」皇帝、路德、路德的論敵艾克博士以及所有旁觀者都沒有意識到，中世紀的帷幕被路德撕開一個口子，這個裂口將繼續擴大。

十六世紀是路德的世紀，彈丸之地的威登堡是路德撬動歐洲的槓桿。一時之間，這座呵護路德的小城讓多少歐洲名都大邑黯然失色。「我們看到，通過一個人內心發展的狹窄隘道，歐洲歷史經歷了一場重大轉變。」事態的發展影響著路德，推動他承擔起這一時代所有革命力量的領導角色。他每到一處，都受到英雄般的歡呼，德意志的任何一個王公貴族、文人學者都沒有獲得這樣崇高的榮譽。看似堅不可摧的羅馬教廷的權威像紙房子一樣倒塌了。

緊接著，每一事件都像波浪一般，挾帶著路德向前進，使他遠遠超過了先前的立場。「那是歷史上非常少有的時刻之一，在那種時刻，一個時代少有的形形色色的趨勢似乎不僅僅通過一個人物表現出來，而且用這樣一種方式塑造了那個人物，以致我們很難分清哪些東西屬於他個人，哪些是屬於既造就又同化了他的、同時受益於他的那個變化無端的世界。」[11]

「這是我的立場」這句話，成爲路德反對強權的傳世名言。這句話表明路德唯獨忠於眞理而不臣服於任何勢力。

路德所期望的宗教改革是一場不流血的精神革命。事態的發展卻超出了他的控制：此後新教與天主教之間，新教各教派之間，陷入長久混戰；飽受壓榨的農民趁機揭竿而起，與德意志各諸侯的軍隊展開廝殺。

路德一生都反對暴力革命。路德並非統治階層的辯護者，他明確規定了君主的權力界限，他有一句口頭禪是：「君主們無非是神的面具。倘若一位君主撕下了使他作爲神的副手身分出現的面具，並命令其臣民行惡或行不敬神明之事，就絕對不要服從他。」[12] 對於貴族的貪婪和殘暴，路德從不迴避，他在〈和平的勸諫〉一文中直截了當地指出：「這不幸的叛亂全要歸功於親王和領主自己。作爲世俗的統治者，你們終日無所事事只知魚肉鄉里，過著奢靡的生活。」

另一方面，路德堅持認爲，反抗不能上升到暴力層面，當農民起義領袖閔采爾聲稱是從路德那裡獲得思想資源並邀約他結盟時，路德回答說，「讓每個公開或祕密地打、殺、刺的人記住，沒有什麼比一次叛亂更惡毒、有害、恐怖的了」，並譴責他們是「殺人越貨的農民匪幫」。

路德並未改變所有德國人的信仰。在德意志北部，路德宗和其他新教教派佔上風；在德意志南部，天主教仍力量強大。查理五世是一名頑固的天主教徒，他在西南部城市施派爾召集帝國會議，宣誓要阻止宗教改革。但五名帝國諸侯及十四個帝國城市強烈反對，於一五三〇年組成施馬爾卡爾登聯盟與查理五世及教廷對抗。查理五世隨即組織紐倫堡聯盟加以反制。雙方展開了慘烈的宗教戰爭。查理五世在戰爭中取勝，卻無法消滅新教勢力。

一五五五年，雙方簽訂《奧格斯堡和約》，認同帝國內的天主教與路德宗均為合法宗教，並規定「教隨國立（誰的地區，就信誰的宗教）」——三百多位邦國君主及帝國城市當局決定居民的信仰，雖然個人並未爭取到信仰自由，但至少可以移居到對其信仰自由有保障的地區。[13]這也導致了德國人以集體而非個體的角度看待宗教信仰自由。此時，路德已經去世九年了。《奧格斯堡和約》只是暫時休戰，並未從根本上解決問題。直到一六四八年《西伐利亞條約》簽訂，西伐利亞體系的原則確立，現代歐洲的版圖才算大致劃定，主權國家的概念成為國際法和世界秩序的核心。在此意義上，路德的宗教改革開始了一個「德國的世界史時刻」。

儘管路德未能實現其宏願，但他對德國人的自我認知和思想產生了難以估量的影響，這種影響不僅限於路德教會。時至今日，這種影響仍未消失。比如，路德致力於《聖經》翻譯，「巴不得這本書被譯成各樣的語言，放在各人手裡，擺在各人眼前，進入各人心裡！」他翻譯的德文《聖經》被所有德國人閱讀，奠定了現代德語的基礎，成為令德語實現標準化和更加穩定的里程碑。

路德精通音樂，創作的德語讚美詩朗朗上口，他說：「我為神的兒女創作德文讚美詩，使神的話語能藉著詩歌活在人們心中。」他在音樂上的貢獻爲其贏得了「德國聖詩之父」的美譽——凡有信徒處，皆有人唱路德之聖歌。我還記得，當年我所在的北京方舟教會在一棟公寓樓禮拜聚會時，當大家吟唱凝聚路德一生經歷的詩歌〈我神是我大能堡壘〉時，突然響起輕輕的敲門聲。一開始，我們擔心是警察上門，開門才發現是鄰居——一位來北京工作的年輕的德國工程師。這個靦腆的小夥子告訴我們：「一聽到這樣的旋律，我就知道你們在聚會。」此後數月，他每週都來聚會，還爲我們司琴，彈奏路德撰寫的其他聖樂。

路德有一種以大眾能聽懂的語言表達觀點的本能力量。他的講章在各教會宣讀，他撰寫的禮拜儀式被人們遵循，他撰寫的基督教教義問答由家長與孩子們一同背誦，他翻譯的《聖經》鼓勵了怯懦者、安慰了垂死者。他好像是上帝特意降生在德國的，他的存在便是一個值得探究的「德意志現象」——沒有一個英國人在同胞的宗教生活中擁有類似的地位。[14]

路德對歷史的影響不限於此。路德本人並沒有現代意義上的言論自由和信仰自由觀念，卻在與羅馬教廷的論戰中，無意地確立了作爲基本人權之兩翼的言論自由與信仰。「這是我的立場」——這是大寫的「我」的生命意義的彰顯，這是被壓抑千年的個人意識的復甦。路德告訴人們，個人可以直接與上帝交流，不必借助天主教會爲仲介；個人的自由與權利不能被任何人剝奪，這是上帝賜予每一個人的。

路德的神學提出個人應當在上帝面前負責召集的生活決策——你應當獨自做出判斷，就像獨自死去。路德認爲，信徒生活在兩個領域中——一個是你和上帝之間的關係構成的領域，另一個是由這個世界、這個世界上的責任與義務構成的領域。[15]此一「兩國論」是路德神學的一個破口，它將信徒置於作為「利維坦」怪獸的現代民族國家的統治之下，賦予專制君主或黑格爾意義上的國家以太大的權力，因而埋下了德國走向極權式帝國的禍根。這是路德留給德國的負面遺產之一。

古騰堡印刷術給宗教改革插上翅膀

「古騰堡發明印刷術是如此偉大，而深入人心的信念又如此有力量。」宗教改革的成功，不是始於路德將九十五條論綱貼在城堡教堂大門上的動作，而是始於論綱被學生們抄寫下來並廣為印刷和傳播的時刻。一種思想觀念本身再偉大，如果不能得到最大範圍的傳播，就只能是「關在抽屜裡的思想」，無法發揮其改變外部世界和人的心靈的作用。

路德的九十五條論綱是用拉丁文寫作的，那時拉丁文是歐洲上層社會和知識階層通用的高階語言，販夫走卒無法讀懂。所以，人們應當感謝那幾個不知名的學生，是他們將翻譯成德文的小冊子帶到薩克森農村，帶到易北河、萊茵河、多瑙河、海濱、阿爾卑斯山區，帶到所有輝煌的古老城市和貧窮不堪的偏遠鄉村、基督教堂、騎士的城堡、國王的宮廷，最後迅速到達羅馬教廷。

在此之前，路德的名聲並未沒有超出威登堡，除了當地的居民、修士和農民外，很少有人知道他。可以設想，如果不是古騰堡印刷術，路德的聲音無法在短短幾年間傳遍歐洲，路德對教廷的挑戰至多是一場「茶壺裡的風暴」。

這就是思想與技術的完美結合，以及結合之後爆發出的巨大能量。羅馬教廷始終都沒有弄明白：在具備所有必勝的條件之後，他們為何收穫了慘敗？上帝沒有讓路德孤軍奮戰，上帝讓他的同胞中有一個名叫古騰堡的人。在同一個世紀，上帝早已將古騰堡安排在前一個驛站等候路德。古騰堡所發明的印刷術，彷彿就是專門為印刷路德翻譯的《聖經》和撰寫的文章準備的。

古騰堡生活的時代比路德早了大約半個多世紀，他原本是金銀匠，諳熟機械製造，一生追求最完美的手藝。經過多年堅持不懈的研製，他發明了包括鑄字盒、沖壓字模、鑄字用的鉛合金、印刷機以及印刷油墨在內的一整套鉛活字印刷技術，成為近代機械化印刷技術的先驅。他所發明的印刷術在其生前並未產生經濟效益與社會效益，他晚年在貧困潦倒中死去。在古騰堡去世之後二十年，路德出生了。正因為此一時間差，在路德醞釀其「異端思想」之際，古騰堡生前發明的印刷術逐漸發展到成熟階段——路德撰寫的文字，被送到這些效率極高的印刷機器上印刷出來。古騰堡與路德雖未謀面，但他們之間親密的「合作」打垮了教廷。

古騰堡的發明在歐洲產生了劃時代的影響。在此之前，書籍多半是靠修道院的僧侶手抄，數量稀少，價格昂貴，一般人只能望「書」興歎。教廷壟斷了《聖經》，長期以來，《聖經》只有拉丁文抄本，誰試圖將《聖經》翻譯為民族語言，就大逆不道，有被處以火刑的危險。當有了鉛字活版印刷術之後，教廷再想壟斷上帝的話語及解釋權已不再可能，《聖經》的各種民族語言的翻譯被提上議事日程。古騰堡發明的印刷術使人類出版史長達三千多年之久的「抄本時代」宣告結束，「印本時代」以其不可抗拒阻擋之勢，注入人類文明演進的長河之中。

美國維吉尼亞州雷德福大學傳播學教授科瓦里克博士在其著作《通信革命：從古騰堡到數字時代的傳媒史》中，以「修道士能力」來衡量古騰堡印刷術帶來的新生產力——一名抄寫《聖經》的修道士一天的工作量約等於抄寫一頁手稿，而古騰堡的印刷術把修道士能力擴展了兩百倍。

我將訪問古騰堡的故鄉美因茲看作是訪問威登堡路德故居的延長線。這兩個城市一北一南，風格迥異。威登堡莊嚴肅穆，如同衣著樸素的修士；美因茲位於萊茵河與美茵河交匯之地，風光旖旎，繁花似錦，建築色彩濃豔，如同濃妝少女。與嚴肅憂鬱、喜歡內心冥想的威登堡人不同，美因茲人活潑爽朗、喜歡嘗試與冒險那些新的事業。所以，在威登堡誕生了路德的神學，在美因茲則誕生了古騰堡的印刷術。

美因茲離法蘭克福只有一個小時左右的車程，這裡有德國最古老的葡萄酒作坊，有夏爾加繪製的彩色玻璃的聖斯特凡教堂，有木架白牆的中世紀的胡同「櫻桃園」，更有我們此行的目的地——古騰堡印刷博物館。就像威登堡人將路德當作他們的驕傲一樣，美因茲人也將古騰堡當作自己的驕傲。官方未在城市名字前冠以「古騰堡城」，但許多老百姓都自稱爲

「古騰堡城」。這裡有若干以古騰堡命名的地名和機構，如豎立著古騰堡塑像的古騰堡廣場、古騰堡大學、古騰堡印刷廠及古騰堡學會等。

離廣場不到兩百步，即爲名聞遐邇的古騰堡印刷博物館，該博物館已開放半個多世紀。在人類追求言論自由、信仰自由的歷史上，古騰堡印刷博物館與路德故居如同雙子星座，交相輝映。如果不是這兩個地方結爲同盟軍，以路德一人之力，如何能與羅馬教廷分庭抗禮？路德的戰鬥檄文若非通過古騰堡的印刷機大量印刷並傳播，羅馬教廷想要讓這個小小的修士人間蒸發，還不像捏死一隻螞蟻那麼容易？古騰堡的這幾台印刷機若非印刷了路德激情與深思並重的文字，又怎能奇蹟般地改變近代歐洲的思想史和信仰史？

博物館內燈光昏暗，是特意營造中世紀末期印刷作坊的氛圍。這裡陳列著古騰堡印刷工廠的精華所在——一架顯得有些笨拙的深色橡木印刷機，這台機器是按當初的樣式複製的。古騰堡當年在試驗時的多台機器都一字排開，讓遊客一一對照，明白古騰堡是如何一點一滴地改進並走向成功的。

古騰堡首次印刷的那批《聖經》中，至今存世的還有四十八本，其中兩本陳列在此處——在博物館中央的一間展廳內，在一個厚厚的防彈玻璃罩中間，擺放著這件國寶級文物。它是現存的西方第一部完整的印刷書籍，印刷於一四五二至一四五五年，每頁印刷四十二行，又叫《四十二行聖經》。這部拉丁文《聖經》，套色印刷，字形莊重，古樸大方，其印刷品質以今天的標準來衡量亦屬一流。旁邊的介紹文字指出，當時的工人都是虔誠的信徒，工作時懷著服事上帝的心態，一切工序均精益求精。科瓦里克博士說，《古騰堡聖經》是非凡的藝術品。人們能從作品的完美無缺中感受到一種強烈的宗教衝動。

博物館工作人員在現場演示，使用與古騰堡時代相同的機器、材料及方法，進行植字、排版和印刷。當年在古騰堡博物館複製印刷的那張紙，參照四十二行《古騰堡聖經》的版式和哥德字體，這張紙是《約翰福音》第一頁，開頭是：「太初有道……」操作者首先將金屬合金加熱，再倒入提前刻好字母的模具。等到合金冷卻後，小金屬字母就被排成單詞和句子再上墨。最後，在上面蓋上紙，再壓上一塊重重的板，有點像葡萄榨汁機的原理。這並非巧合，古騰堡的印刷機應該是改裝的葡萄榨汁機。自從羅馬人將釀酒工藝引入到此處，美因茨一直是德國主要的葡萄酒產區。[16]

古騰堡印刷術讓印刷品變得相當便宜，印刷速度提高了許多，印刷量大大增加。古騰堡的發明在歐洲迅速普及開來，在古騰堡印刷術問世的最初五十年中，用這種新方法印刷了三萬種書籍，共一千兩百多萬份印刷品；在此後的一個世紀裡，歐洲的文盲在總人口中的比例下降了一半多。

博物館中還收藏了世界各地與之同時期的印刷品，如中國、日本、韓國、阿拉伯國家所印刷的書籍。就印刷裝幀之精美而言，包括中國的古籍在內，都無法與《古騰堡聖經》的水準相媲美。其他任何文明中的印刷術，都未達到像古騰堡印刷術這樣高度機械化的程度。

法國大文豪維克多·雨果認爲，印刷術是世界上最大的發明。他看到文學和思想從印刷術那裡獲得了磅礴的力量，從建築術那裡流失的生命力如今歸書籍所有。隨著中世紀佔據人類文明核心位置的建築術的衰落，印刷術開始擴張壯大起來。路德是第一名「試劍者」，有了印刷術的幫助，他如虎添翼、過關斬將、無往不利。

當時，誰能相信威登堡和美因茲兩個德國小城聯起手來，便可戰勝富可敵國、權勢熏天的羅馬教廷？這是一場新型的「戰爭」，決定勝負的關鍵因素不在於士兵的數量和將軍的策略，而在於思想和技術當中所蘊含的看不見的力量。隨著印刷技術的迅猛傳播，每個歐洲城市都有了印刷公司。在路德去世前後，歐洲每年印刷和銷售數百萬本書籍，傳播與教廷相悖的新思潮。到了十八世紀，印刷術這把路德的舊劍，遞到伏爾泰、盧梭、孟德斯鳩的手中，由此啓動歐洲文化的新一輪更替。[17]

古騰堡體現了德國人在機械上的天賦，路德則體現了德國人在神學與哲學上的天賦。路德是第一位充分利用印刷品作爲影響公眾輿論的手段的學者。路德本人是一個極爲多產的作家。他的著作總計達四百多種，超過一百卷。「他以一種有力的、直截了當的風格寫作，這使他立即受到大眾的喜愛。」[18]無數短篇的小冊子從各個印刷廠源源流出，人們則熱切地購買和閱讀。路德是一位天才的小冊子寫作家。幾乎他寫的每一件東西，甚至最重要的論文，都首先以小冊子的形式問世。小冊子給他那活躍的思想提供了最充分的表達形式。而且由於路德用本國語言寫作，他甚至被認爲創立了德文書籍行業。

中國的印刷術爲什麼沒有帶來精神更新與社會變革？

魯迅在留學日本時，遍覽歐洲歷史，發現宗教改革對歐洲走向近代化的關鍵意義：「時則有路德者起於德，謂宗教根元，在乎信仰，制度戒法，悉其榮華，力擊舊教而仆之。」他進而論述說，宗教改革讓歐洲實現了學術進步、思想自由、經濟富裕、科技發達、政治民主——「束縛弛落，思索自由，社會蔑不有新色……顧世事之常，有動無定，宗教之改革已，自必益進而求政治之更張。」[19]

一些熱愛中國的漢學家認爲，宣稱古騰堡是印刷術的發明家，是「歐洲中心論招搖撞騙之作」，並重申中國才是最早發明印刷術的國家：「印刷術源自中國，在印刷術轉至歐洲的數百年前，它就已存在於中國，而古騰堡的『發明』源自它。」[20]

然而，迄今爲止在中國發現的最早的印刷品都是佛經，而同時期的儒家、道家經典卻都是竹簡或帛書，這表明印刷術是從印度隨佛經傳進中國的。而印度也並不是印刷術的創造者，活字印刷工藝也是從古代波斯傳進印度的。中國只是三道販子而已。畢昇將梵文改進爲漢字，但很不幸的是，畢昇版活字印刷術從來都不適用，此後中國的印刷依然以雕版印刷術爲主。波斯、印度和中國的印刷術，全是手工印刷，而非機械印刷。更爲關鍵的是，無論是波斯、印度還是中國，這種孤立的技術都沒有帶來整個社會思想文化的繁榮與觀念秩序的突破。

古騰堡的鉛活字版機械印刷機完全是獨立發明的，這一點國際公認。更重要的是，古騰堡印刷術影響了社會權力的分配，並引發了社會變革。

中國人沾沾自喜於子虛烏有的「四大發明」（以及所謂的「新四大發明」），反倒讓自己處於一種尷尬的位置上：如果中國人發明印刷術眞的比古騰堡更早，爲何印刷術沒有爲中國帶來人的精神及社會政治領域的變革呢？爲何印刷術未能與路德式的「精神界之戰士」的思想成果結合，推動中國實現近代化呢？

在此問題的答案中，隱含了中國儒家文化與基督教文化之根本性差異。兩千年來，中國一直維持一套完整而穩定的儒家世界觀、人生觀和價値觀，以及由此產生的政治及社會架構。王朝可以更替，大一統格局不變；皇帝可以輪轉，皇權絕對性不變。對於中國的政治架構和信仰模式，有學者評論說：「整個官僚體制的國家盛行以家庭來打比方：皇帝被稱爲天子，知縣稱爲父母，而且官僚體制還爲建構社會關係提供了一個強勢的可用模式。」中國人「願意接受建立在客觀、正確標準基礎上的控制以及接受一種高度的非人格化的規則」。[21] 中國人將「統一」當作「政治圖騰」來崇拜，使權力走向高度集中。在此超穩定結構之下，既不可能表彰沉迷於「奇技淫巧」的古騰堡（畢昇基本上不爲人知曉，僅在沈括之《夢溪筆談》中有寥寥數語之記載），也不可能能鼓勵敢於「異想天開」的路德（稍有出軌思想的明代思想家李贄被抓捕入獄，爲免受凌辱而揮刀自刭）。畢昇與李贄的結合，當然更不可能。

與大一統的中國形成鮮明對比，分裂給德國帶來文化繁榮、思想自由。那時的德國，在地圖上是上千個「城市國」。在分裂的德國，人民並非生活在「水深火熱」之中，「小國富民」比「大國寡民」好得多。爲什麼如今每個小城都獨一無二、活力四溢？用學者金耀基的說法，是因爲「這些小城都有一套自己的『地方歷史』、『地方智慧』，這也就無怪乎它們有文化的厚度和活力，既古典，又有現代感。」[22]對於「列國並峙、一天星斗」的狀況，許多明智的德國知識分子沒有心急如焚，反倒甘之如飴。比如，歌德安於擔任方圓不過數十里的威瑪公國的首相，從未有過一統江山的雄心壯志（中國的悲劇是，夢想天下歸心的「英雄」或「梟雄」太多）。一八〇六年，在拿破崙的壓力下，虛有其表的神聖羅馬帝國皇帝宣布退位。歌德是從報紙上看到帝國壽終正寢的消息的。僕人和車伕之間的爭吵比帝國的終結更引起他的注意。倘若德意志的統一早了幾百年，沒有選帝侯腓特烈，沒有威登堡的自治狀態，就不可能出現路德。

其次，中國人和西方人的「眞理觀」截然不同。儒家文化中沒有與上帝立約的先知傳統，中國的士大夫不是「對社會的核心價值極爲敏感並且全身心地獻給核心價值的人」，「由於完全沒有誓約的概念、沒有上帝介入時間的概念、沒有救世主履行誓言的概念」。[23]他們不會像路德那樣，爲了眞理付出名譽乃至生命的代價。儒法兩家，「未知生，焉知死」，不太考慮未來、彼岸世界、靈魂安置等形而上的問題。中國的普通老百姓對類似於路德九十五條論綱的教義之爭不感興趣，中國的民間信仰和祖先崇拜，是一種高度世俗化、功利化的「心理安慰」。菩薩是用來求得好處的，不能帶來好處的菩薩，毫不猶豫地棄之如敝屜，更不會爲了捍衛菩薩獻出生命——此種做法在中國人看來，實在是太傻了。

當然，士大夫願意爲某些原則付出代價，比如「三綱五常」。明朝的「大禮儀之爭」便是一個典型案例：嘉靖以藩王身分嗣皇帝位後，希望追封生父興獻王爲帝，激起群臣的反對。從禮法上看，追封興獻王爲帝，是對前任正德帝的不孝，破壞了家族延續的承嗣制度。儒家官僚集團認爲，這是帝國的「基本制度問題」，遂採取最極端的方式來抗議：集體向皇帝哭諫。包括九卿、翰林、給事中、御使等二百餘人，一起跪在左順門外要求維護「大禮」。嘉靖毫不退讓，將爲首的幾位大臣押入監獄。左順門前一時哭聲、喊聲震天。嘉靖心生殺機，派錦衣衛對群臣棍棒相加，階下頓時血跡斑斑。這些大臣不可謂不忠，但這種忠誠是「愚忠」。「儒官」極少關懷社會正義，卻對皇帝的家事「事事關心」。對士大夫來說，個體的價值只有在「君君，臣臣，父父，子子。」的倫理框架才能實現；路德則認爲，人的價值並非來自於人的能力或他人的承認，而是來自於人作爲上帝被造物的身分，在「因信稱義」的基礎上，才有對人的價值之確立。

在路德開創的基督新教中，具有某種可稱之爲現代化潛力的東西，「一種新的精神氣質，一種新的倫理道德」，它們強烈地促進了現代化社會的形成與發展。[24] 馬克斯·韋伯指出：「新教徒並不反對宗教，而恰恰是通過宗教本身來開始行動的。這種對宗教的強化恰恰成爲了現代世界與現代人的最重要的來源之一。」他認爲，路德對世俗活動的道德辯護——每一種正統的事業在上帝那裡都具有完全同等的價值——是宗教改革最重要的後果之一。[25]

與歐洲的清教（即廣義的基督新教）相比，中國的儒家雖也有理性主義的一面，但儒家的經濟政策並未創造出近代西方理性的資本主義的經濟心態。[26]

無疑，路德對人的價值的確立、對人的自由的界定，是一種回歸《聖經》的福音精神。這福音精神就是自由，也是承擔——心靈釋放後帶來的承擔。基督徒的自由是服事他人的自由，歸附社群的自由；不是遺世獨立，唯我獨尊，自我中心。如果說儒家遵循「達則兼善天下，窮則獨善其身」的教導；那麼，新教倫理則認爲，基督徒是世上的光、世上的鹽，即便窮時亦不得獨善其身，如《路德文集》中文版編者伍渭文牧師所論：「這福音精神在個人主義與集體主義中取得優美的平衡，肯定個人的尊嚴與社會的團結。」[27]而在中國，既無宗教改革，也無文藝復興，可以實現「現代轉化」的傳統因素少之又少。由於前現代的中國皇權專制文化較少具備與制度及精神現代化的普遍要求相吻合的有機成分，中國之走向現代的過程不僅僅是制度轉型，更是文化更新乃至信仰重構。

最後一個原因，中國將印刷術列爲「四大發明」之一，這個「文化大國」卻又是禁書、焚書最酷烈的國度。中國人從未眞正理解印刷術的意義，自然不會尊重言論自由與資訊的自由傳播。如果說在宗教改革時代的德國，「印刷術提供對思想的避難就像修道院對普通人提供身體的避難一樣」；那麼，在中國的歷史與現實中，焚書與焚人一直是統治者的拿手好戲。從清代乾隆修四庫全書而千百犯禁之書亡，到毛澤東一人博覽群書而全民只能閱讀他的「紅寶書」，再到今天耗資數百億打造「網路長城」——這就是印刷術以及網路技術在中國的遭遇，沒有被偉大信仰與自由思想所光照的技術，永遠只能是技術而已。

遙望威登堡的路德故居，遙望美因茲的古騰堡印刷博物館，這兩個城市，真的離「中土」很遠很遠。

二〇〇九年二月五日至七日完稿
二〇二一年三月十四日修訂

第二章

屈辱的共和，失敗的憲政

——尋覓逝去的威瑪共和國

> 第三帝國是俾斯麥帝國的加強版，「希特勒主義」則是升級了的「德皇威廉主義」，威瑪共和夾在這兩者之間，只算得上是一個插曲。有一次在慕尼黑，我坐在一間咖啡館，有衝鋒隊隊員在兜售明信片，上面印著腓特烈大帝、俾斯麥與希特勒的肖像，還附著解說的文字。這卡片正確地把德國的發展路線描繪出來了，不過如果我們考慮到這個「進步」實際上每況愈下——從腓特烈大帝與伏爾泰的書信往返，經過俾斯麥《我的思考與回憶》，再到希特勒的《我的奮鬥》，這明信片同時也就成爲一幅嘲諷漫畫：普魯士國王的懷疑精神化身爲一八七〇年代「鐵與血」的口號，再變成獨裁者兼煽動家擺平一切異見的喊叫。
>
> 卡爾·洛維特《納粹上台前後我的生活回憶》

沒有俾斯麥塑像的威瑪，仍然在俾斯麥的陰影之下

在威瑪城內，有許多名人塑像，名人大都是文化藝術大師，如威瑪國家歌劇院門前歌德與席勒牽手的塑像最能代表這座城市。威瑪是歌德、席勒、赫爾德的城市，是富有人性的詩人、哲學家組成的「美好」德國的中心。歌德說過：「偉大並不是用財富和權力來確定的，而是用道德上的信念來確定的。」這是一座具有自由主義傳統的城市。從心理角度來說，威瑪對於一個新民主的開端，無疑是比柏林和波茨坦更爲合適的地方。

在威瑪市中心的幾條街道上，沒有政治家和軍人的塑像，比如對德國近代化進程影響最

大的俾斯麥。威瑪共和國的開創者們有意避開俾斯麥，以此向國民、也向世界凸顯「兩個德國」的差異：一個是黷武好戰的德國，完全卑微臣服於權威，致力於侵犯他國，同時強烈拘泥於形式；另一個則是抒情詩一般的、人文主義哲學的以及世界大同的德國。一戰之前，德國曾經嘗試走俾斯麥和施里芬的路線；一戰之後，則嘗試要走歌德和洪堡德的路線。[1]

在威瑪共和國期間，俾斯麥成為一個飽受批評的目標，但不可否認的是，威瑪共和國仍然「活在俾斯麥的陰影之下」，所以，探究威瑪的歷史，不能離開俾斯麥。所謂的「兩個德國」並非截然對立，而是水乳交融。對於傳統，絕非「取其精華、去其糟粕」那麼簡單。在許多情況下，即便是目光如炬的智者，也難能分清哪一部分是精華、哪一部分是糟粕。換言之，俾斯麥身上未必沒有歌德的品質，歌德身上未必沒有俾斯麥的性格。

以洪堡德為代表的德國知識菁英，傾向於認為具有貴族與威權傾向及獨特官僚制特徵的霍亨索倫王朝，在維護個人自由和司法保障方面比容易受衝動的公共輿論影響的民主制做得更好。他們想要的是在立憲君主制中獲得最好實現的「法治國家」。這種君主制提供了群眾代表機構，又維持了行政統治的重要特權，尤其是涉及外交事務的特權和一支不受議會控制的軍隊。[2]

在此基礎上，德國菁英階層試圖通過法令自上而下創立一個有效率的現代化君主國，能夠動員整個民族的人力資源，將個人自由、司法保護、大眾在某種程度上參與公共事務和傳統權力組織的尊重相協調。然而，在這一過程中，他們完全忽視了君主專制的民族國家對個人自由和權利帶來的無限侵害。他們也未能設計出防止王朝可能走向窮兵黷武的制度約束，即使俾斯麥本人對此也無能爲力。當晚年日益穩健的俾斯麥被年輕氣盛、野心愈來愈大的威廉二世以強硬的方式罷免之後，他不禁感歎說，遠見的能力是統治者所必須的，然而「每當想到這些特質在我們的領導集團身上喪失到了何種程度時，我不覺爲之憂心忡忡」。[3]

俾斯麥所代表的根植於德國菁英階層的支持君主制、反對共和制的政治立場，與法國大革命的刺激不無關係。法國大革命的激進平等主義要求和對一切傳統的挑戰，爲國家對人的體制性暴政鋪平了道路，羅伯斯比和拿破崙的所作所爲，是德國知識分子最不願看到的結果。於是，他們在一八一三年精神中發現了比一七八九年思想更爲合理的「德國替代物」。[4]但是，這一「替代物」眞的可以切實保障民主、自由與人權並成功地將德國引向現代化之路嗎？法國大革命固然可怕，德國知識菁英所選擇的這一「替代物」，即學者朱學勤所謂的俾斯麥式的「王朝社會主義」[5]也同樣可怕：

❶巴黎和會對德國的條款極其苛刻，讓威瑪共和國失去民心。

❷貧富懸殊、社會矛盾激化，威瑪共和搖搖欲墜。

❸威瑪共和黨首任總統、社會民主黨人亞伯特。

❹威瑪憲法。

前者迷信「革命」，後者迷信「國家」——當「國家」被神話爲一種絕對價值之後，從俾斯麥走向希特勒，就是水到渠成。

威瑪共和國是在第二帝國的廢墟上建立起來的，幾乎全盤繼承了第二帝國的衣缽。兩個時代藕斷絲連、一脈相承。一戰終結了第二帝國，卻沒有摧毀其政治、經濟與文化結構。經過這場慘烈程度超過所有人預想的戰爭，德國元氣大傷，接受屈辱的失敗，以及苛刻的〈凡爾賽和約〉，但支持第二帝國的關鍵力量，如軍隊、工業家、容克地主，和佔據大學、媒體中重要位置的民族主義知識分子卻完整保存下來。他們在威瑪共和國殘缺不全的法治環境下結集起來並蠢蠢欲動，成爲顛覆共和國的潛在力量，也是支持納粹的生力軍。

如果將威瑪共和國失敗的原因往上追溯，「鐵血宰相」俾斯麥留下的制度遺產和精神遺

❶

❷

❸

產無疑是源頭之一。直到今天，德國知識階層仍對俾斯麥敬畏有加——歷史學家邁涅克並不爲一八四八年法蘭克福議會的失敗感到惋惜，相反，他認爲俾斯麥的道路乃是唯一能導向一個強大而自由的民族國家的道路。「俾斯麥成功地賦予了德國一個憲制的政府形式，這種形式巧妙地使普魯士的領導權與更小的各日爾曼國家持續而自主的存在得以調和，並以一個強大的君主行政權平衡了國會制度。在一八六六和一八七〇年的戰火洗禮中，俾斯麥挽救了已經在德國公眾心目中徹底聲名掃地的憲政。」邁涅克將敵視民主的俾斯麥看作憲政制度的恩人，這正是德國歷史的吊詭之處。

實際上，俾斯麥設計的帝國體制，只是一種虛假的民主形式，正如馬克斯·韋伯批評的那樣，俾斯麥只留下一個缺乏政治深度的國家，一個習慣接受上級決定的國家。俾斯麥的虛假民主不單加深了「德意志傳統」的保守性，更給予它一種「現代」的風格。邁涅克只看到俾斯麥表面上輝煌的成功，而未能分辨其遺產中隱藏的毒素——若干年之後，希特勒正是以此爲溫床而逐漸坐大。

❶興登堡總統授權希特勒組閣，威瑪共和國命懸一線。

❷威瑪的歌德故居。

❸猶太實業家、作家、政治家拉特瑙，曾出任威瑪共和國財政部長，他的遇刺為威瑪共和國敲響了警鐘。

❹威瑪市中心廣場上，歌德與席勒攜手的塑像。

俾斯麥不是傳統意義上的保守主義者，也不是自由主義者，而是國家權力至上主義者。「他違背當時保守主義的正統觀念，『革命』地以自由主義的手段，超越正統保守主義；同時又以保守主義的價值，駕馭自由主義。」[6]在容克貴族、資產階級、工人階級三角鬥爭的複雜局面中，俾斯麥利用拉薩爾的「國家社會主義」傾向，來打造「有組織的資本主義」、現代干預型國家以及「福利化國家」。他對民主不感興趣，之所以引進「普選權」，是要在傳統社會結構的基礎上，運用現代政治的手段，來阻止政治制度的現代化進程。[7]

當俾斯麥想起民主、尊重議會時，是他即將被威廉二世罷免之際——此刻，他才意識到長期被其削弱的議會，原本是遏制皇權擴張的屏障：「四十年來，我親眼看到一屆又一屆的人民代議機構更迭，我認爲它們對於我國總的發展，較之君主們的錯誤造成的危害小得多。」[8]可惜，此時悔之晚矣。

俾斯麥沒有看到威廉二世及其身邊的一批佞臣們將德國

❶

❷

推向第一次世界大戰的悲劇，更沒有看到同樣打著「國家社會主義」旗號的納粹推倒威瑪共和國並將德國導向更加慘烈的第二次世界大戰的悲劇。若看到，他必將痛不欲生。

一場沒有準備好的革命和一個早產的共和國

威瑪共和國是一個早產兒，是一場沒有準備好的革命的結果。

一九一八年十一月九日，柏林陷入無政府主義狀態，首相巴登親王宣布皇帝退位。避難於德軍大本營的德皇威廉二世，對堂弟「無恥而殘忍的背叛」怒火中燒，並聲稱「絕不退位」。但是，德軍總司令格羅納告訴狂暴的皇帝說，他的後面已經沒有軍隊了。在失去軍隊效忠的情況下，威廉二世乘專車前往荷蘭開始流亡生活，到達荷蘭邊境之後，他的第一個要求是來一杯上好的英式紅茶。從此，他再也沒有回到德國。

大多數柏林人並沒有想到共和國會在這一天誕生，他們所期望的不過是皇帝的退位。巴登親王要求選出一個立憲大會和攝政機構，然後辭職以支持多數黨——社會民主黨的領袖、內務部長艾伯特。於是，艾伯特，這個裁縫的兒子、做馬鞍的學徒、「相信所有的事情應該按照可以接受的規則加以實施，而決策不能由民眾和暴徒煽動者的非理性行爲強加給合法當局」的「修正主義的社會主義者」，成了危急時刻沒有經過選舉而掌權的國家元首。

這天中午，當艾伯特的助手謝爾曼正在國會餐廳喝著一大碗馬鈴薯湯時，一群士兵衝進來，告訴他一個不祥的消息：斯巴達派的領袖李卜克內西在帝國皇宮的陽台上宣布蘇維埃共和國成立。德國變成第二個俄國的危險迫在眉睫。

謝爾曼立即衝到國會的窗前，對著興奮的柏林市民宣布說：「該死的戰爭已經結束，皇帝已經退位，新政府萬歲，德意志共和國萬歲。」當艾伯特聽到謝爾曼宣布共和國成立的消息，用拳頭猛擊著桌子，對他怒吼道：「你沒有權力宣布成立共和國。」連共和國未來的總統都沒有做好成立共和國的準備，只是爲了避免斯巴達派將德國變成又一個「蘇維埃」，他們才提前登場，「德國偶然地接受了一個共和國。由一個社會主義者宣布成立這個共和國的事實，從它誕生的初始就使它蒙受了汙名。」[9]

德國學者沃爾夫·勒佩尼斯發現，在德國的文化菁英中有一個廣爲流傳的論調，即政府的民主形式與德意志精神形同陌路，恰如政治被解讀爲藝術一樣不可思議，而接受妥協作爲政治鬥爭的結局則是墮落的象徵。許多人將在德國首次建立民主政權的威瑪共和國看作對德國政治理想的背叛，使文化與議會民主相融合的企圖被打上攻擊德意志精神的烙印。即便自稱「理性的共和主義者」的梅克尼，也並非由於衷心支持才接受威瑪共和國，更重要的原因是基於冷靜的理性辨析。儘管如此，他還是抱怨說，在德國，眞正的英雄都離開了政治舞台，剩下的只有那些小商人。[10]

德國發生的一切是革命嗎？歷史學家施蒂默爾指出，答案既是肯定的，又是否定的。它是一場革命，是長期經受苦難後的民族的呼聲，民眾已對領導人失去信心，國家資源被耗竭，民族瀕臨絕望。然而，德國的「革命」並沒有周全的籌畫，甚至沒有嘗試去建立一個新德國，在新世紀建立一個新社會。它僅僅是一個已千瘡百孔的國家的崩潰，德意志的自信和自尊的崩潰。[11] 當時，包括剛剛在戰場上失去兩個兒子的艾伯特本人在內，都不知道德國的未來會是怎樣。由一場沒有準備好的革命催生的共和國，往往是少數人的共和國，也是最不穩定的共和國，這個搖搖欲墜的共和國最容易被專制的力量所顛覆。

威瑪不是一個特例。比如，一九九一年，蘇聯那場鬧劇般的「八一九」政變所引發的革命，終結了「二十世紀最後一個世界性帝國」，卻未能終結其內在的帝國結構以及民眾內心深處的帝國情結，直到今天俄羅斯的民主仍高度不穩定。曾在葉爾辛時代擔任俄羅斯總理、以休克療法著稱的經濟學家蓋達爾，對普丁愈來愈明顯的威權主義和民眾「濃得化不開」的懷舊情緒充滿憂慮。前格別烏（國家政治保衛局）特務的普丁因對西方和國內少數民族態度強硬而獲得極高支持率，由總統轉任總理再當選總統，大權在握的時間將超過史達林。這是典型的「後帝國症候群」，「對帝國莊嚴象徵的呼喚是一種操控政治進程的有力手段」。連一度與普丁私交甚佳的戈巴契夫也不禁批評說，現在俄羅斯的民主還沒有他在台上的時候多。數百名新聞記者、作家和異議人士遭到暗殺和恐嚇，普丁領導的政黨在議會中一黨獨大，普丁及其核心集團控制國家經濟命脈，對周邊原隸屬蘇聯的喬治亞、烏克蘭等國實行胡蘿蔔加大棒政策……俄羅斯不太可能退回萬馬齊喑的史達林時代，但「後帝國症候群」將長期存在。

在昔日的威瑪與今日的俄羅斯之間，蓋達爾敏銳地發現了共通之處：「很少有誰記得，德國在帝國垮台八年之後的一九二六年恢復了帝國的象徵（該年五月，興登堡總統發佈命令規定，德國駐外外交代表機構上空必須同時飄揚共和國國旗和帝國國旗），而俄羅斯恢復帝國象徵則是九年後的二〇〇〇年。」[12]蓋達爾指出，德意志帝國滅亡與希特勒上台相隔約十五年，在蘇聯潰滅十五年後，試圖恢復大國雄風的普丁身上「卡里斯瑪」（charisma）色彩愈發濃厚。渴望由獨裁者來安排他們的生活，這是民眾根深蒂固的奴性；懷舊情緒的瀰漫，則是民眾的知情權受到限制。「威瑪共和國政府當局不肯披露第一次世界大戰起因的眞相，乃是促使其垮台的最重要因素之一。在我看來，關於蘇聯崩潰的原因和機制的眞相並未系統地得到說明。」俄裔美國記者瑪莎·葛森認爲，俄國已經重新扮演起邪惡帝國和生存威脅的角色，它進入了一種「復發極權主義」狀態。[13]普丁是民意的產物，正如希特勒也是民意的產物。共和理想固然高尚，但如果民眾不具備基本的民主素質，則共和不是一棵栽在溪水邊的樹，而是一株浮在水面上的草。

俄羅斯的未來尚是未知數，而與威瑪更爲相似的，是在中國本土已成爲歷史的「中華民國」。與德國十一月革命相似，辛亥革命也是一場沒有準備好的革命。它在誰也沒有料到的情形下發生——當時，革命派領導人孫文在美國華人社區兜售「革命債券」，立憲派領袖梁啓超在日本對「皇族內閣」深感絕望，實業救國的前狀元張謇對「舉措乖張」的滿清王朝忍無可忍，被罷黜的袁世凱則在老家裝扮成閒適的釣魚翁。這些具有先知特質的人物，這一次卻成了「後知後覺」——正如德國十一月革命是由一群並未受過良好教育、並未深入思考國家未來的基爾軍港水兵策動，辛亥革命也是由一群武昌新軍下級軍官和士兵發動。他們成爲革命者，靠的不是理智而是本能。

「首義者」固然功不可沒，但當他們扛著武器進入昔日威嚴無比的衙門時，卻不知道該做什麼。如何接收權力、運行權力、在專制的廢墟上建立新制度，均非他們所長。革命派領袖中，無人具備管理龐大國家的經驗，孫文之於中國，是一名大半時間生活在西方的「外國人」和「流亡者」；在人才濟濟的立憲派中，沒有一個核心人物，梁啓超是輿論鼓吹者，張謇是江浙派領袖，湯化龍的影響力不出湖北。袁世凱掌權，不是歷史的偶然，乃是歷史的必然；袁世凱沒有成爲「中國的華盛頓」，不應過度指責其道德人品，乃是由他背靠的政治與文化傳統所決定。

威瑪共和國被納粹顛覆，但那段歷史並非可有可無。在經歷了第三帝國的畸變之後，威瑪的傳統爲此後聯邦德國及統一後的德國所充分吸納，今天的德國成爲歐洲大陸民主法治運作良好的國家，威瑪遺產功不可沒。而同樣也是一場沒有準備好的革命——辛亥革命——的早產兒的中華民國，雖然先被國民黨、後被共產黨所顛覆，但中國人創建亞洲第一個共和國的嘗試仍可歌可泣。歷史學家張朋園指出：「單就推翻清朝政權，結束了數千年的專制政體而論，辛亥革命似乎可以說是成功的。但是革命之後的大問題，是如何建立一個全民政治的政府，如何從事建設，如何改良社會。一言以蔽之，如何走向現代化的道路。這些雖然有人想到了，卻未能立刻見諸實行。」[14]中國反民主的傳統比德國更深厚，反民主的力量比德國更強大，建立民主也比德國更爲艱難。即使今天，「共和國」與「現代化」（當然包括政治現代化）於中國而言依舊是遙不可及的夢想。而「辛亥革命」和「中華民國」兩者都是尚未被中國人所充分反省過的歷史。

一部束之高閣的憲法和一個四分五裂的國會

當我們來到威瑪市中心的廣場時，這裡正在舉辦一個熱鬧的露天音樂會。在歌德和席勒牽手的銅像前，搭起一個臨時舞台，一名歌手和一支樂隊正在投入地演出。台下的廣場上，是數以千計的年輕人，隨著歌聲應和起舞。賣德國烤肉、香腸和啤酒的攤位前排起長隊。這眞是一個歡快的嘉年華。我們本來想嘗試一下此種大眾口味，翻譯告訴我們，附近還有更好的去處，那就是歌德故居對面的「白天鵝亭」餐廳，歌德經常在那裡用餐。我們行程匆匆，在威瑪住宿的一個晚上未能訂上廣場附近的「大象旅館」——那可是孟德爾頌、巴哈、李斯特、華格納、托爾斯泰、湯瑪斯·曼等大師下榻過的地方——卻可以在「白天鵝亭」享用一頓威瑪最美味的燉牛肉。

在國家劇院下首方向，有一棟毫不起眼的黃色小樓，如果不是特別注意門口標識，很容易就錯過了，不懂德文的我們便錯過了兩次——它便是大名鼎鼎的包浩斯博物館。而威瑪城大部分的精華——歌德故居、席勒故居、尼采故居、歌德圖書館等全都近在咫尺。在方圓一平方公里範圍內，居然曾有過如此多的巨人在此棲居。

周遭最宏偉的建築是國家劇院。此劇院歷史悠久，席勒的《威廉·泰爾》、歌德的《浮士德》的首次演出都在此舉行，李斯特、華格納、史特勞斯也都一一在此大顯身手。該劇院幾度被焚，如今的建築是一九〇七年建成的，正是第二帝國國勢到達頂峰，威瑪這座未被工業化改變的小城正大興土木。此劇院雖名之曰「國家」，比起柏林那些尺度大得驚人的建築來，反倒秀外慧中。

威瑪國家劇院的著名，除了跟那麼多名人有關之外，更重要的是，一九一九年二月六日，國家立憲會議在此開幕，在歌德和席勒的注視下開幕。這次制憲會議也是對這兩位人文主義者遲到的致敬。然而，威瑪文化的研究者彼得·蓋伊卻用如此陰鬱的筆調描述威瑪共和國的登場：「在歌德的城市建立一個國家，並不意味著可以保證這個國家與歌德的想像相同，甚至，也無法保證這個國家的長久。」

七月三十一日，制憲國會以兩百六十二票對七十五票通過〈威瑪憲法〉，「威瑪共和國」因而得名。後人說，選擇威瑪作爲國會開會的地方，是因爲威瑪擁有深厚的人文主義傳統。其實，在革命大潮中險象環生的新政府和新國會，並沒有如此深遠的考慮，用威瑪共和國首任總理夏德曼的話來說，最初把立憲國會設在威瑪的決定，完全是出於謹慎的考量，「因爲柏林不安全」。

〈威瑪憲法〉通過時，社民黨的內務部長埃德瓦特·大衛自豪地表示，德國目前已是「全世界最民主的民主國家」。他這樣說不是沒有道理的，這部憲法中有直接民主的成分：

公民投票、公民決議，最重要的是，公民直接選舉帝國總統。[15] 然而，直接民主並不意味著民主就能因此而鞏固，恰恰相反，威瑪共和國扮演了一個反面的典型：在一九三二年最後兩屆帝國議會選舉中，兩個極端反對民主而崇尚獨裁統治的黨派獲得了無效的多數票：納粹黨和共產黨。

雨果·普羅伊斯，這位威瑪憲法的建築師，可以說是這場革命的象徵，他是猶太人（威瑪共和國的高官中有很多猶太人，以至於德國的民族主義者們認爲，德國不應該推翻帝制，而「猶太共和國」及其敷衍執政才是今日德國苦難的根源），又是個左派民主黨人，曾被摒棄於大學教育體系門外，如今他以一個局外人的身分身居要津，爲新的共和，也是他的共和，量身定作新衣。他折衷地從幾個地方尋找制憲的方法，包括美國憲法、歐洲議會主義的精華部分，以及法蘭克福會議流產的憲法。這部憲法存在著諸多缺陷，比如雖有聯邦主義的原則，但中央政府權力過大；再比如總統在權力格局中幾乎不受議會和法院制約，其權力之大不亞於君主制下的皇帝。但是，這部憲法保障了公民的基本權利，如言論、出版、結社自由，宗教寬容，擁有私有財產的權利，接受公共教育的權利，以及人身保護權。這些給予人深刻印象的條文，以及全體選民可藉以參與立法、免除官員的覆議權和創制權，都使它成爲當時世界上最民主的文獻之一。

「法治國家」的理想得到憲法的確定，卻沒有得到民眾內心的認可。憲法雖好，卻沒有合適它生存與實踐的環境。由於缺乏對共和及自治管理具有充分心理準備和歷史準備的官僚集體和公民社會，威瑪憲法在其存在的十五年間，如同油浮在水面，而未能如鹽溶入水中。對德國社會而言，威瑪憲法從誕生到死亡，都是一個不受歡迎的異類，就連其起草者雨果·普羅伊斯亦明確地表示懷疑：「這樣的民主制度是否能交給那些在骨子裡對它進行抵制的民眾？」那時還不是納粹黨員而是總統制的支持者法學家卡爾·施密特是威瑪憲法最嚴厲的批判者之一，他說這是一部模棱兩可的憲法，它實在不痛不癢到了「自戕」的地步。[16] 希特勒上台之後，在共和國最後苟延殘喘的日子裡，不斷粗暴地破壞憲法，憲法像窗紙一樣被他戳得漏洞百出。這部可憐的憲法毫無還手之力，也得不到其他權力機構的保護，被希特勒親手蓋上了作廢的印章。

威瑪憲法被束之高閣，威瑪國會則四分五裂——直到希特勒上台才將國會「統一」起來，不過那時國會已名存實亡。除了在威瑪國家劇院舉行的那次制憲會議還稱得上成功，此後的國會便走上了下坡路。國會被分別代表左、中、右的五個較大黨派所撕裂，建立在議會多數派之上的政府走馬燈式地輪替：從一九二〇年到一九三〇年，有七位不同的總理領導下的十三屆政府，沒有哪一屆政府的壽命超過十八個月。各種主義的嘗試及其互相之間的磨合，都不可避免地走向失敗。對民眾來說，這不僅是社會民主黨、民主黨、天主教中央黨、人民黨、民族人民黨及其政治理念的失敗，而且是整個民主制度和議會制度的失敗——政黨政治和議會制政府在廣大德國人民當中將自己好不容易積累起來的一丁丁點兒信譽損失殆盡。與其說是希特勒謀殺了威瑪共和國，不如說是威瑪共和國因爲沒有找到正確軌道而跌入萬丈深淵。到了一九三〇年以後，威瑪共和國想毫髮無損的全身而退，實在是一種奢望，這個問題已經縮小到民主體制將以何種形式崩潰。[17]

中華民國（北洋政府）時期的憲法和國會也可稱之爲「被束之高閣的憲法和四分五裂的國會」。威瑪憲法相對比較穩定，而辛亥革命之後，中國先後出現過四部憲法：〈臨時約法〉、〈天壇憲法草案〉、〈中華民國約法〉以及一九二三年的〈民國憲法〉。這些憲法的立意不可謂不佳，即使後來飽受詬病的、袁世凱當權時起草的〈天壇憲法草案〉，其目的也是「在束縛行政使爲國會之役使，將一切權威給諸國會，使其爲立法獨尊」。[18]然而，這幾部憲法要麼還來不及實行，要麼只是短暫存在，之後便被廢除。它們只存在於菁英分子的理想之中，未能成爲中國社會的「有機體」，未能成爲老百姓生活的一部分——大而言之，憲法未能避免大規模內亂的爆發；小而言之，普通民眾在基本權利受到侵犯之時亦無法援引憲法來抵禦暴政。

從晚清到民國，先後有四次國會選舉：一九一〇年的資政院、一九一三年的第一屆國會、一九一八年的安福國會以及一九四七年的國民黨國會。「四次國會選舉，一次不如一次」。[19]民初的國會，一開始萬眾矚目、備享尊榮，其成員大都是一時之選，胡適晚年亦稱讚國會議員都是「了不起的人才」；但激烈的黨爭和不妥協的文化傳統，使國會自身的權威受到削弱，逐漸從國家政治生活的中心位置淡出。曹錕賄選事件曝光之後，國會成爲眾矢之的，「八百羅漢」被國人罵爲「豬仔議員」。部分移滬國會議員發表措辭激烈的宣言：「竊以共和國家總統、國會俱爲全國人民所託命。今竟明目張膽，使神聖議會，變爲交易市場；尊嚴總統，視若交易貨品，顯犯刑律，騰笑友邦。曹錕個人不足誅，其如中華民國之名譽何！賣票敗類不足惜，其如四百兆人民之人格何！」[20]政府和國家元首可以失去人民的信任，國會卻不能失去人民的信任。如果國會失去立法之權威、失去民眾之尊重，則憲政岌岌可危，共和國朝不保夕。

當軍閥和黨人都以立憲、護憲、開國會這些現代政治觀念來彰顯自身合法性時，他們的骨子裡卻是陳腐不堪的皇帝夢。當時中國的情形與獨立後的拉美諸國很相似，滿懷革命激情的玻利瓦描述說，在拉美「條約只是幾張紙，憲法只是幾本書，選舉是戰鬥，自由就是無政府，而生活則是折磨」。誠心裁軍的黃興被人譏笑爲傻瓜，醉心選舉的宋教仁成爲刺殺的對象，中國的政治仍遵循「成王敗寇」的潛規則。即使如此，正如威瑪共和國的若干正面遺產被後來的聯邦德國吸收，中華民國在制憲和民主化方面的嘗試與實踐，也應當成爲今天追求民主和憲政的中國的一筆「失敗的遺產」——二〇〇八年，數百位華人知識分子連署發佈的〈零八憲章〉之中，對民國經驗與教訓的反省，便以一種謙卑而執著的姿態浮出歷史地表。

在守舊官僚與暴民集團的夾縫中掙扎的憲政

威瑪共和國和中華民國的誕生，都是「先天不足，後天失調」。入民國之後，梁啟超指出，國中有兩派危害國家的勢力，一爲「腐敗官僚」，一爲「暴民集團」；前者指掌握實權的北洋軍人和政客，後者指不斷掀起武力叛亂的國民黨，此兩大勢力一右一左，使得共和國甫一誕生便命運多舛。學者嚴泉在分析民國制憲失敗的原因時亦指出：「激進派制憲議員失敗的政治經歷表明，他們像法國大革命時期的文人政治家一樣，不願也沒有能力通過政治妥協，做出合理的政治權力分配，選擇合適的民主憲政制度。」[21]此看法不無道理，但對正在由傳統士紳轉變爲「中產階級」的群體未免苛責過深。他們中的大部分人，不是不願，而確實是沒有能力——守舊官僚和暴民集團將他們逼得喘不過氣來，根本沒有心思規劃未來。

威瑪共和國既未得到民眾之愛戴，也未得到上層社會的效忠。以軍隊爲支撐的守舊官僚集團，在共和國建立之後完整無損，「德意志帝國軍國主義保守派的領導層宣稱他們身處操縱國家權力槓桿的關鍵位置。軍事，確切地說是作爲軍國主義君主制核心的指揮權，阻礙了政治體系的進一步議會化和民主化。」[22]爲了鎮壓左翼激進革命，社會民主黨人向軍隊尋求援助。當軍隊幫助社會民主黨人鎮壓斯巴達派革命之後，它也爲自己謀求了一種獨立於政府、國會和法律的「治外法權」。由於同意不削弱德國軍隊傳統的結構，艾伯特和多數派社會黨不知不覺地幫助了仇視民主進程的軍隊機構的存在。艾伯特沒有想到，「在整個威瑪共和國時期，軍隊經常成爲企圖毀滅民主共和國的右翼極端分子的聚合點。」

帝國時期的等級制度和禮儀原封不動地保留下來。艾伯特以貧民子弟出任總統，本來是平民政治的良好開端，但他去世以後，高票當選第二任總統的卻是軍國主義的象徵性人物——一戰中德軍最高統帥興登堡，這個對戰爭負有重大責任的軍人，卻以超人般的形象歸來。威瑪的日常生活也是如此：人們很難想像，在共和國內，封建統治階層穿戴著華麗的制服、舊日的勳章和綬帶，在大街上昂首闊步。普通人不是厭惡之，而是羨慕之。葬禮和愛國聚會成爲貴族統治顯赫地位的展示，並且產生了這樣的影響：首先，自從君主體制衰亡之後，什麼事情都沒有發生改變；其次，傳統的階級在某種程度上壟斷了愛國主義。這種愛國主義強化了大部分德國人渴望出現強大的政府和魅力型的領袖的潛意識，他們不是嫌政府對民眾的生活干預太多，而是嫌這種干預太少。

路德改教之後，德國人將崇拜對象從教廷轉移到國家身上。很少德國人會懷疑國家的正當性。「在德國傳統中，缺乏一種在十九世紀義大利、法國、美國和英國的民族主義中常見的有意識的嘗試，這就是使國家意圖與普世的人類價值一致。德國民族主義是受歷史引導的，並且缺乏一種超越政治或道德國家的觀念。」[23]這便是德國人性格中最典型的「臣民意識」，儘管生活在共和國，卻沒有公民意識。

威瑪共和國的「暴民集團」，分別來自馬克思主義者和民族主義者。共和國建立之初，最大的威脅來自獨立社民黨中最激進的斯巴達派，在卡爾·李卜克內西和羅莎·盧森堡的領導下，試圖發動一場追隨俄國的、「連根拔起」式的暴力革命。被德國的火車送回俄羅斯並奪取政權的列寧，觀察到德國形勢的發展之後欣喜若狂，認爲俄國和德國是一對孿生子，希望工業化程度更高的德國成爲即將到來的與資本主義世界鬥爭的前哨。在南方，與斯巴達派相呼應，艾斯納在巴伐利亞發動社會主義革命，自任內閣總理。軍隊以及軍隊支持的自由軍團，和全國各地的左翼勢力展開了殊死搏鬥。暴戾之氣瀰漫於整個社會。

艾伯特處在左右夾攻中屹立不倒，卻無力改變守舊官僚和暴民集團尾大不掉的格局。當左翼喪失反抗的力量與意志之後，民族主義中最邪惡的那一支——納粹黨已然羽翼豐滿，希特勒取代了人們對君主的熱切盼望，在民間獲得的愛戴是德國任何一個君主都不曾有過的。在希特勒被興登堡任命為總理那一天，共和國的悼詞也寫好了，這個曾充滿活力的共和國「活生生地被體制的缺陷、不情願的守護者以及一群沒良心的貴族和企業家所合力扼殺，另一方面也是被集權主義的歷史包袱、紛亂的世界局勢以及精心設計的謀殺所葬送。」[24]

中華民國與威瑪共和國同病相憐，內憂外患，相伴始終。辛亥革命之後，中國並未湧現出一個兼具理想主義與管理能力的領導階層。北方為以北洋軍人為主的守舊派所把持，南方則到處活躍著野心勃勃、喜好殺戮的黨人和梟雄。湖南立憲派領袖譚延闓反對殺戮，竭力避免流血，曾對人說，「文明革命，與草竊異」，「吾輩但取政權，不殺官吏」；革命黨人軍事領袖黃興在與立憲派的張謇會談之後，觀念亦發生變化，「尤覺暴烈者之祇破壞，難與建設」。像他們這樣具有遠見卓識者寥若晨星。最具民主理念的國民黨人宋教仁遇刺身亡，乃是中國憲政之路失敗的轉捩點。從此，北方之守舊官僚一意以武力征服全國，南方之暴民集團亦不惜以暴易暴。國會政治未能容納與化解不同政見與利益集團，連一度羨慕英美民主道路的孫文也選擇了「聯俄聯共」的黑暗之路。

歷史學家陳志讓認為，一九一二年以後，軍人勢力壯大，中國的行政機構從上到下，變成軍人領導紳士的政權，即所謂「軍紳政權」。北洋政府如此，即便是國民黨完成名義上的統一之後，「軍紳政權」的性質也未發生根本改變，蔣介石操縱的政府「沒有憲法的依據，沒有經過民選，它的『合法性』不以法律爲依據，而依靠外國的承認和國內的一些大的政治勢力的擁護」。[25]如果從有無憲法和國會的意義上衡量，中華民國「法統」的中斷，不是一九四九年國民黨政權敗退台灣、共產黨建立中華人民共和國，意味著中華民國的統治在中國大陸的終結；也不是一九二七年國民黨軍隊北伐勝利、奉系軍閥退出關外，意味著中華民國的名存實亡（蔣介石建立的南京政府，與北京政府相比，是缺乏承續性的、新的「黨國」）；而是在第二次直奉戰爭之後，段祺瑞與張作霖聯手控制北京，國會解散、憲法終止、總統空缺，段祺瑞先自稱執政，張作霖後自稱大元帥。

無論是守舊官僚，還是暴民集團，最後的選擇都是創建與組織軍隊，並以軍隊控制政府，實行威權主義統治。從袁世凱以下，段祺瑞、吳佩孚、張作霖等舊軍閥及蔣介石、馮玉祥、李宗仁等新軍閥，無不如此。歷史學家張朋園發現，安福國會已受威權主義影響，而其威權主義主要來自德國和日本（日本也是學德國）：「段祺瑞、徐樹錚都是留學德、日回來的軍人，他們的腦子裡沒有民主觀念，思想與行動都是威權主義。」而一九二七年國民黨奪得政權之後，卻並未實施憲政，反而效仿納粹：「法西斯主義襲來，迷惑了黃埔系的軍人，他們把訓政當作口號，相反的大搞威權主義，終止了民國以來的地方議會，議會的火種宣告熄滅。」[26]繼而興起的左翼共產黨武裝暴動集團，更是將「槍桿子裡出政權」視爲鐵律，挾全國暴民之力，終於將「專制無膽，民主無量」的蔣介石政權徹底打垮。

直到今天，中國有憲法而無憲政，以花瓶式的人大、政協取代國會，名爲共和國，實爲專制國。

拉特瑙與梁啓超：壯志未酬的少數派

在威瑪共和國初期和中華民國初期，各有兩個發揮重要作用的知識分子，即拉特瑙與梁啓超。這兩人以哲人身分參與政治活動，無論成敗，都值得後人思考與檢討。

拉特瑙是一個多面人，「他是一個技術專家，一個政治論者，一個幻想家，一個冷靜地宣揚新古典理性主義的哲人，還是一個不想當猶太人的猶太人，他也是普魯士愛國者，還是一個爲整個歐洲設計電力網絡的工程師」。[27]他既熱愛日爾曼文化，又是溫文爾雅的世界公民。他對德意志古老的政體愛恨交織，充滿鄙夷和欽佩。他期望脫離這個政體，但同時又希望成爲其中一部分。他是「聯合的歐洲」的夢想者，希望未來的世界成爲「一個不可分割的經濟共同體」，他的想法與當時盛行的帝國主義和民族主義相悖。他視戰前德國統治階級所醉心的「世界政治」的學說爲「迫在眉睫的危險」，「軍官們目空一切，外交官們趾高氣揚，這並不是一個好時代」。他意識到，若不通過有組織的結構和平衡來整合現代工業所釋放的能量，這種能量將會轉化成巨大的毀滅力量。他先知般的預言無人傾聽。

拉特瑙反對戰爭，但一九一六年在戰爭最爲艱難的時刻，卻臨危受命出任戰爭資源部部長，讓戰時經濟奇蹟般地多運轉了兩年。戰後，他幫助建立民主黨，投入讓德國經濟復甦的工作。一九二二年年初，在外交上一籌莫展的沃斯內閣，任命拉特瑙為外交部長。「對拉特瑙的任命是一個富有勇氣但在政治上具爆炸性的決策」，因為拉特瑙身上鮮明的自由派色彩、夢想家氣質，以及他多才多藝的能力，這一切與他猶太人的身分居然如此融洽，使那些狹隘的反對派和種族主義者對他產生了瘋狂的仇恨。正當拉特瑙帶領德國走出戰後被歧視、孤立和防範的困境時，這一年的六月廿四日，他被恐怖分子刺殺身亡。拉特瑙之死提前敲響了威瑪共和國的喪鐘。

拉特瑙的慘死並未激起威瑪「名士」階層的警覺。他們對共和的擁護並非出自熱情的信念，而是來自知性的選擇。他們害怕動亂，卻不知如何鞏固共和、避免動亂。像《法蘭克福日報》編輯亨利希·西蒙那樣為自由而戰的人屈指可數——西蒙在紀念該報創立一百週年的演講中指出：「那段日子，我們為追求自由和實現一個更高尚的德國付出努力，卻為此遭遇到敵意和迫害，回想起這些，感覺眞好。再想到雖然有敵意和迫害，我們卻從未低頭屈服，從未放棄自己所抱持的信念，這種感覺更好。這些勇氣是怎麼來的呢？來自我們對另外一個德國的信仰，這個德國在過去幾百年中，不斷努力在阻撓黷武政治所帶來的自我傷害，即使不時遭遇挫折，卻總是再接再厲。這個報紙能夠存活到今天，可以說完全基於此一信念，即對另一個德國的信仰，對一個講究自由和人性的德國的信仰。」這樣一種拯救共和國的努力，悲劇性地被希特勒擊敗。

與拉特瑙一樣，梁啓超也是一位具有天才的品格卻未能改變時代進程的悲劇人物。戊戌變法失敗流亡日本十四年之後，在辛亥革命的混亂中，他回到了宣布共和的祖國。他所鼓吹的君主立憲已不合時宜。他立即效忠共和並投身政治，組建進步黨，爲實現其政治抱負，不惜屈身與袁世凱、段祺瑞合作，先後出任北洋政府財政總長和司法總長。梁啓超是那一代人中最後一位深刻捲入政治的百科全書式人物。然而，兩次短暫的「總長」生涯，他都無所建樹。這不是他個人的能力問題，而是民國初年政治局勢的曖昧。

民初中國之混亂，有甚於威瑪共和國初期。梁啓超在守舊官僚（軍人）與暴民集團（黨人）的雙重壓力下左衝右突，內心極度痛苦。尖銳對立的軍人與黨人並不接受他的調停。他在一九一七年哀歎說：「倒閣之事而實現，是黨人之自殺，結果則爲其所仇視之軍人增造勢力而已；解散國會之事而實現，是軍人之自殺，結果則爲其仇視之黨人增造勢力而已。」此後民國局勢之演變，全被任公不幸言中：憲法與國會同時消亡，軍人與黨人雙雙「自殺」。在黨軍北伐勝利的隆隆炮聲中，梁啓超因闌尾炎手術失誤，在北京協和醫院逝世，他早已料到繼之而起的將是中國歷史上從未有過的共產極權。

與康有爲「終身堅持保皇立場」的不同，梁啓超一生不斷「與時俱進」。爲尋求救國之道，他探討過各類激進與緩進的思想，最後歸結到緩進模式。士紳的文化薰陶，使梁啓超在清季革命的激進思想是短暫的，他與革命黨始終不能融洽。「古人所言『物以類聚』，今人言『階級意識』，使得任公不能脫離士紳階級。士紳階級主張君主立憲，人稱之爲立憲派，改組政黨之後，是爲進步黨。任公是該黨領袖之一，他的政治立場是非常明顯的。」[28]梁啓超的政黨理想，也源於「中產階級」觀念。這一中堅階級「具有時代的知識，明瞭國家的方向」，只有他們「才能承擔大任，找到合理的發展方向」。但是，梁啓超本人具備了天縱之才，他背後依靠的「中產階級」卻尚未成形，他無法具有「代表性」，只能發出先知的哀歌，而不能對補救日漸敗壞的時局有相當貢獻。這是梁啓超最大的悲劇。

作爲該國最優秀的知識分子，拉特瑙與梁啓超在危機四伏的時代「鞠躬盡瘁，死而後已」。當拉特瑙喪生於恐怖分子子彈時，便是納粹披掛上陣的前奏，當時的總理沃斯在其葬禮上一語道破天機。當梁啓超在協和醫院的病床上看到黨軍節節勝利的消息時，他已預見到「將來我們受苦的日子多著呢」，他多姿多彩的一生戛然終止，沒有機會去實現「挺身與共產黨一拚」的誓言。

無論是威瑪共和國，還是中華民國，以及今天的俄羅斯與中國，共和之所以屈辱，憲政之所以失敗，民主之所以困頓，根本原因是公民美德、市民社會之缺乏。憲法文本和國會構造可以從別國照單全收、複製而來，但公民美德、市民社會的形成，需要時間累積及文化薰陶。公民美德與市民社會爲何如此重要？「市民社會是個文明社會。文明社會的高質文化是經過長時期的培植而得。生活在這樣的社會中，大家『誠心、互信、和諧』。這樣的社會對民主政治是一種支持和穩定的力量，也是民主性格的基礎。」[29]德國、俄國與中國，未能像英國那樣順利實現和平轉型，經歷多次反覆，甚至衍生出極權主義（如德國之納粹，俄國之列寧－史達林主義，中國之毛澤東主義），便是因爲公民美德的淡薄與市民社會的弱小。

英國現代化道路的成功不是偶然的。英國社會史家垂威利安在描述十八世紀英國社會生活時，列出某郡體育代表隊的名單，隊長是下層的皮匠，而隊員中有當地首富的大貴族，在訓練和比賽中融洽相處並一律服從隊長。垂威利安評論道，假使十八世紀的法國有類似的社會生活，便不會發生法國大革命。同樣道理，假如德國、俄國和中國也有類似的社會生活，便可能順利完成向現代君主立憲的轉型。穩定的君主立憲比虛假的共和更能保障基本人權。

依靠一個拉特瑙和一個梁啓超，無法拯救共和國於水深火熱之中。威瑪共和國的失敗，是經濟危機、政治危機和文化危機三者「合力」的結果。底層民眾生活在困頓中，且得不到應有之尊重，故而絕望地投票給希特勒；這與俄國人選擇列寧和史達林、中國人選擇毛澤東是一樣的道理。

今天的中國，社會財富兩極分化、社會心理尖銳對立，與威瑪共和國末期如出一轍，如學者唐逸所論：「九〇年代以來經濟上的急劇兩極分化，對習慣於平均主義的國民，是一種難以承受的心理壓力，需要一定時間來吸納新的生活方式。而豪華炫富和蔑視平民的新風氣則大大推遲這一過程。暴富令人嫉恨，暴富的手段不光明令人義憤，暴富的豪華令人欽羨，此時暴力便可能成爲強悍的弱勢者發洩的出路，或成爲非理性獲取資源的手段。」可惜，中共當局剛愎自用，以封殺和打壓的方式來對待本來有希望幫助中國脫困的〈零八憲章〉運動，既不願在緩解底層民眾的憤怒和仇恨方面上作任何的努力，也拒絕啓動政治體制改革的步驟，等於是再一次、也是最後一次自絕於人民。

二〇〇九年三月十二日至十四日完稿
二〇二一年三月十五日修訂

第三章

為奴隸的母親

——訪柏林珂勒惠支紀念館

她以深廣的慈母之愛，爲一切被侮辱和損害者悲哀，抗議，憤怒，鬥爭；所取的題材大抵是困苦，饑餓，流離，疾病，死亡，然而也有呼號，掙扎，聯合和奮起。

魯迅〈《凱綏·珂勒惠支版畫選集》序目〉

兩個德國與兩個中國：蔣介石向希特勒致敬，魯迅向珂勒惠支致敬

在柏林大大小小的各類博物館中，我第一個要去的便是珂勒惠支紀念館。

我對西方現代藝術比較生疏。珂勒惠支是我知道的第一位德國現代畫家的名字，我是從魯迅的著作中知道這個名字的，珂勒惠支與中國之間的聯繫已延續了近一個世紀。

在作者的生命與作品日益脫節的今天，如果將珂勒惠支的版畫與魯迅的文字配在一起對照著閱讀，如同烈酒配火鍋，正如魯迅研究者錢理群所說：「珂勒惠支的畫與魯迅的文字已經融爲一體，這是東西方兩個偉大民族的偉大生命的融合，是世界上最強有力的男性與同樣強有力的女性生命的融合，是眞正具有震撼力的。」我很喜歡老畫家裘沙和王偉君夫婦所創作的魯迅作品的插圖，其構思與構圖深受珂勒惠支影響。可惜，在今日充滿奢靡之氣的藝術界，很難找到更多具有珂勒惠支風骨與力量的藝術家。

在現代中國，最早發現珂勒惠支並將其引入中國的，不是某位珂勒惠支的同行、不是藝

術家或藝術批評家，反倒是作爲「外行」的、文學家的魯迅。這本身就是很有意思的錯位，也許身在廬山之外，更能看清廬山之眞面目。魯迅生前沒有機會赴歐洲遊歷，珂勒惠支生前也未到過中國，這兩位心靈相通的大師、在各自國族中被詛咒的「叛徒」，不曾有過謀面並暢談的機會，他們無法通話，只能通信。

一九三〇年，魯迅託學生購買珂勒惠支的作品，學生只買到印刷的畫冊。後來，魯迅知道女記者史沫特萊與珂勒惠支是好友，就託她直接購買珂勒惠支的作品，十馬克一幅，第一次買了十二件原作，一百二十馬克，合一百塊大洋。第二次買了十件，一百一十塊大洋。在當時已經不便宜了。據說珂勒惠支的作品品質好的都是手工印，但是手工印刷到五十版以上線條就不清晰了，因爲木質材料的特性，多磨邊角便會磨圓，鈍掉，原來需要的棱角和尖銳的線條就體現不出來。於是魯迅提倡手工的木刻版畫，不要超過五十件。他不贊成機器印刷，希望原汁原味保存。[1]

魯迅是版畫的熱愛者，一生搜集了兩千多幅外國版畫的原拓作品，作者包括德國、美國、法國、蘇聯、日本等十九個國家的三〇五位畫家。魯迅說，木刻是「現代社會的魂魄」，「實在還有更光明，更偉大的事業在它的前面」。[2]在魯迅收集、欣賞和評價的外國版畫家中，最推崇的便是珂勒惠支，這種鍾愛不是沒有緣故的。

一九三六年，魯迅帶病自費編印出版了《珂勒惠支版畫選集》，並親自撰寫序言、設計版面，甚至配頁裝訂，扉頁後印著「有人翻印，功德無量」。他在序言中評價說：「在女性藝術家中，震動了藝術界的，現在幾乎無出於凱綏·珂勒惠支之上——或者讚美，或者攻擊；或者又對攻擊給她以辯護。」[3]他將這本中文版的畫冊作爲給珂勒惠支七十歲生日的禮物——不知珂勒惠支是否收到？

直到在逝世前夕，魯迅還在字斟句酌地爲版畫撰寫說明文字，蕭紅在一篇文章中寫道：「珂勒惠支的畫，魯迅先生最佩服，同時也很佩服她的做人。珂勒惠支受希特勒的壓迫，不准她做教授，不准她畫畫，魯迅先生常講到她。」[4]珂勒惠支的版畫伴隨著魯迅走完人生中最後一段旅途，編輯版畫的瑣碎工作也耗盡魯迅生命中僅存的氣息。

在一九三一年九月二十日出版的《北斗》雜誌之創刊號上，刊登了一幅珂勒惠支作品，即木刻組畫《戰爭》系列中的第一幅〈犧牲〉。這是珂勒惠支在兒子戰死沙場之後所創作的一件作品。這幅木刻畫的是一位母親悲哀地閉上眼睛，交出她的孩子，那是一個怎樣斷腸摧心的時刻啊。作爲珂勒惠支第一幅被介紹到中國來的

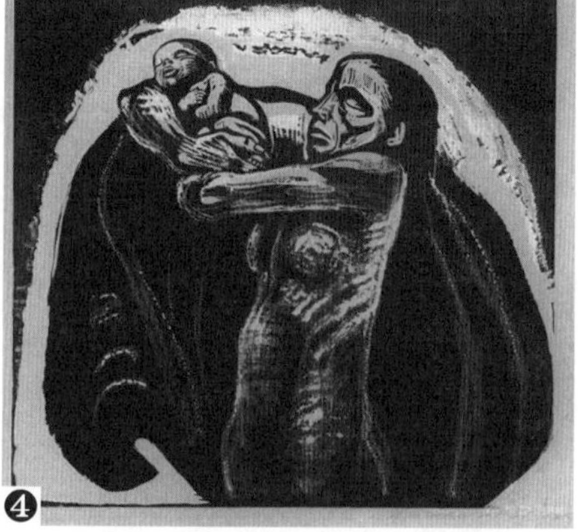
❹

❶珂勒惠支像。
❷珂勒惠支萬年自畫像。
❸珂勒惠支作品常以悲痛的母親為主題。
❹珂勒惠支版畫《犧牲》。

版畫，自有其深刻含義——這是魯迅爲紀念被國民黨殺害的柔石等「左聯」五烈士而特意選刊的。

魯迅將青年柔石等人看作他的孩子，孩子遭到殺戮，當然難過之極，多日茶飯不思、整夜不寐。他所掛念的不僅是死去的柔石，還有柔石活著的母親：「我記得柔石在年底曾回故鄉，住了好些時，到了上海後很受朋友的責備。他悲憤的對我說，他的母親雙目失明了，要他多住幾天，他怎麼能夠就走呢？我知道這失明的母親拳拳的心。當《北斗》創刊時，我就想寫一點關於柔石的文章，然而不能夠，只得送了一幅珂勒惠支夫人的木刻，名曰〈犧牲〉，是一個母親悲哀地獻出她的兒子去的，算是只有我一個人心裡知道的柔石的紀念。」[5]

魯迅本人也是寡母養大的孩子，深知寡母的艱難與困窘，孩子是寡母唯一的希望，失去孩子的寡母如何度過冷寂的殘生呢？魯迅一眼看中了那幅〈犧牲〉。珂勒惠支內心的哀慟和魯迅深入骨髓的悲哀，全都沉浸在其中。珂勒惠支的兒子不能復生，柔石也不能復生，但這

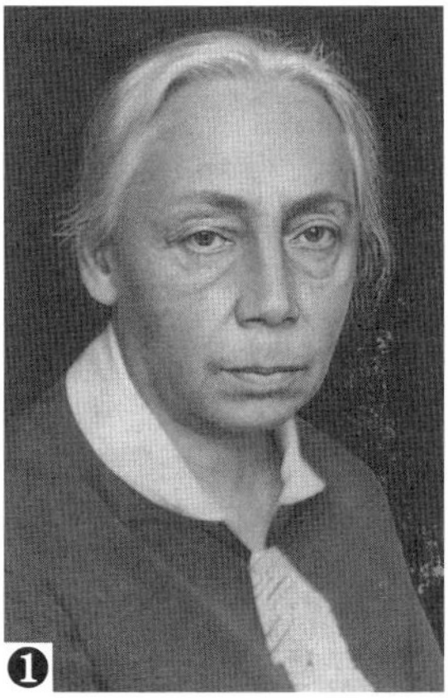
❶

❷

❸

幅版畫可以用以表達生者的哀思。於是，〈犧牲〉便成爲兩顆失去孩子的心靈之間最直接的溝通管道。

魯迅與珂勒惠支的相遇，乃是中國與德國相遇的大背景之逆向而行。那時的南京政府，正在急不可耐地向德國尋求實現「強國之夢」的藥方。納粹的興起，在中國得到廣泛的關注，自由派知識分子錢端升和蔣廷黻都對希特勒的「才華」頗爲欣賞。愛情誠可貴，自由價更高，國家要強大，兩者皆可拋——「對於許多中國人來說，法西斯主義是中國借來用於本身爭取國內統一和國際自主的某種手段。德國法西斯主義是中國最能瞭解的一個品種。而所謂的『中國法西斯主義』

❶熱愛版畫的魯迅最早將珂勒惠支引入中國，這幅畫顯示，魯迅書房的牆上掛著珂勒惠支的作品。

❷深受珂勒惠支影響的藝術家黃榮燦以版畫記錄二二八屠殺，他本人後來也遭到國民黨的殺害。

❸作者參訪珂勒惠支紀念館。

❹柏林市中心的建築物——新崗哨，在德國統一後被命名為：德意志聯邦共和國戰爭與暴政犧牲者紀念館。珂勒惠支的作品《母親與亡子》被安置於此。

❸

❹

的歷史則在很大程度上是中國對德國國家主義領悟的歷史。」[6]

一九三〇年代初，與蔣介石有過密切接觸的德國駐南京外交官恩斯特·鮑爾發現，蔣介石「特別」感興趣的，是國家社會主義的組織和管理方法，特別想瞭解黨的領導人怎樣能夠「在眾多追隨者中維持最嚴格的紀律，怎樣對可能出現的黨的敵人或異己派別採取嚴厲的制裁措施，從而使那些措施獲得完全成功」。[7]

一九三二年十二月，希特勒剛上台不久，蔣介石便派遣兩位「執行祕密使命」的密使去柏林，親身瞭解國社黨的組織和領導。他們可能與國民議會主席戈林見了面。蔣介石對去德國學習的兒子說：「中國應向一個穩健紮實而不是充滿幻想的國家學習。我們不能憑幻想辦事。從日本人那裡，我們沒有什麼可學的——他們的產品製作太低劣了。美國人太愛幻想。英國人太遲鈍。德國是唯一可以從中學到一點東西的國家。他們可以給我們打下底子，從而培育發揚我們自己的穩定堅實的作

風。」蔣介石和許多國民黨的領導人都對納粹治理德國迅速取得的「成就」印象深刻，他們相信法西斯主義能夠成為「一個衰落社會的強心劑」。

蔣介石的德國顧問告訴他說，對付異見分子的唯一辦法就是：將他們統統槍斃。此法在一九一九年的德國曾行之有效，「自然會證明在這兒也同樣有效」。蔣介石要學習希特勒的殘忍，而魯迅要引入珂勒惠支的母愛。

蔣介石和魯迅發現的是兩個不一樣的德國：蔣介石看到的是建立在鐵與血以及孩子屍體之上的帝國；魯迅看到的是母親的眼淚與白髮。當時，沒有經過法庭的審理，柔石等人便被祕密殺害，所有報章都毫無記載。於是，魯迅的文字汩汩流出，像血管中的血：「許多人都明白他不在人間裡，只有他那雙目失明的母親，我知道她一定還以為她的愛子仍在上海翻譯和校對。偶然看到德國書店的目錄上有這幅〈犧牲〉，便將它投寄《北斗》了，算是我的無言的紀念。」[8]魯迅發現，珂勒惠支的作品具有安慰人的力量。日本評論家永田一修指出，珂勒惠支的作品，並非只是覺得題材有趣，或者懷著某種高高在上的正義感，故而去畫那下層的世界；相反，「她是因為被周圍的悲慘生活所動，所以非畫不可，則是對於榨取人類者的無窮的『憤怒』」。[9]

珂勒惠支是一位受傷的母親，她的作品安慰了別人，又由誰來安慰她呢？她只能通過瘋狂的創作來緩解內心的刺痛。當年，孩子出生時，母親的身體經歷了怎樣的疼痛啊；如今，孩子離開時，母親的心靈又將經歷怎樣的疼痛啊。當孩子戰死沙場的噩耗傳來，母親像發瘋的豹子一樣撲向紙和筆，撲向刀與木，撲向泥土與青銅。柔石等人死難之後，魯迅曾特意寫信給珂勒惠支，請她畫一幅烈士被害情形的圖畫作爲紀念。

珂勒惠支來信說不能，因爲她沒有看到過眞實的情形，而且對中國的事物又很生疏，但她在一封國際知名人士連署的抗議信上簽上名字。珂勒惠支很謙虛，她的回答正顯示出一名眞正的藝術家的立場——她不會輕易創作不熟悉的題材，中國對她來說太遙遠、太神祕、太陌生。她沒有答應爲柔石創作一件作品，留下了一個讓人遺憾卻又充滿想像的空白。

「這藝術是統一而單純的——非常之逼人」

我不是美術方面的行家，但一直很喜歡以黑白兩種原色表現人生衝突的版畫，尤其是那種風格質樸而粗礦、「有力之美」的版畫。在風沙撲面的北京，此類版畫正好契合我的處境與心境。魯迅曾引用德國詩人亞斐那留斯對珂勒惠支的評論：「誰一聽到凱綏·珂勒惠支的名姓，就彷彿看見這藝術。這藝術是陰鬱的，雖然都在堅決的動彈，集中於強韌的力量，這藝術是統一而單純的——非常之逼人。」[10]珂勒惠支作品的風格是陰鬱的、堅決的、強韌的、單純的、逼人的，這幾個詞語又都可用來形容魯迅的文字。所以，魯迅才那麼喜歡珂勒惠支的版畫。

從第一次在魯迅的作品中發現珂勒惠支的名字，到如今訪問柏林珂勒惠支紀念館，一轉眼已過去二十年。少年時的我，不能完全理解珂勒惠支的作品；如今的我，亦不能完全理解。但畢竟不再是「少年不識愁滋味，爲賦新詞強說愁」，這些年來，見過不少的鮮血、唾沫與謊言，我才算眞正愛上珂勒惠支的版畫，那黑與白的對立，那生與死的糾纏，那希望與絕望的交錯，都有著驚心動魄的魅力。

珂勒惠支紀念館是一棟建於一八七一年的私人住宅，在二戰中遭到嚴重破壞，在八〇年代得以重新修復。修舊如舊，古色古香。一九八六年，這棟三層的淺黃色小樓，作爲珂勒惠支紀念館向公眾開放。紀念館坐落在大街旁邊一條寧靜的小街上，它的旁邊便是柏林著名的「文學之家」，許多文人雅士雲集於此。它還擁有一座美麗的小花園，屋後栽種著柏林最具代表性的菩提樹，一場秋雨之後，落葉繽紛，別有一番蕭瑟之美。花園中還安置著一尊珂勒惠支爲紀念死去的兒子而塑造的、表現母子情感的青銅雕塑。

在紀念館大門口，有一幅珂勒惠支的大照片，如同路牌一樣引路人走進去。她的臉部輪廓粗獷而嚴厲，有些男性化氣質，厚厚的嘴唇表明她有著堅毅的個性，大眼睛中透露出凌厲而憂傷的神色。她身上有一種與北歐嚴寒氣候吻合的寒氣，讓人看一眼之後不禁要打個寒顫。從她的神情中可發現，她承受了常人難以想像的壓力與逼迫，她一個人背起一座大山，卻沒有向悲劇性的命運屈服。

珂勒惠支生前在柏林生活了五十年之久，大多數時候都貧困潦倒，尤其是在二戰末期，幾乎到三餐不繼的地步。她大概沒有想到，身後居然會擁有一間如此精緻而美麗的紀念館。這棟建築對於她來說，有點過於奢侈。這也許是傑出藝術家們的必然遭遇吧——冠蓋滿京華，斯人獨憔悴，生前寂寞，身後熱鬧。

我在這淒涼的秋雨中趕來，赴這場遲到的約會。雨後的柏林，分外寒冷，路人皆豎起衣領。深秋一變而爲寒冬。

走進紀念館大門，裡面是一間小小的接待室，內中坐著一位白髮蒼蒼的老太太，負責賣門票和出售珂勒惠支的畫冊及明信片。紀念館集中展出了珂勒惠支的兩百多件作品，大部分都是人們耳熟能詳的精品。如今，我總算可以親眼目睹那些以前在畫冊上熟悉的作品的原作。

這位和藹可親的老太太介紹說，這裡收藏了大部分珂勒惠支的原作，在科隆還有一家珂勒惠支紀念館，那裡也有一些作品。德國人非常珍視其文化藝術，對文學家藝術家的故居皆精心保護，如歌德紀念館便有超過十處之多。作爲一位當代藝術家，珂勒惠支能擁有兩間紀念館，亦難能可貴。許多作品旁邊皆有德文和英文之文字說明。展出的作品分爲以下幾類：繪畫、版畫、雕塑、原版的海報、筆記和畫冊等。

在珂勒惠支創作的藝術品當中，我最愛的還是版畫：它是平面的，又是立體的；它只有黑白二色，卻又展示了人生中最複雜的「悲欣交集」的滋味。魯迅說過，從這些版畫中，「看見了別一種人，雖然並非英雄，卻可以親近，同情，而且愈看，也愈覺得美，愈覺得有動人之力。」[11]三〇年代，魯迅將歐洲的版畫引入中國，也許是因爲用刀刻的緣故，版畫少有溫蘊柔媚之風格，多爲怒髮衝冠之氣勢：「所謂創作底木刻者，不模仿，不復刻，作者捏刀向木，直刻下去。這放刀直幹，便是創作底版畫首先所必須。和繪畫的不同，就在以刀代筆，以木代紙或布。中國的刻圖，雖是所謂『繡梓』，也早已望塵莫及，那精神，惟以鐵筆刻石章者，彷彿近之。」[12]版畫如同唐詩中慷慨悲歌的邊塞詩和遊俠詩，在烽煙四起的時代，「這實在是正合於現代中國的一種藝術」。[13]沉默而沉睡的中國，需要這種吶喊與反抗的藝術。

在珂勒惠支的版畫中，躍動著一個又一個的人，即魯迅所說的「別一種人」，是大部分藝術家都忽視、輕視甚至蔑視的人們——那些食不裹腹、衣不蔽體的人，那些失去孩子的母親，那些失去丈夫的妻子，那些骨瘦如柴的孩子，那些白髮蒼蒼的老人。納粹的審美風格與之格格不入。納粹宣揚什麼樣的藝術風格呢？當然是與它的意識形態相吻合的藝術——「納粹的藝術是龐大的、非個人的和千篇一律的。民眾被修剪掉了所有的個性，僅僅成爲一個表達假定爲永久眞理的符號。審視納粹的建築、藝術和繪畫，一個人可以很快得到這樣一種感覺：表情、形體和色彩都要服務於宣傳的目的；它們都是納粹的價值——權力、力量、堅強的北歐人的美貌——程式化的表達。」[14]這樣的一種程式化的藝術，在中國的文革時期也達到頂峰。這是珂勒惠支最深惡痛絕的僞藝術，雖然被剝奪公開發表作品和舉辦畫展的權利，但她與此種僞藝術的鬥爭始終沒有停止。

珂勒惠支與魯迅的生活經歷頗有相似之處。他們都是各自的政府不喜歡的異議者，是領袖「眼中的梁木」。他們都是在戰爭的硝煙中去世的，他們無法改變戰爭的進程。「國破山河在，城春草木深」，那個時刻，死亡的陰影籠罩在每個人頭上，民族的存亡尚在翻覆之中，個人的自由更無從談起。魯迅在半死不活的上海租界，珂勒惠支在滿目瘡痍的德勒斯登鄉下，他們像古希伯來的先知那樣哀哭，卻沒有人傾聽，更沒有人悔改。他們不是「民族魂」，他們的存在讓尚有良知的同胞感到羞愧，他們的死亡激起許多「愛國賊」的拍手稱快。他們是孤獨的，他們多麼需要互相支援與慰藉。如果他們有機會見上一面，她必定會為他畫一幅肖像，他也必定會為她寫一篇散文，那該是一件多麼值得傳揚與懷念的佳話。

如今，白雲蒼狗，滄海桑田，橫亙了七十年的光陰，我踏著一路的雨水，來到這條珂勒惠支曾步履匆匆的街道，卻只能從照片、木刻和雕塑中窺見她的音容樣貌。

珂勒惠支、魯迅、黃榮燦：一粒麥子落到地裡死了，就結出很多子粒來

我在展廳中端詳著珂勒惠支的照片和自畫像。從二十多歲到六十多歲，她的容顏日漸蒼老，神情日漸嚴肅乃至嚴厲。少女時代，她有幾許嫵媚與溫柔；步入老年之後，她像蒼鷹一樣，彷彿每時每刻都在竭盡全力呵護孩子。這些年來，這個女子經歷了多少驚濤駭浪，多少明槍暗箭？她的頭髮通常是凌亂的，她太忙，忘記梳理頭髮，對美的激情傾注在一幅幅作品中。

一八六七年，珂勒惠支出生於東普魯士柯尼斯堡（即現今俄羅斯加里寧格勒）的一個德裔家庭。她的外祖父是當地的文化名流，亦是自由宗教協會的創立者。她的父親原是一位候補法官，因為宗教上和政治上的意見，沒有補缺的希望，這窮困的法學家便如俄國知識分子之所說「到民間去」，做了木匠。也許正是生長在這樣的家庭，女孩兒從小便具有反叛之精

神和自由之思想。她有一段困窘而幸福的童年，父親不懂藝術，卻同意她選擇藝術之路。她從十四歲即開始學習繪畫，後進入柏林女子藝術學院學習，又到慕尼黑學習，一顆美玉終雕琢成器。

珂勒惠支在一八九三至一八九七年間創作出《織工起義》系列，由三幅石版畫和三幅銅版畫組成；每幅相對獨立，排列在一起便構成有如序曲、發展、高潮、尾聲的戲劇結構。這組畫在一八九八年的「柏林大藝術展」一舉成名。德國著名畫家門采爾主張授給珂勒惠支金質獎章，遭到威廉二世堅決反對——他忌憚的是這組畫背後批判與煽動的力量。

一八八九年，珂勒惠支與在貧民區服務的醫生卡爾·柯勒惠支結婚，一八九八年起在柏林女子藝術學院任教。後來，她放下繪畫，刻起版畫，那個領域她更得心應手。她發現，勞動者最美：「柯尼斯堡的搬運工人對於我是美的，人民豪爽的舉動，對於我是美的。」待到孩子們長大，她又用力於雕刻——那時的德國，這個藝術門類被視爲男性的禁臠，她最早打破性別的界限。

不久，家庭的不幸一個接一個襲來。一戰中，大兒子被征召入伍，在西線陣亡。兒子戰死之後，她創作了許多悲傷母親的形象，宣傳反戰思想，受到德皇威廉二世的警告。她的作品中充滿悲傷和淒慘的情緒，如實地反映了十九世紀末、二十世紀初德國底層民眾的生活境況。

一九三三年，希特勒上台之後，清洗持不同政見者，珂勒惠支被取消了普魯士藝術學院院士榮譽——她是第一位當選的女性院士。緊接著，她在大學的教職被取消，作品被禁止公開展覽，所有活動均受到蓋世太保嚴密監控。只是由於她的國際知名度，才沒有被送進集中營。一九四〇年，珂勒惠支的丈夫突然去世，她陷入巨大的孤獨與哀傷。一九四二年，當納粹宣布「全面開戰」時，她創作了最後一幅木版畫作品〈不要把收穫的糧食磨成粉〉。一九四五年，她的孫子又在東線陣亡。兩位親人先後去世，徹底摧毀了她的健康。她在日記中寫道：「我的一生，多麼強烈地沉浸在激動和活力之中，沉浸在痛苦與思念之中。」[15]

一九四三年，珂勒惠支的住宅被盟軍炮火炸毀。她被迫離開柏林遷居到德勒斯登附近的小鎮。一九四五年四月二十二日，珂勒惠支在那裡逝世——八天之後，希特勒在柏林的地堡中自殺；半個月之後，德國宣布無條件投降。可惜，她沒有等到光明與和平時代到來，沒能重新拿起刀和筆來表現德國浴火重生。

從世俗意義上來看，珂勒惠支的一生是悲慘的一生，在第二帝國和第三帝國時代，她都是不受專制政府和大部分同胞歡迎的「麻煩製造者」。只有在短暫的威瑪共和國時期，她才獲得了一段自由創作的時間，她的最重要作品大都是在此一時期完成的。尤其是一戰之後，她的創作經歷了一次「井噴」。威瑪共和國消亡之後，她的創作自由被納粹取消——否則，她可以爲後人留下更多更優秀作品。

經歷兩次世界大戰的珂勒惠支，在其作品中傾注了反戰思想。這是與她同代的德國表現主義畫家們共同的主題。「當時畫家所畫的作品，即使表面上不是政治的或非政治的，但他們都有一個共同點，也是威瑪時期共有的，那就是他們都在反映一種痛心的經驗——戰爭。」[16]比如，畫家貝克曼在戰前所畫的自畫像是一個充滿自信且衣著得體的年輕人，到了一九一九年，他出版了一系列十九張銅版畫，取了一個很不切題的標題名字，叫做「面孔」。這些自畫像中完全是另外一個人：眼睛很大，充滿著痛苦，嘴巴沒有表情，很陰鬱的樣子。貝克曼寫道：「我們必須一起迎接即將到來的悲慘生活，然後將我們的心扉敞開，面對著那些已經覺醒的可憐人們的恐怖喊叫聲。」這句話說出了包括珂勒惠支在內的表現主義大師們的心聲。

過去，在中國讀者的印象中，珂勒惠支是西方左翼藝術家的代表，是社會民主黨支持者，是無產階級藝術家。很多德國人認爲，「珂勒惠支的畫作總是呈現正在哀悼的母親和挨餓的小孩以及戰爭的犧牲者和資本家的剝削等，傳遞著強烈的政治性抗爭訴求。」[17]珂勒惠支被扭曲，正如魯迅被扭曲一樣。魯迅一生中大部分時候，並非共產黨的弄臣，他早已看出毛澤東身上的「山大王」氣質，早已發現左聯領導人是「奴隸工頭」。珂勒惠支也一樣，她與左派政治組織始終保持距離，她從未加入共產黨。有人評論說，珂勒惠支的政治意識太強烈，太過左傾，在蘇聯東歐劇變之後，必定會遭到冷落。然而，實際情形恰恰相反，德國統一多年後，珂勒惠支的作品仍深受人們的喜愛和媒體的關注。這是對藝術的尊重和對歷史的尊重。

對人性的深刻闡釋，使珂勒惠支超越了意識形態和黨派立場，東西德對峙的冷戰帶，柏林圍牆兩邊都凸顯她的重要性。[18]二十世紀德國的歷史及歷史紀念物不斷翻轉、更替，而藝術永恆。一九三〇年，威瑪共和國將原皇家衛戍部隊崗哨樓改爲一戰紀念碑；一九六〇年，東德政府又將其改造成法西斯及軍國主義受害者紀念碑；一九九三年，統一後不久的聯邦政府再度將其改建成「德國聯邦共和國戰爭及獨裁受害者中央紀念碑」。總理柯爾下令在此處安放一座珂勒惠支的作品〈母親與死去的兒子〉——柯爾是基民盟黨魁，在政治光譜上無疑是保守派，這並非一種爭取左翼好感的政治姿態，而是他眞的喜愛珂勒惠支的作品。即使這個雕像並不適合安放在紀念堂裡，柯爾也堅持實施——「這座完成於一九三七年的雕像很小，放在室內中顯得微不足道，於是在實行時，將此雕像原樣放大。」[19]這座放大的雕像安置在莊嚴肅穆的「新衛兵室」的空間之內，成為柏林的一處新景觀。

從珂勒惠支在德國廣受歡迎的程度便可以知曉，她是一位超越階級和時代的藝術家。她不是一位恨的藝術家，而是一位愛的藝術家，她的作品中最打動人心靈的元素，不是控訴，不是憤怒，不是譴責，而是對母性和愛的張揚。對於愛可以戰勝恨，珂勒惠支始終懷有堅定信心。在東西德對立的時代，許多德國藝術家或被東德人喜歡，或被西德人喜歡，很少有人同時為東西德人喜歡，除非是歌德、巴哈那樣的古典時代的文化巨人。珂勒惠支是少有的例外，她在東西德都享有尊榮。這並不單單是因為其反對納粹的政治立場，更是來自其藝術本身的魅力。她畫下了她看到的一切，並觸動了無數顆柔軟的心靈。

如今，來珂勒惠支博物館中參觀的民眾絡繹不絕，從白髮的老人到推著咿呀學語孩子的年輕母親，珂勒惠支的紀念館比布萊希特紀念館熱鬧得多。布萊希特是名副其實的左派作家，如今他的作品少有人閱讀；珂勒惠支卻無法用左派來概括，她的作品超越了左右的意識形態及時代的限制，具有永恆的生命激情與活力。

珂勒惠支不僅與中國結緣，還與台灣結緣。珂勒惠支的作品來到台灣，是通過「把二二八事件刻在版畫上」的藝術家黃榮燦。黃榮燦於一九四五年赴台灣任教，一九五一年捲入吳乃光案被捕，次年以「一九三九年曾參加中共外圍組織木刻協會、從事反動宣傳」等多項不實陳述指控為叛亂罪而被槍殺於馬場町刑場，屍體草草埋葬於六張犁，一直到一九九三年才被發現。

黃榮燦是魯迅發起的「新木刻運動」的重要參與者，也是其中藝術成就最高者之一。他在台灣短短六年多，深深被這個美麗島打動，他說：「現住海的邊心，就在這陌生的地帶，我外鄉人拿起筆來，寫我所願……我最愛那黑白的分化，我愛它是人間的動力。」他在台灣創作了大量作品，還到蘭嶼、綠島等外島采風寫生。他第一次返回時，正值畫家黃永玉準備離開台灣。四十年後，黃永玉對黃榮燦拿給他看的作品還記憶猶新：「黃榮燦去了火燒島，紅頭嶼，用草紙和紅土，墨，白粉畫回來的一尺多方的土人生活畫，非常精彩，使我另眼相看。」而黃榮燦如此對學生說：「土人捉鳥、捕魚，在怒海驚濤中搏鬥，是世上最美的，也是世上最苦的，並形成對藝術、人生的新思考，用火般熾熱的色彩、情感，畫以大對火把……」[20] 如果他能繼續創作下去，必定能成為「台灣的珂勒惠支」。儘管台灣左翼文人陳映眞企圖將黃榮燦塑造成共產主義戰士，但黃榮燦與珂勒惠支一樣，從來不是共產黨員。與其說他們是共產主義戰士，不如說他們是人道主義戰士。

「二二八」事件發生後，黃榮燦悄悄作了一幅題爲《恐怖的檢查》的木刻，兩個月後發表在上海《文匯報》，此後他將該作品送給魯迅生前的日本友人內山完造的弟弟內山嘉吉，最後收藏在日本神奈川縣立近代美術館。此畫成爲紀念「二二八」歷史傷痛最有力的重要圖騰。在談及自己的藝術淵源時，黃榮燦僅在台灣期間就三度談到魯迅從歐洲引入的珂勒惠支——他還引用了珂勒惠支的一句話：「我承認我的工作是有目的的。我願意幫助別人，願意爲追求生存喜悅的時代獻身。」[21]這是他銘記在心的珂勒惠支的話。他果然實現了這一誓言。

多年之後，我在台灣遇到了導演洪維健，這位在監獄中出生、長大的孩子，後來長期從事人權影像記錄工作。他多年研究尋訪黃榮燦的作品與文獻，除台灣之外，走訪上海、成都、日本，多方蒐集文史資料後，拼湊出黃榮燦一生當中的幾個重要時期及版畫，拍成紀錄片《黃榮燦的悲情城市》。我盼望這部紀錄片有機會在珂勒惠支紀念館放映——應當讓德國民眾知道，珂勒惠支這位德國藝術家，在遙遠的福爾摩沙的海風，是如何啓迪另一位爲自由獻身的學生與知己。

她是所有孩子的母親

魯迅、柔石和珂勒惠支的心靈都是相通的。他們的作品的主題之一，不約而同都是「母親」，而且是「爲奴隸的母親」。正因爲那麼多母親被迫沉默，他們才更要說出母親們的心聲——一個欺凌母親的世界是沒有公義的。

柔石生前寫過一篇題爲〈爲奴隸的母親〉的短篇小說，寫一個婦人爲生活所迫，被丈夫賣給一個無子的秀才三年，去給秀才生兒子。兒子倒是生下來，她卻不能享有母親的名分，只能充當奶媽。一年多之後，她又不得不告別新生的孩子，回到原來的家庭，卻發現先前的那個孩子已不認識她了。故事的結尾是這樣的：「她眼睜睜地睡在一張齷齪的狹窄板床上，春寶陌生似地睡在她底身邊。在她底已經麻木的胸內，彷彿秋寶肥白可愛地在她身邊掙動著，她伸出兩手去抱，可是身邊是春寶。這時，春寶睡著了。轉了一個身，她的母親緊緊地將他抱住，而孩子卻從微弱的鼻聲中，臉伏在她的胸膛，兩手撫摩著她的兩乳。」這是小說中最動人的一處細節。在現實生活中，柔石的母親比小說中這位「爲奴隸的母親」還不幸，連告別都不曾有過，這個寡母再也見不到文弱削瘦的兒子。

兒子的圍巾被風吹起，兒子的眼鏡破成碎片。母親在遙遠的鄉下，倚在門口苦苦等待。她想，那個不辭而別的孩子終究是要回來的。家裡有母親親手做的米酒、年糕和魚乾，總有一天孩子要回來吃。沒有人告訴這位可憐的母親，她兒子的屍體已被埋在上海龍華那叢血紅的梅花樹之下。普天之下，究竟有多少爲孩子流乾眼淚、哭瞎眼睛的母親呢？

「爲奴隸的母親」不就是珂勒惠支的一幅版畫嗎？不就是珂勒惠支本人的寫照嗎——她的兒子和孫子分別在一戰與二戰的戰場上戰死了，這是怎樣一位可憐的母親和可憐的奶奶啊！那個時代，柔石的作品沒有德文譯本。若珂勒惠支讀了柔石這個短篇小說的德文譯本，她一定會毫不猶豫地答應爲這位英年早逝的作家創作一幅版畫；即使不是爲了他，也是爲了他的母親。因爲，她也是一位失去孩子的母親。母親的心是相通的。

有人說，珂勒惠支是一位悲觀的藝術家，她在作品中淋漓盡致地表達了悲哀與憤怒，眼淚與思念。她所表現的內容多是生命中的痛苦與哀愁，而少有平安、喜樂、幸福。她創作了很多以母親爲題材的作品，不亞於林布蘭所畫的聖母像；她也創作了五十多幅自畫像，其數量之多也堪與林布蘭的自畫像相比。這些作品當中，很少有歡笑與甜美的神態，多是悲苦、茫然、憤怒與吶喊——僅僅從美感角度來看，她的照片比自畫像漂亮，但她這樣畫是有理由的，她的自畫像更多的是「精神自畫像」。

「愛」與「死」是文學藝術永恆的母題。珂勒惠支從不迴避死亡，從她作品的題目〈死亡〉、〈死者攫住一個女人〉、〈死神、母親和孩子〉、〈抱著死孩的母親〉等便可看出，她敢於正視淋漓的鮮血，敢於面對慘澹的死亡。她將代表著新生命的孩子和孕育新生命的母親，與死神放置在同一時空環境之中，三者互相構成對立、衝突與張力。在若干作品的角落裡，常常躲藏著死神的陰影，死神正從地獄中伸出黑手來攫取人們的身體與靈魂。佔據作品中心處大幅空間的，是那些深陷在苦難中的人，掙扎、不安、苦痛、哭泣的人。那些空洞的眼眶，愁苦的眉毛，突兀的顴骨，粗壯的手掌，彎曲的脊樑……那些食不裹腹、衣不蔽體的人們，不就簇擁在我們的身邊嗎？

珂勒惠支生活在無邊的苦難之中，卻沒有被苦難所淹沒和同化。她不是一位悲觀主義的藝術家。她的作品的主題壓抑、痛苦，但線條、色澤又是朗照的，有飛瀑般的顫動，好像也有颱風樣的偉力。滿面的屈辱、哀涼、不滿乃至憤怒，並不給人絕望及頹廢之感。她的畫布和木板上充滿了反抗絕望的衝蕩之氣。愛的火閃閃傳遞著，似乎隨時可以匯成巨大的光，並從中噴吐出來。[22]

珂勒惠支是德國的女兒，也是德國的母親。母親是新生命的孕育者，孩子是生命的延續，「母與子」是人類最偉大的藝術主題。她的版畫中，有若干母與子的形象，納格爾評論其作品最具有「強有力的，無不包羅的母性」。母親們絕望、瘦弱甚至枯槁，力圖用身體保護還沒有被彈片傷害到的孩子，她的雕塑作品似乎是含著淚疊出，母親枯骨又似山般沉重。正是母親的愛及孩子的生命力，讓這個淒慘的世界籠罩上一層溫暖的亮色。

德國作家博多·烏澤在評論珂勒惠支的作品時說：「珂勒惠支塑造了我們民族面貌的主要特徵。我們大家都是這位探索眞理的、遭受苦難的德國母親的女兒。其他民族表現我們時，珂勒惠支永遠是當之無愧的象徵。人們見到我們，就想起珂勒惠支，在她的作品中，人們又見到我們。」這一闡釋有點窄化珂勒惠支的作品的精神風貌：她不僅僅是德國的女兒、德國的母親，更是人類的女兒、人類的母親。在她的版畫中，主角們不僅是「德國人」，也是「中國人」，更是《聖經》中所說的「餓了」與「渴了」的人類。因此，她能與素未謀面的魯迅心靈相通。她不是爲某一黨派、某一意識形態、某一國家和民族而創作，是一位當之無愧的「人權藝術家」。

每當看到珂勒惠支關於母親和孩子的作品時，我便想起另一些時空中的母親，如阿根廷「中央廣場母親」。阿根廷軍政權殺害了數以萬計的反對派，其中很多死難者還是青年甚至少年。人們道路以日，死水沒有微瀾。是母親的愛和勇氣打破了無邊的恐懼。有一天，母親們聚集在中央廣場，她們都紮著白色頭巾，一位母親說：「我們製作特別的頭巾，並在上面繡上我們孩子的名字。後來，我們在上面繡上『生命再現』，因爲我們尋找的目標不再只是一個孩子，而是所有的失蹤者。」母親們的盼望是：「他們活蹦亂跳地離開了我們，他們也應該活蹦亂跳地回來。」[23]這是一個不可能達成的願望，但就在不可能的縫隙裡，希望開始萌生，軍政權最底部的那塊基石被撬動了。

我更想起天安門母親。那天晚上，孩子們剛剛打開的書本還未闔上，便興沖沖地奔跑出去，爲了這個國家能有一個光明的未來。他們在紅色教育下長大，對於人性存著單純幼稚的想像。他們相信荷槍實彈的解放軍士兵是可親可愛的兄長，他們同士兵們牽手傾談。他們以爲那是一場民主嘉年華，像是一次春遊。可是，萬萬沒有想到，槍聲突然淒厲地響起來。驚慌失措的母親，在黎明還沒有到來時，在這座硝煙瀰漫的城市，到處尋找沒有歸來的孩子，找到的卻是屍體或者骨灰。然後，是一面數十年如一日的冰冷的牆壁，不由分說地隔開生者與死者，隔開心碎的母親與日漸浮華的世界。

二〇〇六年一個滴水成冰的冬日，在天安門母親之一的丁子霖老師七十歲的生日宴會上，我見到了更多天安門母親。她們全都白髮蒼蒼，皺紋滿面，多年來以淚洗面的生活，使她們比同齡的母親更蒼老。丁老師的發言讓人傷感，她談到了自己的死亡，沒有獲得公義便將來臨的死亡，在那裡，她將與孩子重逢。她們的孩子大都僅比我年長幾歲，當母親們看到我以及跟我一樣年輕的男女時，一定情不自禁地想起英年早逝的孩子。那時，我就想，假如我在北京城死去，我的母親是天安門母親中的一員，她將如何面對生命中的巨大黑洞？

與珂勒惠支作品中如同「壓傷的蘆葦不折斷，將殘的燈火不熄滅」的德國母親一樣，中國的天安門母親們風雨兼程地在路上。劉曉波在為丁子霖所著的《尋訪六四受難者》一書所作的序言中指出：「一個母親、兩個母親、三個母親、一群母親……在淚水中互相攙扶著、關懷著、鼓勵著，一個由母親為主體的人道主義群體在恐怖高壓下堅強地站起來！」[24]孩子可能被奪走，但母愛不能被摧毀，母愛是人類殘存的神性。母親和母性是偉大的，是人類生生不息的精神原動力。偉大的母親堅信，愛與憐憫必定戰勝暴力與殺戮。珂勒惠支也是天安門母親中的一員。作為母親的代言人，她的一生無比悲慘，但又無比榮耀。她用作品發出吶喊，其作品的背景，可以轉換為一切奴役人的社會、各個時代的屠殺的現場。珂勒惠支就站在「我們」中間。

那受過痛苦的，必不再見幽暗

一幅一幅地漸次觀看下來，我有了新的發現：在珂勒惠支的精神世界與藝術創作當中，有一個長期被遮掩的、其實是決定性的因素，那便是宗教性。珂勒惠支是一位敬虔的基督徒，她在許多作品都表達了她的信仰，她對上帝的呼求，以及她對人間苦難的憐憫。與她的表現主義同儕們不同的是，她是一位有信仰的畫家，無論黑暗是何其的大，黑暗不可能吞噬光明，她自己說過：「直到今天我也不知道，我作品中迸發出的力量，是否類似於宗教裡被使用的那種力量，或者根本就是那種力量。」

比如，那幅〈哀悼耶穌〉，就是《聖經》故事的現代版本，耶穌那瘦弱的身體躺在地上，門徒們都逃走了，只有一群女人圍繞著他。耶穌的身體如同普通人的身體一樣，如同奧斯威辛集中營裡的屍體一樣，如同柏林圍牆下的屍體一樣，如同天安門廣場上的屍體一樣。但耶穌的屍體又與其他所有屍體不一樣，耶穌是道成肉身，是人類的贖罪祭，且三天後復活升天，爲人類指出一條永生的義路。在這幅作品中，耶穌的母親馬利亞擁抱著爲人類的罪而死的兒子，此時此刻，她的處境與珂勒惠支一樣，與柔石的母親一樣，與天安門母親一樣。但馬利亞比其他所有的母親都幸福——她清楚地知道兒子的道路和使命。

這幅〈哀悼耶穌〉，是爲所有失去孩子的母親所畫的。作爲基督徒，她知道永生的義路在哪裡。每一個知道這條道路的母親和孩子都有福了，再大的苦難，即使是死亡的阻隔，也摧毀不了人類之愛。正如先知以賽亞所說：「死人要復活，屍首要興起。睡在塵埃的啊，要醒來歌唱！因你的甘露好像菜蔬上的甘露，地也要交出死人來。」珂勒惠支的這幅畫彷彿是一首受難曲的最後一個音符，將深重的苦難轉化爲無上的喜樂。人們向來都將珂勒惠支看作是「現實主義」的藝術家，或者「無產階級」的藝術家，有意無意地忽略、遮蓋其宗教題材的作品。如果沒有信仰，沒有對上帝的信、望、愛，她如何撥開無邊的黑暗，依然去愛這個世界，直到受傷害？〈哀悼耶穌〉比她的其他作品都更「現實主義」。她的作品中有許許多多的壓迫、災難、痛苦與死亡，也有十字架所象徵的愛與公義，她用十字架爲人祝福，因爲唯有十字架才能安慰人。

我在珂勒惠支的若干書信和日記中發現，當時德國的主流教會不願認同珂勒惠支的創作，表面上的原因是她左傾的政治立場不爲教會所喜，深層的原因則是她不與邪惡合作的姿態傷害了他們僅存的一點「自尊」。教會對珂勒惠支的作品視而不見，也對正在發生的紛擾與殺戮視而不見，並振振有詞地說，在這個世界上，信徒只是客旅，只需思考天國的事情，無需執著於地上的事情。這是一種自欺欺人的、歪嘴念《聖經》的鴕鳥策略。

與那些天天誦讀《聖經》、天天在教會中禱告卻又與納粹合作的神職人員和信徒相比，珂勒惠支更接近基督信仰的核心，她的生命和創作都實踐了耶穌基督關於基督徒是世上的光和鹽的教導。如果將〈哀悼耶穌〉這幅作品放置在教堂之中，一定會比那些帶著「拉斐爾的神光圈」的僵化的宗教題材作品，更具有鮮活的現實感和震撼人心的感染力。

這間博物館花一個小時就可參觀完畢，它是珂勒惠支一生創作成果的濃縮。珂勒惠支並不是一位特別多產的藝術家，但每一幅作品都保持了相當高的藝術水準，傳達出人類永恆的價值。也許因爲資訊的阻隔，在這間紀念館裡，我沒有發現任何「中國元素」的蛛絲馬跡，也沒有發現珂勒惠支與魯迅之間交往的資料。這不能不說是一個遺憾。如果珂勒惠支紀念館與魯迅博物館之間能建立起合作關係，從魯迅博物館中轉借或複製一批資料，專門開闢一個展示櫃來展示此內容，如魯迅對珂勒惠支的評論、如魯迅自費印刷的珂勒惠支的版畫集等，便足以表現珂勒惠支對中國現代文學藝術的影響以及其作品所具備的普世價值。

珂勒惠支被魯迅所接受，被更多中國人所接受，其間並無障礙。她是女兒，是妻子，是母親，是奶奶，是奴隸的代言人，是自由的守護者，是勇敢的戰士，也是謙卑的禱告者。她的手中沒有可以殺人的武器，只有一支畫筆和一把雕刻刀，卻勝似千軍萬馬。她的版畫讓納粹宣傳部長戈培爾恨得咬牙切齒，他下令剝奪她的教職、不允許她開辦畫展，派特務跟蹤和騷擾她，卻無法阻止人們喜愛她的作品。她早已一無所有，不害怕再失去什麼，即使只剩下一支筆、一張紙、一把刀，照樣可以創作。這個並非風華絕代的女子，可謂集天地之精華、融萬民之憂憤，她的藝術讓第三帝國失去了重量。

「三人行，必有我師焉」，那時的德國，有過三位才貌雙全的女性——萊芬斯坦、漢娜·鄂蘭和珂勒惠支，她們的人生道路迥然不同。萊芬斯坦自願爲納粹鼓吹，在希特勒的美學世界裡添加了驚鴻一瞥的濃妝。即使在戰爭最後的黑暗日子裡，她仍狂熱地爲讚美納粹的一部影片配音，後來她如此自我辯解說：「當時我們還沒預料到悲劇的慘重性，也對集中營中的罪孽毫不知情，我們捫心自問：當戰敗給生命蒙盡恥辱的時候，活在世上究竟還有什麼意義？」[25]話雖如此，她活了下來，成爲百歲人瑞。作爲一朵「帶罪的玫瑰」，她始終拒絕懺悔，在回憶錄中聲稱：「我總是在生活中尋求那些獨特的、與眾不同的而又不可思議和神幻莫測的東西。」

「愛這個世界」的鄂蘭，戲劇般地從法國的集中營中逃離之後，將後半生全部用於探究極權主義的罪惡與起源。與萊芬斯坦一樣，鄂蘭沒有孩子，不是母親，但她不像萊芬斯坦那樣對孩子們被殺戮的事實掩面不顧。鄂蘭對這個世界的愛，與母親對孩子的愛一樣，是具體的、眞實的，她拒絕愛一個抽象的國家、階級與民族，「事實上我只愛我的親朋好友，至於別的愛我無能爲力。」她也堅信歌德在《浮士德》中寫的一句話：「爲了成爲一個人，再大的努力也值得付出。」[26]這句話正好是她在這個世界上寫下的最後一句話。

那麼，珂勒惠支則用眼淚、汗水和鮮血爲顏料，創作出了一幅幅時代的寫眞。誰能像她那樣勇銳而忠實地傳遞出那個時代和那個民族深不見底的苦難呢？納粹政權也曾嘗試過收服她，如同收服萊芬斯坦、霍普特曼等人一樣，她毅然決然地拒絕招安。在生命中最後的幾年裡，她自動選擇「賤民」的角色，成爲一位「內心的流亡者」。

這是一個殘酷而暴虐的世界，奴隸主們從母親那裡奪走孩子，並繼續凌辱和欺騙母親。他們認爲母親沒有反抗能力，母親處於人間最底層的位置。從戰場到柏林圍牆，從奧斯威辛到古拉格，從勞改營到天安門，那麼多母親被迫與孩子永遠分離。當母親在曠野中呼叫孩子的名字時，誰會應答呢？那些失去孩子的母親，又到哪裡去尋求公義呢？納粹集中營倖存者、猶太作家維瑟爾說過：「讓我們來講故事：孩子們的故事，他們在死去之前的一刻還在歌唱著生活。讓我們講述睿智的老人的故事，他們愛孩子並繼續愛著他們直到死去。」[27]珂勒惠支不是用講故事的方式來紀念孩子，而是用木刻的方式來緬懷孩子。在她之後，還有更多母親從黑暗中站出來，從阿根廷的「中央廣場母親」到中國的「天安門母親」。

這群母親兼有先知的使命，珂勒惠支是她們中的一員。先知所看到的眞相，是其他人從未看到的，或者即使看見也假裝沒有看見。沉默是一種「平庸之惡」——這就是隨波逐流的「烏合之眾」與承受痛苦與羞辱的先知的差異。先知指證黑暗與呼喚光明，無論是用哀歌還是用繪畫，甚至用生命，都在所不惜，因爲這是上帝所指定的使命。漢娜·鄂蘭說過，先知的眼中充滿了苦難：

「在一連串事件顯現於我們面前的地方，他看到的卻只是一場災難。災難不斷地把殘骸推到殘骸上，一直延伸到天使的腳下。」[28]

所以，對災難的銘記乃是爲了制止災難的重演。作爲一位被遺忘的先知，珂勒惠支以藝術與良知之光，照亮了那個幽暗的時代。

二〇〇九年一月十八日、十九日初稿
二〇〇九年五月十六日完稿
謹以此文紀念「六四」二十週年
二〇二一年三月十八日修訂
此時「六四」已過去將近三十二週年

第四章

希特勒是怎樣煉成的？

——訪希特勒起家之地：慕尼黑HB皇家啤酒屋

不是因爲希特勒打輸了戰爭，一切才是錯誤的、罪惡的。即使他贏了，這也同樣是錯誤的、罪惡的。他們用旗幟擋住了你們向前看的視線，用軍樂把你們弄得飄飄乎乎。軍事主義、英雄主義、服從紀律——德國人總是容易接受這些東西，民族社會主義者根本不用費太大力氣就能站住腳。整個德國在短短的幾年裡就成了一個獨特的軍營，在這裡說了算的是黨和工業裡的官員。廣大人民都被套上了軍服，都成了高級和低級軍官。而且相信他們能夠共同參與決定——然而，他們只能做汙穢的工作，在戰爭和集中營屠殺所有的民族。

霍斯特·布爾格《父親，請你回答》

一個在慕尼黑流浪的陌生人

在去慕尼黑的火車上，不時上來大群年輕大學生。當我們抵達慕尼黑火車站，這才發現車站上到處都是穿著各色彩鮮豔的民族服裝的男女老少，許多人手上都端著碩大的啤酒杯。我這才明白，現在正是歐洲最著名狂歡節——慕尼黑啤酒節——的日子。

晚上，翻譯馬女士帶我們去市中心的一家啤酒館就餐。「那可是希特勒發跡之地，也是納粹黨誕生之地。」走在熙熙攘攘的步行街上，我發現德國的南方與北方就不一樣：柏林街頭全是來去匆匆、表情嚴肅的公務員模樣的人流；慕尼黑街頭的人卻像悠閒自在、獨具品味的藝術家。瑪麗蓮大街兩邊都是戰後按照原樣復原的老房子，遠遠便看到一個顯眼的象徵：

一頂皇冠和「ＨＢ」兩個字母，這就是著名的ＨＢ皇家啤酒屋。這一名稱的由來，是因爲它所在位置正是十六世紀拜恩王朝的王室啤酒釀造廠。

此啤酒館規模之大，超乎我的想像。推門進去，一樓已座無虛席，一眼望不到頭。大家個個歡聲笑語，比婚禮還要熱鬧。上千名客人一邊暢飲啤酒，一邊大快朵頤，烤豬肘以及麵包的香氣撲鼻而來。在屋子中央的舞台上，一個四人小樂隊正在激情地表演民族音樂。隨著音樂的節奏，許多人情不自禁地站起來鼓掌與歡呼，人潮如海浪般有起有伏。

我們小心翼翼地穿過大廳，與身材豐滿、行動迅速、一隻手執著四個大啤酒杯的女招待擦肩而過。到了後院才發現，原來還別有洞天，數十張桌子擺放在樹影婆娑之中，就餐的人們可以隨時抬起頭來仰望天上的星星。

此時此刻，我才見識了巴伐利亞人多麼熱情爽朗、多麼懂得享受生活。在柏林，人們大都嚴肅而拘謹，這大概與北德意志陰冷潮濕的天氣有關；而在慕尼黑，人們如此開朗活潑，這大概與南德意志燦爛的陽光有關。

後院仍然座無虛席，我們只好從古老的石頭樓梯走上二樓。還好，二樓有若干空座位，比起一樓來安靜得多。一樓的客人大多是本地人，二樓的客人大多是拿著旅遊書的外地人和外國人。侍者拿來印刷精美的功能表和一大疊杯墊，告訴我們，這些都可作爲酒館的紀念品帶走。這確實是一個好主意，讓客人走到哪裡就幫他們將廣告做到哪裡，即使在家中，一看到菜單和杯墊便能夠想起在酒館的美好經歷。

這位頭髮花白的侍者介紹說，三樓設有一個小博物館，展示啤酒館的歷史，也包括希特勒在此活動的歷史。「我們不能遮掩這不光彩的一部分。」這就是普通德國人對待歷史的態度。歷史是現實的孿生兄弟。

今天，在這秋日溫暖而愜意的夜晚，在這人們無憂無慮地享用啤酒和美食的時刻，誰能想像到，在百年前，年輕、敏感、野心勃勃的希特勒，便在這裡踏出進軍政壇並禍害世界的第一步？他的第一個舞台，就是這家熙來攘往、人聲鼎沸的啤酒館。

一九一三年三月，希特勒從維也納抵達慕尼黑，他在《我的奮鬥》中說這座城市是「我童年時代就暗暗嚮往和熱愛的地方」。與奧匈帝國首都維也納相比，慕尼黑更有一種平民化氛圍。希特勒在慕尼黑施瓦本區施萊斯海默街三十四號的一個裁縫家租了一間

❶早年希特勒靠在街頭賣風景畫維生。

❷希特勒發動了一場短命的啤酒館政變。

❸希特勒早年為狗畫的素描，他是一名愛狗人士。

❹希特勒是現代第一個靠演講征服人心的獨裁者。

小閣樓。這個二十四歲的年輕人，尚未找到人生方向。與在維也納一樣，他靠賣一些自己畫的風景畫維持生活，只是風景從維也納變成慕尼黑。在歐洲每一個大城市的街頭巷尾，都漂泊著這樣一群風塵僕僕的年輕人——潦倒卻滿懷成名夢想。希特勒是他們當中的一員——假如他的畫家之夢實現了又會怎樣呢？

在威瑪時代，小城威瑪只是不穩定的「共和」制度的一面旗幟，野心勃勃的政治家的首都是柏林，而風流浪漫的藝術家的首都則是慕尼黑。希特勒在慕尼黑比在維也納生活得愜意，他居住的施瓦本區，是藝術家和夢想家們的天堂。這裡聚集的藝術家，僅次於巴黎的蒙馬特高地。在許多德國人心目中，柏林是紀律嚴明的斯巴達，慕尼黑則是浪漫而充滿詩意的雅典。巴伐利亞的歷代國王都是文學藝術的擁戴者，比如那位失戀之後患上憂鬱症的路德維希二世，以舉國之財力修築美侖美奐的新天鵝城堡，不是給自己享用，而是要將其送給歌劇大師華格納作爲禮物！國王如此，百姓亦如此。慕尼黑人對各種稀奇古怪的人特別寬容，尤其是在施瓦本

❶

❷

區，這裡沒有奇怪的人，只有更怪的人。

在數不清的啤酒屋和咖啡館裡，形形色色的思想和主義口耳相傳，從馬克思主義到無政府主義，從東方神祕主義到日爾曼民族主義，沒有任何限制與禁忌。畫家康丁斯基、詩人里爾克、小說家湯瑪斯·曼和戲劇家布萊希特，都是在慕尼黑居住期間思如泉湧。這裡是做夢者的天堂。年輕的希特勒像影子一樣，在戰前的歌舞昇平中穿來穿去，沒有人愛，也無人依附。這個一無所有的年輕人，卻剩下一樣東西，「對自己不可抑止的信心和深刻熾熱的使命感」。[1]誰也沒有料到——包括循規蹈矩的房東——這個矮小瘦弱的青年身上蘊含了何等可怕的毀滅世界的力量。

出於某種歷史巧合，在一戰之前，幾個改變二十世紀人類歷史走向的人物，都生活在施瓦本區。等待俄羅斯革命風暴來臨的列寧，住在施萊斯海默街五十四號，與希特勒在同一條街上，其貧困程度不下於希特勒。若他們兩人相遇並相識，世界歷史的軌跡將發生何種變化？離他們居

❸

❶慕尼黑市中心廣場。

❷HB皇家啤酒屋不像一座啤酒館，倒像一座宮殿。

❸HB皇家啤酒屋內座無虛席。

住的街道只有四條街之隔，年輕而默默無聞的斯賓格勒正在爲其歷史學著作《西方的沒落》蒐集資料。「他們三個人在許多方面彼此不相像甚至對立，然而他們都具有強烈的預言感和對當下的蔑視。實際上，他們成了十九世紀資產階級文明的掘墓人。」[2]革命的風暴、摧毀舊世界的風暴，從慕尼黑這座浪漫城市開始，從這幾位一貧如洗的外來者身上啓動。

一戰結束之後，曾夢想在戰爭中揚名立萬的希特勒，雖然獲得了一枚勳章，卻不得不面對德國戰敗的厄運。他作爲一名受傷的退伍士兵，沮喪地回到慕尼黑。「一九一九年的慕尼黑日子很不好過。昏暗的燈光，垃圾成堆，騷動，穿著破舊的人們，窮困的士兵。總之，這是四年戰爭和革命醜聞惡果的圖景。」他對政治產生了興趣，既然藝術改變不了世界，政治倒不妨嘗試一下。

此時，希特勒在軍方獲得一份兼職——他的任務是去監視被德國將軍們懷疑可能危害國家安全的人，主要是形形色色的左翼激進分子。一九一九年九月的一天，他接到

命令去監視在ＨＢ皇家啤酒屋聚會的一個名叫德國工人黨的小型政治團體。希特勒偽裝成仰慕者，參加了僅有二十五人的聚會，並未發現這個在啤酒屋裡爭論不休的小團體有什麼危險性，卻對他們的議題產生了興趣。[3]

前身為「遠方神祕協會」的德國工人黨的成員都是跟希特勒一樣的潦倒的小人物。當希特勒收到正式的邀請函時，他發現自己正面對著人生中最艱難的問題：「我是否應該加入？」他後來寫道：「在兩天的徘徊和反思之後，我最終決定要邁出這一步。這是我人生中最具有決定性意義的選擇。」在這個團體的決策層「七人委員會」當中，他是資歷最淺的第七號人物，負責招募和宣傳工作。他的同僚們大都是懶懶散散的「票友」，唯獨他具備狂熱的工作熱情，唯獨他洞悉「人民」的想法，「年輕的希特勒同絕望、艱苦的人相處在一起，他們視生活為叢林，在其中，只有最無情的人才有機會生存。」他很快向人們證明他是一個出色的組織者和精明的宣傳家，他用自己魔鬼般的天賦為納粹創造了一面旗幟、一個符號。

啤酒館中演講家如太陽般冉冉升起

希特勒以超人的耐心和三寸不爛之舌，說服七人委員會行動起來，召開群眾大會、增加黨員人數。這次啤酒館會議，幾乎是希特勒一手促成。在一所兵營裡，他利用連隊的打字機，打出邀請人們來參加會議的請柬。當晚，七位委員在啤酒館裡等候「預計前來赴會的群眾」。一個小時過去了，誰也沒有來。「我們還是七人，原來的七人。」初次的失敗讓希特勒改變戰術，用油印的方式來增大請柬的數量。結果，下一次聚會多來了幾個人。慢慢地，參加會議的人數從十一人增加到十三人，最後達到三十四人。會議的捐款被用於廣告費，在希特勒的建議下，他們在一家民間的反猶報紙上刊登廣告，宣布十月十六日在ＨＢ皇家啤酒屋的一個小房間召開群眾大會。這是德國工人黨第一次群眾大會。

希特勒爲什麼選擇啤酒館作爲他亮相的場所呢？這個地點似乎缺少莊重嚴肅的氛圍，但它卻是工人階級的天堂，名爲工人黨，當然要在啤酒館吸引同類。恩格斯曾抱怨英國的工人太愛喝酒，並且喝了酒後就愈發顯露出粗野的本性。考茨基反駁說，酒館有不可忽視的政治意義，「他們這些潦倒的人，沒有沙龍可以去，又不能邀請朋友去家裡，如果他們要談論一件事情，除了酒館哪還有合適的地方呢？」一九一九年，德國工人黨裡都是些思想偏激的狂熱分子，啤酒館的嘈雜聲音爲他們的密謀提供了最好的掩護。

如果說咖啡館是法國文化的代表，那麼啤酒館便是德國文化的代表。與咖啡館優雅文靜的小資情調形成鮮明對比，啤酒館體現了嘈雜粗俗、直率狂野的工農氣息。巴黎的咖啡館裡很少發生暴力事件，慕尼黑的啤酒館中經常發生激烈打鬥。巴黎的咖啡館是戀人或情人幽會之地，慕尼黑的啤酒館當時基本上是一個男性世界，是「藍領男性」流連忘返之地。啤酒並非烈性酒，啤酒本身便具有某種曖昧的特徵，亦成爲德國人性格的投射。

啤酒館既是人們就餐飲酒的地方，也是公共聚會場所。有位美國遊客在一九〇九年寫道，同慕尼黑的啤酒館相比，「其他地方很少有這樣的民主特點」，這種寬敞的啤酒館也可以成爲各個政治派別爭吵動粗、發生激烈衝突的現場。掄起的啤酒杯不知打碎了多少人的頭蓋骨。喝啤酒就像二〇年代的慕尼黑政治一樣，也是一種身體接觸活動。[4]人們經常會感到困惑：爲什麼有那麼多熱愛巴哈和歌德的德國人，卻臣服於希特勒腳下，肯定並熱衷於暴力？這背後究竟隱藏著德國文化傳統乃至人性深處的哪些祕密呢？也許，啤酒館文化可以給出答案來。希特勒並不喜歡喝啤酒，他也不是懂得享樂的人，他到啤酒館乃是因爲知道那裡有不計其數的、潛在的同盟者。

那天晚上，希特勒在HB皇家啤酒屋忐忑不安地等待聽眾的光臨，成敗在此一舉。下午七點，煙霧瀰漫的室內集合了一百一十一人。希特勒踏上簡易講台，原定發言二十分鐘，可他一講就是半個多鐘頭，譴責、威脅和保證之辭，有如流水般滔滔不絕。當他在熱烈的掌聲中就坐時，已是滿頭大汗。雖筋疲力盡，他卻滿心歡喜，「先前我只內心感覺到的、卻無法試驗的東西，現在被證實了：我能演說！」[5]那晚，滴酒不沾的希特勒喝過啤酒嗎？熱情的聽眾被希特勒迷住了，他們當場便捐獻了三百馬克，許多人表示願意加入這個政黨。

旗開得勝大大鼓舞了希特勒，他接著組織了這個小得可憐的黨——做夢也不敢想像的大型集會。時間定在一九二〇年二月二十四日，會場設在HB皇家啤酒屋可容納兩千人的宴會廳。他的同僚都認爲他瘋了，但他堅持實施該計畫。他的演講果然不同尋常，「大廳裡有喊叫聲，猛烈的撞擊聲，一些最忠實的戰友和其他擁護者同搗亂者打了起來。」希特勒要的就是這個效果，在激烈的打鬥和喊叫聲中，他宣布德國工人黨的二十點綱領，其中規定：在德國，猶太人不能擔任公職，不能享有公民權利，不能參加新聞工作。在一九一四年八月二日以後到德國的猶太人一律都要驅逐出境。半小時後，鼓掌的聲音壓倒了反對的叫喊聲。希特勒後來回憶說：「大會散後，我知道，現在我們運動的原則已經跟著德國人民一起走了出去，這些原則不可能再被遺忘了。」[6]

這次集會是希特勒政治生涯的轉捩點，也是德國工人黨的轉捩點。這次的演講成爲希特勒後來數千次的原型。希特勒發現自己有能力同民眾打成一片，有能力體察他們的喜怒哀樂，說出他們的心裡話。「一個偉大的演講家能夠與廣大聽眾情感相通；他能夠感覺到哪些話可以說到他們的心坎裡。他可以從他們臉上看出他們是否被說服了。」[7]希特勒從此成爲一位「啤酒館裡的傳道者」。納粹黨史的撰寫者誇張地寫道，希特勒的啤酒館演講具有如同馬丁·路德在威登堡的教堂大門上釘上〈九十五條論綱〉一樣的歷史意義。

此時此刻，我一邊慢慢地品味爽口的皇冠牌啤酒，一邊細細打量周圍歡笑聲如大珠小珠落玉盤的客人們，個個都那麼友好，像老朋友一樣熱情洋溢地打招呼——如果希特勒再次光臨這裡，會有多少人對他心悅誠服、五體投地呢？然而，當年支持希特勒的不就是普羅大眾嗎？

從那晚開始，希特勒便成爲工人黨、甚至整個巴伐利亞所有新興黨派中冉冉升起的一顆政治明星。當時，沒有人意識到，亂糟糟的啤酒館集會，敲響了威瑪共和國的喪鐘。希特勒以「改變者」的形象閃亮登場，讓各個階層的人物耳目一新，儘管人們不知道他將如何改變德國——但「改變」總是讓人振奮（歐巴馬也是靠著「改變」的承諾當選美國總統，結果他的「改變」是將美國拖入火坑）。

歷史學家邁涅克評論說：「當希特勒在第一次世界大戰後，來到慕尼黑那些靈魂已經動搖了的人們的面前時，他卻意識到了通過語言、通過熾熱的演講對他的同胞起作用的那種威力。」[8]這是希特勒、史達林與毛澤東之間的重要區別：希特勒最喜歡講台，希臘、羅馬以來，演講術在西方成了統治者必備的能力，希特勒是二十世紀最偉大的演講家之一。而史達林與毛澤東深具東方獨裁者的特點，不擅長在大型群眾集會上演講，講話缺乏煽動力，他們更喜歡躲在深宮玩弄權術、發佈命令、撰寫文章。

發生在ＨＢ皇家啤酒屋的這驚人一幕，表明希特勒是一個在大眾政治和國家面臨絕望之時「表達公眾不滿的領袖」。那些心中充滿失望、忿怒和仇恨的民眾是希特勒的潛在支持者。希特勒直覺地感到他的權力的來源存在於大眾之中，他的目標是煽動大眾的感情、大眾的不滿、大眾的偏見和仇恨。「鑒於他歇斯底里的個性以及說服人的能力，他比大多數政治家更容易實現這一目標。」大部分德國民眾對政治是被動的，傾向於「權力主義的態度和價值」，「他們的政治興趣自由通過表達簡單極端主義政治觀點的大規模運動才能喚起」。[9]

希特勒的成功不是偶然的。「他能夠認同普通群眾的苦難，使大眾皈依他救世的幻想」。他的聲音不是某個人的，而是所有人的，是一個普通的德國人準確地表達普遍的德國人所思所感的聲音。他的策略在於，對任何事情始終給予一些幻想的餘地，他從來不引用數字，也不與人辯論，始終以描繪未來的藍圖引人入勝——當上下交困，農愁於野、商歎於市之時，這樣的許諾頗有吸引力。他的同伴和對手們都沒有這種本領，一個個敗下陣來，眼睜睜地看著他愈升愈高。

希特勒直白粗陋、單刀直入的演說，讓看不到前途的人們如同聽到路德的改教宣言般有「被電擊之感」。有位女士在一九二三年寫道：「你無法想像當這個人開始演講時，四下裡有多麼安靜。似乎數千名聽眾都不再呼吸了。阿道夫·希特勒對自己坦誠的國家社會主義觀點堅信不疑，並將它很自然地傳給了聽眾。」多次在啤酒館現場傾聽希特勒演講的歷史學教授卡爾·米勒寫道：「誰也無法描述在這種氣氛中瀰漫著的那種狂熱情緒。他從我身旁走過，我看到的希特勒與我從前有時在私下裡遇到的那個人截然不同。清瘦蒼白的面容似乎由於滿腔怒火而變得有些扭曲；凸現的眼睛裡放射出兩道寒光，彷彿在搜尋著必須征服的人。我當時寫下如下語句，『瘋狂、歇斯底里的浪漫主義作風，內心殘忍，意志力堅強？』」。[10]

一九三四年春天，墨索里尼在威尼斯與希特勒第一次會晤時，對其大為傾倒：「我的確只不過是一個政治家而已，而您還是一位先知。」此前，墨索里尼一直瞧不起希特勒，將他看作東施效顰的小弟弟。此次見面之後，墨索里尼和希特勒的角色發生了有趣的轉換：希特勒成了整個世界法西斯運動的大哥，墨索里尼則心甘情願地屈居其次。

罪犯何以變救星？

從此，希特勒從一個啤酒屋奔向另一個啤酒屋，從一個集會奔向另一個集會。上千次滔滔不絕、娓娓動聽的演講，對民族主義、國家社會主義和暴力的鼓吹，讓他成爲德國獨一無二的政治明星。無論是作爲一戰英雄的魯登道夫將軍，還是貴爲國家元首的興登堡總統，雖具有軍人之威嚴，具有勾起民眾關於第二帝國黃金時代回憶的魅力，但都不能與希特勒相比。魯登道夫和興登堡是上個時代的人物，無法領導德國進入新一輪的、更激烈的國際競爭；希特勒則賦予整個國家和民族一種新的意識形態，這種意識形態讓他卑瑣的外貌光彩奕奕，他像救世主一樣降臨在這片千瘡百孔的土地，人們認爲他有點石成金的能力——他與威瑪共和國那些只說不做的、走馬燈式地換來換去的政客截然不同。

希特勒身上具備了典型的德國人的三大特點，即崇尚暴力、復仇和不安全感。他在演說中將這三個方面發揮到無以復加的地步，「要征服德國人的只有用想像力，絕不能靠邏輯的力量，因而這位第一次出現的非軍人領袖，靠他的無處不在的聲音征服了德國人」。[11] 作爲卑賤者的代表，希特勒喚起了卑賤者身上最可怕的破壞力量。

很快，希特勒便從瘋狂的鼓動家變成暴力顛覆政府的罪犯。從他悍然發動「啤酒館政變」——那是在另一個規模更大的、名爲貝格勃勞凱勒（即「公民」之意）的啤酒館——那一刻起，他的手上便沾滿普通人的鮮血。在這場鬧劇般的武裝暴動中，十六位納粹黨徒被軍警射殺，還有若干警察和平民死亡。希特勒胳膊脫臼，戈林身負重傷。

然而，叛國的犯罪行爲並沒有讓希特勒名聲掃地，反倒讓他獲得民眾的歡呼與愛戴。作爲企圖顚覆威瑪共和國的罪犯，他在法庭上理直氣壯地宣稱：「先生們，你們是不能對我們作出判決的，即使你們一千次發現我們有罪，歷史永恆法庭的女神將微笑地撕破原告的起訴書和法庭的判決書，因爲她將宣告我們無罪。」他巧妙地將一場對兇手和陰謀家的審判，轉化爲宣講「愛國主義」的講台，由此贏得旁聽席上雷鳴般的掌聲和輿論一邊倒的支持。戈培爾在閱讀了有關希特勒法庭審判的新聞報導之後，在日記中寫道：「希特勒讓人覺得瀟灑自如之處就是正直率眞性情的投入體現。希特勒是個理想主義者。他爲德國人民帶來了新的信念。」他從此走上了追隨希特勒的道路。[12]

一個罪犯何以搖身一變成爲民族救星？從暴徒到暴君的路並不長。希特勒煽動仇恨，蔑視法律，誘導人們爲了抽象的「公義」，爲了民族和國家的強盛，可以從事所有犯法勾當，可以消滅一切擋路敵人。「希特勒的格言是一個人必須撒大謊，因爲沒有人相信小謊言，這和馬基維利的原則完全合拍。希特勒毫不猶豫地實踐這個格言。」[13]希特勒說，他不得不犯罪，因爲法律本來就是祖國的敵人制定的，必須踐踏法律才能創建一個美好的第三帝國。於是，大家一起爲希特勒一次次破壞法治的行徑鼓掌。

法庭在這排山倒海般的民意面前退卻了，法庭對希特勒的縱容，等於宣布了威瑪憲法的死刑。同情希特勒的法官奧爾格·奈德哈德作出了非常可笑的判決——對希特勒處以「不剝奪名譽」的、六個月後可假釋的五年徒刑。法庭在判決書上附加了前言，強調被告乃是出於「純粹的愛國動機和光榮的意圖」。在納粹掌權之後，奧爾格·奈德哈德被任命爲巴伐利亞最高法院首席法官，在他一九四一年去世時，希特勒以元首的名義，親自派人將一個大花圈擺在其葬禮上。

從啤酒館到監獄，希特勒奪取政權的道路表面上看失敗了，但成功在失敗的低谷突然降臨：希特勒在監獄中服刑，孜孜不倦地寫作《我的奮鬥》，並發現自己成了公眾心目中拯救德國的「超人」。牢房比簡陋的租屋舒適，與其說這群納粹黨人是在監獄服刑，還不如說是在酒店度假：他們的生活水準比外邊的普通百姓高，可享受免費的葡萄酒和啤酒。吃飯時，納粹黨人像一家人一樣聚集在公共休息室，在一張專屬的桌子前坐下，桌上的談話由元首主持，卍字徽旗幟懸掛在座椅背後成爲突出的展示品。他們組織了一支交響樂團，開辦了一家小酒店，創辦了一家要塞報紙。

信件紛至沓來，還有小學生問候希特勒叔叔的信件；郵包如洪水氾濫般湧入，鼓舞著囚徒們的士氣，也讓他們大快朵頤，「希特勒的單人囚室看上去像一個熟食店，你可以用堆在那裡的一切原料開辦一個花店、一個水果店和一個酒店。」[14]

十多年之後，那些給希特勒寫信和郵寄禮品的德國人，先是興高采烈地歡迎希特勒登上元首的寶座，然後被元首驅趕著奔赴前線充當炮灰。當他們被淹沒在戰場的硝煙和血海之中時，是否爲當初的選擇後悔呢？大多數投票給希特勒的德國人，在戰後並不願意承認自己是

「希特勒的志願行刑者」。

希特勒先破壞國內法，然後再破壞國際法，直到引發一次人類歷史上最大規模的戰爭。而大部分德國人直到第三帝國崩潰的那一天，仍然相信，「他們都是正派人，他們付出了最大的努力，因爲他們所求的是最好的——爲了帝國，爲了德國，爲了永遠的和平和所有人的自由」。[15]各式各樣的德國人都死心塌地地追隨希特勒，後世的學者寫了一本本這樣的專書：《希特勒的哲學家》、《希特勒的作家》、《希特勒的科學家》、《希特勒的銀行家》。這個題材似乎永遠也寫不完。

暖風薰得人民醉，直把罪犯當元首。希特勒成功地煽動起普通人的犯罪慾望。戈登·克瑞格說過：「一個頌揚罪犯的社會等於是在間接地告訴大家，罪犯所掠奪的社會是不值得保護的。」歷史學家在分析那個時代德國的社會氛圍和民眾心態時指出，戰爭及戰後的革命，經濟危機與信仰的喪失，再加上人與人之間的疏離，使得殘酷經常以冷酷的言語、惡毒的竊笑或骯髒的寬容的方式被主流社會接受。希特勒正是這樣做的，他故意誇張地顯示其身上粗俗、野心勃勃、撕破中產階級溫文爾雅假面具的那一面。斯特拉瑟評論說：「希特勒用地震探測儀的敏感對人類心靈的振動作出反應。無意識的天賦賜予他一種能力，使他能夠充當一個揚聲器來宣布最隱密的慾望、最受壓抑的本能、痛苦和整個民族的人性反叛。」心理學家認爲，希特勒喚起了德國男性中似乎存在的「一種強大的女性受虐狂傾向」。[16]那些對社會積怨甚深的底層無產者，在啤酒館中如醉如癡地傾聽這位「代言人」的演講；那些裝腔作勢的大資產階級及其主婦們，更是在富麗堂皇的客廳中盛情款待這個身材矮小而意志堅定的、跟他們「不一樣」的人物。

國法錯亂，暴君登場，一大群暴徒中必然產生一位暴君。在個人生活領域，希特勒比共產世界的獨裁者史達林、毛澤東們顯得「可愛」。據希特勒身邊的員工回憶說，元首是一個生活樸素、彬彬有禮的人，「希特勒在三〇年代前期開始吃素，他注意個人衛生達到了過分挑剔的程度」。[17]許多與希特勒有過接觸的女性，都承認他有一種難以抗拒的魅力。希特勒對女性很尊重，不是史達林和毛澤東那樣的色情狂。就連美國駐德國大使多德的女兒瑪莎這個見過世面的美國女子，在第一次見到希特勒時都被其催眠——「希特勒的眼睛令人吃驚且難忘，它們似乎是淡藍色的，眼神熱烈，堅定不移，令人移不開視線。」她回家後在父親面前對希特勒讚不絕口，父親則取笑她，要她務必記住希特勒吻了她手上哪裡，並建議她如果「一定」要洗那隻手，得小心一點，只洗吻痕以外的地方。[18]

希特勒有著多重人格。後世在論及希特勒，往往將其簡化爲「魔鬼」，或者滑稽化爲「小丑」——就像卓別林在電影《大獨裁者》中扮演的那個角色。在戰爭年代，那種搞笑方式也許可以讓人們解氣和放鬆，但無助於挖掘希特勒成功的祕密。這樣一種對希特勒的漫畫化，反而會讓「希特勒的志願行刑者」們輕而易舉地與希特勒拉開距離：看哪，他是一個多麼可笑的傢伙，他與我們如此不一樣！希特勒是一個「非德國人」，我們都是其受害者。

無論是「魔鬼說」還是「小丑說」，簡單化的看法並不符合歷史眞相，無法解釋希特勒何以迅速攫取一個時代德國人的心靈，尤其是從共產黨和社民黨那裡爭取到工人階級的支持。希特勒準確地說出那個時代人們的心聲：「他將各種不同的人群（人愈多愈雜愈好）組成的集會轉化爲一個同質的可塑群體，先把這一群體引入一種近乎夢幻的狀況，然後給予其一種近乎集體性高潮的感受。這一能力的基礎並不是演說藝術，而是一種催眠能力，一種隨時控制存在的集體潛意識的能力。」[19]人民心甘情願地將罪犯當作救星，這不是一場「美麗的誤會」。

是希特勒創造了民意，還是民意創造了希特勒？

一九三三年一月三十日，年邁的興登堡總統任命希特勒爲內閣總理，興登堡讓德國落到了一個充滿獨裁慾望的政客手中，而在幾個月前，他自己還公開警告這一點。魔鬼從潘多拉的盒子中被釋放出來。元帥成了下士的手下敗將。興登堡是一個神話的名字，但他一直是被神話的對象，而不是神話的主人。[20]如今，神話的主人降臨了。

希特勒大步流星地踏進總理府並宣稱：「我不是俾斯麥那樣的首相，他只是皇帝的帝國總理。我有我的政黨！我是元首！元首得有什麼樣的特點呢？首相必須人人都講那個名字。因此我引進了『祝希特勒健康！』這個問候語。」[21]這一天發生的事件是「偶然事件」嗎？可以避免嗎？毫無疑問，使得「希特勒主義」作爲一種政治力量崛起成爲可能的，是十九世紀進程中對精神與權力、文化與國家、世界主義與民族國家的綜合的逐步破壞。換言之，

「這一偶然事件是因爲十九世紀以來德國和歐洲精神的普遍野蠻化才成爲可能」。[22]在此歷史軌跡中，即使沒有此一「希特勒」，也會有彼一「希特勒」。這就是「歷史的呼聲」，希特勒敏銳地捕捉並回應了這一呼聲。

如果心平氣和地審視那段歷史，便會承認：是時代催生了希特勒，而不是他一個人改變時代的走向；是希特勒迎合了群眾的願望，而不是他一個人強迫大家走向毀滅。希特勒比其同僚們更壞，但並不意味著他的同代人都是好人、無辜者和受騙者。希特勒並非人民的「敵人」，而是人民選擇的「救星」——當社會各階層都對現實嚴重不滿時，人們寧願選擇具有冒險家氣質的希特勒，而不選擇雍容華貴、平穩保守的歌德。當社會不公讓大多數人忍無可忍之際，人們便通過熱烈地傾聽和講述暴力事件來發洩其破壞慾望，所謂「偕亡之慟，深入人心」。一九二〇年代末的德國人選擇希特勒，正如四〇年代末的中國人選擇毛澤東：誰是那個敢於突破傳統倫理道德和蔑視人類生命價值的人，誰是那個使用老百姓「喜聞樂見」的方式表達政治觀點的人，誰就理所當然是「偉大領袖」。

在一九二〇年代的德國，有一個家喻戶曉的、卻並非明星的人物，即連環殺人狂哈曼。當哈曼落入法網之後，人們在餐桌上津津樂道他的故事，對他的興趣超過政治家和明星。媒體上連篇累牘地報導，哈曼殺害了多名男孩，並將屍體精細地烹調，做成罐裝肉銷售。對這些細節大肆渲染，使報紙銷量節節上升。當哈曼被判處死刑時，威瑪的自由主義知識分子（也就是後世德國知識界認爲對威瑪民主的失敗負有不可推卸責任的「威瑪名士」）反對這一死刑判決，他們的一封公開信獲得相當多民眾支持。這些同情殺人狂的人，卻不願意關注受害者家屬。這種對殘暴行徑無原則寬宥的心態，是希特勒張揚暴力和殺戮的社會基礎——如果哈曼將其殘酷施加到諸如猶太人那樣的外國人身上，他可能被認爲是正常、正義的。

在此意義上，心理變態的殺人狂哈曼與納粹集中營之間有某種內在聯繫。哈曼是一個特殊的心理變態者，是一個孤立的刑事罪犯，這樣的人在任何時代、任何國家都可能出現，即便是最成熟的民主國家。但對殺人狂的同情、寬宥甚至讚賞，卻不是人類社會的「常態」。此種社會心理「殺人於無形」，拉爾夫·達倫多夫尖銳地批評說，這就是導致奧斯威辛集中營的德國社會「黑暗的角落」。在一戰之後的德國，公眾對殘酷的寬容心態本身便令人感到恐懼。無疑，這是多年血腥戰爭、國內動亂和大眾饑餓的結果；這更是因爲「德國社會長期停留在黑暗的角落當中，停留在以幻想的形式，通過病態、腐爛、惡魔、殘酷的主題表達的思想當中。」

當時，在社會上流傳著若干警察與罪犯合二爲一的故事，媒體經常將一些殘暴的刑事罪犯描述成「替天行道」的俠客，並不厭其煩地描述其血腥殺戮的細節，「儘管警察和罪犯的這種奇怪的共生現象經常有它幽默的一面，但是，它不幸地證明了德國一些主要的城市中心令人困擾的社會趨向：使不正常的行爲正常化。」[23]

當克勞斯·曼坐在卡爾頓茶館喝咖啡時，發現希特勒坐在另一張桌子前連吃了三塊草莓餡餅。他仔細觀察未來元首的臉，忽然聯想到最近在報紙上看到過的某個人，過了一陣才將兩者聯繫在一起：「一個留著鬍鬚的傢伙雙眼模糊，有著固執的額頭，正在與一些乏味的黨羽聊天。當我叫招待員結帳時，我突然想起一個與希特勒先生相似的人。他是漢諾威的謀殺者，他的案件在報紙上占了很大的標題。他的名字叫哈曼。他們兩人的相似是令人震驚的：沒有光澤的眼睛、小鬍子、殘酷和神經質的嘴巴，甚至豐滿的鼻子所流露的難以言說的粗俗。確實，他們兩人有著相同的面相。」

這一細節耐人尋味：希特勒與哈曼的相似之處，不僅是「面相」，他們具有同樣的反社會傾向，是敢於鋌而走險的「流民」，所做的事是普通人想做而不敢做的。希特勒比哈曼「偉大」得多：哈曼無論得到多少同情和讚賞，也只是一個下流的刑事罪犯；希特勒卻成功地讓整個國家和人民跟他一起犯罪，「他的犯罪能量使得別人的犯罪能量也將釋放出來」[24]。這種破壞力量一千個哈曼也比不上。希特勒就生活在大家之中——即使最膽小的小市民，也有不甘於庸常生活的嗜血慾望。顛覆威瑪共和國和扶持希特勒上台的，正是這種瀰漫於全社會的暴戾之氣。

在納粹掌權之前，像克勞斯·曼那樣看穿希特勒內心世界的人寥寥無幾。暴徒升格爲暴君，不是暴徒有多麼了不起，乃是因爲群眾太卑賤。暴君洞悉運動群眾的祕訣，便能掀起群眾運動。一九三〇年，哲學家雅斯培也發現了希特勒成功的奧祕：「群眾是無實存的生命，是無信仰的迷信。它可以踏平一切。它不願容忍獨立與卓越，而是傾向於迫使人們成爲像螞蟻一樣的自動機。」[25]心理學家賴希則指出：「這種組織群眾的成功應歸因於群眾，而不是希特勒。正是人民畏懼自由的權威主義性格結構，使希特勒的宣傳獲得了根基。因此，在社會學上有關希特勒的重要東西，不是來自他的個性，而是來自群眾給予他的重要性。」[26]希特勒獲取民心的祕訣在於，他讓德國人民習慣暴力和謊言，甚至依賴暴力和謊言，暴力和謊言像空氣和水一樣在人們的日常生活中必不可少。遺憾的是，威瑪共和國的當政者及「名士」們，從未屈身到啤酒屋和咖啡館裡去觀察風俗、瞭解民情。如果他們及早聽到希特勒在啤酒屋裡的演說及其贏得的掌聲，也許就能及早實施社會改革、改善民生問題，以避免民主崩潰和獨裁興起。

希特勒通過對暴力的鼓吹，喚醒一個「老是失敗而從未從失敗中吸取教訓的民族」的新希望。希特勒贏得民意支持，是靠屢敗屢戰、愈戰愈勇的選舉活動上台的。比起那些靠軍事政變上台的獨裁者，他的權力具有無可爭議的合法性。他所擁有的權力，是大部分德國民眾通過投票、合法地授予他的，而不是他單方面從民眾那裡奪走的——他並沒有欺騙德國民眾，他掌權之後所做的一切，正是當初對民眾的鄭重承諾。希特勒、史達林、毛澤東、波布等獨裁者，之所以能在人民頭上作威作福，「人民」不能辯白說自己是無辜的，正如被關押在古拉格群島中長達十八年之久的、反對史達林主義的蘇聯女記者葉夫根尼婭·金茲堡所說的那樣：「在失眠的夜裡，即使想起自己沒有直接參與謀殺和背叛，仍然輾轉反側。因爲殺人的並不都是揮舞屠刀的人，還有那些放任罪惡的人。他們機械地重複著危機理論，無聲地舉起右臂，睜一隻眼閉一隻眼地記錄著半眞半假的事實。」[27]所有投票給獨裁者的人，所有以各種形式支持獨裁者的人，都是其共犯。

讚美暴力與殺戮，是社會危機總爆發的前奏

一位暴君從一群暴民中脫穎而出，他以「野蠻」一詞定義了他所佔據的時間與空間。昔日的威瑪是一個具備多黨制、議會制、選舉制和新聞自由的共和國，尚且未能成功化解此種盤根錯節的暴戾之氣；今天的中國徒具共和國之名，實質上是一黨獨裁，且無新聞自由與司法獨立，此種暴戾之氣更陳陳相因。

冰凍三尺，非一日之寒，今日中國的社會氛圍比威瑪時代的德國更爲幽暗。統治階層拒絕一切政治體制改革的訴求，拒絕出讓任何一點既得利益，使得社會不公愈演愈烈，使得社會結構愈來愈呈現剛性狀態。貪官汙吏爲惡之多，偕行星而比數；暴力文化流毒之遠，隨海水以俱發。底層積怨如火山岩漿般流動，社會邊緣人當中的野心家亦開始占卜算卦。在上掌權者懵懂無知，茫然不知大禍之將至。

今天的中國，是非善惡的判斷日漸模糊，暴戾乖張之氣日漸濃厚。北京青年楊佳在上海受到警察之虐待，多次討要「說法」而不得，遂抱著同歸於盡、「與子偕亡」的心態，遠赴上海，衝進公安局大樓，親手砍死六名素昧平生的警察。

此案震動天下，楊佳在網路上被許多深陷於絕望的民眾譽爲「俠客」或「刀客」。楊佳殺人、當局枉法殺楊佳、民眾追捧楊佳爲「救星」，此三重惡性循環，使得此一事件成爲中

國朝野「針尖對麥芒」狀態的象徵。

殺人成爲實現「正義」的最後選擇，表明這個社會離「正義」太遠了。統治當局應當負最大的罪責。當局不按正常的程序公正、公開對此案進行審判，將楊佳判處死刑並迅速執行，如同火上澆油，民心盡失。晚清維新報人汪康年在四川保路運動爆發時分析說，清廷妄圖以「嚴重之命令、威嚇之舉動」打壓民眾，其結果是「人民屈於力，而心不服，怨恨之心，愈衍愈廣」。[28]果然，保路運動成爲滿清王朝覆滅的導火索。

中共處理民間抗議的做法與滿清如出一轍，殺了一個楊佳，不僅沒有嚇倒「後來者」，反倒刺激若干不再信任法治的民眾到法庭外支持這名「刀客」，在網路上出現了幾名聲稱要嫁給楊佳的「奇女子」。當楊佳被譽爲「英雄」和「革命者」，一個「前法西斯時代」的「民意場」正在迅速形成。那六名被楊佳殘酷殺害的警察及其悲痛欲絕的家屬，則少人問津。我們固然要譴責造成楊佳殺人的社會背景——即公權力對普通公民的肆意凌辱與傷害，但這並不意味著應當爲楊佳針對並未傷害過他的普通警察的殺戮而拍手叫好。

另一起事件是：北京奧運會開幕次日，杭州男子唐永明在鼓樓城樓二樓上持械襲擊三名遊客，致使一人死亡、二人受傷。行兇之後，唐永明當即跳樓身亡。遇襲的死傷者是美國男排現任總教練麥卡琴的岳父母以及導遊。某些反對奧運會的海外民運人士對此事件幸災樂禍，並試圖從唐永明失業工人的身分之中尋求其行兇的合理性。我個人非常不喜歡奧運會，但我更厭惡此類針對無辜者的喪心病狂的殺戮行爲，以及希望此類事件愈來愈多的陰暗心理。批評共產黨和杯葛奧運會，是每個人的天賦人權的一部分，但並不意味著可以蔑視受害者生命的價值，以及隨意讓他人成爲祭台上的祭品。

楊佳和唐永明所殺害的，並不是曾加害過他們的人，即便用「冤有頭，債有主」的中國「古訓」來看，亦不足取——《史記》中記載的遊俠，其復仇的對象基本上是傷害過他們的仇人，遊俠行刺一般都有明確目標，不會傷及無辜。

另一方面，倘若以更高的生命倫理衡量，「不可殺人」是上帝頒佈給所有人、而非某一部分人的誡命。任何理由都不足以改變殺人行爲的實質。希特勒沒有殺人的權利，楊佳和唐永明也沒有殺人的權利。那些讚美殺人行爲的人，與殺人者乃是同一類人。他們不是改良社會的正面力量，而是掀起血雨腥風、讓民眾遭受更大災難的負面力量。

楊佳、唐永明等刑事案件的罪犯，被以艾未未爲代表的所謂正義之士拔高爲「反共鬥士」，由此看出反對派精神資源之匱乏與心態之偏激。頗爲吊詭的是：愈是遠離中國的「流亡革命家」，愈是義正詞嚴地爲殺人者叫好。在嗜血之外，又多了一層比殺人者更可恨的怯懦與虛僞——「既然我已經安全了，便可作壁上觀。」他們不惜使用最華麗的語言讚美楊佳，卻不敢效仿楊佳的舉動來「殺盡貪官汙吏」，而只是隔岸觀火、過一過嘴巴癮。

無疑，今天中國的掌權者已然病入膏肓，但多數反對者也變得與反對的對象愈來愈相似，簡直如同從一個模子中塑造出來的。暴力崇拜成爲朝野雙方共用的精神資源，共產黨是以暴力奪取政權，倘若反對者試圖以暴力殺光共產黨，他們與共產黨的區別何在？

這種暴民意識與清官幻想互爲表裡，表明中國人的精神狀態仍停留在蠻荒時代，並非具備理性精神、心智成熟的民族。中國自古多「順民」，當「順民」被逼迫到忍無可忍的地步，便揭竿而起成爲「暴民」——「老弱轉於溝壑，少壯鋌而走險」。「順民」與「暴民」之轉換與迴圈，乃是中國歷史的內在動力。中國歷史不是一部文明積累的歷史，而是一部破壞與殺戮的歷史。任何一個殺人者都有其「不得不」殺人的理由，所謂「蒼天已死，黃天當立」。而「成王敗寇」的「顯規則」，使得失敗的暴民被謚以惡名，成功的暴民則「修成正果」、加冕爲王。研究游民問題的學者王學泰指出：「許多處於弱勢地位的老百姓，從內心裡羨慕那些敢於『該出手時就出手』的暴民，把其看作是解決社會不公時可供選擇的手段。社會輿論特別是通俗文藝作品，還常常把這些當作『反抗精神』和『英雄氣概』加以表彰。」[29]

中國人是怯懦的，卻又是殘暴的。中國歷史是螺旋式地重覆和迴圈的。魯迅說過：「試將記五代、南宋、明末的事情的，和現今的狀況一比較，就當驚心動魄於何其相似之甚，彷彿時間的流逝，獨與我們中國無關。現在的中華民國還是五代，是宋末，是明季。」[30]其實，比起「中華民國」來，「中華人民共和國」更像明季、更像清末、更像納粹德國，同樣流行「殘酷的教育」，同樣用更酷的酷刑防止「奴隸造反」（即中共所說的「穩定壓倒一切」），結果便是「使人們見酷而不再覺其酷」，「所以又會踏著殘酷前進」。

今天的中國，無論是在作家學者群體當中，還是在普通老百姓當中，殘酷都被當作一種審美狀態。歷史學者趙園在論及明末士大夫的暴力傾向時指出：「細細看去，總能由士人的誇張姿態，看出壓抑下的緊張，生存的缺少餘裕，進而感到戾氣的瀰漫，政治文化以至社會生活的畸與病。『苛』，即常爲人從道德意義上肯定的不覺其爲『病』的病。」[31]此種「畸」、「苛」、「病」的心態正是當代中國人的潛意識，也是希特勒最欣賞的群眾心理。連一些維權律師也舉起正義旗號、奏起道德高調、爲暴力鼓與吹、爲法治唱輓歌，這不正是顧炎武在《日知錄》中所說的「仁義充塞，而至於率獸食人，人將相食，謂之亡天下」嗎？

我從楊佳案和唐永明案中人們對暴力的欣賞和讚揚，發現背後隱藏的深刻的社會危機。此種社會危機，與希特勒上台前夕的德國有相似之處，即對暴力的「正義化」與「合法化」，即「殺人者無罪，被害者有罪」——德國作家赫塞在威瑪時代寫過一部名爲《殺人者無罪，被害者有罪》的中篇小說，「可惜這個標題被納粹所挪用，並賦以不同的內容和意義。」[32]希特勒一生從未親手殺過人，卻締造出了一種「殺人有理」的制度與文化。幸運的是，希特勒顛覆了威瑪共和國，卻未能徹底剷除德國古典主義文化，故而戰敗後的德國能以此重建文明、起死回生；與之相比，缺乏此種基督教文明底色的中國，經過殘暴的毛澤東時代之後人心早已敗壞的中國，如果繼續走一條以暴易暴的道路，何時才能有重生的希望呢？

今天的ＨＢ皇家啤酒屋，又恢復了啤酒館本來的身分。這裡不再有希特勒演說的講台，整個德國都不再有希特勒的講台。我喜歡這裡無拘無束的氣氛，在此享受包括美酒、美食、音樂與友誼等日常生活中美好事物的人們，不會有太大的野心與太多的怨毒。這樣的社會方是正常社會。當我們喝完啤酒、吃完豬肘時，啤酒館的客人仍絡繹不絕。

希特勒、墨索里尼、史達林、毛澤東，都是「從暴民到暴君」的典型。在今天的德國，產生希特勒和納粹黨的社會土壤和民意基礎已不復存在；而在今天的中國，「未來的希特勒」、「未來的納粹黨」仍然隱藏在幽暗的街角處蠢蠢欲動——我已然聽到他們那低沉的喘息聲，正如德國詩人格奧爾格先知般的看見：「大勢已發生，無人明察/大難正將來臨，無人能見/現在毋需歡呼：來者並非凱旋/而是幾多沉淪，一點也無尊嚴。」

二〇〇八年十月二十一日、二十二日完稿

二〇二一年三月十九日修訂

第五章

從焚書到焚人

——柏林「焚書紀念處」側記

這不過只是一個前奏：
在焚毀圖書的地方，
最後也勢必會焚毀作者。

海涅《阿爾曼索》

堅韌之人，寫出堅韌之書

世界上有很多愛書的人，將書看得與生命一樣重要，甚至比生命還重要。以色列作家阿摩司·奧茲出生於學者世家，幾千冊書遍佈在屋子的各個角落，陪伴這個早慧的孩子度過動盪而憂傷的童年。在孤獨與黑暗的日子裡，書是奧茲唯一的朋友，書讓他學會愛與憐憫。少年時代的奧茲不想長大成人，而夢想變成一本書：「人們來來往往，生生死死，但是書是不朽的，那是怎樣的感覺。我小時候希望自己長大後成爲一本書，而不是成爲作家。人可以像螞蟻一樣被殺死，作家也不難被殺死，但是書呢，不管你怎樣試圖要將其進行系統的滅絕，也會有一兩本書伺機生存下來。在某個鮮人問津的圖書館的某個角落裡享受上架待遇。」[1]這是一個遭到過大屠殺的種族的後裔自然而然的想法，也是一個多愁善感的孩子對世界和對自身的期待。然而，在這個黑暗比愛更多的世界裡，成爲一本書眞的比成爲一個人更安全、更幸福嗎？

書的壽命通常比作者長，不僅中國古代的士大夫憧憬以「立言」達致永恆，幾乎所有作家的理想都是在其著作中獲得某種「不朽」價值。奧地利猶太裔作家茨威格眼看著納粹勃然而起，踏上一條沒有回程的流亡之路。在遙遠的巴西，他在六十歲生日時完成了《昨日的世界》，這本書不是表現個人經歷，而是表現心靈世界，最後形成的是一幅從一八八〇年到一九三九年歐洲歷史的畫卷和他所認識的歐洲偉人的畫像，揭示了這個翻天覆地的時代的走向。當茨威格發現昨日的歐洲已毀滅和破碎，「不會再有我們的德語書出版了」，在黎明前的黑暗之中，他開槍自殺。他的一生就是一個偉大的同情者的一生，他的書也因此而有生命力。[2]他的書流傳下來，延續著脆弱的生命，並激勵無數追求真理的心靈。家國不在了，人也不在了，書還在，這就是書頑強的生命力。

同樣也是猶太人的華特·班雅明，也一直在路上。他先是逃到法國，法國淪陷之後，被迫再度逃亡。在馬賽，他遇到漢娜·鄂蘭，將題爲《歷史概念論綱》的手稿託付給這個值得信任的朋友。[3]那一刻，他也許有了不祥之兆。他得到所需的一切證件，卻滯留在法國無法脫身。他打算徒步翻越庇里牛斯山到達西班牙。患有心臟病的班雅明在邊境一個叫布港的地方被告知，邊境關閉了。在當天夜裡，他服用隨身攜帶「以防萬一」的嗎啡，結束了生命。納粹的魔爪如影隨形，他再也走不動了。當他服下毒藥時，還記得艾雷爾的書中的一段話嗎？「考慮到由各種質料做成的金字塔、廊柱和塑像都隨著時間的流逝而毀壞，或被暴力所破壞，或僅只腐朽，以至於整座城市陷落、消失、被水淹沒，而書寫和書籍則免受這種災難，因爲在一個國家或地方被毀壞或消失的書，很容易在無數其他地方找到。因此，在人類經驗中，沒有什麼比書更永久和不朽的了。」[4] 班雅明對文化的超然力量深信不疑，他認爲，具有創意的表達方式不僅豐富和照亮了我們所居住的世界，並可提供文化上的凝聚力，將上一代人與下一代人結合起來。這是對「藝術長久，生命短暫」這句古代箴言的猶太德國式詮釋法。在他生命的最後時刻，書籍爲他帶來洪水般的記憶：「思及這些書籍昔日被存放的斗室、學生時代在慕尼黑的窩、我在瑞士伯恩的房間，在布里恩茨湖畔伊瑟特瓦德小鎭的孤寂，最後還有我少年時代的房間，而那裡曾經是幾千本書籍當中最初區區四、五本的所在地。」

也有比他們更堅強的倖存者。格拉夫一生都是積極的反抗者。一戰時，他因拒絕服兵役而被送進瘋人院。當他聽說其著作沒有登上納粹焚書的黑名單時，怒不可遏，立即公開表示抗議，要求納粹將他的書燒掉，將他也燒死。這是唯一一位主動要求當局將其作品焚燒的作

❹

❶德國詩人海涅先知般地預言了：焚書之後必然是焚人。

❷納粹宣傳部長戈培爾是焚書運動的推行者。

❸焚書紀念地：空空如也的地下圖書館。

❹納粹將德國文化的菁華付之一炬。

家。他給維也納《工人報》發去的抗議書，被世界各地的報刊轉載：「第三帝國幾乎毀棄了全部有意義的德國文學，否定了所有眞正的德國文學作品。它把我們大部分最優秀的作家驅趕上流亡之路，使得他們無法在德國國內發表作品。」幾天之後，他作品果然被禁，其公民權被剝奪。

居住在圖林根的奧地利詩人、作家魯道夫·蓋斯特，聽說自己的書在柏林等地被焚毀之後，他在一片無人的樹林中，將幾百首詩扔向天空，任它們飛舞。這位奧地利文學界最具怪癖者之一要回家去，他步行從柏林回家，讓旅途成爲抗議行爲。然而，家也不再是安全的地方，當德國吞併奧地利後，他很快被捕了。在狹小的單人牢房裡，他仍堅持寫作，將拯救世界、結束戰爭、歌頌生活的計畫寫在手紙上。他的手稿多達一萬頁，包括長篇小說、戲劇、電影劇本、組詩和文學評論，但有出版的寥寥無幾。後來，他再度流亡，在第一次流亡者大會上發表了熱情洋溢的講詞：「我們這些流亡者、四

海爲家者也敢於做自由人，我們的一生敢於爲此而奮鬥！」[5]

失明且失聰的美國作家海倫·凱勒的書也被納粹焚燒，她給全體德國學生寫了封慷慨激昂的公開信，表達自己的震驚——她不相信印刷機的誕生地竟然變成了這項發明的產物（指圖書）的火葬場。她批評道：「如果你們認爲思想可以殺死，那麼，你們絲毫沒有從歷史中吸取教訓。過去的暴君經常這樣做，然而思想同樣在他們的強權中升起，最終戰勝了暴君。」「你們可以燒毀我的書，燒毀全歐洲最優秀的人寫的書，但是，他們的思想已經通過千萬種管道傳播出去了，並將繼續鼓舞其他人。」

如果從另一個角度去觀察，書比作家本人還羸弱：作家可抽身逃亡，可將祖國的泥土黏在鞋底帶走；書卻只能眼睜睜地等待著屠殺的來臨，像沉默的羔羊一般，無助地被暴徒扔進火焰之中。書不能發出聲音來，也不會流淚。當火焰兇猛地舔著它們

❶ 猶太作家茨威格的書被焚燒，他哀歎美好的歐洲已然是昨日世界。

❷ 中國文革時代也效法納粹焚書。

❸ 德國作家托馬斯·曼的作品遭到焚燒，他流亡美國，繼續批判納粹。

❹ 2019年，中國甘肅鎮原縣圖書館自我審查政治思想不正確書籍，大動作在館前燒書。

❸

❹

的肌膚時，書不能像柴禾一樣發出劈哩啪啦的抗議聲音。書不能持久地燃燒，從紙張變成灰燼就在轉瞬之間。

就在我們所生活的時代，就在數年之前，就在寫書和印書的同時，在南斯拉夫的戰火中，在那個游擊隊員瓦爾特曾保衛過的城市——塞拉耶佛，遭到塞爾維亞軍隊的炸彈襲擊，整座城市陷入一片火海，圖書館也未能倖免。一位倖存的圖書館館員如此描述當時的場景：「紙片燃燒，灰黑而脆弱的餘灰佈滿整個城市，好像天降黑雪。伸手抓住一張頁片，你還能感覺到它的餘熱，還能從它奇異灰黑反白中讀到字的碎片，當熱度消散，字片也在你手中變成灰燼。」

人類的「不文明史」，就是一部不堪回首卻又必須回首的焚書史，以至於明朝的李贄憤怒地以《焚書》作爲嘔心瀝血之作的書名，並預見到他的書將面臨的遭際：「焚者不復焚，藏者不復藏矣……夫欲焚者，謂其逆人之耳也；欲刻者，謂其入人之心也。逆耳者必殺，是可畏也。然余六十四矣，倘一入人之心，則知我者或庶幾乎！余幸其庶幾也，故刻之。」[6]在刻書與焚書之間，在知音與敵人之間，著作者

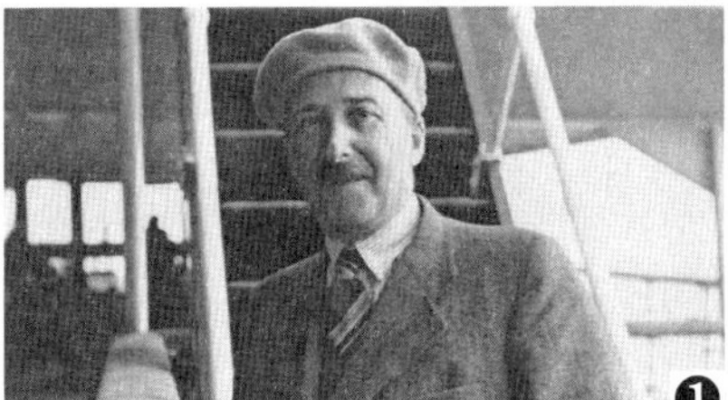

只能知其不可爲而爲之。

人死之後，通常都有墓地，以供後人憑弔與追憶；那麼，書死了之後，有墓地嗎？那些灰燼早已在空中飛舞而去，誰會繼續懷念它們呢？

還有一些書，雖未被燒毀，卻被納粹偷走。瑞典作家安德斯·李戴爾將納粹形容爲「偷書賊」，他發現，在二戰期間，歐洲成千上萬的圖書館分崩離析，希特勒、戈培爾和希姆萊等組成的史上最龐大的偷書賊集團，在戰爭期間竊取了佔領國不計其數的圖書檔案。歷經世代打造而成的圖書館，曾是文化、語言學的骨幹，以及各族群、家庭和個人身分認同的核心，風華一時，如今卻只餘斷簡殘篇。

面對納粹的暴行，愛書人發起了一場書籍保衛戰，他們不顧一切要把手抄本藏起來、把日記埋起來，只留下一本最心愛的書，一路相伴走上前往奧斯威辛納粹集中營的絕路。

在柏林市立圖書館，圖書館員們啓動了一個整理納粹掠奪的藏書的項目，並致力於將這些書歸還給原來的主人。安德斯·李戴爾記載了一個動人的故事：拉赫曼是猶太裔德國人，十歲時與祖母一切被送入集中營，祖母遇害，他努力生存下來。戰後，他移居美國。六十七年後，有朋友告訴他讀到了一篇介紹德國查核納粹竊取的書籍的報導，他發現文章中提及的一本書正是他的童書——一本猶太孩童的童話書，是老師送給他的，文章中提及老師的一句題詞。他已無法長途飛行，他的女兒從加州飛到柏林取回這本平凡而無價的書。他的童年除了兩張照片和一頂在集中營裡戴的帽子外，沒有留下任何東西。他的女兒表示，父親從未眞正談起過往種種，但當他取回這本書時，一切都變了。這本書打開了他的內心世界，他開始說起自己的故事，還會去學校向學童們演講並展示這本書。[7] 書是有生命的，書的生命激活了人的生命，兩者水乳交融。

一座沒有藏書的「圖書館」

我早就聽說柏林有一個「焚書紀念處」，就在柏林洪堡大學前的倍倍爾廣場。我經過此處多次，曾留連於附近的舊書市場，卻沒有發現這一紀念建築。於是，我決定專程去尋訪一番。

倍倍爾廣場是一處典雅肅穆的城市廣場，周遭許多建築在二戰期間都遭到嚴重破壞，後來全都按原樣復原，如仿羅馬萬神殿的圓頂式教堂聖黑德維希天主教堂、宏偉而厚重的國家圖書館等。我向四周巡視一番，仍未發現有任何與「焚書紀念處」有關的象徵。當我在廣場轉到第二圈時，才發現有幾個遊客圍繞著一處地面指指點點，彷彿地下隱藏著什麼祕密。難道這裡像北京的街道，出現了地下水管破裂的情形？

我湊過去一看，原來這裡的方石地面上鑲嵌著一塊一米多見方的強化玻璃，是整個廣場上唯一與其他地方不一樣的地面材料。幾經遊人踐踏，玻璃表面顯得有點模糊。但走近仔細觀察，仍可發現下面是一個密封的幽洞。洞深五米左右，洞底是一個約五十平方米的暗室。暗室四周擺著一排排木制的書架，書架一直頂到地面，上面卻沒有放一本書。

書架上的書究竟到哪裡去了呢？這樣一間裸露的地下室，眞的是一座圖書館的書庫嗎？或者是修復廣場時尚未完工的一部分？還是有其他什麼特別涵義？在歐洲很多古老的城市廣場上，時常會發現地上鑲嵌一個小小的銅牌，表明這裡曾發生過某歷史事件。比如，巴黎的協和廣場的一個角落，有一個銅牌標明這是大革命時期斷頭台所在的位置，法國國王路易十六和王后在此被砍頭。但我還從未見過此種奇特的設置——居然讓一間地下室通透地出現在熙熙攘攘的廣場下面。

在這塊玻璃板旁邊的地面上，並排嵌著兩塊銅牌。一塊銅牌上鐫刻著幾行文字：「圖書館，米夏·烏爾曼設計，一九三三年五月十日焚書紀念碑，一九九四年至一九九五年修建。」另一塊銅牌上刻著：「一九三三年五月十日，在這個廣場的中央，納粹學生焚燒了幾百位自由作家、出版家、哲學家和科學家的著作。」下面還有海涅那幾句關於「焚書」與「焚人」之關係的詩。

原來，這個不起眼的設置，就是「焚書紀念處」，亦有人稱「空書架」。如果稍微疏忽一點，不經意之間就走過了。設計者似乎故意造成「驚豔」的效果，正如建築學者所評論的那樣：「當遊客或柏林市民步行至空曠的歌劇院前廣場，毫無心理準備地踏上玻璃鋪面的焚書紀念處，正疑惑著這一小塊鋪地面積怎麼和別處不一樣，愕然發現地下別有洞天，一個小小的佈滿書架的空間裡，書籍早已不知去向，光亮的玻璃面，反映著四周建築物和參觀者的倒影，就像當年焚書的現場，看熱鬧的人們也是這麼圍繞著、看著熊熊火焰中的書籍，無知或者無辜的人們，或者也是幫兇？」[8]

這種陌生化的處理方式，果然給每個遊人都帶來強烈的心理震撼。我不禁浮想聯翩：那個焚書的晚上，有多少人是參與者？有多少人是旁觀者？參與者很多，旁觀者更多，卻沒有一個人敢於挺身而出去譴責與制止這罪惡行徑。當人們不以罪惡為罪惡時，罪惡便成為征服者。

這一設計獨具匠心，巧妙地將建築安置於地下，不至於影響廣場的和諧之美。它用玻璃將地上與地下的世界分開，也將歷史與現實分開，卻又「分而不割」，玻璃是透明的，玻璃上下的兩個世界仍然在互相溝通和影響。如此設計讓人深切思考歷史與現實之相關性，這也是德國人的歷史情結之所在——大屠殺沒有過去，焚書也沒有過去，如學者科澤勒克所云，對於他那一代人來說，戰爭和罪責一直沒有眞正結束。[9]

圖書館本來應當是書的家園，而這是世界上唯一一座沒有藏書的「圖書館」。據說，下面的書架上恰好可擺放兩萬冊圖書，書架的容量是設計師精心計算過的。這個數量與當初納粹在此處焚燒的圖書的數量是一致的。空空蕩蕩的書架，暗示著當年被火焰吞噬的圖書的悲慘命運。

這個於一九九三年五月十日完工的紀念裝置，是以色列雕塑家哈斯哈隆與德國設計師烏爾瑪合作的結晶。受害民族與加害民族的新一代，如今可以攜起手來，通過藝術設計的方式，共同定格恥辱的歷史、共同締造美好的未來。經歷一段血雨腥風的歷史之後，這種親密無間的合作帶給人們以無限想像的空間和無比溫馨的感受。

在二〇〇六年世界盃足球賽比賽前夕，我第一次訪問德國時，在「焚書紀念館」旁邊，發現有一個很有意思的雕塑：十七本五米長、三米五寬的巨型「書籍」，重重疊疊地擺在一起，足足有十二米高，用水泥製作，重達三十五噸。書脊上沒有書名，只有作者的名字——路德、海涅、歌德、赫塞、伯爾、鄂蘭……這是名為「走出點子來」的雕塑展的一部分，這個雕塑展的目的是表現德國最驕傲的六項發明，這六項發明分別是「足球鞋」、「藥丸」、「印刷術」、「汽車」、「音樂」和「相對論」。這十七本書便代表著「印刷術」，與數百米之外的焚書紀念地進行著一場饒有興味的對話。那個地下空空如也的圖書館裡的書彷彿飛到廣場上，以一種超現實的方式向熙熙攘攘的行人示意。

圖書館是人類文明的寶庫。企圖搬空圖書館的獨裁者，目的就是要讓人類淪為野獸，進而驅使獸化的群眾成為實現其野心的炮灰。當人們不讀書或不讀好書時，便被「小人精神」俘獲。心理學家賴希指出：「法西斯主義的精神是『小人』的精神，小人被奴役，渴望權威，同時又喜歡造反。所有法西斯主義獨裁者都有小人的反動社會背景。」在物質上，希特勒是無產者；在精神上，希特勒是「小人」。只有通過讀書和思考、保持想像力和創造力，人們才能避免成為精神上的「小人」。

當我在這個沒有藏書的圖書館、這個焚書的紀念地徜徉時，不禁想起另外一個圖書館，以及那個圖書館的守護者。

在倫敦，作家威爾斯針對納粹的行爲，發表了一個充滿反諷意味的演講。焚燒圖書「從來都消滅不了書」，威爾斯說道，「書一旦印刷出來，就擁有了超過任何人的生命力，而且它們一直在發聲，似乎什麼都沒有發生過。」他繼續說道：「在我看來，正在德國發生的這一切是愚蠢之人發動的反對思想，反對理智及圖書的笨拙的革命。」他堅信：「在歷史的長河中，圖書必將是贏家，愚蠢之人終將被人們甩在腦後，理性的判決會對這些叛亂者的所有聒噪與咒罵進行清算。」

威爾斯在抗議德國人的同時，還採取行動，爲面臨危險的圖書提供庇護。通過與其他作家的合作，威爾斯建立了「遭到禁毀書籍的圖書館」，於一九三四年春天在巴黎開館。該館收藏了所有被納粹禁止或焚毀的圖書，並且對德國難民和覺得自己藏書不安全的人捐贈的圖書提供安全保障。

然而，這所「遭到禁毀書籍的圖書館」只存在了短短五年之久。當納粹的軍隊佔領巴黎之後，「遭焚圖書館」迅速被關閉。不過，納粹佔領分子小心地將其保存下來。根據圖書館祕書長阿爾弗德雷·康托維奇博士的描述，儘管「實際上外國人不可能獲准使用那些圖書」，德國人還是小心戒備，把那些圖書「妥善地保管起來」，以便德國人可以查閱它們。[10]

納粹毀滅了多少個世紀累積起來的文明，流亡海外的哲學家卡爾·洛維特哀歎說，納粹的所作所爲「代表一種全盤的毀滅，其結果就成了這段物價膨脹期間的一切歸零，也是這千年帝國的歸零。德國中產市民的美德被洪水沖走了，而這股汙穢的洪流裡夾帶著的運動力量，在希特勒身邊排成了戰鬥的隊形。」[11]

當焚書在歐洲成爲夢魘之際，美國的圖書管理員得出結論：最理想的武器與裝備便是圖書本身。當希特勒試圖通過摧毀「文字的世界」來加強他的法西斯主義時，美國的圖書管理員則呼籲美國人讀更多的書。用一位圖書管理員的話說，如果希特勒的《我的奮鬥》能夠「激起千百萬人的不寬容、壓制以及仇恨，那麼，難道我們不會找其他的書來號召千百萬人與之對抗嗎」？

義憤塡膺的美國圖書管理員組織了「勝利圖書運動」，募集了兩千萬本書，送往國內外軍事機構。美國圖書協會與美軍展開了一個非比尋常的「軍供版圖書」項目：爲參戰美軍提供小巧、輕便的特製平裝書。至二戰結束，一千兩百種不同主題，覆蓋各個閱讀領域，共計一點二億本軍供版圖書，爲士兵帶來彌足珍貴的精神食糧與絕無僅有的閱讀體驗。在諾曼地登陸的等待過程中、在太平洋地獄般的戰壕裡、在醫院、在飛行著的轟炸機上……士兵們都在讀軍供版圖書，並給作家寄去洋洋灑灑的讀後感，而很多作家都會認眞回覆每一封來信。這支軍隊最終擊敗了看似不可戰勝的敵人。

圖書館是人類的精神高地，它又如同一個不設防的花園，直接裸露於冰刀霜劍面前。熱愛圖書館的人遠比仇恨圖書館的人多，但前者手無寸鐵，後者卻擁有進攻的武器。對圖書館和書籍的傷害，就是對精神獨立和思想自由的傷害。只有圖書館安全，人類才能安全。所以，愛自由的人有責任保衛圖書館和書籍的安全。

那個火光衝天的夜晚，消失的是哪些書？

今天的倍倍爾廣場寧靜而祥和，誰能想到這裡曾發生過瘋狂的焚書行爲呢？一九三三年五月十日，希特勒就任總理之後的四個半月，柏林發生了一幕自從中世紀末期以來未曾看到過的景象。這天午夜時分，掌握納粹黨宣傳大權的戈培爾，策動成千上萬名大專學院的學生上街遊行。他們手舉火炬，高唱著納粹歌曲，向倍倍爾廣場進發。

當天有超過八萬名德國人參加了這場活動。《紐約時報》駐柏林記者伯查爾記載了那天晚上所發生的一切：「廣場上，在一段用厚厚的沙子圍起來的花崗岩人行道上，人們用圓木頭交叉堆起了一個長寬十二英尺，高五英尺的柴垛。在遊行隊伍還沒有到來之前，一支納粹樂隊一直起勁地吹著。遊行的先頭隊伍終於來到了。隊伍經過柴垛，在預先定好的一大塊地方聚集起來。當遊行者路過柴堆時，他們將手中點燃的火把一個一個地扔向那裡，直到整個柴垛全部起火。接著開始焚燒書籍。裝書籍的汽車就停在不遠處，每組學生都要抱下一堆書扔到火裡。一股氣流捲起了火堆中的灰燼，洋洋灑灑地飄向遠方。」

爲了煽起旁觀者的熱情，當一批又一批書被扔進火裡時，鼓動者們開始高喊作者的名字。人群用歡呼來回應，似乎宣告一本書死刑的同時，也宣告其作者死刑。「埃米爾·路德維希——進行文學欺騙和背叛德國！」緊接著是雷馬克——罪名是「貶低德國文字和德意志的最高愛國理想」。這就是「廣場效應」，讓每一個人都成為「烏合之眾」中的一員。人們陷入迷狂狀態，忘記了他們閱讀過這些優秀書籍，並從中汲取精神養分。他們爭先恐後地將一本本書扔進火堆之中。

納粹焚燒的書籍全都經過精心選擇和甄別。在柏林，僅第一批禁銷書的作者名單就有四頁列印紙那麼長，包括一百六十位作家，其中許多人都是具有世界聲譽的作家。如布萊希特、湯瑪斯·曼、茨威格等人，如威瑪憲法起草者雨果·普羅伊斯，如自然科學家哈柏和物理學家愛因斯坦。難以倖免的還有若干外國作家，如傑克·倫敦、厄普頓·辛克萊、海倫·凱勒、威爾斯、普魯斯特、紀德、左拉等。用一份學生宣言的話說，凡是「對我們的前途起著破壞作用的，或者打擊德國思想、德國家庭和我國人民的動力根基」的任何書籍，都得付之一炬。[12]

很多人從旁觀者加入到了參與者的行列之中。在現場耳聞目睹焚書場景的伯查爾寫道：「當我還在寫這篇文章時，熊熊大火仍然在燃燒，伴隨著縷縷煙雲消失的又豈止學生們的偏見和狂熱呢?!豐富而又古老的德國自由主義，如果說過去還留下一些的話，也在今晚的大火中消失殆盡。」他預見到德國即將被暴力和野蠻所淹沒，但大部分德國人和西方人卻未能從這天晚上瘋狂的焚書行徑中覺察到危險。

一切就這樣有條不紊地進行著，直到納粹宣傳部長戈培爾在人們的納粹禮和身穿軍裝的保鑣們的簇擁下出現為止。這是那天晚上最吸引人的一幕。個子矮小、腿腳不靈便的戈培爾走上講台，在探照燈下，對眾人發表演講。這位宣傳部長的口才不如希特勒，但其博士頭銜卻頗能折服學生和市民。戈培爾本人讀書甚多，學識淵博，美國駐德國大使多德覺得戈培爾是「德國少數具有幽默感的人」，常以辛辣絕妙的應答和諷刺性的見解令他折服。[13]但這個哲學博士又是焚書的元兇，他簽署了一份書面文件：「我重申，我毫無例外地保留所有禁令由我親自決定的權力。」

戈培爾巧舌如簧地將焚書行為合理化。在火焰和灰燼面前，他無比激動地宣稱：「德意志民族再一次能用自己的思想表現自己。這些火焰不僅僅宣告了舊時代的終結，它們也照亮了一個新時代。我們的年輕人，以前從來沒有獲得如此美妙的權力去剷除舊時代的垃圾。同學們，德國的男人和女人們！極端的猶太知識分子的時代已經結束了，德國革命的成功再次給予德國精神以正確的道路。你正在從事一件正確的事情，在深夜將過去罪惡的精神交付給火焰。這是一個強烈的、偉大的、具有象徵意義的行動，它在世界面前見證了這樣一個事實：十一月的威瑪共和國已經消失了。從它的廢墟上飛起了一隻具有新的精神的鳳凰。過去正埋葬在火焰中。未來從我們心中的火焰中升起。我們的誓言被火焰所照亮：我們的國家、民族和元首阿道夫·希特勒萬歲。」在講台之下，九名學生代表分別負責九類圖書，對這些「有問題的圖書」提出控訴，然後將它們扔進火中。[14]

戈培爾所說的「新時代」，就是希特勒在政治、思想、文化各方面推行法西斯暴政的時代，就是踐踏民主、取消自由、毀滅文明的時代。在這個時代，遭殃的不僅是文學、藝術和科學，還有大批知識分子、教師和神職人員，以及一切保持獨立思想、發表獨立見解的人士。持守民主自由理念的人，有的受到蓋世太保騷擾，有的遭到通緝，有的被逮捕入獄。一時之間，德國成爲女作家理卡達．胡赫所說的「地獄帝國」。幾千位作家、藝術家、學者、科學家不堪法西斯的政治迫害和精神折磨，被迫逃離德國。他們的著作被焚燒，被查禁，他們本人要麼流亡海外，要麼被送進集中營，甚至被送進焚屍爐。納粹將一流的天才人物驅逐出境或殘忍地殺害了，結果是在所有的文學藝術領域，他們提供了令人難堪的低級作品，正如湯瑪斯．曼所說：「任何從一九三三年到一九四五年德國印刷的書籍比毫無價值還要嚴重，任何人連碰都不想碰。它們充滿著血腥和恥辱，應該化爲紙漿。」戈培爾卻恬不知恥地宣稱：「今天的德國藝術家比過去任何時候都要自由得多，無拘束得多。他們正在心情舒暢地爲國爲民工作著，國家社會主義已經完全得到德國藝術創造者們的衷心擁護，他們是我們的人，恰如我們是他們的人。」

那天夜晚，倍倍爾廣場的石頭地板被熊熊火焰燒得滾燙；那天夜晚，在不遠處安坐的洪堡德的塑像看到這慘烈的一幕該作何感想？作爲德國現代大學體制的奠基人，作爲將啓蒙主義和世界主義引入德國的先知，當洪堡德看到由他一手創立的柏林洪堡大學成爲納粹焚書運動的先鋒，能不爲之感到痛心疾首嗎？

爲了確保柏林焚書事件能夠引起廣泛關注，納粹當局對此進行了電台直播，還將其拍成電影。不久，整個德國的電影院都播放了柏林當晚的篝火晚會，還配上評論，向觀眾解釋那此有害的圖書如何侵蝕德國的價值觀，以及爲什麼必須被消滅。隨著焚書資訊的廣泛傳播，在德國各大城市又發生了九十三場焚書活動，每場活動都吸引了眾多觀眾和媒體的高強度報導。普通人的心理狀態是：「起初人們不相信這樣的事情會發生，因爲他們不願相信。後來，當他們不得不相信時，他們已變得對恐怖的罪行習以爲常，而把它們當作不可避免的事情加以接受。」於是，一個最熱愛文學藝術的民族，爲焚書運動搖旗吶喊，在不可理解的背後也有可以理解的邏輯線索——反覆發生的暴行只會窒息而不會喚起對暴行的反抗。

詩人萊昂哈德寫道：「德國，我的祖國，滿身汙血，血波沒體，淚濤浴身，你已把血淚潑向整個世界。」焚書之夜象徵著德國生活倒退回原始部落狀態。人的本性中有一種奴性，一種希望融入群體和集體的心態，而納粹的公共活動正爲之提供了此種機會。多年之後，雅斯培指出：「在過去的十二年裡，我們身上發生了一些事情，它們似乎重新鑄造了我們。我這樣形容這件事：魔鬼暴風雨般地襲擊了我們，把我們和它們一道捲進了使我們看不見、聽不到的混亂之中。我們體驗了類似於中世紀後期巫術中邪的東西。」僅僅將希特勒和戈培爾當作罪魁禍首是不夠的。海德格在那時扮演了什麼角色？鈞特·葛拉斯在那時又幹過些什麼？每個人都應當被追問和自我追問。面對焚書的烈火，誰能保持「詩意地棲居」？

焚書者多半也是知識分子，只有知識分子才知曉書中所蘊含的力量，才對他們不喜歡的書有刻骨銘心的仇恨。一個從來不讀書的人，一個不識字的人，既不會熱愛書籍，也不會仇恨書籍。安德斯·李戴爾指出，即便是納粹也清楚，倘若說有什麼東西比摧毀文字更有威力，那便是擁有並操縱文字。書本裡有一股力量。文字如同武器，在炮聲都已經停歇後還能持久高亢響亮。文字是武器，非僅止於宣傳一事，還能以記憶的形式不減威力。無論誰擁有了文字，他就有力量，不光是去詮釋它，還能書寫歷史。[15]

戈培爾的陰謀沒有得逞，那些被焚的書再版了

納粹犯下滔天罪行。戰後，德國政府在城市中心地帶以永久性建築的形式來彰顯此段歷史，「德國政府在國際督導與本身人道主義提升下，對過去暴行的反省已經深入城市空間的各個層面」。[16]倍倍爾廣場上的「焚書紀念處」便是其中之一，它如同一道仍然在流血和流膿的傷口，讓所有人都無法繞道走開。

這一建築被命名爲「圖書館」別有深意在：這確實是一間藏書最爲豐富的圖書館，儘管暗室裡的書架上一本書都沒有。「無」比「有」更多。這是爲消逝的書構築的一處安謐的墓地，是書本們的衣冠塚，是愛書人爲之揮淚的地方。《紅樓夢》中林黛玉有〈葬花詞〉，今天人們來到「焚書紀念處」也會油然而作「葬書詞」。書比花更值得紀念。

在書的灰燼和人的骨灰消逝的地方，一座圖書館出現在地表之下。女詩人奈麗薩克斯在〈在死神的住處〉中寫道：「煙囪們啊，自由之路爲耶利米和約伯的骨灰敞開。誰設計了你？把石頭摞在石頭上。誰設計了煙中逃難的路？」煙囪不再冒煙，但記憶不會被抹煞。德國人用一座沒有書的圖書館來向那些被殺戮的作家和被焚燒的書籍致敬，用心良苦，意味深

長。

二〇〇三年，在納粹焚書七十年之際，德國政府和文化界人士在此處舉行各種紀念活動，有作家朗讀那些昔日被焚燒的書籍的片段，以彰顯文化之永恆與暴政之可鄙；還有作家舉起仍然被關押在監獄中的各國因言獲罪的作家的照片——殺戮作家和焚燒書籍並不是已翻過去的一頁歷史，在這個星球上，這樣的暴行仍在發生。德國文化部長魏斯女士在紀念詞中指出：「在熊熊烈火中消失的不僅僅是書籍，而且還有德國知識分子的批判精神」，「知識分子出於恐懼必須緘默的歷史不應在德國重演。」

當年，作家席勒在國外的流亡地寫道：「如果戈培爾得逞，將我們的名字從德國的黑板上擦去，那我們等於死了，我們就是散居在外的、生活在缺水之省的猶太鬼。下一代人就會對我們一無所知。」這也就是戈培爾的目的，是五月之夜那把火的目的，也是當時是有將書扔進火焰的人的目的，但他們沒有達到這一目的。二〇〇八年，值納粹焚書七十五週年之際，德國出版了「焚書叢書」第一輯共十種，被焚書的作家和他們的作品又回到讀者的書架上。[17]

書是文明的載體，書是精神的家園。於我而言，書是生活中重要的一部分，我無法生活在沒有書的世界裡。大學數載，可以沒有課堂、沒有教授，但不能沒有圖書館，我就是卡內蒂所說的「吃書的人」。當我逃離中國時，人還沒有離開，就先安排將幾十箱書海運到美國友人家中。

書的歷史是人類的文明史。最奇妙的是，從泥板、甲骨、竹簡、布匹、絲綢、羊皮到紙張，人類文明從不同的起點上走到同一個軌道上。書是用不同文字寫成的，但各種不同文字的書都是用同樣的紙張印刷的。書的歷史，也是讀書人、愛書人以及恨書人糾纏在一起、「剪不斷，理還亂」的歷史。一九三三年納粹所煽動的焚書運動，「既非開創性的起點，也非確定性的終結」，「與熊熊烈火一同升起的『異端』學說的滾滾濃煙飄蕩在不同國家、不同時代的領域上空」。[18] 比如，《聖經·舊約》見證了塞琉古帝國的征服者將猶太法典扔入火海的瘋狂；凱撒大帝統治下的軍隊縱火焚毀埃及艦隊，大火殃及亞歷山大圖書館，大量藏書和五十萬份手稿化爲灰燼。

法國歷史學家呂西安·包拉斯寫過一本名爲《焚書》的著作，從亞歷山大圖書館的興衰入筆，從古希臘到埃及，由甲骨文的命運到德國納粹於廣場瘋狂焚書，細數人類愚蠢的焚書史。書可以用各種不同的方式毀滅，似乎燃爲灰燼不失爲莊嚴而尊嚴的死去。作者撰寫此書的機緣，乃是親眼目睹了一九九三年塞拉耶佛國立圖書館毀於內戰。時至今日，文明仍不足以保護自己免受野蠻的摧殘。包拉斯決心爲被殺戮的書和讀書人豎碑立傳，爲沉默的書開口說話，對焚書的研究本身便構成一本新書。[19]

德國記者于爾根·澤爾克於一九七七年訪問了尚在世的幾位納粹時代的流亡作家，寫成《被焚之書》，在當時產生了非同尋常的效果，使一個在四十五年前曾經焚書的國家大爲震驚——很多作家和作品都被人們遺忘了。

作家佛克衛德曼更是追蹤了首批被納粹查禁、焚毀的文學作品的名單——名單上列出九十四位德語作家和三十七位外語作家，他在《焚書之書》中爲這些作家和作品正名：「每一本書都是一本關於英雄的書、每一本書都是一個小小的勝利、每一本書都是一次反抗的證明。」正如自己也是被燒毀作品的作家之一的約瑟夫·羅特在一九三五年所說：「我尊重所有被第三帝國燒毀的作家。哪怕那些我以前並不認識的作家。因爲火精煉了他們，使他們變得完美、使我了解他們。」[20]

德國是歐洲最早發明印刷術的國家，我在古騰堡印刷博物館中看到過精巧的印刷機和精美的書籍。然而，納粹德國卻是現代歐洲唯一將焚書當作國家行爲，在全國範圍內加以實施的國家。作家赫塞譴責說：「在德國，現在大約有三、四萬人只僅僅因爲他們的思想就被抓了起來，許多人被拷打，許多人已經被打死，德國對精神的大屠殺比法西斯的義大利發生的一切嚴重情況都更加猛烈、更野蠻、更齷齪。」[21]在漫天的煙火之中，古騰堡、馬丁·路德和歌德們倘若地下有知，是否會淚流滿面並怒髮衝冠呢？

這一吊詭也發生在東方的中國：中國人向來以文明古國自居，「四大發明」之中的兩個發明——造紙術與活字印刷術——都與書有關，或者說是形成一本書的關鍵技術。如果沒有這兩項技術，書就不可能普及，成爲人們日常生活中不可缺少的物品，正如散文作家筱敏所說：「紙和印刷術堪稱人類迄今最偉大的發明，它使思想飄揚，如風中的蒲公英籽實自由飄揚，使空氣靈動，流布著生命胚芽的潮濕。」[22]但是，書籍在中國的命運多災多難，從古到今，或被禁，或被毀，或被焚，殘酷的文字獄牽連到作者的整個家族，老師、學生和朋友的社交圈子，一本書導致數百人、數千人的命運發生逆轉的慘劇，屢見不鮮。

在中國歷史上，有過「四大焚書」事件，都是由統治者親自頒置實施。

中國歷史上的第一次焚書是秦孝公焚書，發生於西元前三五九年。秦孝公任用商鞅變法。在《韓非子·和氏》中有「商君教秦孝公燔《詩》、《書》而明法令」的記載，商鞅是中國歷史上第一個提出焚書的人。

第二次是秦始皇焚書。西元前二一三年，秦始皇焚毀百家語、《詩》、《書》。這起焚書事件，令無數文化典籍化爲灰燼。

第三次是梁元帝焚書，西元五五四年，西魏大軍攻破江陵。梁元帝蕭繹認爲，自己讀書破萬卷，仍免不了亡國，讀書何用？他命舍人高善寶將十四萬冊圖書聚集在一起燒掉。被俘後，西魏人問他爲什麼焚書，他說：「讀書破萬卷，猶有今日，故焚之。」書籍成了亡國之君的替罪羊！難怪柏楊諷刺說：「蕭繹讀萬卷書不假，問題只在，全都讀到狗肚子裡去了。」[23]此類人渣，斥之爲狗，反倒辱沒了狗。

第四次是乾隆焚書。乾隆即位後，組織文人學者，歷時十年，編纂《四庫全書》。編纂過程中，乾隆皇帝兩次提出對古籍該「毀棄」的應予毀棄，該「刪改」的應予刪改。乾隆時期，共焚毀各種圖書七十一萬卷之多。「系統化的禁書毀書，在精通漢文化的皇帝的親自過問下，由學問高深的紀曉嵐大學士主持，經歷了四庫開館前後近二十年。比之秦朝傲慢而粗糙的焚書，不知高明了多少。」[24]乾隆是「文化皇帝」，他所領導的焚書運動，比起此前三次來青出於藍而勝於藍。

我們呼吸的空氣中，有灰燼的味道

中國歷史上的這四起焚書事件，與「文革」時代的焚書相比，又是小巫見大巫——即使納粹的焚書運動，在毛澤東面前亦只能甘拜下風。

一九六六年六月，「文革」肇始，焚書成爲紅衛兵的拿手好戲，且受到偉大領袖鼓勵。六月一日，《人民日報》發表毛澤東親筆撰寫的社論〈橫掃一切牛鬼蛇神〉，次日包括《燕山夜話》和《靜靜的頓河》在內的一大批圖書，在北京東單被當眾焚毀。伴隨著「破四舊」運動在八、九月間達到巔峰，紅衛兵、造反派抄家和抄文化館、書店、圖書館、寺廟、教堂及文藝團體，獲得大批珍貴圖書。其中，包括文學名著與美術作品、宗教書籍，還有文稿畫稿、教材筆記、家譜族譜、歷史照片，民國時期的書畫報、政經資料，明清等朝代的書籍、字畫等，除了少量集中管理和私分以外，大都被立即焚燒。還有許多圖書被隨意拋棄、踐踏，有的被當作手捲煙、糊牆的用紙和廁所手紙、墊馬桶蓋的紙。

北京一所中學的紅衛兵將抄來的書籍，集中在操場上的一個大坑內焚毀。點火前，紅衛兵命令教師們圍坑站定，然後舉行升火「典禮」。熊熊大火，烤得有些教師受不了而昏厥，一個紅衛兵洋洋得意地說：「我們就是要進行革命的焚書烤儒！」

哲學家梁漱溟被抄家時，紅衛兵將梁家幾代珍藏的圖書、字畫和舊式衣物，包括他正在撰寫的《儒佛異同論》手稿及參考資料，統統搬到院子裡焚燒。梁漱溟回憶說：「最後一聲號令，把我曾祖、祖父和我父親在清朝三代爲官購置的書籍和字畫，還有我自己保存的，統統堆到院裡付之一炬。」歷史學家顧頡剛的家被抄，數千封信箚及數千張照片被燒毀，歷時三日。章伯鈞家中逾萬冊的藏書，除少數善本被北京圖書館收去之外，部分被進駐他家的紅衛兵用作烤火取暖的燃料，其他被送到造紙廠做紙漿。田漢家中整櫃整櫃的珍版書籍、名家字畫，被堆在他居住的四合院裡和胡同口焚燒。俞平伯家幾世積存的藏書，有關《紅樓夢》的研究資料，全部被付之一炬。馮至的書畫，其中有《杜少陵詩詳注》，重新校改過的里爾克《給一個青年詩人的十封信》的譯本，也在火焰中化爲灰燼。沈從文工作室裡幾個書架的圖書和資料，包括明刊本《古今小說》，是在他所在單位軍管會一位元軍代表聲稱「我幫你消毒，燒掉！你服不服？」之後被燒掉的。章乃器的全部藏書被堆在院子裡焚燒，他被紅衛兵架住身體，在烈焰烤炙下遭到推搡毆打。

世界上有很多敵視書的人，這是必須面對的可怕事實。這些人降生在世上的使命，就是不擇手段地毀滅書，殺人與焚書，一刻也不停止。書沒有傷害過他們，他們卻與書爲敵，如秦始皇、希特勒、毛澤東、塔利班。對他們來說，書是用來燒的，不是用來讀的；或者說，只有他們才有權讀書，才可以通過讀書變得聰明，書是他們的禁臠，普天之下所有人都無權讀書，老百姓得保持愚民狀態，才會心甘情願地當奴隸。他們進而策劃和掀起若干次規模不等的焚書運動，以此顯示其無邊的權力與卓越的功勳。他們是書的敵人，也是文明的敵人，更是自由的敵人。

焚書和殺人的鼓吹者、組織者和實施者，大都是「有文化」的人、好藏書的人、愛讀書的人，如希特勒與戈培爾，如毛澤東與康生。希特勒以焚書而非藏書出名，但他的私人圖書館擁有一萬六千本藏書。他如饑似渴地閱讀，若按照他本人的說法，他每天晚上至少讀一本書，有時還更多。他有一次說：「在給予的同時必須收取，而我從書中收取我所需要的東西。」他曾不斷地將書本從書架上取進取出。他熱愛手工裝訂的德文皮革精裝版《莎士比亞全集》，他認為莎士比亞無論在任何方面都勝過歌德與席勒，莎士比亞激發出他的想象力，令他嚮往大英帝國千變萬化的力量，或許也在某種程度上遏制了他進軍不列顛的妄想。[25]毛澤東更是飽讀中國古籍，他的巨型木板床上，除了美嬌娘之外，就是佔有半壁江山的線裝書。然而，讀書之多並沒有讓他們改邪歸正。壞人讀好書，未必能變成好人；壞人讀壞書，必然成爲更壞的人。

德國和中國都經歷了一場焚書並殺人的暴政時代。作爲焚書者的希特勒，在德國早已聲名狼藉；作爲焚書者的毛澤東，頭像卻仍然懸掛在天安門城樓上。在焚書的灰燼中，德國政府修建了空空蕩蕩的、發人深省的「圖書館」，這一特殊的紀念碑呼應歷史、銘刻恥辱、警示未來，正如德國前總統魏查克所說，人們必須「正視事實眞相」，要把記憶當成是一種道德義務。[26]同樣是在焚書之後的灰燼中，中國人卻竭力忘記、竭力掩蓋、竭力辯解。那些焚書者、打人者，又施施然地以「傑出校友」的名義「榮歸故里」，或者以「文化大師」的身分「指點江山」。他們從不懺悔，從不對受害的書懺悔，也從不對受害的人懺悔。

如今，當我站在「焚書紀念處」的玻璃地面上之時，我確信在德國不太可能發生焚書事件了，「焚書紀念處」本身便是一本對所有德國人敞開的歷史教科書。但是，在中國，焚書仍是一種「常態」，焚書已內化成爲中國人的思維方式和行爲方式——作家閻連科的新作《風雅頌》，據說有影射北大之嫌，有北大學生買了一本書，跑到北大三角地，一把火給燒了，還號召：「愛北大的同學們都去買了燒，免得謬種流傳，損害北大百年聲譽。」而我的書和日記也曾不情願地成爲犧牲品：二〇〇六年，我因起草中國年度宗教信仰自由報告而被北京警方抓捕，我的妻子和岳父、岳母首先做的第一件事，就是將有可能成爲罪證的我的日記和我蒐集的各種寫作材料燒毀，燒毀之後的殘渣還將抽水馬桶堵塞了——這就是一個說眞話的作家在當代中國的日常生活。

一位名爲@Uyghurspeaker的推友在推特中文圈披露說：維吾爾文的舊版教科書和維文、哈文版突厥文化書籍被當局收繳。很多學校的操場上，都堆滿了收繳而來的書籍。一些畢業很多年的學生，也被要求交出當年上學的哈薩克文和維吾爾文的課本，有的家庭開著三輪車或雇車把書送到學校燒毀。現在每一個學校的操場上都堆滿了書。

在呼吸的空氣中，仍有灰燼的味道。中國並沒有脫離焚書時代，還有那麼多書籍被查禁、被刪節、被作者藏在抽屜深處。有圖書館在門口焚燒「不健康」的書籍，而香港的圖書館悄然將各種批判共產黨的書籍下架，喜歡在西方曬書單的習近平跟毛澤東和希特勒一樣是書的敵人，而且他眞正讀過的書比毛澤東和希特勒少多了。

二〇二一年三月，中國最大的文藝網站豆瓣網上，某網友的某條討論「記錄希特勒時代書籍」的帖子被刪，之後他寫道：「很遺憾這條廣播被刪了，也沒來得及截圖保存。大意是樓主好奇有沒有什麼書籍記錄和描述了在希特勒時代，那些極少數清醒的人是如何在瘋子的包圍下生活的。」之後，這位網友將評論區精選回覆整理成一個閱讀書單，一方面記錄下人們的「集思廣益」，同時也記錄下這個「談論希特勒時代會被刪帖」的時代。

這些讓中共網路警察心驚肉跳的，究竟是些什麼書呢？其中，有當年納粹焚燒過的書，如雷馬克的《西線無戰事》和《應許之地》、赫塞的《荒原狼》等；有當年被納粹迫害而流亡的作家以及納粹集中營倖存者的書，如漢娜·鄂蘭的《黑暗時代群像》、《極權主義的起源》、《耶路撒冷的艾希曼》，弗蘭克的《活出意義來》，弗洛姆的《逃避自由》，茨威格的《昨日的世界》，米沃什的《被禁錮的頭腦》等；還有後來研究納粹的各類著作，如夏伊勒的《第三帝國的興亡》（這本書在文革時期也是大名鼎鼎的禁書）、鮑曼的《現代性與大屠殺》、克萊普勒的《第三帝國的語言》、斯坦納的《語言與沉默》、阿倫的《納粹掌權》、邁耶的《他們以爲他們是自由的》等。[27]習近平政權主動將自己與納粹等同起來，這些關於納粹的書已然威脅到了他的統治。在網上將這些書的蹤跡消除地乾乾淨淨，這也是一種虛擬空間中的焚書，之後獨裁者們似乎就能高枕無憂了。

然而，焚書者不能消滅書籍和思想，「歷史是被一次又一次焚燒過的，人的權利和尊嚴也是一次又一次被焚燒過的。火焰過後，彷彿一切都不復存在了。然而生命和思想的胚芽，卻一次又一次從劫後的灰燼中萌生出來」。[28]既然人是會思想的蘆葦，那麼用這蘆葦製造的紙張，用這紙張印刷的書籍，亦將與有尊嚴的思想者一樣，在永恆之河中享有上帝賦予的榮耀。

書來自於草木，被焚燒之後也歸於草木，這是一個生命的輪迴。老詩人流沙河因一首〈草木篇〉被打成右派，在經歷二十年的坎坷與折磨之後，這位堅強而睿智的老人對著書的屍體說：「書們稿們，我的朋友們，你們不要感到冤屈。你們應該知道，火刑絕非史無前例。你們的先輩，名叫《詩》的，名叫《書》的，還有統名叫《百家之語》的，都曾受過火刑。你們要勇敢些！你們每一本都不是獨兒。你們都有自己的同版兄弟，他們散播在遼闊的華夏乃至瀛海之外，誰也無法燒絕他們！去吧，朋友們，不要哭！」這是何等的信心與勇氣！這是書的宣言，這是讀書人的宣言，亦是文明的宣言。

是故，我堅信，在文明與不文明的戰鬥中，勝利者一定是文明。

二〇〇八年十一月二十日至二十二日初稿

二〇〇九年三月十六日完稿

二〇二一年四月六日修訂

第六章

非常美，非常罪

——在柏林電影電視博物館遇見萊尼·萊芬斯坦和《奧林匹亞》

希望我們激情的閃亮火焰永不熄滅。唯有這火焰才能給予政治宣傳這一創造性藝術光和熱。來自民族最深處的這種藝術必能在任何時候潛返人心並在那裡獲得動力。基於槍砲獲得權力固然好；然而，贏得一個民族的心並留住它卻更為美妙，更令人滿足。

——戈培爾

她選擇美，哪怕它傷天害理

一直以來，我對德國電影都懷有濃厚興趣，比如近年來我看到的最具有震撼力的電影便是德國電影《竊聽風暴》。我更對納粹時期的德國電影，尤其是被稱爲希特勒御用導演的萊尼·萊芬斯坦的作品感興趣。於是，歌德學院爲我安排了訪問電影電視博物館的行程。

柏林電影電視博物館位於波茲坦廣場的索尼中心內。波茲坦廣場曾是柏林最繁華的商業區，在二戰中被盟軍的空襲夷爲平地。冷戰時代，柏林圍牆從這裡穿過，遂長期被閒置爲草木不生的無人區。德國統一之後，波茲坦廣場得以重建，其中由美國建築大師赫爾穆特·揚設計的索尼中心，具有「美國式的熱鬧活潑」，給冷峻的柏林增加了幾許輕鬆與時尚。

電影電視博物館是柏林第一座以電影爲主題的展覽館。館長羅斯博士在辦公室中接待我們，話題從電影與政治之間的糾葛開始。羅斯博士指出，電影是歷史的組成部分，博物館的展覽試圖以電影這一受人歡迎的媒介爲切入點，讓參觀者認知不同時代的政治、文化和經濟。每個時代的電影都打上了時代的烙印，如威瑪的電影充滿自由、浪漫而憂鬱的特徵，與威瑪的政治氛圍相契合；納粹的電影則充斥著尼采所謂的「強力意志」，營造一種集體主義達致之虛假的強大與繁榮，是納粹意識形態的直接反映。

據我所知，德國電影業一直受到政府資助，並非完全市場化。羅斯博士介紹說，德國電影工業與美國好萊塢的民營模式不同，一開始便具有國家主義的特點。早在第一次世界大戰期間，德國政府即已意識到電影對軍民士氣的重要性，在魯登道夫將軍的建議下，聯合銀行、化學、電氣和軍需工業一起投資成立UFA電影公司，以舉全國之力來製作爲第二帝國搖旗吶喊的電影。博物館中專門有一個展廳介紹這段歷史和該公司出品的電影。到了納粹時代，希特勒和戈培爾對電影都頗有研究，更是不惜鉅資拍攝各種宣傳片。一旦國家和政府介入本應市場化、資本化的領域，這個領域立即就會從生機勃勃變得奄奄一息。

談到納粹時代的電影，萊芬斯坦是一個繞不開的名字。她是二十世紀德國最具傳奇色彩的女性，集舞蹈家、電影演員、導演、製片人、攝影家、作家於一身，她幫助納粹拍攝多部影片，爲納粹的大眾催眠與國際政治宣傳起到了無可替代的作用。

戰後，萊芬斯坦拒絕爲其納粹時代的作爲認罪和道歉，她辯解說：「不要因爲我爲希特勒工作了七個月而否定我的一生！」戰爭結束時，她四十三歲，未來還有五十八個年頭在等著她。她再也無法隨心所欲地實現任何電影企畫了，但她重新發掘自己，成功地開啓了攝影師的事業。[1]她還拍攝了多部海洋生物紀錄片，甚至於一百歲高齡完成《水下印象》。直到二〇〇三年以一百零一歲高齡去世時，她從未對自己說過一個「不」字：「我只是藝術家，不太關心現實，只想留住過去所有美好。」對於她的九千頁的重量級回憶錄，有歷史學家評論說：「每個人都希望誇誇自己的成就，撇開自己的錯誤，掩飾尷尬的事實。只不過事情到了她身上，她自己對過往之事的記憶幻覺，與眞實發生過的事實之間產生的巨大差異鴻溝，足以讓整個德國裝甲部隊長驅直入。」

從外表看，萊芬斯坦是一位攝人魂魄、冷艷高貴的美女，年輕時曾是「一位天生麗質、身段曼妙的年輕舞者」，後來成爲演員和導演，主演了十一部電影、導演了八部電影。其作品更是美得讓人眩目，但那是一種邪惡之美。過去，人們常常以爲，眞、善、美是統一的，事實並非如此。有些善良是虛弱的，有些眞相是殘酷的，有些美麗是有毒的。美國文學評論家蘇珊·桑塔格指出：「在眞相與正義之間，我選擇眞相。而萊芬斯坦，選擇美，哪怕它傷天害理，洪水滔天。」

❶萊芬斯坦的傑作《奧林匹亞》。

❷希特勒親自為萊芬斯坦解說奧運體育場結構。

❸於1936年柏林奧運會會徽。

❹希特勒的御用紀錄片導演萊芬斯坦。

❸

❹

羅斯館長介紹說，萊芬斯坦在德國是一個倍受爭議的人物。新納粹分子奉她爲英雄，現代派藝術家將她奉爲一代宗師，女權主義者則認爲她是女性獨立運動的先驅，她如同一面多棱鏡一樣，每個人都從她身上選擇他所欣賞的那一部分。許多德國人對萊芬斯坦抱有一定程度的同情，正如他們對與納粹合作的劇作家霍普特曼、詩人龐德、音樂家理查·史特勞斯等人也抱有同情一樣。當然，在德國也有人一直激烈地批判萊芬斯坦，直到最近媒體還挖出一些她的負面消息。

德國人對文化人特別寬容，戰後對納粹主義的清洗，文化界人士受到的懲罰最輕。這與法國形成鮮明對比，法國戰後對支持維琪政權、爲法西斯服務的知識分子的懲罰相當嚴厲。辦報紙宣傳法西斯主義的詩人巴西亞克（Brasillach）被判處死刑，他的律師直接向戴高樂求救，並帶去一封有卡繆、莫里亞克、瓦勒里等五十五位文化界名流簽名的「刀下留人」的請願書。戴高樂不爲所動，只說了一句話：「和在所有領域中一樣，在文

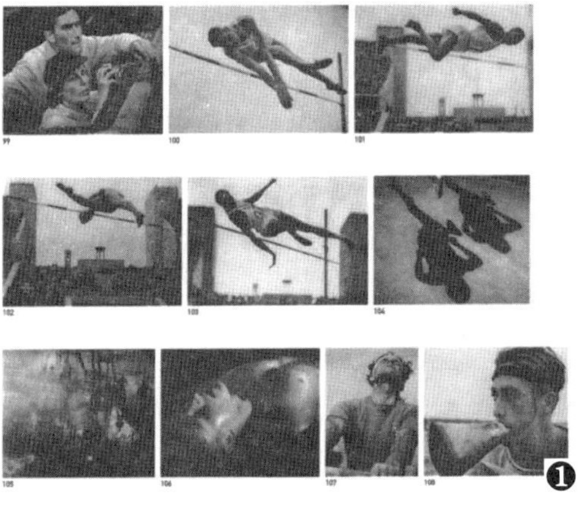
❶

❷

學中，才華是責任的名字。」[2]

在此對比背後，隱藏著複雜的道德倫理問題：究竟如何對待那些充當過專制者的幫兇、幫忙和幫閒的文化人？是否因爲他們具有文化人身分，沒有直接拿刀拿槍，便可網開一面、寬容無邊？文化人的罪孽與政治家和將軍相比有無本質的差異？

羅斯認爲，萊芬斯坦這位傳奇女性，可以作爲藝術與政治之間複雜關係的個案來研究。一九三六年，柏林奧運會召開前夕，納粹當局希望拍攝一部奧運會的大型紀錄片，以之展現奉行「和平主義」的「新德國」。萊芬斯坦主動請纓擔綱拍攝，《奧林匹亞》一片大獲成功，該片採用許多當時最新的攝影和剪輯技術，可謂美輪美奐。該片在德國國內造成萬人空巷的轟動，法國、英國、美國的觀眾亦爲之傾倒。從藝術來看，這部影片是成功的，後來在威尼斯電影節上得了金獎，在巴黎電影節上也得了大獎。直到今天，電影史也無法繞開這部作品。

❸

❹

❶萊芬斯坦在工作中。

❷萊芬斯坦與希特勒、戈培爾等在一起。

❸萊芬斯坦的《意志的凱旋》是第三帝國時期唯一的一部以希特勒為主角的紀錄片。

❹萊芬斯坦晚年迷戀非洲的人物與風景。

爲什麼納粹能夠吸引萊芬斯坦的效忠？我向羅斯博士提出問題：「納粹的電影政策有哪些特點呢？」羅斯博士回答說，納粹的電影政策相當高明，一般不會下令查禁一部已拍攝完成的電影，那樣反倒會造成負面新聞。納粹宣傳部通過三種手段，在電影拍攝之前將其牢牢控制住：其一，拿出鉅資資助有利於納粹的電影，給予願意合作的藝術家各種獎項和榮譽；其二，建立起一套嚴格的劇本審查制度，如果劇本不能通過審查，則不能進入攝製的環節；其三，動用蓋世太保等力量來威脅那些不與他們合作的電影導演、劇作家和演員，許多人被迫流亡異國，剩下來的人都是擁戴納粹或者被動與之合作的人。

由於時間有限，羅斯館長建議邊參觀博物館邊交談。整個博物館佔據兩層樓，入口處幽深如岩洞，將館內與館外分割開來。第一個展廳的地板和牆壁由無數面矩形鏡子構成，天花板層層疊疊的倒影製造出深淵之感。幾個大螢幕上播放著經典影片的片斷。展廳以歷史

❶

❷

時期劃分，如威瑪時代、納粹時代等。其中，對某些重要導演、劇作家和演員專門設置獨立展廳。展品包括劇本手稿、演員資料、微縮模型、服裝道具、圖稿手札、影片介紹以及拍攝工具等。

我們進入一間展廳，一面牆全都是鐵櫃抽屜。羅斯博士隨手拉開一個抽屜，裡面是平放的螢幕，當抽屜被拉開時，螢幕上立即開始播放一部電影，旁邊還有若干關於這部電影的背景資料。拉開另一些抽屜，裡面則是電影劇照和海報的幻燈圖片等。每個抽屜裡都是一個新奇的世界。

體育的歸體育，電影的歸電影，政治的歸政治？

羅斯館長知道我對萊芬斯坦的資料最感興趣，便帶我們進入專門爲其設置的展廳。在展廳中央的玻璃罩中，是柏林奧林匹亞體育場的模型。此模型製作精細，每個座位都一清二楚，還可通過四周的放大鏡仔細端詳之。看到這個模型，不由想起當年柏林奧運會開幕式的場景——「由建築師馬赫設計的、用淺灰色水泥建造的體育場裡，人群激情澎湃，第一位穿白色背心，戴德國黑色鷹徽的運動員出現了。火焰一下子在體育場燃燒起來，全場鴉雀無聲，人人都屏住呼吸。馬拉松運動員登上台階，點燃大型火炬。」然後，幾千隻白鴿飛向天空，人們呼叫著，將嗓子都喊啞了，坐在包廂中的希特勒微笑著向全場揮手致意。壯麗的奧林匹亞建築耗資七千七百萬馬克，由帝國金庫支付。十天十夜，柏林沉浸在熱浪中，人人歡快至極，用洪亮的聲音堅定地說：「我們渴求和平！」[3]

這間展廳主要展出影片《奧林匹亞》的資料，如電影片段、拍攝場景、設備、劇本等。萊芬斯坦與納粹政權親密關係，在戰後入獄四年，獲得自由之後不見容於德國電影界，後半生多在國外度過。直到今天，赤裸裸地為納粹張目的《信仰的勝利》和《意志的勝利》仍被禁止在德國境內公映，其拷貝只能供少數專業研究者觀看。電影資料館中公開展出的資料，以柏林奧運紀錄片《奧林匹亞》為重點。

在戰後的清查中，萊芬斯坦辯解說，這部電影是由她個人的奧林匹亞公司拍攝的，與納粹無關。後來，在各種證據面前，她不得不承認，這是一項希特勒親自批准的「國家工程」。萊芬斯坦是希特勒在電影方面的第一人選，因為她拍攝了希特勒親自命名的《意志的勝利》。在影片最後，鏡頭中滿是一排排列隊前進的衝鋒隊員和黑衣鐵盔的黨衛隊成員，這使觀眾深信德國人民訓練有素和軍事化組織模式的至高無上。在影片中，希特勒的形象總是單獨出現。這是第三帝國時期唯一一部關於希特勒的影片——它已經表達了需要表達的一切，沒有必要再拍攝類似的影片。戈培爾向萊芬斯坦頒發了國家電影大獎，並稱讚這部電影是對元首形象的史詩級呈現。它還斬獲了一九三五年的威尼斯電影節金獎和一九三七年巴黎電影節的最高榮譽。[4]

帝國政府為此投入兩百八十萬帝國馬克的拍攝經費，萊芬斯坦個人的酬勞最初申請了二十五萬帝國馬克，後來提高到四十萬。一九三五年十二月，為了掩飾帝國當局合約與資金提供者的身分，萊芬斯坦奉命成立了一家名爲「奧林匹亞電影有限公司」的空頭公司，由她和兄弟漢茲擔任股東。[5]對此，萊芬斯坦的解釋是「這是稅務方面的原因，純粹只是一種形式，所以我就同意了。」[6]戈培爾日記中的記載則是：「考慮到政府出面當製片人是不明智的，所以成立了一家公司。」顯然，戈培爾說的是實話，這個謊話大師關於此問題的表述，比萊芬斯坦更眞實。

奧運會是大題材，萊芬斯坦是大導演，只有她這樣的大導演才配得上奧運會這樣的大題材。此後有過比柏林奧運會更龐大、更輝煌的奧運會，卻沒有比《奧林匹亞》更震撼人心的奧運電影。萊芬斯坦對此自豪不已，戰後刻意在納粹與柏林奧運會之間劃出一條界限，卻欲蓋彌彰。

這部紀錄片運用了若干最新技術。羅斯提醒說：「請注意模型上有若干部攝影機，這是萊芬斯坦拍攝奧運會時攝影機的位置。她爲了拍攝奧運會的場景用心良苦。七十年之後，攝影技術突飛猛進，她的創新和構想已不足爲奇，但當時在全世界是最領先的。」我湊近去看，在運動場的觀眾席，甚至賽場中央的若干關鍵位置上，都設置了攝影機。羅斯博士說，資料館的展出，只陳述事實，很少加以評述，孰是孰非，讓觀眾自己思考和判斷。

希特勒對奧運會的態度前後不一。一開始，他對柏林主辦奧運會並不積極，他本人不喜歡體育運動，中奧成功不是他的政府的功勞。奧運前夕，他表達過厭煩的心態：「等到這鬧哄哄的奧運會結束之後，我會很高興。我心裡根本就不想去參加。」儘管如此，他還是去了比賽現場，當他看到德國運動員在賽場上的優異表現時，心情愉悅——「他身邊的人告訴他，如果他本人能親自到體育場去的話，這對德國運動員來說是一種鼓勵，希特勒在比賽的當天就見證了德國隊獲得了兩枚金牌，從此之後，他就每天都去觀看比賽了。」[7]希特勒意識到奧運會可以用來展示德國的「文化成果與實力」。他不像如今的政客們那樣喜歡在媒體面前作「運動秀」（比如馬英九和柯文哲），但「納粹德國的絕大多數人，比以前任何時候都更積極地參加體育活動。」[8]

對於一直宣傳雅利安人種優越論的希特勒來說，舉辦奧運會正好可以將同是金髮碧眼的古代希臘羅馬人與德國人聯繫起來，進而將希臘羅馬文化與第三帝國文化聯繫起來。反過來，即暗示猶太人是劣等種族。因此，希特勒需要奧運會，也需要一部以奧運會爲主題的電影。而國際奧委會這個從一成立起就極端腐敗奢靡的組織，在希特勒面前卑躬屈膝，對納粹迫害猶太人和擴軍備戰視若無睹——多年以後，他們在北京奧運會上重演了與狼共舞的一幕。

一九三六年八月，第十一屆奧林匹克運動會在柏林開幕，規模之大是空前的。奧運會，從來不是單純的文化體育活動，它是意識形態裝置和政治形象工程。體育，從來不單是體育，獨裁國家尤其重視將體育納入到國際公關活動和專制主義意識形態宣傳之中。對於納粹來說，奧運會是一個最佳的公關舞台，以前任何運動會都沒有柏林奧運會那麼出色的組織工作，也沒有柏林奧運會那麼不惜工本的款待——直到七十二年之後，這個紀錄才被北京奧運會打破。

當時，里賓特洛甫、戈林和戈培爾分別爲外國客人舉行了豪華的宴會，每次都招待上千名賓客，場面之盛大如同《天方夜譚》的場景。英國外交官亨利·錢農爵士在日記中總結說：「里賓特洛甫的宴會優雅時髦，戈林的宴會極端奢華，戈培爾的宴會則最令人印象深刻。」爲戈培爾設計宴會的人是希特勒的御用服裝設計師及「帝國舞台設計師」馮·阿倫特。這位自學成才的藝術家將宴會安排在柏林西南方的孔雀島上，爲了讓客人不打濕雙腳來到島上，由工兵部隊專門蓋了一座浮橋。島上宛如童話世界：「桌面裝飾喜慶，以酒爲池，以肉爲林，菜單上盡是些物以稀爲貴的佳餚美饌。」[9]

客人們，特別是從英國和美國來的，對所看到的一切印象深刻，誤認爲在希特勒的領導下，德國人團結一致、快樂、健康且友善。對猶太人的迫害暫時停止了，於是客人們開始懷疑起此前那些血淋淋的報導的眞實性。[10]美國作家湯瑪斯·伍爾夫由衷讚美說：「德國人是我在歐洲認識的最乾淨、最友善、最熱心又最誠實的民族。」

爲拍攝《奧林匹亞》，萊芬斯坦以納粹國家機器爲後盾，動用大量人力物力。希特勒允諾她遇到任何困難都可以幫助解決。她動用了德國最好的電影製作人員和設備，一共用去四十萬米膠片。她帶領龐大的拍攝隊伍進駐賽場，以高速攝影機、水下攝影師、長焦鏡頭等先進設備，大張旗鼓地展開拍攝。爲了獲得表現動態的新穎角度，不惜冒著妨礙比賽的批評，在場地上開挖溝槽，將攝影機埋入地下，以仰視的角度拍攝運動員。「我們在拍攝過程中還搞了一些創新，也就是說不得不進行一些技術方面的嘗試。漢斯·埃爾特研製了一種彈射攝影機，即在百米賽跑時，攝影機隨著運動員一起朝前跑進行拍攝。這種拍攝方法以前從未使用過。爲了能從空中鳥瞰整座體育場進行拍攝，因爲當時還沒有直升飛機，我就嘗試從氣球進行拍攝。每天上午我們將裝有一架手提攝影機的氣球放上天空進行拍攝，氣球就會隨意飄到任何一個地方。我們另外在《柏林午報》上刊登了一則廣告，在廣告裡我們許諾誰幫助找到氣球裡面的攝影機，我們會給予一定的獎勵，後來所有跟隨氣球飛上天空的攝影機最後都收了回來。」[11]她窮盡了一切可能的手段。

展廳牆壁上的《奧林匹亞》的劇照，以及螢幕中播放的《奧林匹亞》的片段，經歷了漫長的歲月的磨洗之後，仍然散發著充沛的活力和攫人心魄的魅力。這部影片所動用的人力與物力都是罕見的，而它所呈現出的攝影、剪接和配音等驚人效果，亦奠下許多運動競賽拍攝法的基本規模，堪稱電影史上的經典之作。

萊芬斯坦的雄心壯志是拍攝一部兼具歷史性與電影美學的紀錄片，將運動員表現成爲藝術家——運動藝術的實踐者。日爾曼運動員的身體在她的鏡頭下，變得如此囂張而自信，展示出絕對的種族優越感。這種對力量與速度的禮讚的背後隱藏的萊芬斯坦的審美觀，應和了納粹的身體美學觀與種族主義美學。《奧林匹亞》以頌揚年輕男性的軀體以及運動的威力來淋漓盡致地表達了納粹的哲學，成爲一部納粹唯美主義的登峰造極之作。

奧運會只有十四天，電影《奧林匹亞》要讓人看幾十年

納粹不僅是一種意識形態，也是一種文化革命和美學模式。希特勒親自爲納粹創造了一個龐大的、震撼人心的美學體系：從莊嚴的建築到宏大的閱兵式，從色彩鮮豔的黨旗到筆挺帥氣的軍服，從輝煌的華格納歌劇到戲劇化的納粹舉手禮……希特勒除了會說謊以外，在藝術方面比其他獨裁者都要內行。在美學領域，他的才華讓同僚望塵莫及，即便擁有博士頭銜的戈培爾也自愧不如。作爲一位畫家，希特勒並不成功；成爲獨裁者之後，他政務繁忙，很少拾筆作畫。但他頗有藝術天分，經常與身邊的人談論藝術。希特勒的御用建築師史佩爾相信，希特勒寧願被當作藝術的推動者，而不願被當作軍事統帥載入史冊。希特勒認爲，戰爭是必要的，是他「該死的義務」，而藝術與他內心的愛好是完全一致的。[12]

從希特勒留下的一些繪畫作品可以看出，他所描繪的風景質感豐富、構圖一流，美術評論家赫爾曼·納斯指出：「在這些作品中，我們看到強有力的破壞的經驗轉化成五彩斑斕的視覺圖像。」[13]希特勒的御用攝影師霍夫曼吹捧說，元首的繪畫作品「無論是整體還是每個細節，都充滿了眞正的德國精神：獻身、正直、誠實和愛」。前者比較中肯，後者完全是諂媚。

納粹運動是希特勒的運動，沒有希特勒便沒有納粹黨。是希特勒將一個地區性小黨派打造成全國性大黨，讓法西斯運動具有一種在義大利缺乏的力量感和歷史感。德國人欣然讓自

己適應極權統治，「這種心理準備不僅僅是思想宣傳和恐怖行動的結果。如果說義大利的法西斯主義是一場喜劇表演，希特勒主義則披戴著宗教的外衣。」[14]希特勒從基督教中偷竊了很多儀式，在納粹帝國走進歷史之後許多年，對舊日生活記憶猶新的老人回憶說：人們被納粹運動的公共景象和活動深深打動。

古老的民歌被保留，但被填上納粹的歌詞；共和國憲政體系被賦予全然相反的含義，這個政權使民眾失去自我、成為配角，進入到沒有間斷的宏大場面中。這些場面由一個有著戲劇天才的人物安排和指揮。希特勒深知宣傳的重要性，他本人就是雄辯大師，戈培爾也只是他的助手。一九三五年，戈培爾說：「如果沒有宣傳，這個運動的結果會是怎樣？如果不是真正有創造性的宣傳——它至今仍然在提供知識的後盾——這個國家會變成什麼？」那麼，萊芬斯坦在這場大戲中扮演什麼角色呢？

自從應邀拍攝納粹黨代會的紀錄片《信仰的勝利》和《意志的勝利》之後，萊芬斯坦便成為希特勒美學的闡釋者。她在影片中展現的是「一場冒充德國現實的表演和在表演中被操控的德國現實糾纏不清的混合體。只有無視一切傳統人文價值的虛無主義政權才會如此毫不猶豫地操縱整個民族的身體和靈魂以掩蓋自身的虛無。」[15]

希特勒的催眠術通過電影在更大範圍內傳播。「希特勒不僅是一個士兵政治家，而且是一個對美有著敏銳眼光的藝術家。像充滿激情的華格納分子一樣，希特勒鼓勵大眾製造慶祝活動，這類活動具有相當的激情力度，以致參與其中的人將經歷一次『從蠕蟲成為巨龍的一部分的變形』，同時感受到重新充滿活力、獲得力量和得到拯救。」[16]既然柏林奧運會是納粹鼎盛時期最輝煌的慶典，那麼影片《奧林匹亞》便將其影響從短短的十四天延續到納粹滅亡。她在拍攝期間高調宣稱：「奧運會開十四天就要結束，而我的電影至少要讓人家看二十年。」如果沒有萊芬斯坦透過電影來配合，希特勒的成功將大打折扣。她的電影在納粹美學體系中的地位，不亞於華格納的音樂。

法西斯美學的特徵是空洞、高亢與不容分說的感情綁架。希特勒以謊言欺騙人、以美學折服人，他滿足了德國人兩方面的夢想，「富於音樂的服從和充滿感情的紀律」，「他的光芒照透了這個黯淡的世界，在這個世界裡，德國人喜歡把大人物的勝利，同他們自己的利益結合起來。」此種美學範式，既是全新的，又是熟悉的，德國人不再是有獨立思考能力的個人，而變成人群中沒有面目的符號，他們「被淹沒在這樣一大片精心準備好的言論、符號、慶典、徽幟的活動海洋之中。這個龐大的宣傳機器，一會兒讚揚他們，一會兒對他們大聲咆哮，在他們強壯的主人的懷抱中，他們感到安全可靠。」[17]納粹美學需要一種不及思索的、頃刻之間的捲入。萊芬斯坦的影像便有此種魔力，使人立即陷入迷狂狀態，自願接受銀幕洗腦。

爲了拍攝到最好的畫面，萊芬斯坦展開各種公關活動，用盡渾身解數，讓各部門都臣服於她的設想——希特勒也不例外。在回憶錄中，她沾沾自喜地說，爲了安置攝影機的問題，她與各體育聯合會的負責人展開遊說與辯論，還與負責保安的親衛隊打交道，那簡直就是一場沒有硝煙的鬥爭：「他們老是瞎指揮，攝像機安放在什麼地方必須由他們來決定。說實話，攝影機安放在體育場內對比賽是會有一定的影響，所以同那些負責人打交道必須要有足夠的耐心，要學會自我控制，儘量爭取說服他們。」[18]她還直接向希特勒提出各項要求。希特勒在處理軍國大事之餘，抽出時間接見她，與她仔細探討影片的細節，並幫助她解決具體難題。戰後，她從未在任何場合用激烈字眼否定希特勒，這是怎樣一種「忠貞」呢？

奧運會結束之後，萊芬斯坦用一年半的時間來編輯電影。此前，戈培爾要求在一個月之內完成，時間一過「便再也沒有人關心奧運會了」。但她爲了捍衛「藝術」的價值，堅持要花一年半，最後獲得希特勒的同意。戰後，萊芬斯坦辯解說，她在政治上「是一個幼稚的人」。其實，她在政治上聰明過人，一個政治幼稚的人怎麼可能混進希特勒的核心圈子呢——僅憑美貌是不可能的，希特勒並非好色之徒，他從不允許身邊的女性介入政治事務，包括情婦伊娃·布朗。萊芬斯坦懂得如何取悅希特勒，她特意選擇一九三八年四月二十日希特勒生日這天作爲影片的公映日。對於愛好藝術的希特勒來說，沒有什麼是比電影更好的生日禮物。

希特勒率領黨政軍要員一起觀看電影，此規格在第三帝國前所未有。萊芬斯坦在回憶錄中不無炫耀地寫道：「當上集放映完時響起了熱烈的掌聲。希特勒是第一個祝願我的：『您完成了一部傑作，世界人民將會感謝您的。』」一開始，她還擔心上下集時間太長，觀眾沒有耐心看完，沒想到人們完全被影片吸引住，「當下集放映完時，已經過了午夜，喝采的掌聲是一陣高過一陣，人們簇擁著我走向希特勒，他看上去毫無倦意，再次衷心地祝願了我。」這部電影成爲第三帝國電影院的票房磁鐵，沒過幾週就收回了四百萬馬克。萊芬斯坦還製作了英文、法文和義大利文版，並藉此成功巡迴歐洲。她成爲第三帝國的指標藝術家。[19]

戰後，關於萊芬斯坦與希特勒和戈培爾之間的私人關係，各種小道消息滿天飛舞。她憤怒地譴責那些充滿暗示性的說法，但她承認戈培爾曾請求她充當其情婦，希特勒也在一次與之獨處時企圖親吻她。其實，萊芬斯坦與戈培爾一直關係緊張，因爲她是希特勒欽定的導演，而且她從希特勒那裡得到尚方寶劍——不受任何官員的轄制，包括戈培爾。宣傳領域是戈培爾的禁臠，戈培爾對此十分惱火。因爲攝製組干擾了比賽（有時攝影師擋住了運動員或裁判，閃爍的探照燈和刺眼的閃光燈致使運動員炫目或驚嚇到賽馬馬匹），戈培爾在日記中寫道：「我臭罵了萊芬斯坦，她的行爲簡直不可理喻，歇斯底里的女人。正因爲她不是男人！」不過，萊芬斯坦不是好惹的，她大吼回去——除了希特勒，第三帝國再沒有人敢這樣對戈培爾說話了。[20]

萊芬斯坦是否與希特勒或戈培爾有曖昧關係並不重要。重要的是，她與希特勒的心靈息息相通，她承認，「希特勒對我的命運產生了重大的影響。」

納粹美學的力量：一部電影勝過一支軍隊

與希特勒一樣，萊芬斯坦也是極度自戀者，生活在他人的崇拜和自我欣賞之中。爲了達到「成功」，可不擇手段、淌血而過。萊芬斯坦一輩子最愛的是她自己──「一個自戀者靠別人的讚賞而活著。他全部的追求就是別人的敬仰、崇拜或歡呼。他幻想偉大的成就、無限的崇拜、愛情、做愛、美麗、魅力和權力，藉以激勵振作自己。」[21]從她的照片可看出，她是一個意志極其堅強的女人，是一個有控制全局的統治力量的女人──這種力量也存在於毛澤東夫人江青身上。如果萊芬斯坦是一個男人，她極有可能成爲一名戰場上指揮千軍萬馬的將軍。在她所從事過的多種職業當中，她最喜歡的是導演，導演在片場上就是向所有人下命令而其他人必須服從的將軍，這一身分最能滿足她的權力慾望。

與一登上講台便陷入歇斯底里狀態的希特勒一樣，一進入導演的位置，萊芬斯坦便陷入忘我狀態。希特勒的御用建築師史佩爾──這個希特勒小圈子中氣質最優雅的人物，也有相同的經歷：一九三四年，希特勒剛剛認識史佩爾夫人，就對她說：「您的丈夫將得到人類歷史上任何一個建築師都不曾得到過的訂單和機會。」史佩爾回憶說：「從那以後，我再也不猶豫。一個年輕的、愛好虛榮的人，能否接受全國最偉大的人授予的這個榮譽？要得到一個世界，當時誰聽了會不覺得頭暈？我徹底歸順了希特勒。」在幫助希特勒策劃世界大都市「日爾曼尼亞」時，史佩爾就像喝醉酒一樣，多年之後他仍記得那種「飄飄欲仙的感覺」。[22]當萊芬斯坦奉命爲希特勒工作時，也沉浸在這種迷狂狀態之中。她效忠希特勒效忠——只有希特勒才能爲她提供「自我實現」的所有條件。希特勒使用萊芬斯坦，與毛澤東使用江青一樣，是讓一位特殊女性充當「文化戰線」尖兵。不過，前一對搭檔的「美學修爲」，比後一對搭檔高出太多。

我在閱讀萊芬斯坦回憶錄時，最強烈的感受是，她從未承認自己有錯，從未認爲自己辜負過別人。她製造了一面鏡子，在這面鏡子面前，她完美無缺。她經常譴責「背叛者」，在納粹垮台之後的逃亡路上，許多老朋友或受過她恩惠的人，拒絕接待她或提供幫助，她爲此異常憤怒。既是天才，別人怎能如此對待之？她始終不願「反求諸己」，在歷次審問中均以傲慢態度對待審問者：「這些粗魯軍官有什麼資格審問我？」希特勒自殺之前的心理狀態亦如此，他惡毒地詛咒背叛的部下，如戈林和希姆萊。似乎全世界都對不起他，他對數千萬死難者毫無愧疚之心。這是典型的自戀狂的反應：「他認爲自己與眾不同，期待得到相應的尊敬和讚頌。他要求很高，只知索取。如果得不到所期待的特殊待遇，他就感到受到了侮辱，甚至做出激烈的反應。其他人的命運對他來說無足輕重。設身處地考慮別人，對他來說是個未來詞。」[23]不過，希特勒始終對萊芬斯坦懷有一種脈脈溫情。

整個德國再沒有人比萊芬斯坦更能理解希特勒的美學思想了。正是萊芬斯坦與希特勒性格相近、心靈相通，她才能爲納粹的美學架構和文化戰略做出重大貢獻。難怪希特勒贊揚萊芬斯坦說，她的一部電影便勝過一支軍隊。據希特勒的女祕書回憶，希特勒在自殺前夕還惦記著萊芬斯坦：「有人告訴我，她病了，但我幫不了她。因爲如果我幫她，她就死定了。」[24]萊芬斯坦也竭力爲希特勒的罪行開脫，認爲希特勒並不知道大屠殺的眞相。她在逃亡途中獲知希特勒自殺的消息後，「無法形容這一刻我的感覺，各種情感在我心頭炸成一團——我撲倒在床上，哭了整整一夜」。這是她和許多德國人對希特勒的眞實情感。

猶太作家卡爾·祖克邁爾認爲，原本由登山和滑雪影片成名的萊芬斯坦，只不過是一道「冰河裂縫」。祖克邁爾流亡美國時寫道：「她唯一的好處是不會成爲叛徒，而且她永遠相信希特勒是救世主。當希特勒因爲她策畫的奧運電影和某一部紐倫堡黨代會電影，親自遞給她一面表演金牌，她在舞台上因爲激動而腿軟（陷入昏迷），不過她沒有如願地倒入希特勒懷裡，而是倒在他腳邊，而他必須跨過她離開。」這段描述過於誇張，唯有「不會成爲叛徒」的評論是準確的。[25]

將希特勒描述成令人噁心的流氓，並不是肅清其影響力的最好辦法——人們喜歡將最骯髒的東西加諸於希特勒身上，儘管「沒有絕對的證據說希特勒染有梅毒，也沒有證據足以否認」，但許多學者仍在這方面大作文章，以此說明「他的生活顯然可以看出是梅毒患者發展的模式。」[26]然而，在她眼中，希特勒是一個彬彬有禮、極具藝術氣質的人。她是詩人，希特勒也是詩人，他們互相欣賞，這種欣賞超越了男女之間的情慾。

希特勒周圍總能聚集起一批才華橫溢的詩人和藝術家，萊芬斯坦不是第一個，也不是最後一個。希特勒的吸引力超越了民族和國籍。巴西亞克，一個吟唱著「生命的溫情和幽深的早晨」的法國作家，巴黎高等師範學校人文主義家園的寵兒，爲何會狂熱歌頌納粹呢？他自願成爲一種極其雅致的美學式政治宣傳的獵物，在夜景或舞台效果的強烈對比之下，法西斯主義在這位溫柔的佩皮尼昂人的頭腦中變成了「二十世紀的詩歌本身」。巴西亞克說，所有法西斯首領都是語言魔術師：「希特勒是詩人，德國詩人，他構想著沃爾帕吉斯之夜和五月的節慶，他的歌曲中混合了巨人的浪漫和情人的浪漫，森林、維納斯山，愛上了突擊隊戰士的愛神樹的女兒們，在慕尼黑巴伐利亞英雄紀念碑前倒下的同志。」[27]他喜歡《奧林匹亞》，喜歡納粹的軍裝和坦克，從中發現了腐敗的法蘭西共和國無法孕育出來的「壯美」。美，可以超越國家、民族的界限。被「壯美」征服之後，他情不自禁地爲祖國被希特勒蹂躪而叫好，因爲法國終於以盟友身分加入這翻天覆地的事業。美擁有難以抗拒的誘惑力，尤其是邪惡之美。

面對邪惡之美，人們能閉上眼睛嗎？人們能捂上耳朵嗎？人們能關上心門嗎？萊芬斯坦所熱衷於表現的、也是她終生一以貫之所追求的，是對人類的或更準確地說是日爾曼人的運動之美。在《奧林匹亞》的第二部《節日之美》中，她捨棄了普通紀錄片對於獎牌和統計數字的注意，而大膽地從現實轉向詩歌。她以超凡的想像力和卓越的攝影技巧，創造出一幅又一幅光與影交錯的畫面。在表現似乎有些單調的跳水比賽時，她用高超的剪輯手段彌補了比賽內容的單調性——那一個又一個在空中翻轉的動作，如同一場芭蕾舞演出。這類優美的鏡頭在過去的影片裡是罕見的。她以大開大合的手法形象地闡釋了納粹的「權力意志」與「超人意識」。

《奧林匹亞》對力與速度的讚美，無法不使人聯想到納粹宣揚的日爾曼人種優越論。在這部電影中，對法西斯主義與「超人」意識的傾慕被影像合法化——萊芬斯坦與戈培爾一樣明白，「只要將一兩件美好値錢的商品放在黨的櫥窗裡，就能掌握無辜的靈魂」。[28]邪惡之美可「不戰而屈人之兵」。

戰後，萊芬斯坦被審查機關從輕發落，但她被迫告別心愛的電影事業。在德國，她處境尷尬，少有友人；她身上存留著巨大的激情，卻無從排遣。於是，她開始尋找一片新天地。她喜歡海明威的小說《非洲的青山》，由此迷戀上非洲。她數次深入考察那裡的土著居民努巴人的生活習俗，並出版了一本攝影集。她在海明威那裡發現的，是她自己的形象——海明威也是一個極度自戀的、崇尚力量的人。萊芬斯坦去非洲，與其說是像史懷哲那樣愛非洲人，不如說是像海明威作品中那頭吉力馬札羅山上的豹子，最後一次展示力量與淒美。

集體主義之美與醜：從第三帝國到「大國崛起」的中國

我們不能不加甄別地擁抱那些「看上去很美」的東西，「美」有可能屬於撒旦的疆域。蘇珊·桑塔格直截了當地指出：「因爲萊芬斯坦是唯一一個完全與納粹時代融爲一體的重要藝術家，她的作品（不但在第三帝國時期，而且在它滅亡三十年後）始終表達了法西斯美學的主題。」這一批判是恰如其分的。

在柏林電影館中，我看到了《奧林匹亞》的片段，看到了萊芬斯坦的工作場景——她的魅力和意志，感染並主導每個工作人員，使每個人全心全意地爲之服務。她在電影中所表現的運動員，全都是精心挑選的、種族純正的、身材勻稱的男性，他們簡直就是希臘羅馬時代最美的雕塑。然而，這些運動員被萊芬斯坦高度抽象化，不再是有血有肉、有情有義、有哭有笑的生命個體，而是一個個象徵性符號——儘管他們面容俊朗、肌肉豐滿，但早已沒有了個性。他們的個性乃是萊芬斯坦的個性，或更準確地說是希特勒的個性。

萊芬斯坦本人也很享受成爲賽場上的焦點，她穿著灰色法蘭絨長褲、時髦的西裝外套，戴著一頂流行的騎師帽，看上去儼然是位好萊塢明星。在她身邊總是有兩位攝影師——他們唯一的工作是把萊芬斯坦工作的樣子拍下來。猶太女記者貝拉·弗洛姆回憶道：「她時不時就會出現在元首身邊，猶如畫報封面相片般結凍的笑容掛在臉上，頭頂散發出一圈『我很重要』的光環。」萊芬斯坦在奧運期間也找到了崇拜對象——美國運動員、奧運十項全能金牌得主格倫·莫里斯。格倫·莫里斯毫無瑕疵、鍛煉十足的身體、俊美的臉龐和神采奕奕的眼睛徹底征服了萊芬斯坦。在頒獎典禮之後，萊芬斯坦走向對方，向其祝賀，以下的這段回憶錄中的文字大概是她的臆想：「他當場把我擁入懷中，扯下襯衫親我的胸部，就在賽場正中央，十幾萬名觀眾面前！」[29]

第三帝國時代，與納粹親密合作的藝術家很多，僅音樂家中便有許多大師級人物。一九三六年，理查·史特勞斯爲柏林奧運會創作《奧林匹亞頌歌》；兩年以後，還創作希特勒喜歡的歌劇《和平日》。戈培爾聽了理查·史特勞斯的《奧林匹亞頌歌》之後歡呼道：「這首曲子眞棒，這小子還眞能作曲！」希特勒也非常滿意，吩咐一名副官，想在演出後接見作曲家。理查·史特勞斯在日記中記載：「和希特勒握手。」世界指揮第一人福特萬格勒在納粹黨紐倫堡大會上指揮演出，一九四二年又爲希特勒的生日指揮演奏貝多芬〈第九交響曲〉。卡拉揚爲當上音樂總監，兩度加入納粹黨，那時他還是一個到處找機會的青年。戰後，這些大人物都遭到政治審查，但未被定罪。與萊芬斯坦相似，他們也不願公開道歉。八十一歲的理查·史特勞斯受審於慕尼黑特別法庭，在其生命的最後四年痛苦不堪。福特萬格勒辯解說：「我對納粹的情況並不十分瞭解。」卡拉揚解釋說：「我只是把握每一個從機會去指揮。」對此，托斯卡尼尼的話永遠應當警鐘長鳴：在最嚴格的政治－道德意義上，一個參加過納粹活動的人，無權指揮貝多芬。[30]

藝術家爲發揮其藝術天賦而爲獨裁者服務，萊芬斯坦並非孤立個案。《奧林匹亞》這部具有史詩風格的電影，不僅僅是讓希特勒一個獨裁者喜歡。墨索里尼觀看了多次之後，感歎義大利沒有這樣一位偉大導演，結果讓萊芬斯坦大搖大擺地「將羅馬搬到了柏林」。遠在莫斯科的史達林看了這部電影後，也表現出特殊興趣，特意給萊芬斯坦發去一封熱情洋溢的賀信，對這部電影表達高度讚賞——《奧林匹亞》肯定在某些方面打動了這個克里姆林宮陰鬱的暴君。

萊芬斯坦與希特勒之間形成「共生」關係，正如一名德國導演所說：「即使將希特勒與納粹領導人的鏡頭從萊芬斯坦的奧林匹亞電影中剪除，做成一個非納粹化的版本，它仍充滿了法西斯主義的精神。把萊芬斯坦的乍看之下與政治沒有關係的電影與赤裸裸的宣傳作品區別開來是極其困難的。」在今天的中國，在張藝謀和中共黨魁之間也構成了同樣的「共生關係」。在北京奧運會上，萊芬斯坦的沒有謀面的弟子張藝謀導演的盛大開幕式粉墨登場。當年，萊芬斯坦拍攝的奧運會，比奧運會本身更重要；如今，張藝謀導演的北京奧運會開幕式，似乎也比奧運會賽場上的比賽更重要。

無疑，柏林奧運會的主角是希特勒，北京奧運會的主角是胡錦濤。雖然萊芬斯坦和張藝謀都以「藝術家」的身分自豪，但在獨裁者眼中，他們不過是「娼優蓄之」的奴才罷了。就像深受希特勒寵愛的史佩爾所說，他「幾乎像奴隸一樣」執行希特勒做出的規定，因為「希特勒是一個人想成為大設計師的不可或缺的前提」。[31]由於希特勒本人有過一段流浪藝術家的經歷，故而對萊芬斯坦、史佩爾、史特勞斯等藝術家較為禮遇，賜予他們一定的創作自由；而作為毛澤東時代的一名政工幹部，只讀過《卓婭和舒拉的故事》的胡錦濤在文化藝術方面的素養幾乎為零，於是張藝謀便只能「戴著鐐銬跳舞」，連「文化班頭」的禮遇都得不到。

萊芬斯坦和張藝謀們嘔心瀝血的創作，使得柏林奧運會和北京奧運會成為「千年帝國」雄心壯志的閃亮註腳。當然，張藝謀的文化修養和藝術水準，不能與萊芬斯坦相提並論。除了添加一些「東方文化」和「中國文化」的因素，張藝謀對萊芬斯坦的美學模式無力更改與創新——他沒有那樣的才華。如果說在萊芬斯坦那裡尚且有一種古羅馬延續下來的騎士尚武精神，那麼在張藝謀那裡就只剩下與大秦王朝一脈相承的粗陋暴虐農民風。然而，即使是一名拙劣的模仿者，張藝謀導演的開幕式仍獲得舉國迷狂的最佳效果，他進而被譽爲「民族英雄」。

張藝謀導演的北京奧運會開幕式，讓我想起另一位中國第五代導演陳凱歌在一九八〇年代拍攝的電影《大閱兵》。當年，陳凱歌拍攝《大閱兵》是想探討個人與集體之間的關係，「個人能不能在一個集體的洪流中生存？或是會被毀滅？我的結論是不能。這個個體的微小願望實際上是和整體的、集體的利益是互相衝突的。」是文革的經歷促使陳凱歌開始這樣的思想和創作，對於他來說，「文革根本是一次集體的法西斯行動，它是中國集體主義文化發展到登峰造極的地步，而集體主義的直接結果就是法西斯主義。」陳凱歌進而發現中美文化之間的根本差異：中國文明從來就是靠集體運動來改變社會的，不大注重個體的品質；美國社會正好相反，美國社會認爲必須有健康的個人，才可能有健康的社會，這在哲學上是完全不同的。[32]遺憾的是，一九八九年之後，大部分第五代導演都停止獨立思考和創作，有人徹底顛覆了昔日反對集體主義和法西斯主義的立場——比如張藝謀。

從紐倫堡納粹黨代會到柏林奧運會，萊芬斯坦發現了宏大「集體」所產生的力量感，而張藝謀則將這種「人海戰術」繼續擴大——中國最不缺少的就是人，中國人願意成爲人海中的一滴水。爲了讓幾千名表演者凝聚爲「一個人」，張藝謀動用數千名士兵當演員。長達數月高強度的訓練，比軍事訓練還要嚴酷。

其中一個細節耐人尋味：如何才能保證演出者在幾個小時裡不上廁所呢？張藝謀訂購了一種專門供大小便失禁的病人使用的尿布，讓表演者裹上這種尿布參加表演——可見，擔任奧運會開幕式的總導演，單單有藝術才華是不夠的，還必須是「百科全書式」的人物。

爲了保證開幕式具有最佳的美學效果，一名政治局委員級別的高官親自審查彩排，並提出若干意見——比如，由於那個唱歌的小女孩正處在換牙階段，缺了兩顆門牙，不夠漂亮，不足以「代表」中國的「面子」。如何解決「面子」問題呢？聰明絕頂的張藝謀想出了「兩全其美」的辦法：讓另一名長相更漂亮的女孩在舞台上「表演」唱歌，原先那個好聲音的女孩在後台開口唱歌。於是，一場本來是以孩童的純眞表演來感動觀眾的演出，變成了一齣虛假的「皮影戲」。

張藝謀弄虛作假的做法，比起萊芬斯坦當年竭盡全力展現「純粹的德意志運動員」的運動之美來，等而下之。但大部分中國人都認爲，這樣做無可厚非。在今天的中國，造假早已成了「潛規則」。既然連嬰兒奶粉都敢摻毒，奧運會開幕式上的假唱節目又算得了什麼？人們歡呼說，張藝謀太了不起了，只有他才能創造此種「無比宏大的場面」；只有此種「無比宏大的場面」，才配得上「大國崛起」的中國。「唯大爲美」，即使這種「大」那麼空洞、虛幻和誇張。人們將張藝謀當作「大導演」，因爲他最大的本領便是操作此類「大場面」。

奧運開幕式的成功，讓張藝謀獲得了導演中共建政六十週年閱兵儀式的「殊榮」。萊芬斯坦及其宣揚的美學風格，即使以一種拙劣模仿的方式上演，在東方蠻荒之地仍可達到「萬眾一心」的宣傳效果。既然中共的美學範式遠比納粹下流和卑瑣，那麼中共就只配得上使用張藝謀這樣江郎才盡的弄臣，連像萊芬斯坦那樣沒有原則卻有激情和個性的人都不配擁有和使用。

北京奧運會呈現的「萬國來朝」的場景，是中國的外交政策由「韜光養晦」轉向「天下帝國主義」的分水嶺。中國的「帝國時刻」，不是二〇一二年習近平的接班，而是二〇〇八年北京奧運會的春藥。

在今天的德國，邪惡之美再無觀眾和崇拜者；而在中國，邪惡之美何時才能走到盡頭呢？

二〇〇八年十一月八日至十日初稿

二〇〇九年五月二十八日完稿

二〇二一年三月二十一日修訂

第七章

「我們死了，卻能夠呼吸」

——訪「布亨瓦德警示與紀念公園」

啊，布亨瓦德！
我們絕不呻喚，我們絕不抱怨。
無論命運怎樣變幻，我們仍有生活的信念。
那一天終將到來，自由降臨到我們面前。

無名囚徒之〈布亨瓦德之歌〉

讓人反胃的恐怖的氣息，撲面而來

布亨瓦德集中營位於威瑪郊外七公里，是我在德國參觀的第一個納粹集中營。之所以選擇此處，我希望解開一個長久以來的謎團：爲什麼在海涅、席勒、巴哈、李斯特等文化巨人薰陶下長大的德國民眾，突然之間會對希特勒這樣一個瘋狂的獨裁者和納粹主義這樣一種極端的意識形態全盤接受呢？一個誕生過路德、歌德、康德的國家，爲何如此缺「德」？布亨瓦德集中營不是遠在波蘭的奧斯威辛集中營，它就在德國的心臟地帶，普通的德國人不能問心無愧地說，他們完全不知道就在身邊發生的種族屠殺——其實屍體的臭味瀰漫了整個鄉間。

剛剛在威瑪參觀了歌德、席勒和李斯特的故居，我親身領略了德國典雅博大的文化藝術傳統，人們對大師們的每一本書籍和每一頁手稿的珍惜，簡直到惜字如金的程度——這點倒是跟儒家文化有共通之處。威瑪還有我嚮往已久的包浩斯博物館，它在現代建築史和藝術史上佔據著開創性的地位。威瑪是德國的文化首都，威瑪共和國的歷史雖然短暫，但德國現代文化在那段時期展現出了燦爛的光芒。美國學者彼得·蓋伊指出：「德國的舞蹈、建築、電影、小說、劇場、藝術和音樂等等，無一不引人極度側目。在這短短的十四年之間，就比例而言，威瑪共和所展現的文化果實，委實叫人難以置信。」[1]

集中營的管理者們大都讀過歌德和席勒的著作，聽過李斯特的音樂，也看過包浩斯的設計圖案，但文化的薰陶絲毫沒有阻礙他們在工作崗位上行兇作惡、殺人如麻。從威瑪去布亨瓦德集中營，這短短七公里的路程，如同穿越兩個截然不同的世界，彷彿從文明的殿堂跌入野蠻的洞穴。

連氣候也是如此。昨日，威瑪城裡陽光燦爛，天空湛藍，用沈從文的話來說，「那高而藍的天空使人想下跪」；今早，在前往布亨瓦德集中營的路上，卻大霧瀰漫，寒氣逼人。彎曲狹窄的山間公路，一直在層層迷霧中向前延伸，彷彿永遠沒有盡頭。一片片厚重的霧，像棉絮一樣，朝汽車前擋風玻璃襲來。

納粹很會挑選地方，布亨瓦德集中營位於山谷之間一塊寬闊的天然平地之中，自然形成與世隔絕的氛圍。抵達集中營大門口，剛剛下車，頓時覺得寒風刺骨，宛如從夏天直接進入冬天，這既有生理上的感覺，也有心理上的感覺。二十多米之外的人影即模糊不清，四周像是遊走著不計其數死難者的幽靈，在哭泣，在哀鳴。然而，天氣及自然環境的差距，沒有文明的差距大：德國最美好和最惡劣的兩面竟出現在同一個地方，擁有最深厚文化傳統的人群竟衷心擁護最殘暴的獨裁體制。

一路上，我都在回憶諾貝爾文學獎得主、匈牙利作家因惹·卡爾特斯的作品。卡爾特斯一九二九年出生在布達佩斯一個猶太人家庭。一九四四年，這個十五歲的少年被關進奧斯威辛集中營，後來被轉移到布亨瓦德集中營。多年之後，他這樣回憶剛剛被押送到布亨瓦德集中營的情形：「布亨瓦德位於峰巒疊錯的山區，坐落在一個山脊之上。那裡空氣清新，滿眼都是層層疊翠的森林，在山谷下面的小村莊裡，用紅色瓦片蓋成的屋頂使人賞心悅目。浴室在左側。洗完澡後，你的名字會被寫到一本很大的書裡，並得到一個『黃色三角』、一塊寬大的布片和一件深淺條的囚衣。在『黃色三角』的中央，寫有一個標明你是來自匈牙利的字母『U』，在囚衣上還印

❶剛被送到集中營的猶太人。
❷布亨瓦德集中營中的囚犯。
❸每一個箱子中都是一段淒慘的人生。
❹「布亨瓦德警示與紀念公園」教育外聯處處長達尼爾·哥達向作家介紹他們的青少年課程。

❸

❹

著一串數字。比如，我的上面印的是64921。他們還向我建議，要我儘早逐音節地學會這個號碼的德語的清晰發音。假如有誰再問我的名字的話，我要回答這一串數字。」[2]卡爾特斯之後漫長的寫作生涯就是要擺脫這五個數字的控制——正如歷史學家蒂莫西·斯奈德所說，納粹等政權把人變成了數字，而「我們人文主義者就是要將這些數字還原爲眞實的人」。

在布亨瓦德集中營，卡爾特斯身邊無數難友被折磨致死，死亡的陰影時刻籠罩在他頭上。在艱苦的日常生活中死去的人，也就是因爲過度勞累、疾病和饑餓而死去的人，比被屠殺的人更多。作爲倖存者，他一生都在努力見證集中營的眞相。在共產黨專制之下的匈牙利，他沒有創作和發表的自由，只能靠翻譯德語作品維持生活。這是另外一種囚徒困境。他這樣反省自己的人生：「我看到了布亨瓦德集中營在一九四五年的崩潰，看到了赤色恐怖在一九四八年的佔領，看到了一九五六年的瓦解和一九五七年的捲土重來等等。這是如出一轍的戲

❶

❷

劇！集中營，大屠殺，通常的精神折磨，侮辱，壓抑——這一切成爲了日常的實踐，與此同時，人們活著，出生，浪費了兩代人的光陰，像廢料似的被推進歷史的垃圾筒裡。」[3]

而另一位倖存者威塞爾在這裡失去了父親，在父親瞑目之前幾個小時，旁邊床鋪的鄰居搶走了僅剩的麵包屑和菜湯，這就是集中營的生存法則。「我沒有哭，我痛苦得哭不出來。而且我再也沒有眼淚了。」十九歲的威塞爾奇蹟般地在這「生與死之間的無人之地」活了下來。[4]

布亨瓦德集中營是納粹在德國境內設置的三大中心集中營之一。最初是爲關押反對法西斯獨裁制度和戰爭計畫的德國民眾，後來其他國家的戰俘和猶太人也被送到此處。一九三七年至一九四五年，此處囚禁了大約二十五萬人，其中有五萬六千人在這裡被殺害或被折磨致死。囚徒必須服苦役，納粹將他們當作戰時經濟的奴隸、牛馬不如的奴隸。他們被迫爲西門子公司、容克斯飛機和發動機製造公司及法本工業公司服苦役，同時接受病毒和饑餓等醫

❸

❹

❶學生作品：不一樣的人生。
❷死難者紀念碑永遠保持人體的溫度。
❸「布亨瓦德警示與紀念公園」大門。
❹學生作品：不一樣的鞋子。

學試驗，甚至被剝下人皮製造燈罩或其他裝飾品。僅僅爲附近導彈試驗工廠挖掘一個坑道，囚徒就累死了兩千九百餘人。戰後，這些德國大公司並未受到追究。

反之，最終獲救的囚徒，終生都受著集中營造成的殘疾和噩夢的折磨。大屠殺的陰影讓卡爾特斯放棄了生兒育女的願望，他不願讓孩子生活在一個發生過、並仍有可能發生大屠殺的世界裡。

即便是身經百戰、經驗豐富、對鮮血和屍體見慣不驚的美軍官兵，看到集中營的景象時，也被其慘狀嚇到。當時在美軍中擔任反情報軍官的作家、有一半猶太血統的沙林傑，是第一批解放布亨瓦德集中營的美軍。他步入這片人間地獄時，簡直不相信自己的眼睛：中世紀的畫家依個人的想像揮灑出地獄的情境，但這裡的情形千眞萬確——一座墓園，滿是死人和半死不活的人。一堆人被層層高疊，兩層、三層、四層之高。有些人死了，有些人一息尚存，不是一眼就能分辨死活。每個人都骨瘦如柴，眼珠暴凸。尿騷、糞臭、腐屍味沖天，沙林傑寫道：「燒人肉的氣味留在鼻孔裡，怎麼也無法完全消除，活再

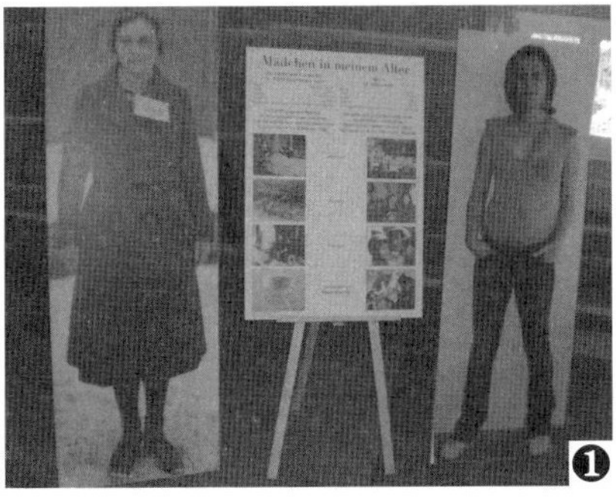

久也一樣。」[5]

沙林傑寫信告訴友人，言語無法形容大戰最後三、四個星期的事件。他目睹的情景太慘絕人寰，無法形諸文字。沙林傑的女兒檢視父親於一九四五年春夏寫的信，指出父親的筆跡「完全變了一個樣」。可見，他在集中營看到的一切成為他的致命傷，讓他精神崩潰。二戰之慘烈，史上無以事件能比。善與惡之戰的結局是邪不勝正，終章本該寫得喜氣洋洋、心靈煥然一新，結果卻是最幻滅、最粉碎心靈的一章。[6]

高階將領們也是如此。盟軍統帥艾森豪第一時間去視察被解放的布亨瓦德集中營，立即通知全球攝影記者前來記錄歷史。他找來巴頓將軍和其他將領，說：「你們非看不可，因為以後不信這種事情的人一定大有人在。太駭人聽聞了。」對於當時在場的人來說，那一刻肯定是人生決定性的一刻，影響肯定持續一輩子——那些屍體從地板疊到天花板的房間，那些臭氣薰天的萬人坑，是如此可怕，身經百戰、早已習慣了戰場上血肉橫飛的巴頓將軍，稍稍看了一眼「那坑中從綠色水面突出來的手、腳與殘破屍體」，就不得不退到棚子後頭去吐個痛快。[7]

人到此處，自覺崇高自由，還是卑賤奴役？

如今，布亨瓦德集中營的正式名稱是「布亨瓦德警示與紀念公園」。正中央的大門是鏤空鑄鐵的，兩邊是望不到頭的鐵絲網和多達二十三座的武裝瞭望塔。在集中營舊址入口處，管理方設置了遊客服務中心，出售各種關於集中營的圖片、畫冊、書籍和影片等資料，我購買了幾張明信片——其中一張是堆積如山的死難者的破爛的鞋子，從這些鞋子中可推測出，死難者的屍體該佔據多麼巨大的空間。

寒風凜冽、霧氣瀰漫，來此參觀的人仍成群結隊。許多中小學生團隊乘坐大型巴士前來，好說好動、熱鬧活潑的孩子們一到這裡，立即變得像大人一樣肅穆莊重。

管理中心的教育外聯處處長達尼爾·哥達先生早已在此等候我們。他穿著一身帆布工作服，戴著一副厚厚的眼鏡，表情嚴肅而憨厚，是典型的德國知識分子的模樣。哥達告訴我們，他原來是一位大學教授，專研納粹歷史。十多年前，他申請來此工作，儘管這裡的生活條件不如大城市優越，但他認爲這項主要面對青少年教育的工作更有價值。「讓德國的年輕一代永遠牢記納粹的罪行，納粹才不會死灰復燃」，哥達強調說。

布亨瓦德集中營規模宏大，圍繞「主營」周邊還有一百七十四個附屬的「分營」。保留下來的建築只是當年極小的一部分，但參觀者即使走馬觀花，用一整天也難以看完。我們只有一個上午，只能挑選最重要的部分參觀。

哥達先帶領我們參觀附近的建築，包括遊客中心在內的一大排黃色牆面的建築，是集中營管理者和守衛的居所。一九五八年，東德政府決定在集中營原址設立紀念館時，這些建築都按照原樣保存下來，只是內部改作他用。旁邊一棟建築是今天的青少年活動中心，可提供食宿。當時這樣改建還有一些爭議，有人說讓孩子們居住在親衛隊的房舍裡不妥當，這些建築不是具有保護意義的文物，應拆掉重修。但哥達認爲，在原建築基礎上做內部改造，能讓來此學習的孩子們獲得「身臨其境」的歷史感。

從囚犯的營舍走到底，是一棟過去的庫房，如今是集中營史料展覽空間。建築物前有一棵不起眼的樹樁，即大名鼎鼎的「歌德橡樹」。據說歌德和他的朋友艾克曼曾在此漫步，背靠著這棵橡樹討論文學和人生，艾克曼留下名句：「人到此處，自覺崇高自由。」他們做夢也想不到，納粹選擇在此風景如畫之地修建集中營。

一九三七年，附近的樹木都給砍掉，唯有這棵橡樹保存下來。納粹有一部《自然保護法》，他們在橡樹周圍圍上籬笆——納粹從未禁止歌德的作品，還刻意表現出對歌德的尊崇，以此顯示他們才是德國古典文化的繼承者。這棵橡樹作爲某種象徵與集中營作伴，直到戰爭最後一年，美國人丟下的一顆炸彈恰好將大樹的一半燒掉。集中營指揮官下令將還剩下一半仍頑強存活的、卻不太「雅觀」的橡樹砍掉了——他說不定還爲此掉了眼淚呢。一個在集中營醫療所製作死亡面具的工作人員，用這棵大樹的部分木材雕刻了一張人臉。

每年都有數十萬德國及世界各國的青少年來此參觀。有的青少年和老師在此居住幾天甚至幾個星期，悉心學習納粹時期的歷史，並根據歷史知識進行文學藝術創作。在大堂內，有一位法國倖存者的名言被鐫刻在牆上：「世界上有不同的文化，但文明只有一個。在今天的文明下生活的人類，應當互相尊重，並承擔自身的責任。甘地說過，沒有東方文明，也沒有西方文明，只有文明。所以，人類應當相愛。」大樓內設有宿舍、餐廳和活動室等，有點像簡樸的青年旅社。

哥達帶我們到頂樓，這裡基本保留著當年的模樣，是一處沒有分割開的寬敞空間。幾乎沒有任何的裝飾，水泥地板和木頭牆壁，像一處還未完工的倉庫。地上，擺著幾十個簡陋的木頭箱子。哥達說，他經常與孩子們在這裡上課。木箱子大概是一米長、半米寬、半米高，每個箱子代表著一名囚徒，上面寫著囚徒的編號及其留下的話。若學生對某個箱子感興趣，可打開箱子，裡面有此人的詳細資料，如照片、作品、檔案等。哥達說，他不希望這裡的教育方式讓孩子們感到恐懼，甚至讓孩子們晚上做惡夢；但又不能美化集中營的苦難與殘酷。所以，他們設計了此種教學方法，讓孩子們每打開一個箱子，便進入箱子主人眞實的生活時空。每一個受害者不再只是一個名字和編號，我們與他們不再陌生，他們的音容笑貌被我們所熟悉。

哥達指出，說謊是納粹帶給德國人的一種道德缺陷。歷史學家卡勒爾分析說，一開始是希特勒一個人說謊，而後是所有人都與希特勒一起說謊，「他也毫不猶豫地履行此一格言，即反覆發生的暴行只會窒息而不會喚起對暴行的反抗。起初人們不相信這樣的事情會發生，因爲他們不願相信。後來，當他們不得不相信時，他們已經變得對恐怖的罪行習以爲常，而把它們當作不可避免的事情加以接受。」[8] 這時，謊言已成了生活的本質。一九四五年秋，在德國進行的一次問卷調查顯示，約有一半被訪者認爲，納粹主義是個好東西，約一半德國人仍具有反猶和種族主義思想。

戰後，當一個接著一個的集中營被發現時，當集中營中死難者的人數上升到數百萬時，許多德國人用「betroffen」這個詞語來表達他們的驚訝，在中文裡很難找到直接對應的詞語，它含有「不可想像」、「震驚」、「錯愕」、「沮喪」、「羞愧」、「難堪」等意思。但是，許多人在「betroffen」的同時便著手尋求解脫辦法了——「betroffen」這一行爲本身便顯示：我畢竟是善良的人。哥達分析說，這個詞語背後是自我保護、自我欺騙的心態。

德國人戰後普遍宣稱不知道或沒有參與種族屠殺，但這只是糊弄人的藉口。戰時，大部分德國人多少聽聞親衛隊屠殺猶太人的事實，但這些事情一直都是作爲「背景」存在，他們不太關心。[9]戰後，他們需要尋找新的辦法來緩解自己良心上的壓力。在六〇年代，心理學家米切利希夫婦出版了《無力悲傷》一書，分析了道德麻木和感覺缺失如何苦惱著戰後的德國人，使他們無法面對過去。「他們被挫折弄得麻木了；他們的記憶好像受到阻隔。他們不想、也不能再去努力，甚至不能懺悔了。他們似乎忘記曾經有過一位給捧上天的、致使數百萬人死亡的領袖。」[10]

那麼，如何才能讓德國人從這種「無力悲傷」的精神狀態下解放出來？如何改造此種默許甚至鼓勵謊言滋生的土壤？哥達說，資訊的自由和多元的表達很重要，對年輕一代的教育更重要。他和同事們設計了木箱子等教學道具，通過形象物品將納粹的滔天罪行展示出來，讓所有參觀者都能對此有深入反省，並產生抵制和批判極權主義的力量。在此意義上，「布亨瓦德警示與紀念公園」也是一個沒有掛牌的「青少年教育基地」。

看哪，這些孩子的眸子多明亮！

哥達告訴我們，孩子們學習和瞭解歷史眞相之後，老師們接著引導他們透過藝術創作來表達對歷史的理解和概括。這裡展出了許多來此學習和創作的青少年的作品。有一件作品引起我的注意：一面牆上陳設著九座一模一樣的時鐘，分三行、三列排列。第一個時鐘下面標明的地點是布亨瓦德，這個時鐘沒有走動，表明時間停止了，停止的時間正是布亨瓦德集中營被解放的時刻。其他八個時鐘仍在滴答滴答地走著，下面分別標明著八個不同地點：阿富汗、伊拉克、索馬利亞、蘇丹、科索沃、北韓、加薩走廊和圖博（西藏）。設計者以此告訴大家，布亨瓦德的屠殺在那一時刻被終結，但在地球上，還有那麼多地方仍在發生類似的屠殺，還有不計其數的人的基本人權被踐踏、生命被剝奪，這些地方的時間並未停止。人類不能高枕無憂。

哥達介紹說，不同背景的觀眾看到這件作品之後會有截然不同的反應。比如，以色列人來此參觀時，會強烈抗議說，不能將加薩走廊衝突與納粹大屠殺並列，猶太人是大屠殺的受害者，猶太人來此是接受德國人懺悔的——德國人作爲曾經的加害者，沒有權利指責今天以色列的政策。但哥達認爲，作者應有其言論自由。而且，作爲一種觀點的表達是值得我們深思的：加害者與被害者之間的身分，可以轉換，昨天的受害者，明天可能成爲加害者，這是基於人性的弱點，而非種族的特徵。再比如，有德國國防軍士兵看到這件作品，也相當不滿，他們認爲自己在科索沃的維和行動是正義之舉，不能將他們與納粹相提並論。還有來自中美洲國家的參觀者表示，他們那裡也發生了屠殺，爲什麼忘記他們呢？我詢問說：「不知是否有中國官方人士來此參觀，看到圖博被列在上面，大概也會惱羞成怒吧？」哥達說，迄今為止，沒有中國官方代表團來此參觀。他相信這個資訊會刺激他們。一件作品存在諸多爭議，正表明它獨特的價值所在。

另一件作品是一位十八歲女孩創作的，是互相對照的兩組照片。一張是昔日一位被關押在集中營的少女的照片，穿著囚徒服裝的少女站在雪地中，瘦骨嶙峋，神情憂傷；其他的生活照是她睡的床，她吃的食物以及她的親人等。這些黑白照片顯示了歷史的滄桑。另一張是作者自己的照片，穿著鮮豔的裙子，在夏日陽光下，笑容明媚；其他生活照是她在自己房間裡上網，在餐廳中享用美食、與父母外出遊覽等。這些彩色照片記載了如今生活的和平與美滿。兩組照片放在一起，立即產生巨大張力，激發參觀者產生無限聯想，納粹集中營的殘暴彰顯無遺。

還有一件作品是一組鞋子：最下面一層，是當年在集中營發現的一大堆囚徒破爛鞋子的複製品，當集中營被解放時，盟軍在一個角落裡發現堆積如山的鞋子，鞋子的主人被殺害之後，屍體被送進焚屍爐。從鞋子的數量便可推測死難者的數量。在鞋子的最上面一層，作者安放著今天的孩子們最喜歡穿的耐吉、愛迪達等名牌運動鞋，其中有一雙漂亮的運動鞋正是作者穿過的。在不一樣的鞋子的背後，是不一樣的生命歷程。那麼，在不同的時空當中，「我們」如何才能慰藉「他們」呢？「我們」能將自己的鞋子送給「他們」穿嗎？

每件作品都有深刻的內涵和精巧的表現形式。哥達說，這些作品都是來此學習一個假期的青少年們創作的。我問他：「這些作者的年齡大概多大？」他回答說：「他們大都十六歲到十八歲。有些作品是他們在幾天之內完成的。」我不禁為孩子們的想像力和創造力歎為觀止，這裡的任何一件作品都比中國大部分「行爲藝術家」的矯揉造作、空洞誇張的作品優秀得多。

這些作品地闡釋了納粹暴行的原因，蘊含著對德國民族精神及人類劣根性的自省。神學家魯賓斯坦指出，在「最終解決」中，備受我們文明誇耀的工業潛能和技術知識，在成功地完成一個史無前例的重要任務時達到了新的高度：「把文明和野蠻想像成對立，是一個錯誤。當今時代，如同這個世界的大多數其他方面一樣，野蠻受到了比以往任何時期都要有效的管理。它們還沒有，同時也不會退出歷史舞台。創造和毀滅同時是我們所謂文明的不可分割的組成部分。」[11]從納粹的集中營到蘇聯的古拉格，罪惡沒有放棄舞台主角的身分，殺戮也從未眞正停止過。

哥達說，許多在此學習過的孩子會回來當志工，爲新一批前來學習的學生提供服務。經過一段時間的學習，許多孩子的生命發生了顯著變化。比如，有一個孩子回到原來的班級，主動去關心班上一位來自土耳其移民家庭的同學。去年，還有兩個日本女孩，自費來此學習，並撰文討論日本對歷史問題的迴避。根據多年的教學經驗，哥達強調說，教育者在任何時候都不能低估孩子的理解力和想像力，他們可以承受沉重的歷史，大人不能自作主張爲孩子營造一個只有眞善美的虛假世界。只有在全面地瞭解虛假醜惡之後，孩子的人生才會更豐富、更寬廣，並有能力迎接各種挑戰與壓力。

與之相比，中國的孩子多麼可憐與可悲，他們被一個又一個的謊言包裹起來，生活在無比幸福的「動物莊園」之中。他們不知道土改、反右和文革的歷史，也不知道在他們出生前不久發生的天安門屠殺。當我與一位九〇年代之後出生的大學生討論天安門屠殺時，他不假思索地脫口而出：「中國政府不可能對人民開槍，你看到的那些文字和照片都是美國中央情報局用電腦僞造出來的。」我無言以對。

什麼時候，中國的老師才能像哥達這樣，將眞實的歷史告訴下一代？

集中營中央，是一片寬敞的、以碎石鋪就的空地。當年，這裡全都是囚徒的簡易居所。在一九四〇年代初，這一帶人滿爲患，一個棚子裡就擠了數千人。作家布魯諾·阿皮茲曾被關押在此，他寫道：「在這些集中營裡，人類無法生存，囚徒即使活著，也無法擺脫，『我還沒死』的意識。」[12]阿皮茲是最早批判希特勒的作家之一，在瓦爾德海姆監獄服完刑期之後，又被轉移到布亨瓦德，在這裡一直待到一九四五年獲得解放。這位頗富獨創性的作家、畫家和音樂家，多才多藝使他在獄中成了「無價之寶」。他是石膏模型的專家，在病理實驗室得到一份較輕鬆的差事。他利用工作間歇寫了短篇小說〈以掃〉，這是一個死在集中營裡的猶太女子的故事。戰後，倖存者們回憶說：「許多音樂和文學作品在集中營裡傳播，這些作品幫助人們頂住非人的待遇，抗拒恐怖；使他們相信法西斯主義終將被戰勝，他們的苦難終將結束。」[13]

在一片碎石之間，有一塊鑲嵌在地上的樸實無華的紀念碑，一米見方左右，淺褐色的碑面，沒有任何其他裝飾。這是德國式的簡約風格。一九四五年四月十一日，集中營被解放那一天，一群倖存者在此地發誓，一定要記住死去的難友，一定要將納粹來不及銷毀的資料送到法庭——幸運的是，這裡的檔案材料大都保存下來，是各集中營中資料保存最爲全備的一個。一九八五年，在解放四十週年紀念日，德國政府在此地設立了此紀念碑。

紀念碑周圍有很多參觀者留下的鮮花，有些鮮花旁邊寫著遇難親人的名字，更多是陌生人獻的鮮花。紀念碑上銘刻著囚徒的國籍，波蘭、匈牙利、捷克、俄羅斯、法國、英國……十八個國家的名字一一排列開來。這種處理方式乃是不得已而爲之。從保存下來的囚犯的護照資料得知，囚徒差不多可組成小小聯合國。唯有猶太人是例外，以種族標示而不是以國名標示，因爲當時以色列尚未建國。對許多受難者來說，國籍的意義並不大，他們更看重身分與職業，比如音樂家、作家，他們並不贊同以國籍分界。但如果以職業來劃分，更複雜和更具爭議性。所以，設計師暫時以國籍劃分囚徒的身分。

我在紀念碑所列出的國家中發現有中國。這裡關押過中國國籍的囚犯。此前，有記者報導，在布亨瓦德集中營的檔案中，發現了三個曾關押在此的中國人的名字，只是不清楚他們的經歷和最終命運。三人都是二戰後期從其他地區轉到布亨瓦德的，其中二人是政治犯，從事了反對納粹的活動；另一人被標明是遭驅逐者，很可能出於政治原因。[14]我在紀念碑前肅立默哀。這幾位中國人不知是否獲救，或埋骨於此？他們是獨身，還是有家人？他們的家人也在那場災難中罹難，還是留在同樣硝煙四起的中國國內？他們的故事，可演繹出一部千迴百轉的小說。

參觀者們默默地走過來，有人默哀，有人獻花，還有老師與一群學生一起走過來，老師再三告誡孩子們要保持靜默。哥達對我說：「你可以蹲下來撫摸紀念碑的表面。」一般而言，類似的紀念碑是不允許參觀者撫摸的，我心中充滿狐疑地照他的建議做了，這才驚訝地發現，原來紀念碑表面是溫熱的。這是該紀念碑最具匠心之處，表面的溫度永遠保持跟人體一模一樣的溫度，即攝氏三十七度，以此象徵著死者仍與活著的我們同在，並沒有離開我們。每一個來此參觀的人士，都可以親自俯身撫摸紀念碑，感知紀念碑的溫度，從而與死難者建立起一種真實的聯繫與感應。死難者則透過這種紀念方式，永久活在後人的記憶之中。

玫瑰已變成荊棘，百合已變成蓖麻，天堂已變成墓地

接著，哥達帶領我們參觀集中營內的幾棟重要建築。此時，霧氣愈來愈濃，遠處黑色的牢房如同鬼屋一般，高高聳立的焚屍爐讓人毛骨悚然。我不禁想起哈曼在《古歌論》中所說的一段話：「如果我們考慮到那無數的屍體，部分由於蔓延的疾病、部分由於戰爭的武器填滿了我們德國、還有幾乎整個歐洲的那些屍體，那麼，我們就必須承認，我們的玫瑰已經變成了荊棘，我們的百合已經變成了蓖麻，我們的天堂已經變成了墓地。事實上，我們的整個存在都變成了死亡的意象。」[15]文明與野蠻之間只有薄薄一層玻璃紙。突然之間，殺戮就以人們意料不到的方式發生。管理集中營的親衛隊利用疾病和饑餓，消滅了半數以上的囚徒。他們在給上級的彙報中得意洋洋地宣稱，這樣做節省了大量的子彈和毒氣。

然後，我們步行十多分鐘，來到焚屍爐所在的一群房舍。這是整座集中營中最恐怖的一

個場所，很多人至今仍不敢進入觀看。哥達說，他理解不敢進去觀看實景的人的想法，但他認爲，我們不應該害怕，害怕就表明不能理解死者的尊嚴。

我們一起進入實施焚燒屍體的活動的大房間，幾排龐大的焚屍爐保持著當初的模樣，旁邊牆上的照片顯示屍體是如何被運到這裡並焚燒的。操作焚屍爐的工人，是納粹從囚徒中挑選的合作者。獄卒們在搜索完屍體上的財物之後，便讓這些奴隸勞工將其獄友毀屍滅跡。

半個多世紀之後，這裡的每一絲空氣裡仍滲透著死亡的氣息。連焚屍爐的設計和製造都顯示了德國人在工業方面的先進技術，焚屍爐上鐫刻著製造公司的名稱，今天尙清晰可見。焚屍爐的製造商本人並非納粹黨徒，在戰後的審判中，他在法庭上振振有詞地說，生意就是生意，他沒有責任瞭解焚屍爐被納粹用來幹什麼，他只管按照訂單設計和生產。公司並不諱言他們製造焚屍爐，甚至堂而皇之地在產品上標明公司名字，以此顯示公司高超的工藝水準。犯罪並非一定因爲意識形態，犯罪乃是源於人內在的罪性，如自私、貪婪、冷酷等。

在焚屍爐側面，是一間小小的骨灰室，裡面堆放著成百上千深灰色、圓形、簡陋的骨灰盒。當時，集中營管理當局用這些骨灰盒欺騙死難者家屬。當家屬前來索取親人的遺體和遺物時，無一例外地收到一罐這樣的骨灰。其實，因爲死者成批被焚燒，當一具屍體被焚燒之後，立即又像生產線一樣去處理下一具屍體。所有死者的骨灰都混合在一起，分不清究竟是誰的骨灰。但集中營不告訴家屬實際情況，裝模作樣地在骨灰盒上標明死者的名字和死亡日期。許多罹難者家屬眞的以爲這就是親人的骨灰。這是對死者第二次卑鄙的謀殺。此行徑充分暴露出納粹政權多麼殘忍。

在焚屍爐旁邊有一個小房間，其設施如同一間醫院整潔的病房，這就是納粹專門設計作爲宣傳之用的。納粹在媒體上發佈若干張囚徒在這個舒適房間內接受治療的照片，以此欺騙世界，讓人們認爲囚徒都受到良好的待遇。在房間的一面牆上，卻掛著一張讓人目不忍睹的照片，那是第一個進入集中營的美軍攝影師拍攝的，重重疊疊的、來不及焚燒的屍體，如泰山壓頂一般讓人喘不過氣來。當時，這位記者拍攝完一系列的照片之後，立即奔出集中營，哭喊著沖洗沐浴了幾個小時，受傷的情感仍難以復原。首批衝進集中營的盟軍士兵傑克·加伍德說：「我們首先看到的東西是懸掛在樹上的屍體。」在集中營解放後第二天趕到那裡參加救助行動的傑里·翁塔說：「簡直令人難以置信，成堆的屍體，刺鼻的氣味，我們感到震驚而惶惑，到處都是人，我們被驚呆了，好幾天彼此不能說話，我們實在想像不出如此殘忍的概念。」年僅二十一歲的翁塔是美國陸軍的軍醫。

憤怒的盟軍士兵將威瑪居民帶到集中營，讓他們親眼目睹距離威瑪城僅七公里的地方發生了什麼事。「他們都顯得很冷漠，沒有任何觸動」，翁塔回憶說，「我記得只有一位女子在那裡擦拭眼淚。」不久之後，這些照片在媒體上發表，威瑪的許多居民都表示，他們不相信這是集中營中的眞實情況，有一個婦女指責說，這是美軍故意製造出來醜化德國人的假照片。這些人反問說：「如果有這樣可怕的事情，爲什麼就在附近生活的我們一點也不知道呢？」這些人的反問恰恰揭示出納粹政權及其實施的大屠殺並非歷史的偶然與脫軌，並非人類精神的畸變與「不正常」——多年之後，許多中國的愛國憤青也拒絕承認天安門大屠殺。有一次，我在北京航空航天大學演講，談及毛時代大饑荒造成數千萬人死亡的歷史，也有學生站起來詰問說，你在說謊，如果眞的死過那麼多人，爲什麼我們從來沒有聽說過呢？此類言論展示出人性最幽暗的部分，這些人與那些納粹集中營的獄卒、柏林圍牆前對逃亡者開槍的東德國家人民軍（NVA）士兵、「六四」那天對學生和市民開槍的中國解放軍士兵相比，在精神上是同構的。

這是人性之缺陷，這是文明之薄弱，我們不能驕傲地認爲文明強大到足以抵禦野蠻的暴行。鮑曼分析說：「事實上大屠殺的每一個『因素』——即那些使大屠殺成爲可能的所有條件——都是正常的。『正常』所指的是完全符合我們所熟悉的文明、它的指導精神、它的精髓、它內在的世界觀等等——『正常』還指追求人類幸福和完美社會的正確方式。」[16] 歌德與李斯特，優雅的文學與優美的音樂，被施施然地當成大屠殺的背景——那些衣著筆挺的納粹軍官，上班時在集中營下令處死若干名囚徒，下班後趕到威瑪城裡聽古典音樂，絲毫不覺得過著「雙重人格」的生活。漢斯·西伯格認爲，對德國非理性主義的否定，再加上媚俗平庸的神話，搶劫了德國，使德國失去了自我認定：「希特勒是要反的，但不是用奧斯威辛統計數字，或者納粹經濟的社會學分析，而是以華格納，以莫札特。」

我們參觀的最後一處建築，是納粹懲罰「自己人」的一棟「內部監獄」。一間間不到一米見方的牢房，是用來關押違法紀律的士兵和獄卒的。內部的設施優於普通囚犯的牢房。所謂「違反紀律的人」，往往是對囚犯尚存同情心的人。這樣的人被斥之爲弱者，受到嚴厲懲處。據集中營的檔案記載，有多名士兵和獄卒曾被關押在此，一些人由於適應不了集中營的工作，被派到東方前線去送死。於是，爲了逃避死亡，士兵和獄卒們必須讓自己變得冷酷與殘忍。只要能保全自己，犧牲再多無辜者的生命，都是不得已的選項。我詢問哥達，除了倖存者的回憶錄之外，有沒有軍官、士兵和獄卒將集中營的經歷公之於眾？哥達回答說，在布亨瓦德集中營工作過的官兵有數千人，戰後活著的人也不在少數。但幾十年來，沒有一個人公開站出來揭露集中營的黑幕。在面對歷史學家和媒體的追問時，大都選擇以沉默應對。

具有諷刺意義的是，就在一牆之隔的地方，納粹設立了一個小小的動物園，這是親衛隊爲了好玩而建造的，並不對外開放。在巨型野獸中有三四隻受到無微不至照料的棕熊——在休假時，集中營的管理者們常常去給棕熊餵食。自希特勒以下，納粹黨人常常標榜愛動物，有仁慈之心。希特勒在繁忙的公務之餘，親自給愛犬梳理毛髮。直到自殺前夕，這位不可一世的獨裁者才下令槍殺與之朝夕相伴多年的愛犬。愛動物而不愛人，這是納粹特有的邏輯方式。今天中國的憤青和全球的左派也延襲了這種自以爲義的「動物保護主義」。很多中國的進步青年，對網路上流傳的虐待貓狗的事件義憤填膺，卻對汶川地震和有毒奶粉中受難與受害的孩子不聞不問。人類的情感會被邪惡的意識形態扭曲至一種怎樣的地步！

「死者的手臂圍繞著你」，你如何與他們對話？

布亨瓦德集中營的歷史，至今仍是各種意識形態論爭的前沿陣地。當年，這裡是東德境內保存下來的規模最大的納粹集中營，也是東德共產黨政權投入重金開展反納粹教育並獲取自身合法性的「樣板」，有人稱之為「紅色奧林匹亞」。我看到有一間囚室，便是當年關押德共領導人台爾曼的地方，東德時期這個牢房上的牆上鑲嵌著一塊銅牌，上面寫著「德國人民的優秀兒子，德國工人階級的領袖，遭到法西斯殺害」。兩德統一之後，有人提出要去除此類具有共產黨宣傳的痕跡，管理方認為，台爾曼確實是納粹受害者，此處應予以保留，只是將紀念牌的內容改為「德國共產黨主席台爾曼曾監禁在此，並被殺害」。在東德時期的解說詞中，虛構出的囚徒中的共產黨地下組織領導起義等內容，則予以刪除。

一九四五年夏天，布亨瓦德集中營劃歸蘇聯管轄之後，蘇軍繼續使用之，用以關押前納粹人員，還有「階級敵人」和「反動分子」，包括那些拒絕接受共產黨收編的社會民主黨人。雖然沒有證據表明蘇聯當局像納粹政權一樣強迫囚犯幹重活導致其死亡，但三萬囚犯中的三分之一在這裡因饑餓和疾病死去，卻是不爭的事實。

近年來，布亨瓦德尤其成為爭論焦點。左翼知識分子如鈞特．葛拉斯，反覆強調納粹罪惡的特殊性，認為納粹是惡中之惡，是人性之畸變，不能用其他任何一種專制政權與之類比。集中營是「專屬」於納粹的，試圖將蘇軍罪行納入其中，是企圖降低納粹罪行。集中營的存在威脅到葛拉斯藝術上的整個存在，「他抵禦此威脅的辦法是採取一種他所謂的詩的『苦行』和『懷疑主義』態度。」他甚至以此為論據反對德國統一：「德國人再一次被賦予

『選民』的角色：只有他們曾犯下莫可名狀的滔天大罪，所以現在他們理應拒絕統一，繼續活在可悲的永恆譴責之中。」

而反共的知識分子則認爲，東德政權就是第三帝國的續篇，東德當局紀念布亨瓦德的方式是極權主義式的，掩蓋了猶太人的慘劇，更掩蓋了蘇軍的暴行。還有人說，東德比第三帝國還要壞，「它拖了四十多年，而希特勒只折騰了十二年」。

爭論的聲調愈來愈高，以至於聯邦政府在一九九〇年指定由一批歷史學家組成委員會，對這些爭論做出條分縷析的歸類，並對重新更名的「警示與紀念公園」的紀念形式和內容做出調整。爭論是有價值的，爭論讓公眾認識到歷史的複雜性。

布亨瓦德集中營門口設有返回威瑪火車站的公共汽車，當我們參觀完畢，一班公共汽車正要開動。我們匆匆與哥達博士告別，他目送我們的車消失在叢林之中。我一回頭，龐大的集中營被叢林遮掩起來。其實，遮掩集中營的不是密密的叢林，而是人類的謊言。不能低估謊言的力量。當年，布亨瓦德集中營就是被謊言包裹的地方。謊言的製造者並不僅僅是希特勒以及其助手戈培爾，而是每個接受和傳播謊言的人。威瑪居民說他們對這僅有一箭之遙的地方發生的一切一無所知，無疑是是自欺欺人的謊言。威瑪市民們隱隱約約地知道集中營的一些事情，那些到市內休假的士兵和獄卒，在茶餘飯後往往會透露集中營實情的隻言片語。但對普通市民來說，他們已形成了一套拒絕眞話和接受假話的心理機制，這套機制有效地將他們防護在厚厚的盔甲之內。

布亨瓦德集中營是希特勒及其黨徒的「傑作」之一。如果說希特勒有什麼天才，就是毫無保留地擁抱罪惡，把普通罪犯保留的最後一點道德痕跡都置之度外。從奧斯威辛到布亨瓦德，彷彿在一夜之間，一個又一個集中營如雨後春筍般建立起來。被消滅的不單是同類的生命，而是報表上簡略的數字。大部分德國人都默許甚至支持集中營的存在，對於德國哲學家海德格來說，「他在談到人頭落地像鍋子那樣叮噹作響時，指出這是對詞語和音節的深湛技巧運用。」[17] 這種心態已溢出德國一國之境內——在戰爭爆發之前很長一段時期之內，西方各國都對納粹德國以及整個歐洲納粹佔領區的暴行不聞不問。

如今，許多集中營舊址都對公眾開放，布亨瓦德、達浩、奧斯威辛，像一個又一個毒瘤，不僅是德國的恥辱，也是人類的恥辱——除了人類之外，其他任何一種動物都不具備這樣的智力和能力對同類實施群體性殺戮。人類老是重覆同樣的錯誤，老是在同樣一個地方再次跌倒，這些災難發生地點必須被保存下來。

在中國的大地上，沒有一座勞改營紀念館。在毛時代，中國勞改營中囚犯的人數以及死難者人數，比納粹的集中營和蘇聯的古拉格群島更多。在勞改營中關押了「地」、「富」、「反」、「壞」、「右」等各類不配生活在「紅旗下」的人。作家楊顯惠在《夾邊溝記事》一書中披露，作爲「科級單位」的夾邊溝農場，一九六〇年九月至十二月間，至少有一千三百多人被饑餓、疾病和勞役折磨致死。[18] 這只是冰山之一角。

一九四五年六月二十七日，早在一九三九年便移居瑞典的猶太裔奧地利化學家利澤·邁特納給一直爲納粹服務的前同事奧托·哈恩去信，在信中譴責說：「你們所有人都在爲納粹德國工作，從來沒有試圖做出哪怕是消極的反抗。……你們容忍了對數百萬無辜人群的謀殺，甚至沒有任何的抗議。」此一強烈的批評適用於整個德國的知識界與精神領域的菁英團體，也適用於大眾。[19]維瑟爾在〈大屠殺與作家的苦惱〉一文中指出：「大屠殺的意味是無窮的，覆蓋了人類追求的所有領域。大屠殺使以往大約三十個世紀通過知識獲得的一切都產生了疑問：人與神的關係，與社會，與時間，與文化，與他的同類，以及最緊要的，與他自己的關係。一切都須重新審視。」[20]在這裡發生的大屠殺和在那裡發生的大屠殺，它不是民族性的惡果，而指向人類共通的罪性。德國作家赫塞指出：「人身上的獸性和魔鬼總是一再地回到殺戮和折磨，然後也總是理所當然地爲此找到『正統的』意識形態，就像希特勒和史達林用對立的正統觀念爲同樣的國家權力服務那樣。」[21]

在此意義上，我們每個人都是集中營倖存者，古拉格倖存者，勞改營倖存者，柏林圍牆倖存者，盧安達倖存者，天安門倖存者。我們的生命殘缺不全，正因爲如此，才更需要堅持寫作和見證、反思與控訴、仰望與祈禱。這是我們不可剝奪的權利，亦是不容推卸的義務。

二〇〇八年十月二十七日至二十九日初稿

二〇〇九年四月完稿

二〇二一年三月二十一日修訂

第八章

「睡吧，我的眼睛不會闔上」

——柏林「歐洲被害猶太人紀念碑」側記

他們，以色列的孩子們，要最先接受末日與災禍，其中大多數都沒有父母。他們被霜凍、饑餓、蛆蟲所吞噬。這些羔羊犯了什麼罪？爲什麼在劫數到來的日子裡他們最先成爲殘忍的犧牲品？邪惡陷阱的第一個獵物，最先被留給了死亡，最先被拋入屠宰的貨車？他們被扔進了貨車，龐大的貨車，就像一堆堆棄物，像大地上的塵土。而納粹運輸他們，殺死他們，滅絕他們，不留一點殘餘或記憶。我的孩子們中最好的都已被消滅，讓苦難降臨我吧，災禍與荒蕪。

伊茨哈克·卡曾尼爾森《我慘遭殺戮的族人之歌》

它就像一片被微風撫過的麥田

對於人類而言，記憶究竟意味著什麼？記憶是支撐人活下去的重要力量嗎？記憶抑或僅僅給人帶來一點點虛幻的希望與安慰？——尤其是針對經歷大屠殺的人而言，無論是作爲受害者的猶太人，還是作爲加害者的德國人，如何保存與捍衛記憶？記憶帶來的是解放，還是恥辱？或者是加倍的痛苦？

經歷大屠殺之後，一切都不一樣了，世界已破碎，還有可能變得更好嗎？經歷大屠殺之後，一個人很難不變成懷疑主義者。維瑟爾在〈爲倖存者懇求一次〉一文中說過：「奧斯威辛以後，詩歌或許已經不可能了，或是文學，或是友誼，或是希望，或是任何東西。從火中剩留的一切都是灰燼的滋味，再沒有什麼了，沒有別的了。人們不會理解倖存者的吞吞吐吐，對於他們，大屠殺在大屠殺之後仍在繼續。」[1]他認爲，大屠殺不是已過去、不會重覆的歷史，而是每個人正在經歷、正在忍受的現實，這樣說並非危言聳聽、並非杞人憂天。

人類並沒有自己想像的那麼聰明，人類並未從大屠殺中吸取教訓，人類不知道如何面對內心的黑暗——身爲德國人的教宗本篤十六世，恢復了英籍主教理查·威廉松的教籍。此人畢業於劍橋大學，公開宣稱猶太人大屠殺是歷史謊言，近期接受採訪時仍堅持「沒有一個猶太人死於毒氣室」，並談到技術問題，如奧斯威辛煙囪的高度和不密封的門。一九八八年，威廉松與其他三位神父被擢升爲主教，遭到前任教宗保祿二世反對，並將其革除教籍。德國法律明確規定「否定猶太人大屠殺是犯法的」，而這次恰恰是一位德國籍教宗下令恢復否定大屠殺者教籍。這種「理直氣壯的荒唐事」不是發生在「別處」。

死者在地下長眠，死者無法發出聲音反駁歪曲歷史眞相的言論。大部分被納粹屠殺的猶太人，只有一個名字，連照片和聲音都沒有留下來；即使在親人的回憶裡，他們的音容笑貌也日漸模糊。隨著親人逐漸離開世界，他們與這個活的世界的聯繫中斷了。如果連名字也消失，他們所遭遇的便是如倫理學家馬格利特所說的「二度殺害」。英國劇作家艾德嘉在一部名爲《五旬節》的戲劇中寫到，有兩個孩子，在被押去集中營的路上，他們餓到極點時，啃食了掛在脖子上的寫有他們姓名的硬紙板牌子。這兩個小孩死後，連名字的痕跡也不會留下，「這個劇的可怕之處在於，觀眾不單知道孩子走在死亡的路上，而且還看到了他們如何在經受身體和姓名的二度殺害。」[2]

人的記憶是有限的，遊移的，變動的，不可靠的。當詩歌與文學都不可能，最後的可能便是設立紀念碑。位於柏林市中心地帶的「歐洲被害猶太人紀念碑」，是我在柏林參觀的第一個與「大屠殺」有關的地方。它對我來說有著特殊的意義，我不是「大屠殺」遙遠的旁觀者——當我十六歲時，我的生命被一九八九年的天安門屠殺攔腰斬成兩段，此前是少兒時代的單純，此後是成人世界的殘酷。我無遮無掩地看到了血泊與屍體，看到了謊言與遺忘。從此，「大屠殺」不再是遙遠、抽象的概念，不再是二戰電影中目不忍睹、恐怖之極的畫面，而是發生在身邊的活生生的現實。二十多年後，當大部分中國人都沉迷於「大國崛起」的美夢、癡情地仰望在太空中行走的中國太空人時，我依然不能忘記那天晚上銳利的槍聲和撕心裂肺的呼喊。幾張底片在我的記憶中重疊在一起：天安門廣場上被屠殺的孩子，四川大地震中被掩埋在「豆腐渣」校舍中的孩子，被有毒奶粉奪走

❶納粹屠殺猶太人是基於其種族主義理論。

❷慘絕人寰的納粹集中營。

❸他們還是花樣年華，卻不再有美麗人生。

❹正在修建中的「歐洲被害猶太人紀念碑」。

生命的孩子，他們面目模糊，哭聲淒厲。當我從惡夢中醒來時，身邊沒有一座爲孩子建立的紀念碑。

紀念碑在別處。生活卻不能在別處，記憶也不能在別處。如果說柏林是一個驛站，我在這裡能尋找到記憶的鑰匙嗎？柏林是一座建立在廢墟之上卻努力記憶的城市，有人說：「現在的柏林，儼然是個猶太的紀念地、納粹的贖罪處。」[3]還有人說：「德國人對往事的記憶，尤其是在柏林，簡直就像是一個巨大的舌頭，一次一次地舔那顆痛牙。」[4]毫無疑問，「歐洲被害猶太人紀念碑」是我平生所見的最大規模的紀念碑群。在抵達現場之前，我早已從資料上瞭解到這塊「紀念之地」差不多有三個足球場

❶

❷

❸

那麼大，但當我穿越雷根曾發表演講的布蘭登堡門之後，眼前這片宏偉景象仍讓我歎爲觀止：周邊都是富於歷史意義的建築和熱鬧的街道，與歐洲所有大城市的市中心一樣；突然之間，出現了一片與周圍環境格格不入的、巨大的、深灰色水泥塊方陣。

爲什麼我用「片」這個量詞，而不用「個」或「座」呢？這是我見過唯一配得上「片」這個量詞的紀念碑：在這塊面積將近兩萬平方米的地方，設計師彼得·艾森曼安放了兩千七百一十一塊深灰色中空水泥塊。從遠處望去，它們形同一片由棺槨組成的波浪，用設計師本人的語言來形容則是「它就像是一片被微風撫過的麥田」，人行走其間，「如同走在一片均勻的田地上。」那麼，作爲參觀者的我，便是一位「麥田守望者」了。

當我急切地走近紀念碑群，這才發現其中隱

❶大量遊客前來參觀「歐洲被害猶太人紀念碑」。
❷在碑林中行走，如同走入幽暗的歷史深處。
❸有遊客爬紀念碑「做瑜珈」，猶太人P圖諷：你在被害者的悲傷上自拍。

藏著不少玄機：這塊地基像是巨大的隕石坑，四周高聳，中間凹陷，靠著這兩千七百多塊寬近一米、長兩米多、高低不等的水泥塊將其「填平」，從遠處或高處觀看，如同一面鏡子般平整。四周邊緣地帶的水泥塊，差不多與地面持平，人往裡面走，實際上是往下走，愈深入，周邊的水泥塊愈高，不知不覺到了方陣中間地帶，才發現最高的水泥塊超過四米高。各水泥塊之間的間距大概爲一米左右，剛好可容納兩個人擦肩而過。

最爲奇特的是，這片紀念碑群沒有通常紀念性建築的入口——到處都是入口；也沒有出口——到處都是出口。參觀者可隨心所欲從任何兩個水泥塊之間的通道進入，也可不假思索地從其他兩個水泥塊之間的通道出來。既然不可能窮盡所有道路，那麼參觀永遠是「未完成」狀態，第二次進入的路線與第一次進入的路線很難是重疊的。這片紀念碑群沒有任何銘文和圖形象徵，也沒有一個吸引遊客目光及好奇心的「中心位置」。它將記憶與思考的工作留給參觀者獨自完成。設計師艾森曼

❶

❷

在解釋其設計思想時說過，無論是水泥塊的數字，抑或其形狀，都不具有象徵意義。他希望以這個設計傳達出一種被撕裂的感覺，如同在奧斯威辛集中營內無數兒童從父母身邊被強行帶走一樣。

大屠殺是這一世紀的中心事件，也許也是所有世紀的

記憶是歷史的基礎，而歷史是人類文明中最重要的部分，是人類與其他動物之間最大的區別之一。上帝要求人類說，「你且考察在你以前的世代。」沒有記憶的人生是可悲的。歷史既可用文字寫在書本上，用錄音凝固在磁帶上，也可以用紀念碑銘刻在城市中心。一座重視記憶的城市，必定是有很多紀念碑的城市。「歐洲被害猶太人紀念碑」是眾多表達德國人反省歷史的紀念建築中最有代表性的一個。

設計紀念碑用以紀念被屠殺的猶太人，早在五〇年代奧斯威辛集中營對外開放時便有類似構想。當時，英國雕塑大師亨利·摩爾擔任評審主席，從四百多份設計稿中精心挑選。但是，最後他放棄了，他說：「此種超乎想像的人類災難，當前尚未有任何設計可以符合其精神內涵。」這一次，設計師艾森曼達到了他的意圖：這群水泥塊絲毫不「美」，它們的存在不是爲了給人們帶來審美愉悅。它們難以讓人聯想到什麼形象，既不寫實，也不抽象，也許可看作是「時光中的無言風景」。

當我慢慢進入這片水泥塊方陣，如同進入母親幽暗的子宮，更像進入狹窄而封閉的墳

墓。愈往裡走，人愈顯得渺小。當走到身邊的水泥塊比自己高的地方，這些深灰色的水泥塊像要倒下來將人埋葬，恐懼感不由自主地產生了。我像身處幽深的大海，即將遭受滅頂之災，連呼吸也變得急迫起來。此時，不遠處街道上的車水馬龍被神奇地阻隔在另外一個世界，在這水泥塊方陣之間，人們彷彿被囚禁、被放逐、被剝奪自由，卻由此有了一段安靜、沉思的時間和空間。設計師事先也沒有想到這個效果，他後來對媒體說：「親身經歷自己設計的作品後，驚訝發現因為基地以及石墩的高低不同，人頭在石墩群中忽隱忽現，而眾多石墩阻擋了外界的噪音，這兩個因素塑造了紀念碑某種詭異靜謐的空間效果。」[5]你伸出手去，撫摸冰冷的水泥塊，如同撫摸昔日沒有生命氣息的屍體，撫摸昔日孩子們緊緊閉上的眼睛。

現在是夏天，在幾分鐘之前，外邊是陽光燦爛、暖意融融；幾分鐘之後，裡面讓人覺得涼意逼人、陰風慘慘。

地上的水泥塊方陣讓參觀者有了一種「於無聲處聽驚雷」之感，如設計師所形容的那樣：「隨著參觀者沿通道緩緩進入內部，不斷加強的昏暗、方向的迷失以及一片死寂的感受便隨之襲來；內與外，一個是令人不寒而慄的陰森地，另一個則是一片秩序井然的廢墟；一邊明確的警示著進入通道便意味著邁向一個恐怖的墳場，而另一邊則迴盪著法西斯將一切都歸入其整齊劃一的統治下的冷血與殘暴。」這種陰森與恐怖，這種冷血與殘暴，是參觀者必須面對與體驗的。

設置在地下的資訊陳列廳與之形成補充與互動。維瑟爾一生都在強調的核心觀念是「大屠殺是這一世紀的中心事件，也許也是所有世紀的。」大屠殺之所以重要，是「因爲它加於人類良知與意識之上的重量。作爲我們一生的中心事件，它引來了問題與挑戰；它使我們面對某個黑暗地帶。無論人會行動或經歷什麼，它都將震動於那個火與徹底沉默的遙遠王國裡所發生的事。」[6]艾森曼的方案中選之後，也有人批評說過於抽象，沒有任何文字和圖像材料來輔助參觀者瞭解大屠殺的歷史。這是設計師個人的藝術感受與紀念建築所承載的公共功能之間的衝突。於是，艾森曼在水泥塊方陣的東南角專門設計了一處地下建築，作爲紀念碑的補充部分，即「資訊之地」，用來作相應的展覽和陳列。

在地下資訊庫入口處，是一條狹長走道。走道兩邊有六位被殺害的猶太人的肖像，這六個受難者代表著他們被屠殺的六百萬同胞。人們只要停下來稍稍想一想，每一幅肖像背後都有一百萬鮮活的生命，那是怎樣的一種震撼。在照片旁邊附有幾行簡要說明文字，闡述從一九三三年到一九四五年這十二年裡，大屠殺是如何一步步地擴大和升級的。

第一間展廳的中央空蕩蕩，沒有任何具象展品。在四周牆上，以醒目的數字和國別文字，告訴參觀者在歐洲有多少猶太人遭到殺害。最多的是波蘭，有二百九十萬到三百一十萬左右的猶太人被屠殺；最少是丹麥，有一百一十六位猶太人遇難。如果說數字給人的感覺太抽象，那麼旁邊銘刻著十五個猶太人在集中營裡寫下的絕筆則讓人爲之淚下。比如，十二歲的猶太姑娘尤迪絲給父親的告別信是這樣寫的：「在死亡面前我與你訣別。我們很想活，卻不讓我們活，我們要死了。」

第二間展廳的主題是「家庭史」，選取了十五個分佈在歐洲各地的猶太家庭的經歷，形象地展示出在不同國家、不同社會階層以及不同文化和宗教環境下，猶太人的生活情況。這些家庭的歷史反映了歐洲猶太人在遭屠殺前所享有的豐富的生活世界，以及他們的幸福是如何被毀滅的。帝王將相的正史總是有太多粉飾，唯有普通人的日常生活史才眞實感人。在中國的歷史敘述和博物館的展覽中，從來都以帝王將相爲中心，即使在抗日戰爭紀念館及南京大屠殺紀念館中，也很少能見到以普通人爲主體的展覽。

第三間展廳是「姓名廳」，與第一間展廳一樣，裡面也沒有任何展品。在中國的博物館中，此種設置是不可思議的，中國的博物館太追求「滿」，竭力將許多物品和觀念塞給觀眾，卻不知道很多時候，「空」比「滿」蘊含更多信息量。在這間展廳中，你首先需要側耳傾聽：通過擴音器，一個平靜的聲音在朗讀被殺害的猶太人的姓名和簡歷。然後，你再舉目觀看：每朗讀到一個人的資訊，四面牆壁上便用影像來顯示出被害者的姓名和出生及遇難日期。據說，以此方式宣讀所有受害者的姓名及簡歷，共需要大約六年七個月又廿七天。

第四間展廳是「匯總篇」，在四周的牆上，用當年的照片和電影資料介紹遍佈在歐洲的兩百一十個集中營、慘案發生地、猶太隔離區的悲慘情景。許多照片的暴力和殘酷程度達到了「兒童不宜」的地步，但這就是眞實發生過的歷史。我看到周圍有教師帶著一群小學生來上歷史課——這是德國學校的歷史教育，將課堂搬到類似的紀念地，讓孩子們從小便對本國歷史（特別是醜惡史）有深切瞭解。據說，如果在每個地點的介紹前看十分鐘，全看一遍需要三十多個小時。所以，參觀者通常只能走馬看花、掛一漏萬。

地上的紀念碑與地下的博物館，抽象與具體，相得益彰，水乳交融。它們不是將某種結論強加給人們，而是在以問題的形式面對今天的人們——「被屠殺猶太人紀念碑的設計與表達方式，本身涉及的深度與廣度，使得題目很棘手：紀念碑的本質是什麼？意義在哪裡？在政治的籌碼與人道的角度中，紀念碑如何取其立場？除了記取過去的教訓，與未來的展望又是什麼關係？」[7]這些問題依然懸而未決，沒有最後的答案。

當我離開「歐洲被害猶太人紀念碑」時，心中充滿憂傷。這憂傷是爲著猶太人苦難，也是爲著中國人的不幸。歷代遭到本族和外族屠殺的中國人數不勝數，但被屠殺的中國人至今仍無紀念碑。他們是孤魂野鬼，在荒郊野外漂泊。那些被害的猶太人，大多還留下一個名字，還有聲音朗讀他們的名字；但更多被害的中國人，連名字都沒有留下，沒有人記得他們的名字。先知耶利米痛徹心肺的哀歌，彷彿從水泥塊的通道之間不絕如縷地傳過來：「我們的仇敵都向我們大大張口。恐懼和陷坑，殘害和毀滅，都臨近我們。因我眾民遭的毀滅，我就眼淚下流如河。」這哀歌，也是爲命運多舛的中國人而唱。

比紀念碑更沉重的，是受難者的骨灰

紀念碑是一部活的歷史，而紀念碑亦有自身的歷史。爲猶太人建立紀念碑的設想，最初由女記者列婭·洛施和歷史學家埃伯哈德·耶克爾在一九八八年提出。他們不是政府官員，不是財團領袖，只是兩位無權無勢的知識分子。但他們有將設想變為行動的能力和勇氣。他們不甘心於空想，要將夢想變成現實。於是，他們組建了一個小小的基金會，遊說政府、通告公眾、籌集捐款，千里之行，始於足下。透過鍥而不捨的努力，最終讓夢想成真。

該工程從設想提出到建築揭幕，經歷了十七年時間，差不多是一個孩子從童年到成年的時間。其間充滿了數不清的爭論和討論，有最早的支持者變成後期的反對者，也有最早的反對者變成後期的支持者。如此漫長而曲折的過程，正是德國民眾不斷自我審視自身歷史、修復被損壞的記憶的一種努力，如同德國總理柯爾在一次歷史博物館工程的演講中所指出的，人們需要透過一系列的紀念建築來知道，「作為德國人，我們從哪裡來，我們今天在哪裡？以及，我們要到哪裡去？」

這項建築遲遲不能啟動的一個重要原因在於：在一個民主國家，一項如此巨大的公共建築，不可能由國家元首、政治人物或政黨來獨自「拍板」，它必須經過設計者、知識分子、公眾、社團、媒體、國會和政府各個群體、階層及利益團體充分參與討論。政府知道，應當留出足夠的時間和機會來讓「眾聲喧嘩」，最後達成的結果必然是一種互相的妥協。

這與依然處於人治狀況的中國截然不同。在中國，重大公共建築和工程不需要經過民眾的討論，某個領導人頭腦一熱便匆匆動工，從三峽大壩到南水北調，從北京的國家大劇院到上海的磁懸浮，無不如此。中國民眾不可能在官方媒體上聽到任何反對聲音和不同意見。即使此一決定是錯誤的，決策者也不會付出代價。與之相比，德國的「慢」，與其說是民主制度必須付出的代價，不如說是一種令人尊重的「程序正義」。

更何況，在德國紀念大屠殺不僅是歷史問題，更是現實問題，是嚴肅、複雜而尖銳的政治問題。這是一道仍未癒合的傷口，誰也不敢輕易觸碰。從要不要修建、能不能修建這樣的原則性問題，到如何修建（及項目選址、設計方案和預算規模等），紀念碑的命運出現過多次曲折，甚至幾度瀕臨放棄的邊緣。

首先，建或者不建，本身就是一個問題。柏林已有了若干與大屠殺有關的紀念建築，還要不要大興土木修建一座大型紀念碑？紀念碑太多，是否會讓柏林被壓得喘不過氣來？或者說，以紀念碑這種傳統的藝術表達方式，能否認知到和紀念人類歷史上前所未有的大災難、能否回憶和銘刻這種史無前例的反人類罪行？

對此，「國家獨立派」認爲，「統一之後的德國應該是向前看，而非背負一大堆歷史包袱，去蓋對國家沒有用的紀念碑」。他們批評這是一種「懺悔諂媚的舉動」，代表著「國家尚未完全獨立，還要看他國的臉色」。在議會通過該計畫之前一個月，五十八位議員，依據百分之四十九的民意反對基礎，共同連署了一份反對提案，使大屠殺紀念碑計畫徒然面臨擱淺危機。

更多人則用一些更委婉的方式附和之。比如，有人建議說，應當將這筆巨大的建築費用節省下來，當作現有紀念建築的維護費用，這樣會讓已有的紀念建築更吸引人；還有人指出，柏林已經建成的、由里伯斯金設計的猶太博物館，具有細膩的詩意與紀念意義，柏林乃至德國都不需要再重覆蓋一座紀念建築了。他們沒有直接否定大屠殺紀念碑的價值，卻迂迴地表達了「這座紀念碑純屬多餘」的觀點。

其次，紀念碑的主題是什麼？換言之，紀念碑是獻給什麼人的？有人不同意此紀念碑專門用以紀念被納粹殺害的猶太人群體。他們認爲，應該紀念所有死在納粹屠刀下的犧牲者，而不僅僅是猶太人，猶太人受到的關注和賠償已太多了。德國吉普賽人組織負責人提出，這座紀念碑紀念的對象應包括吉普賽人。還有人提出，如果從數字上衡量，納粹罪行的最大受害群體應該是波蘭和蘇聯的平民以及戰俘，爲什麼不爲他們修建紀念碑呢？更有歷史學家呼籲說，數百萬死於戰爭的德國普通平民百姓也是戰爭的受害者，他們不是「希特勒的自願行刑者」，也享有被紀念的權利。[8] 如果要修建紀念碑，應當將無辜的德國人也包括進去。這些看似頗有道理的意見，實際上是將納粹罪惡之焦點「虛化」。

再其次，紀念碑應當修建在何處？市中心還是市郊？前柏林市長艾伯哈·迪根不願意在柏林市中心再出現一處像裸露的傷疤一樣的建築，他批評這項提議時說過一句很經典的話：「這豈不是要把柏林變成悼念之都？」其他人則從經濟角度考慮：在如此搶手的黃金地段修建一座大型「集體墓地」，是不可思議的奢侈之舉。紀念碑所在地的地價貴得驚人，粗粗估算約值二點五億歐元；另外，紀念碑本身的造價也高達五千萬歐元。「節省派」認爲，在國家財力不足的情況下，即便要修建紀念碑，也不應佔據此「寸土寸金」的黃金地帶，最好放在郊區並縮小規模。

另一種反對意見認爲，這裡是當年納粹的政府中心。希特勒的千軍萬馬曾在此佇立，「元首地堡」就在紀念地以南兩百多米之處；在其地面上，就在今天的紀念廣場視線範圍內，希特勒自殺之後，其侍從將他的屍體澆上汽油，付之一炬，直至「乾乾淨淨，一點不剩。」[9]這裡是新納粹經常光顧並緬懷成了「烈士」的元首的地方。在此處修建猶太人紀念碑，豈不刺激新納粹更爲頻繁地來此紀念希特勒並玷污此一記憶之地？

許多社會名流一直不依不饒地發表反對意見。作家馬丁·瓦爾澤反對將這一「德國的恥辱」永久地展覽在首都中心地帶。一開始全力支持的諾貝爾文學獎得主鈞特·葛拉斯，後來轉而反對。他與一批知識界人士發表公開信，認爲紀念碑已成爲柯爾政府的「政治秀」，呼籲政府放棄修建紀念碑，認爲它難以表達德國反省歷史罪行的立場，難以傳達納粹罪行的深重，難以表達對犧牲者的悼念。吊詭的是，作爲一輩子的論敵，瓦爾澤與葛拉斯兩人唯一一致的意見，即是反對修建紀念碑。他們反對的理由仍然針尖對麥芒，但舉起的牌子都是「反對」。

最後，按照民主程序，建與不建由議會投票表決。納稅人的錢該怎麼花，決定權不在政府首腦或國家元首，也不在知識菁英和社會名流，而在人民授權的議會。一九九九年六月二十五日，聯邦議院做出贊同修建紀念碑的決議，將這一紀念地奉獻給歐洲被屠殺的所有猶太人。議院達成這一決定乃要明確表示，德國把對這一空前犯罪行爲的懺悔以及對其歷史責任的毫不推卻地視爲德國國家意識核心。聯邦議院議長沃爾夫岡·蒂爾澤在接受德國《猶太彙報》採訪時說，這一紀念碑不是爲倖存下來的猶太人而修建的，而是爲德國人、爲自己集體的記憶而修建的。

接著展開的便是關於設計方案的爭論。一九九四年，德國政府、柏林市政府公開招標徵集設計方案，到十月招標期截止時，建築師、雕塑家們總共提交了五百二十八個方案。其中曾有兩個入選，但後來被時任總理的柯爾否決。

一九九七年六月，當局又重新徵集設計方案，有四個方案入選，柯爾親自敲定了美國設計師艾森曼的設計，但同時又要求他做出重大修改。艾森曼的同伴爲了維護藝術家的獨立性和作品的完整性，憤而退出設計。艾森曼留下來，接受了柯爾的要求，對作品做了大量修改，藝術家與政治家的關係總是如此微妙。

好事多磨，二〇〇五年春天，紀念碑終於在柏林心臟的「部長花園」地帶落成。

僅有紀念碑，沒有轉型正義，是不夠的

駐守加利西亞的納粹國防軍士官威廉·科爾尼德在一九四二年八月卅一日的日記中寫道：當他在拉瓦－魯斯卡火車站等車時，看到一列由三十八節用來運牲畜的車廂組成的列車運來的卻是猶太人。他問鐵路警察這些猶太人將如何處置，對方告知：「毒氣。」當他上了自己的列車後，跟包廂裡的一位女士聊天，她是鐵路警察的妻子，她說：「天天都有列車運

送猶太人。」當火車經過貝烏熱茨集中營時，她大聲告知：「到了。」火車經過大片松樹林，人們可以清晰地聞到強烈的甜美松木氣味。但那位女士說：「那些猶太人已經發出惡臭了。」而她的丈夫則笑著說：「哦，胡說，那只是毒氣的味道。」這時，甜美的氣味轉變為濃烈的燃燒東西的味道。鐵路警察輕描淡寫地說：「那是從墳場散發出來的。」[10]言談者和記錄者都像是在討論日常瑣事，或鄰里八卦，沒有人覺得這樣處置猶太人有何不妥。

直到希特勒自殺身亡、德國被盟軍佔領，普通的德國人並沒有像後來那麼痛恨希特勒，第三帝國也並沒有被直接地與「邪惡」劃上等號，它一般還是同「好日子」聯繫在一起。困擾外國人的主要問題是：為什麼成千上萬的德國人直到最後都盲目追隨希特勒？借用馬丁·布羅薩特的話說，這是「元首─捆綁特徵」的結果，這種「與元首的連結」仍然具有歷史意義。在二十世紀的領導人中，希特勒比羅斯福、丘吉爾和史達林更得到其人民的愛戴，他得到的愛戴是真誠和強烈的。希特勒正是通過對猶太人威脅的鼓吹增強了他那富於卡里斯馬的號召力。希特勒成功地讓德國人相信，猶太人是威脅他們生存的主要敵人，消滅猶太人才能確保國家長治久安。納粹主義不僅是「反動的現代主義」，更是「宗教式的現代主義」，宣傳及對民眾一切的掌控成為情感─心理動力的重要組成部分，這最終抓住了德國民眾的心。[11]

戰後，大部分德國民眾都將他們在戰爭期間的所作所為與大屠殺悄然分開。大屠殺處在有關戰爭本身的更大集體記憶的邊緣位置。國防軍和親衛隊被區別對待。像威廉·科爾尼德那樣即便沒有直接參與猶太人大屠殺，卻對對此漠不關心的國防軍士兵，對第三帝國的暴行沒有負罪感——小撮親衛隊才是壞人，而國防軍作出了英雄主義犧牲。直到一九八〇年代，人們才了解到國防軍的普通士兵也實施了公開絞刑和集體處決。[12]而那些被揭露、被譴責和被審判的納粹分子，他們的反應居然充滿義憤：「大家都這麼幹，憑什麼單單找上我？」他們問道：「我不過是在履行職責，就像每一個正派的德國人一樣。憑什麼該為這個受罰？」他們在法庭上面紅耳赤地辯解，完全是一副無辜者的模樣。

一九四八年，德國新教的教會領袖特奧菲爾·烏爾恩（Theophil Wurm）公開質疑紐倫堡審判不公正，這一質疑得到德國媒體的支持。到了一九五一年，盟國釋放了三分之一被定罪的紐倫堡大審戰犯。儘管美國認為減刑是寬宏大量之舉，但德國人的解讀卻有所不同：他們認為美國人終於承認紐倫堡大審是不公不義的。[13]

毫無疑問，無論屬於哪一個種族和哪一種膚色，人類的記憶總是具有高度的「選擇性」，總是傾向於「趨利避害」。人類一旦開始記憶，其自我保護的機能便立即啓動。許多德國人身邊都有猶太鄰居，但他們不願承認納粹對猶太人的大屠殺就發生在他們的城市、他們的社區、他們的街道。人們百般推脫和辯解說，他們對猶太人的命運一無所知且無能為力。猶太鄰居在一夜之間突然消失，究竟被送到哪裡去了，他們其實心知肚明。但他們都假裝不知道，以掩耳盜鈴的方式保持「清白」。戰爭結束之後，人們裝扮成無辜者大聲驚呼：

「怎麼可能發生了這樣可怕的事情！要是我們早知道的話……」對於這些人所代表的德國，卡爾·洛維特批判說：「這個德國已經與一切人性爲敵，也因爲這個德國堅決地否決了讓我們的生活有價值的一切。如今捲入戰爭的德國人，他們任何的困境與死亡，都不能使我對這套體系產生的結果感到同情，因爲這套體系根本毫無同情之心，而且正一腳狠狠地踐踏著人類的尊嚴。」14

哲學家阿多諾說：「奧斯威辛之後，寫詩是一件野蠻的事情。」對此，英國學者伊恩·布魯瑪如是理解：詩，混雜著「私人的自鳴得意的思索」，無法找到語句表達奧斯威辛那機械化的、沒有靈魂的、大工業方式的殘忍。詩歌是歡娛和美好的產物，集體屠殺無法以詩歌表現。同樣道理，奧斯威辛之後，修建紀念碑也變得困難了——從凱旋門到大屠殺紀念碑，轉變的不僅僅是美學範式，更是人類對自身本質的認識，後者更爲艱難。

「歐洲被害猶太人紀念碑」延宕到二〇〇五年才落成，此時距德國戰敗已過去足足一個甲子。這是遲到太久的紀念。這一漫長的時間間隔，表明人類罪惡的慣性以及自我反省的艱鉅。紀念碑不是神話故事中的魔杖，它不能讓死者起死回生，亦不能讓倖存者擺脫痛苦的記憶。但是，對於像列婭·洛施和埃伯哈德·耶克爾那樣推動紀念碑計畫的民間人士來說，柏林應該成爲全世界哀悼二戰遇難者、尤其是猶太人的地理和精神中心；幾百年後，這座紀念碑和紀念館仍會向後人警示那段幽暗的歷史，從而防止類似悲劇重演。而對於德國官方來說，修建這座富有歷史意義的建築也是向世人展示當代德國推行民主改革的信心和成就。儘管遲到了這麼多年，但這仍然是一種勇敢的懺悔以及「有能力的哀悼」，正如美國猶太學專家詹姆斯·楊格所說的那樣——「畢竟沒有第二個國家把它對其罪行的回憶置於其首都地理位置的中心。」

德國經常被其他國家讚揚說，在反省戰爭罪行方面，在二戰戰敗國中是做得最好的。然而，有了紀念碑，並不意味著有了轉型正義。戰後相當長一段時期，德國人對歷史的認識是：從一九四一到一九四八年是負面的、甚至是創傷的記憶，但從一九三三年到一九四一年（向蘇聯開戰之前）這一個時期的記憶仍舊是正面的——在此期間，納粹的軍隊戰無不勝，普通人的生活衣食無憂，帝國看上去似乎可以榮耀千年。這些遺忘、創傷以及隱藏的自豪，對於外國觀察家來說就構成了漢娜·鄂蘭所描繪的「逃避現實」。[15]所謂「忘記過去，才能面向未來」，人們擔心揭露、譴責和審判，無助於將數千萬計的前納粹的擁戴者轉變為自由民主國家的忠誠公民。

納粹贏得了年輕人的心，納粹確實是年輕人的政黨。一九三三年政權交接時，希特勒四十四歲，戈培爾三十五歲，海德里希二十八歲，史佩爾二十七歲，艾希曼二十六歲，希姆萊和漢斯·弗蘭克三十二歲，戈林則剛剛慶祝四十歲生日。戈培爾得出結論：「納粹黨領導層的平均年齡和中層幹部的平均年齡都是三十四歲，而當時全國的平均年齡是四十四歲。因此完全可以說，德國是由年輕人領導著。」[16]除了少數罪大惡極的戰犯之外，大多數年輕的納粹黨人在戰後都躲過了追查和懲罰，很多人相當長壽——像鈞特·葛拉斯這樣的青年親衛隊

（更準確地說是少年親衛隊），甚至活到了下一個世紀的二〇一五年。

戰後德國的轉型正義是一塊很大的空白，第三帝國的黨政軍幹部，大部分全身而退，更不用說那些在戰後大顯身手的「專業人士」了：科學家、工程師、銀行家和會計、企業家和工業巨頭、法官和律師、教師等。戰後，聯邦國會最早通過的法律之一就是赦免所有在納粹時期所犯下的罪行，其刑罰至多不超過一年自由刑。爲了幫助納粹倒台後大批隱姓埋名的納粹罪犯在新德國重見天日，聯邦國會還宣布對所有「因政治原因隱藏身分」而造假證件或姓名者不予追究。社會民主黨的國會議員漢斯·麥滕建議說：「我們必須停止對德國人的法律歧視，終止意在報復的審判。」前國防軍軍官、後來的聯邦國防軍將軍漢斯·斯拜德主持召開了二戰高級軍官參加的西默羅德會議，該會議通過決議呼籲「寬恕戰犯並停止對德國戰士的侮辱」。一九四九年，有一千五百二十三人因「戰爭罪行」被起訴，到了一九五五年則僅有二十一人被起訴。[17]

第三帝國的司法系統幾乎原封不動地保留下來，他們自然不願對加害者追究到底——因爲他們也是加害者的一部分。用黑森邦總檢察長福里茲·鮑厄的話來說，很多對加害者的判決簡直就是「對受害者苦難的一種嘲弄」。法學家奧皮茨在《納粹罪犯的審判和判決》一書中指出：「很明顯，爲了使量刑盡可能的低，法院絞盡腦汁地去挖掘每一種法律上的可能性。」法院對很多納粹分子格外憐憫和寬恕——親衛隊頭目斯特萊肯巴赫是帝國中央安全局一處處長，他對一百萬的死亡負有直接責任，一百多位證人的三萬頁的證詞毫無疑問證明了這一點。然而，法院認爲這位七十二歲的老人患病在身，不宜接受審判，「審判形式與被告的人格尊嚴不符」，於是在一九七四年四月三十日，審判就永遠結束了。[18]

法院慷慨地賜予前納粹官員領取足額養老金。在一個案件中，聯邦社會法院將一位納粹黨官員在法國軍事法院判決入獄的時間「視同」可獲取養老金的工作時間。法院甚至認爲，承認養老金權利的「免稅原則」只適用於納粹犯。通常來說，願意賠償受納粹政府迫害者及其親屬和官員們的寬大形成驚人的對比。德國聯邦法院拒絕給予受納粹迫害、折磨或謀殺的吉普賽人賠償，甚至在一份一九五六年的判決中指出，吉普賽人「具有反社會的特徵」。

很多因反抗納粹而被迫害的人士沒有得到賠償。被譽爲「最後一個偉大的普魯士人」的作家厄恩斯特·尼基希，著有《希特勒，德國的宿命》和《卑鄙魔鬼的王國》等批判納粹的名著，一九三七年被捕，後被判處終身監禁。戰後，他在柏林洪堡大學任教，又因批評東德政府而被開除。當他移居西德後，以在納粹監獄中身心遭受永久性傷害爲由申請殘疾賠償金，卻被拒絕。經過十二年漫長的上訴，七十三歲、又瘸又瞎的尼基琪才獲准領取養老金。學者康托羅維茨評論說：「該案是柏林歷史上一個尷尬的、永遠洗不掉的污點。」而康托羅維茨本人也有類似的經歷：他是法學和文學博士，戰時曾被法國維琪政府關押。戰後，他在匈牙利參與民主運動，之後放棄終身教職逃亡西德。但是，西德政府只發給他每月五百馬克的最低養老金，他在貧困潦倒中死去。[19]

那些加害者的塑像依舊聳立的國度，就是幽暗國度

紀念碑是重新審視人與神、人與世界、人與歷史的關係的入口。在戰後的廢墟之中，曾經支持納粹政權的德國思想家卡爾·施米特哀歎說：「柏林是普羅米修士的火爐，最終是一個火葬場。縱觀歷史，難道它只是一個火葬場，甚至最終連火葬場也不是，而只是一個垃圾桶和一團瓦礫堆？」[20]幸運的是，柏林並未墮落至此。有了「歐洲被害猶太人紀念碑」，柏林從恥辱中被救贖出來，一個新的柏林有了新的地標。

「歐洲被害猶太人紀念碑」的落成，並不意味著種種爭論的終結。建築師、歷史學家、哲學家、文學家、詩人、教育家和政治家，以及生活在柏林的市民、路過柏林的遊客，都有各自的視覺與思維路數，也都有權發表意見。這片紀念碑在空間上是開放的，在時間上也是開放的，它不是處於「完成時」狀態，而是處在「正在進行時」狀態。毫無疑問，不僅在柏林，在整個地球上，每一處紀念碑都是人類與遺忘的鬥爭，都是人類與謊言的鬥爭。這場鬥爭不僅是由紀念碑的推動者、設計者和承建者來完成的，更由每個參觀者來完成的。紀念碑是第一步，當紀念碑被樹立起來後更需要隨風潛入夜、潤物細無聲的長期堅持的轉型正義。

然而，在很多國家，或受害者的紀念碑不見蹤影，或加害者的塑像仍高高聳立。在中國，天安門屠殺死難者至今沉冤得雪，紀念碑更是遙遙無期，毛澤東的頭像仍然掛在天安門城樓上，搖滾歌手崔健說得好：「只要天安門上還掛著毛主席（毛澤東）像，時代還是沒有

改變。」在台灣，各地建起大大小小的「二二八」紀念碑，但蔣介石塑像仍遍佈全島各處。最具諷刺意味的是，作爲前總統的馬英九，每年「二二八」紀念日都會在某個「二二八」紀念碑前發表以「和解共生」爲主題的演講，也曾含淚向難屬道歉；但是，道歉之後，他又興沖沖地率領國民黨人，每年都到慈湖去拜謁兩蔣之靈柩——兩蔣不正是「二二八」及白色恐怖的始作俑者和加害者嗎？同時尊奉受害者與加害者，且毫無違和感，唯有馬英九這樣的國民黨人才能如此長袖善舞。但此事若發生在德國，就如同一邊在猶太死難者紀念碑前紀念猶太人，一邊又去希特勒自殺之地敬獻花圈，德國民眾能容許一名政客做此種表演嗎？此一事件表明，民主化三十年的台灣，仍是一個歷史敘述、身分認同和價值取向錯亂的「神祕島」。

人性的陰暗與自私、人性的麻木與冷酷，在西方人和東方人當中、在罪感文化與恥感文化當中，大致是一樣的。人心的敗壞是整體性的，只是程度有所不同。在德國，公開否定納粹大屠殺和種族滅絕是犯罪行爲，在公共場所展示納粹和希特勒的圖像、符號也是犯罪行爲，不受憲法中「言論自由」條款之保障。然而，在中國，毛澤東的頭像仍然被印在鈔票上，展示在香火繚繞的毛家菜館門口，以及被司機們掛在汽車擋風玻璃上保佑出入平安。毛殺人的數量，遠超過希特勒，但毛比希特勒「幸運」——在中國，他繼續享受國民的頂禮膜拜。作家巴金生前多次呼籲設立「文革紀念館」，而我的理想是將「毛主席紀念堂」改造成「文革紀念館」。

毛澤東的幽靈還在中國大地上遊蕩。毛澤東的侄女、湖南省政協委員毛小青，在一份政協提案中，建議在韶山建立「共產主義示範區」或者「毛澤東城」。她認爲，湖南作爲毛澤東的家鄉，「要肩負起更重大的歷史責任」。長株潭城市群是全國「資源節約型和環境友好型社會」綜合配套改革試驗區，可以考慮在長株潭範圍內（譬如韶山），將「主席家鄉」建設成不設檢查站的「毛澤東城」，這「將是湖南人民對歷史的又一偉大貢獻」。這個在北京開辦「毛小青美食城」、自詡爲「富人」的官僚資本家，居然自稱毛主義繼承人。一座紅旗飄飄的「毛澤東城」似乎眞要破土而出，誰會願意成爲其中的居民呢？誰會願意成爲一姓之奴僕呢？

中國人將殺人魔王毛澤東當作大救星，卻忘記了大饑荒中被活活餓死的同胞，忘記了在土改、鎭反、反右和文革中被殺戮的同胞。如果說毛時代太遙遠，那麼天安門屠殺呢？一千多萬北京人親眼目睹了這場發生在身邊的血腥屠殺，但絕大部分的人，後來都不告訴孩子眞相。他們讓孩子在溫室中長大，但用沉默和謊言能打造一個幸福的溫室嗎？殺人與被殺，吃人與被吃的歷史，仍在延續。中國的下一代過著沒有尊嚴的生活，過著在沒有記憶的生活，過著沒有紀念碑的生活。不是痛並快樂著，而是無知者無畏，卑賤且快樂。

二〇〇八年，北京奧運會前夕，我與劉曉波、王光澤等友人起草並發表了一封向北京當局呼籲遷移毛澤東屍體的公開信。這封不能在中國公開媒體上發表的文字，在網路上遭到許多毛派憤青的惡毒辱罵。他們拿著最新款的蘋果手機，發出的資訊卻是紅寶書中的毛語言，正如曾被關進集中營的猶太學者、後來專門研究納粹語言的克萊普克所說：「我一次又一次地發現，天眞爛漫的年輕人，非常希望彌補自己教育的不足，但仍然擺脫不了納粹的思想方式。他們自己覺察不到這一點。來自過去的語言用法在迷障和誘導他們。」

中國人使用的中文，早已敗壞衰朽，用舊有的語言體系無法描述受害者的苦難。中國人的記憶早已千瘡百孔，用被閹割的個人記憶無法呈現眞實歷史。中國人似乎只能沉默，卻連一處默哀之地都找不到——奧運會主場館「鳥巢」就是中國的隱喻：中國是密不透風的鳥巢。中國人熱衷於拆除老房子、篡改教科書。中國的城市變成西方建築師的試驗場，中國人的心靈成了謊言堆積如山的垃圾場。

什麼時候，中國能擁有一座同樣宏大的「共產主義大屠殺紀念碑」？當我告別「歐洲被害猶太人紀念碑」時，心中只能自我安慰：每一處紀念碑，既是爲某一個人或某一群人設立的，也是爲所有被屠殺者設立的。紀念碑所包含的資訊，如被屠殺的對象、實施屠殺的兇手及屠殺的規模和方法等可能有所不同，但紀念碑對屠殺本質的揭露與批判卻一致的。所以，我暫且借用「歐洲被害猶太人紀念碑」來紀念被「自己人」屠殺的中國的受難者，來探究人性深處相似的邪惡與殘暴。在此意義上，「歐洲被害猶太人紀念碑」不是「他人」的紀念碑，不是與我無關的紀念碑，而是與我息息相關的、「我們」的紀念碑。

二〇〇九年一月十六日至十八日完稿

二〇二一年三月二十二日修訂

第九章

敬拜上帝，還是敬拜暴君？

——訪德國新教聯合會總部

我們一直被一個嚴酷的眞理所打擊：在奧斯威辛所有的猶太人都是犧牲者，所有的殺人者都是基督徒。人們該如何理解無論希特勒還是希姆萊都不曾被逐出教會？解釋庇護十二世從不曾譴責奧斯威辛和特雷布林卡是必要的，更不必說是絕對必須的？解釋親衛隊有一大部分是始終對他們的基督教世系保持忠實的信徒？解釋曾有些殺人者在大屠殺間隙中前去懺悔？以及解釋他們都來自基督教家庭並接受過一種基督教教育？

維瑟爾《做個猶太人》

爲什麼這間教堂裡的耶穌像沒有雙手？

在柏林憲兵市場廣場附近的一家餐廳，我們應邀與新教聯合會發言人法格勒博士起共進午餐。

法格勒博士大約在五十歲左右，一看就知道善於溝通且閱歷豐富。他是一位牧師，對德國教會歷史有深入研究。他首先介紹了自己的經歷：他曾在巴伐利亞一家路德宗教會擔任主任牧師，後來赴美國和英國留學。此後，他到非洲肯亞宣教六年。那段時間裡，他跟當地農民同吃同住，創建了一家新教會。結束宣教工作回到柏林新教聯合會總部之後，他擔任與非洲教會的聯絡人。六年前，他被任命爲新教聯合會的「外交部長」兼「發言人」，負責處理教會與政府、憲法機構的事務及新教教會與其他國家教會的事務。

我提出第一個問題：目前德國新教的狀況如何？法格勒介紹說，德國總人口八千萬，兩千六百萬新教徒，兩千六百萬天主教徒，兩者人數基本相等。另外還有三百五十萬穆斯林。作爲宗教改革發生地，新教和天主教長期處於對立狀態，兩者的關係近二十年來有所改善，雙方在一些社會慈善事業領域展開有效合作。

「那麼，近年來，德國教會的人數在增長還是下降呢？」我問道。

法格勒回答說，讓人憂慮的是，信徒的人數不斷流失，尤其是年輕人到教會的很少。教會對公共生活和個人生活的影響力呈下降趨勢。德國教會面對最嚴重的問題是：在一個資本主義高度發達的時代、一個相對主義思潮佔據主流的時代，如何讓福音重新觸動人們的精神世界？當人們強調建立在自身美德和能力上的自我價值感時，如何讓他們相信，這些價值是容易破碎的，眞正建立在磐石之上的信仰乃是馬丁·路德所說的「因信稱義」？教會很難像中世紀那樣佔據社會生活的中心地位，但教會必須在人們需要時提供其他機構無法取代的精神上的幫助。

今天，政教關係在德國仍屬「高度敏感」領域。我詢問道：「在今天的德國，教會如何處理與國家之間的關係呢？」

法格勒沉吟片刻之後，回答說：「我認爲，最重要的是把分歧放在憲法框架內評估。如今德國教會和政府的關係，都依據德國基本法之規定來處理。基本法第四條規定——『信仰和良心自由、宗教和世界觀信奉自由不可侵犯；保證宗教活動不受阻擾。』德國教會實行政教分離原則，但德國的政教關係比其他國家複雜。」

據我瞭解，德國政府幫助教會徵收宗教稅，再將此筆款項分配給教會，包括神職人員的薪水也是這樣處理的。如此這般，神職人員的身分有點類似於國家公務員。法格勒強調，政府所起的作用僅僅是「代徵」，但我總覺得政府對教會事務的介入，或者說教會對政府工作的依賴，實在太深了。教會與政府理應保持更遠距離。

不過，這種狀態是由德國教會的歷史傳統所決定的。路德領導的宗教改革，依賴德意志諸侯的力量，「路德的神學前提使他不僅必然要攻擊教會的管轄權力，而且要相應地維護世俗當局，從而填補前者造成的權力真空」。[1]路德反對羅馬教廷時，不是將真理直接訴諸於民眾饑渴慕義的心靈，而是借助封建諸侯的力

❶希特勒時代，教會的講壇必須擺放納粹的標誌。

❷尼穆勒牧師組織認信教會，對抗納粹的帝國教會。

❸潘霍華牧師不僅在教會講台上反對納粹，而且參與刺殺希特勒的行動，為此被納粹逮捕殺害。

❹《巴門宣言》的起草者、神學家巴特。

❺德國總理梅克爾的父親是東德時代的一位依附官方的牧師，因而他和家人享有諸多特權。

❻納粹時代，德國的新教路德宗教會和天主教會總體而言支持或屈從納粹政權。

❺

❻

量，以此迅速獲得勝利。這種策略也埋下教會受制於世俗政權之隱患，「由於這一信仰所具有的樂觀主義，所以它似乎對於政治制度濫用權力的習性缺乏深刻認識」。[2]從此，德國世俗政權對教會事務的介入便超過了很多西方國家。

在交談中，法格勒特意提及，他沒去過中國，希望早日有機會到中國訪問，並與中國政府和家庭教會有所接觸。他說，他將坦誠地向中國政府介紹德國在處理政教關係方面的經驗與教訓。不是要求中國全盤移植德國模式，而是讓中國瞭解德國的情況，以此推進中國自身的發展。他認為，首要問題是喚醒民眾對宗教信仰自由的關切，讓大家認識到宗教信仰自

❶

❷

❸

❹

由是人權的核心部分。一個不能保障宗教信仰自由的國家，必定是人權狀況糟糕的國家。

我回應說，中國人對宗教信仰自由的認識有很大欠缺，即使是追求人權和自由的知識分子，也將宗教信仰自由放在人權的末端，似乎可有可無。但宗教信仰自由是人權的核心內容，甚至是其他權利的根基。一九九八年，在韓國光州發佈的《亞洲人權憲章》中說：「在亞洲，宗教和良心自由尤其重要。大部分亞洲人民篤信宗教，宗教是貧困和壓迫中取得安慰的源泉，很多人在宗教裡找到基本的身分認同。宗教寬容對人享有良心自由，包括改變宗教信仰的自由，都是十分重要的。」[3]此闡述帶有世俗自由主義烙印，但即使是這種認識，在中國人那裡都缺如。

飯後，法格勒領我們參觀新教聯合會總部。憲兵市場廣場是柏林最美麗的廣場，這裡有一家專門演出古典戲劇的劇院和兩個互爲姊妹的大教堂——法蘭西大教堂和德意志大教堂。法蘭西大教堂是流亡到德國的法國胡

❸

❶作者夫婦與德國新教聯合會發言人法格勒博士合影。

❷德國新教聯合會總部小教堂內耶穌釘十字架的雕塑，與一般的十字架上的耶穌不同，此處的耶穌沒有雙手。

❸普勒岑塞納粹反抗者紀念館：雖然教會作為一個整體屈服於納粹的統治，但許多基督徒作為個體站出來對抗納粹。

格諾派信徒建造的，其內部設有對外開放的胡格諾派博物館。法格勒告訴我們，新教聯合會的總部設置在政府、議會和法院大樓附近，其目的是迅速與世俗機構就當下事務做溝通和討論，在一些公共問題上第一時間發出教會的聲音。在二樓一間會議室內，聯合會的一群牧師們正在開會討論一項關於墮胎的法案。法格勒說，教會不應當像中世紀的修道院那樣「自我邊緣化」，應當讓信仰彰顯在社會生活的方方面面。

這座龐大的辦公樓與普通辦公樓有一個最大的不同是，其中設置了一間小禮拜堂。這間禮拜堂可容納一百人左右，專門供在總部工作的牧師和工作人員使用，大家隨時可來此祈禱。在禮拜堂中央的祭壇上，安放著一尊耶穌釘十字架的小塑像。這個塑像與我在教堂中看到的造型截然不同：十字架上的耶穌居然沒有雙臂！

我曾在和解小教堂看到只有一隻手臂被釘在十字架上、另一隻手伸向下方的耶穌塑像。和解小教堂的艾舍牧師告訴我說，耶穌的另一隻手伸向人間，表明耶穌對

這個世界的深切參與，直到被釘上十字架的時刻，也沒有忘記被凌辱、被逼迫、被屠殺的人們。那麼，這裡的耶穌塑像為何兩隻手臂都缺失了呢？這一藝術創新驚世駭俗，若是在中世紀，雕塑家恐怕要被宗教裁判所審判了。也許，藝術家試圖表明，在最黑暗的時代裡，教會沒有成為耶穌的臂膀，沒有參與耶穌拯救人類的偉大事工。基督徒們背對這個世界，沒有與關在集中營裡被屠殺的人們站在一起。那麼，這個塑像的用意是譴責，也是警醒。

有一種基督教是「日爾曼人的基督教」嗎？

法格勒指出，納粹時代德國新教教會的表現，是德國教會歷史上最恥辱的一頁。

早在納粹上台之前，作為國家宗教的路德宗教會就熱烈歡迎納粹黨的民族革命。他們拒絕威瑪「不敬神」的現代主義，這些在一九二〇年代形成的新教牧師和神學家的寬泛聯盟，宣揚創造一個新的「民族社會」。他們所說的「懺悔」是對一九一八年的失敗進行「全民懺悔」。路德宗神學家保羅·阿爾托依茲聲稱，德國人需要起來反對〈凡爾賽和約〉，以證明他們值得再次受到上帝的信任。他將神學觀點同好戰的民族主義巧妙地混合起來，成為路德宗和德國天選論的一個強大且日益重要的宣傳家。[4]當納粹掌權時，他稱讚希特勒入主總理府是上帝的神蹟和禮物；當納粹開始屠殺猶太人的時候，他指出，自上帝指引歷史以來，他們進來遭受的苦難就證明了猶太人的罪惡。

納粹上台之後，從三個方面壓迫、打擊和改造教會，納粹需要的是唯唯諾諾的「日爾曼人的基督教」。這是一個龐大、周密且狂妄的將教會納粹化的計畫，納粹獲得巨大的成功。

第一步，納粹致力於將教會納入到其無孔不入的國家體系之中，讓基督教成為順服與支持納粹的「國家宗教」。從一九三三年開始，納粹政權就出重拳使作為新教核心的福音教會納粹化。希特勒似乎志在將福音教會改造成一種新國教，自信納粹當局的種族主義新政策最終能將天主教徒吸引過來為納粹理念奮鬥。[5] 希特勒及其助手們詆毀基督教的言論，很少在公開場合發表。在公開場合，希特勒扮演著「教會守護者」的角色。他先是安排心腹穆勒擔任「全國主教」，當穆勒未能按照其意圖成功控制教會時，又任命漢斯·克爾作為新成立的「宗教事務部」部長。這個擔任過普魯士司法部長的鐵桿納粹分子，遵照元首的命令採取一切措施遏制教會的反對勢力，並宣稱「積極的基督教信仰就是國家社會主義」。

納粹消滅了所有政黨，消滅了工會和民間組織，讓黨國體制成為民眾唯一的依賴，一旦離開此種體制，每個人都是孤立無助的個體，無法集結成一支強而有力的力量。納粹不能容忍教會作為獨立的社會系統而存在——只要存在獨立的系統，便有可能是潛在的反對力量。納粹進而開始插手老百姓靈魂的事務。納粹需要的不僅是民眾三心二意的支持，而且是死心塌地的效忠。一個在靈魂上追求自由與平等的人，不會同時接受納粹的價值觀。要讓人們都成為忠心耿耿的納粹分子，就必須讓教會成為國家機器上的一個齒輪，讓教會領袖們成為政府官員。

其次，納粹政權誘導民眾放棄傳統的基督教的生活方式，以新的納粹的生活方式取而代之。當時，德國有百分之九十二的民眾信奉天主教和新教，宗教在民眾日常生活中佔有重要地位。作爲顚覆基督教工作的一部分，納粹狂熱分子鼓勵在有關出生、婚姻和死亡的儀式上去除基督教的影響，廢除基督教年曆和基督教節期。從一九三八年起，學校不再允許演出頌歌和基督降生的戲劇。戈培爾有一個隱蔽、陰險的花招——「每個星期日上午去作禮拜時，爲了轉移人們不要去作禮拜，於是廣播裡就放送最美好的德國音樂和精選的詩篇。」許多愛好音樂和詩歌的德國人因此留在家中。納粹以群眾運動起家，當然知道如何「運動」群眾，如何將群眾控制在其股掌之中。

納粹致力於與教會爭奪年輕一代。納粹很早便洞悉：只有掌握年輕一代的心靈，才能掌握德國的未來。在奪取政權之前，納粹組建了許多對青少年頗有吸引力的組織，讓孩子們積極參與，進而不再踏進教堂之門。然而，如何抵禦納粹對青年人的蠱惑，教會既沒有做好充分的準備，也缺乏與納粹抗衡的資源以及與青年溝通的方式，只能眼睜睜地看著孩子們紛紛離開教堂，昂首挺胸地走進納粹的青少年組織。

希特勒青年團的少男少女們透過晚會活動形成新的世界觀，連學校上課用的教材也成了政治工具。一九三五年的《教師手冊》規定：數學教學要以「國家政治教育」爲己任。納粹還創辦了一批菁英學校，如希特勒學校、國家政治學院、國社黨帝國學校等，以培養接班人，「當他們還是孩子的時候，就要在軍隊裡經受磨練和嚴格的訓練，課堂上除了知識外，他們主要是接受世界觀教育。他們要像政治戰士一樣，『相信、服從、戰鬥』。希特勒的學生們常常是狂熱信仰的一部分。他們每兩個人中只有一個人活過了那個時代。」[6]透過這些努力，整整一代德國人脫離了教會，喪失了信仰。「納粹主義的長遠目標不僅僅是毀滅教會，而還要毀滅任何意義上的基督教信仰。」

第三，納粹對基督教作了若干「大刀闊斧」的「改革」，企圖打造附庸於種族主義意識形態的「日爾曼人的基督教」——只有此種「積極的基督教」，才能在第三帝國享有一席之地。納粹黨的二十五點綱領中有涉及宗教信仰的部分，如此論述說：「國內一切宗教派別享有自由，只要它們對德國民族的道德感情沒有危險。黨贊成積極性的基督教信仰。」這裡的措辭耐人尋味：對宗教信仰自由的承諾，有特別的限制，即不能危害德國民族的「道德感情」。言下之意是，無論何種宗教信仰，如果不符合納粹的意識形態，則不受保護。納粹又聲稱，贊成「積極性的基督教信仰」。什麼是「積極性的基督教信仰」呢？在受到種族主義激發的各種運動中，有兩個宗教分支在第一次世界大戰之前的德國便佔據統治地位了：一個是消除了「猶太」或「羅馬」特性的「日爾曼」基督教，一個是強調「自然－太陽崇拜」的新異教主義。這兩者又互相混雜，於是「在新的德國基督教中，耶穌被變成一個堅定的握著劍而不是戴著荊冠的亞利安人。」[7]

納粹興起之後，此兩種宗教分支，變本加厲蠶食正統信仰的領地。許多新教徒全力支持「恢復國家尊嚴」行動，有些自稱為「德國基督徒」者參與納粹的暴力活動，被稱為「教會中的衝鋒隊」。[8]德國天主教會原本效忠於教宗，如今搖身一變聽命於希特勒，並聲稱這是爲了捍衛「民族利益」。德國教會歷史上最卑鄙的一幕發生了——漢諾威主教馬拉倫斯在一份公開聲明中宣稱：「國家社會主義的生活概念，是決定和表現德國人特性的民族和政治教義。德國基督徒也有義務遵守。」教會公開抵制「德國的猶太使團」、拒斥「普世基督教精神」、反對「種族混合」、承擔建立「適合日耳曼種族的基督信仰使命」。很多來自中下階層的年輕牧師種族意識強烈，渴望一個勇於戰鬥的教會，以激進的方式傳播福音，教導教會成員爲耶穌和祖國而戰，吃苦耐勞、意志堅強、絕不妥協。這種好戰的基督教尤其吸引年輕人，他們看不上從事慈善福利活動和富有同情心的「女性化宗教團體」，也憎惡傳統牧師強調的基於基督受難和復活的原罪和懺悔。[9]

談到這裡，我告訴法格勒，中共控制教會，跟希特勒有相似之處。在中共政權建立之後，當局扶持了一個「三自教會」（所謂自治、自養、自傳的教會），此「御用教會」將黨作爲崇拜對象，扮演著跟納粹的「日爾曼教會」相似的角色。中共希望以此控制教會。但大多數中國基督徒選擇在家庭中聚會，是爲家庭教會。而當年德國教會未能抵禦民族主義的教訓，對今天的中國教會仍有重要的啓發意義。如今，中國的民族主義思潮洶湧澎湃，這是中共有意鼓動和煽動的結果。上帝的公義和愛是賜予萬國萬邦的，基督信仰應當成爲民族主義之「解毒劑」。但基督信仰中蘊含之眞理的力量，並未在中國教會彰顯。中國基督徒應當認識到，基督信仰是一種普世信仰，眞正的基督信仰不是某國和某民族所獨享，它屬於全體人類。

法格勒回應說，他理解我的擔憂，他會將中國「三自教會」的眞實狀況告訴德國教會。他針對所謂「日爾曼基督徒」的信仰狀況分析說，那些「積極的基督徒」，同時身兼納粹黨徒和希特勒崇拜者的身分，他們並不感到這兩者之間有矛盾，「對於國家社會主義者來說，希特勒顯然是被派往世界來拯救德國的上帝的使者。一個熱情的信仰者表達了這樣的思想：『耶穌基督以希特勒的形式被派到我們當中。』」這才是對信仰最大的褻瀆。

希特勒的歸希特勒，上帝的也歸希特勒

法格勒認爲，在「上帝」和「希特勒」這兩種信仰之間，必定有一種是虛假的，因爲兩者在本質上是對立的。對於那些毫不猶豫地去殺人的納粹黨徒而言，對上帝的信仰是虛假的，或者說對上帝的信仰早已被納粹意識形態掏空。

那麼，希特勒本人的信仰究竟如何呢？

希特勒從小生活在一個天主教家庭，母親是一位虔誠的信徒，經常帶孩子到教堂參加彌撒。希特勒成年之後並未公開否認其教徒身分，但他其實是一個宗教虛無主義者，內心深處充滿對基督信仰的刻骨仇恨。

如果說尼采只是反對體制化的教會（包括被其視爲威權象徵的上帝）而不是全盤推翻基督信仰，他對耶穌本人尙存幾分敬意；那麼，希特勒不僅反對作爲組織系統的教會，而且敵視耶穌本人，因爲「耶穌宣導的愛與公義」正是納粹意識形態的剋星。希特勒將基督教看

作是「系統地培養人類失敗的因素」、「侵蝕我們重要器官的禍害」。他狂妄地宣稱：「總有一天，我們要處在這樣的位置上，在那裡，只有十足的傻瓜才會站在講道壇上向老婦人佈道。」跟天主教教徒相比，希特勒尤其蔑視一直以來跟世俗權力眉來眼去的新教徒：「他們是微不足道的小人物，像狗一樣順從，當你對他們說話時，他們惶恐得汗流浹背。」

與十九世紀以來所有對西方基督教文明失望的左派思想家一樣，希特勒對各種東方宗教元素都有強烈興趣：瑜伽、催眠術、占星術以及其他各種不同形式的東方神祕主義。希特勒的傳記作家艾倫·布洛克指出：「他蠱惑聽眾的能力類似於非洲巫醫或亞洲薩滿教的神祕技藝。」曾經擔任威廉二世顧問的、信奉神祕主義的休斯頓·張伯倫形容說：「希特勒讓德國人的靈魂甦醒過來，他是彌賽亞運用其權勢的工具。」與其說是彌賽亞的工具，不如說是撒旦的工具。希特勒早年的朋友、書商俄尼斯特·普雷茨奇回憶說，他曾經將一種迷幻藥推薦給受病痛折磨的希特勒，希特勒由此獲得了力量，去做那些他認爲命運所指定的事情。希特勒最親密的小圈子的成員，大都也是敵視基督教的東方神祕主義者和毒品成癮者，如希姆萊和羅森堡。[10] 這個特徵在西方一九六〇年代垮掉的一代中驚人地重現了。

希特勒發明了一套特殊的意識形態、一種新的宗教，這是關於團結一致、權力、希望和奇蹟的宗教，一種敵視基督教的宗教。希特勒告訴其親信羅西寧說：「我正在創設一種秩序，人間神。」他宣布說：「創世還沒有結束。人正變成上帝，人處在變成上帝的過程之中。」擁有哲學博士學位的戈培爾對此深信不疑：「希特勒是命運和上帝的富有創造性的工具。他是如此深不可測和神祕，就像古代的先知。有了這樣一個人，人們就可以征服世界了。德國將獲得新生命！」[11]可悲的是，很多德國基督徒不僅對希特勒敵基督的本質一無所知，卻堅信，希特勒就是民族的拯救者，他會使社會重新基督教化，令整個德意志民族再度覺醒。[12]

納粹主義的根基便是種族純正的「第三帝國」的狂想。「第三帝國」這個詞語古已有之，在德國它是一個古老而神聖的概念，「『帝國』（Reich）一詞既然有宗教色彩，又有政治色彩，《路德聖經》有一個句子就用了這個詞。這個句子是：『你的帝國來了。』」[13]希特勒賦予這個詞語以新的內涵與外延——那是一個他本人取上帝而代之的國度，帝國將與他本人同命運。用希特勒御用理論家羅森堡的話來說就是：「讓世界自然而然地運行吧，不過我相信希特勒；他的頭頂縈繞著一顆星星。」羅森堡的《二十世紀的神話》一書啟發了希特勒的《我的奮鬥》，是向教會和猶太人的戰爭宣言，也是國家社會主義的思想基石。[14]

《聖經》說，凱撒的物歸凱撒，上帝的物歸上帝，「上帝的物與凱撒的物的二元區分是基督教政治哲學的核心。」[15]納粹卻要讓上帝的領域歸其所有，「在極權主義時代，凱撒想讓那些過去按傳統權利不屬於他的東西也屈從於他」，「根據納粹的學說，國家宗教凌駕於各宗派，獨立於一切宗教教條。據此看來，基督教教會應毫無問題地接受黨和國家的權威。」[16]

在希特勒所設想的「美麗新世界」裡，沒有基督教和基督徒的存身之地。與希特勒一樣，大部分的納粹黨人都對基督教有一種「形而上的仇恨」，他們認為基督教是來自猶太人的信仰，這種信仰被守財奴式的傳教士所強化，「納粹運動是自現代早期被世俗意識形態所推動的反天主教的反映，它只能被解釋為『在所謂基督教的西方病入膏肓的信號』。」納粹領導層大都是無神論者，早已喪失了善惡觀念和道德制約，是心中沒有敬畏的一群人。

毋庸諱言，教會是希特勒的手下敗將。耶穌基督將教會當作自己的身體，教會卻未能在上帝面前承擔此職責。在那個黑暗時代，教會不自覺地成為「希特勒的志願行刑者」之一部分。在戰爭開始前夕，大多數德國人既是屬於某個基督教派的信徒，又加入了納粹黨或某個納粹黨控制的組織——他們其中的絕大多數（百分之九十四）仍然是新教教會或天主教會的成員，加入納粹組織的人佔三分之二。[17]

很多大屠殺的加害者都是基督徒。戰後，很多人試圖把這最恐怖的種族滅絕描述成道德上有缺陷的個體在犯罪的、尤其是非理性的意識形態作用下脫離了文明的約束，而結成的特別緊密的網路產物。然而，最細緻的歷史研究表明，劊子手神志清楚、道德正常。[18]如果不是德國戰敗，他們不會認為自己做錯了。《聖經》的教導在此失效了，正如漢娜·鄂蘭所說：「自從整個有名望的階層都以這樣或那樣的方式屈從於希特勒之後，指引著良心，決定社會行為和宗教戒律的道德格言——你不可殺人——已經從事實上化為烏有了。」

教會本應遵循上帝旨意，宣講並實踐同情之心、培養愛心，減輕人們的痛苦，譴責罪惡、殘忍和殺戮。教會面對暴政的態度，是教會是否遵循《聖經》教導的試金石。神職人員的使命是傳揚愛、同情心、憐憫心和道德，如果他們默許、贊同和支持將猶太人從德國社會消滅，就有力地證明，反猶主義在德國無所不在。

反猶主義一直以來都是德國教會機體內的一顆尚未切除的毒瘤。在馬丁·路德那裡便有嚴重的反猶主義思想，此種思想更早在中世紀便氾濫全歐洲。在「路德的城市」威登堡的聖母教堂外，我曾看到一個奇怪的雕塑。雕塑是一隻給三隻小豬哺乳的母豬的造型，它的後腿被一個帶著尖頂帽子的小個子男子拖住——這是猶太人和豬，是一種羞辱猶太人的象徵。這一象徵在路德時代便出現在許多教堂。

一九八八年，這座路德曾佈道的教堂被修繕一新。與此同時，一些路德宗的年輕教友認爲，不能讓外邊這座雕塑就這樣立著——當然更不能將其「毀屍滅跡」，他們籌集了一些資金，在這座雕像前豎立了「警示碑」。它由四塊青銅質地的方形平板組成，被鑲嵌在人行道上，由一隻青銅手指從下邊把它抬到稍稍高於地面。朝上的一面有一段說明：

猶太人不能發出聲音
我們對此已習以爲常
就在這習以爲常的辱罵中
六百萬猶太人死去

這個「警示碑」是德國數千個「警示碑」之一，是我所見的第一個以教會名義對教會參與反猶主義罪孽懺悔的「警示碑」。

烈火中的荊棘：〈巴門宣言〉與基督徒的抵抗

法格勒帶著我們參觀新教聯合會大樓，一路步履匆匆。在大廳進口處一面位置顯要的牆上，懸掛著幾個裝有紙張發黃的德文文件的鏡框。法格勒博士停下如飛的腳步說：「這就是〈巴門宣言〉。在納粹時代，大部分德國教會和基督徒都臣服於希特勒的統治，接受納粹的價值觀，背棄純正之信仰。〈巴門宣言〉爲德國教會挽回了聲譽，戰後德國教會的重建便以此爲精神基礎。」

直到今天，我們仍需直面維瑟爾之質問：「人們該如何解釋眾人的消極態度，在他們旁觀猶太人受迫害之時？如何解釋殺人者的殘忍？如何解釋他們中間的基督徒在射擊孩子時不讓他們的手臂顫抖，或在把他們赤裸、頹喪的犧牲者們驅進死亡工廠時不讓他們的良心約束自己？當然，在此處或彼處，總有勇敢的基督徒來幫助猶太人，但他們是少數。」[19] 如果不能回應此追問，信仰復興和教會重建便是空中樓閣。儘管個別牧師的許多英雄主義行爲在第三帝國時期被記錄下來，但是教會機構都悲劇性地沒有鼓起勇氣去阻止納粹犯下難以言說的反上帝和反人類的罪行。這種體制性的神經衰弱將永遠是基督教歷史上的汙點。這是一種「道德的近視」。當應爲大眾指示遠景的教會患上「道德的近視」，人們從哪裡尋求眞理與方向呢？

一九三三年四月，「日爾曼基督徒」在納粹的支持下組織了一次大會，特意將地點選在「路德之城」威登堡，以顯示他們是路德的傳人。他們試圖讓德國所有福音派教會「協調一致」，將全德廿八個地區性新教團體合成一體，歸由一位主教管理。這樣，在納粹所宣揚的「一個民族、一個國家、一個元首」之後，便可再加上「一個教會」。同年九月，他們選舉希特勒的新教教會事務顧問穆勒爲新的國家主教。穆勒將元首制的原則引入教會管理，通過名爲「雅利安條文」之決議，要求具有雅利安血統是擔任神職的前提。根據此決議，在一九三三當年即有三千位牧師被解職，占德國牧師總數的六分之一。

在如此嚴峻的形式之下，馬丁·尼穆勒牧師領導一群傳道人組成「牧師緊急聯盟」，以捍衛《聖經》和禮拜儀式，防止納粹干涉教會。一九三四年五月，又建立了被稱爲「宣信會」的替代性教會管理組織。一九三四年五月，四百位基督教新教教會代表來到小鎮巴門，召開了爲期一個禮拜的神學研討會，會後發表了一篇震撼教會內外的〈巴門神學宣言〉。

這份宣言的主要起草者是加爾文派神學家卡爾·巴特。該宣言呼籲德國教會回到基督教的核心眞理，明確反對納粹的極權主義政策，強烈表示教會存在的主要職責和角色。前言指出：「鑒於現存帝國教會當局的『日爾曼基督徒』的錯誤正在毀滅教會，也正在破壞德國福音教會的統一，我們要公開聲明以下的福音眞理。」宣言共有六條，其中有兩條信仰告白引起希特勒政府的相當不滿。第一條指出：「《聖經》是唯一上帝的話，不論是生、死，我將永遠順從。」第五條指出：「教會沒有義務替政府宣揚政策，但有義務與責任宣揚《聖經》

的教訓和耶穌基督的主權。」

〈巴門神學宣言〉不是一個政治宣言，但它不迴避「敏感」的政治問題。宣信會沒有計劃開展抵抗納粹主義的政治運動，它主要是反擊「日爾曼基督徒」運動中的異端邪說對基督教的曲解，「宣信會決定不將自身定位爲一個敵對教會，而僅僅作爲一個團體去保護正統的基督教信仰。」[20]但是，該宣言撼動了納粹的一元化統治，挫敗了希特勒一統教會的野心，成爲暴風驟雨中基督徒持守信仰的一盞明燈。

宣言發表之後，納粹大爲震怒，逮捕了許多簽署者。僅在一九三五年，因爲公開拒絕種族主義的世界觀，便有七百多位牧師被捕。宣言發表之後，許多教會和基督徒認識到，他們不僅要爲捍衛信仰自由而戰，還應當在一切與良心和人權有關的事務上發言和行動。沉默和逃避的態度，既是因爲人的怯懦，更是因爲神學上的偏差。如果完整領悟了《聖經》眞理，必定會具有「雖千萬人，吾往矣」的勇氣。

潘霍華更是邁出從認信到抵抗的關鍵一步。對他來說，僅有口頭上的認信，不論多麼勇於表達，到頭來還是免不了要背負「殺人共犯」這個罪名。潘霍華投身抵抗運動，參與了推翻希特勒的未遂政變，並爲此付出了生命代價。在生命最後時刻宣稱，他堅信「公民的勇氣」來自上帝：「公民勇氣只能從自由人的自由責任感當中成長起來。只是在現在，我們德國人才開始發現自由的責任感的意義。它所依靠的是這麼一個上帝。這個上帝要求以勇敢的行爲作爲信仰的自由回應。」[21]他在《倫理學》一書中指出，人們無法用傳統的倫理、規範和原則打敗納粹的邪惡，唯獨上帝能夠戰勝它。希特勒已經把人類的現實處境逼上不歸路：邪惡已經登上世界舞台的中央，並脫下面具。邪惡已經超過人們的能力範圍，人們全都受到它的玷污，而且無法逃避被它玷污。那麼，解決之道就是遵從上帝的旨意，積極、勇敢又喜樂地奉行上帝的旨意。離開耶穌基督我們就無法分別是非對錯，在任何情況下，我們都必須仰望祂，只有藉著祂才能夠給深不見底的邪惡世界致命一擊。這是一種絕不妥協的基督中心主義。[22]

一九三七年七月一日，尼穆勒牧師因公開反抗納粹而被捕。此前一個星期，他曾在達倫姆一向是坐無虛席的教堂裡向會眾講道，這次講道成爲他在第三帝國的最後一次講道。好像他已預感到將要發生的變故似的，他說：「我們和古代的使徒一樣，不願意在上帝要我們說話的時候，聽從凡人的命令而保持沉默。我們必須服從上帝而不是服從人。」[23]此後他輾轉於多家監獄和集中營之中，直到七年後被盟軍解救。尼穆勒的志同道合者屈指可數，但這先知式的宣告，成爲戰後德國教會復興的種籽。他們人數雖少，但像鹽一樣，以讓自我消失的方式改變了整杯水的味道。

戰後，許多人迷惑不解的是：上帝爲何允許大屠殺發生？上帝爲何不出手懲惡揚善、改變歷史進程？神學家漢斯·約納斯解釋說：「人們可能期待著，善良的上帝有時打破最大的抑制其權力的規則本身，並且以解救的奇蹟來進行干預。可是，解救的奇蹟並沒有發生。上帝對奧斯威辛憤怒的年代裡一直保持沉默。所發生的奇蹟來自人類自己：來自那些爲了拯救以色列人的義人的行動，即，只要不出意外，隨時與以色列人共命運、不怕做最後犧牲的民族中那個別的、往往沒沒無名的義人的行動。」[24]上帝給予人以自由意志，有人作惡，亦有人行公義、好憐憫、存謙卑的心與神同行。因著這群爲眞理獻身的基督徒的存在，即使在最黑暗的夜半時刻，即使在焚屍爐的煙火之中，人類的自由、尊嚴和權利仍未全部崩解，人類社會仍未淪爲歐威爾筆下萬劫不復的「動物農莊」。

法格勒介紹說，二戰結束之後，德國政府和德國教會都面臨重建問題。重建不僅需要資金和技術，更需要精神資源。那些服從甚至配合納粹政權的教會，即「日爾曼教會」，自然遭到民眾唾棄，那兩千位曾簽署聲明支持納粹的牧師均名聲掃地。不是每一個人都受到法律制裁，但他們中的大部分人都不能繼續從事神職工作。反之，那些參與簽署〈巴門宣言〉的教會，每個禮拜日都會湧進成千上萬信徒參加禮拜。那些堅守信仰的教會，在大逼迫的日子裡經受了風吹雨打，當雨過天晴之後，便成爲民眾精神生活的中心。

他們假裝是自由的：東德時期在夾縫中掙扎的教會

二戰結束、第三帝國消亡，但德國教會的苦難遠遠沒有結束的一天。

兩個分裂的德國，正好位於冷戰最前沿。東德統一社會黨爲鞏固並擴展其權力，像納粹一樣將魔爪伸向教會。經歷了納粹二十年血腥統治之後，尚未恢復元氣的東德地區的教會，再度遭遇一場劫難。東德教會在官方的壓迫之下，四十年間不斷地失去信徒，版圖日漸收縮。東德政權成立時，東德地區有百分之九十以上的人口是新教徒和天主教徒；當東德瓦解時，信徒比例只有百分之二十左右。

那麼，東德時代教會和基督徒的光景怎樣呢？法格勒介紹說，在新教各宗派中，路德宗比較強大，遂成爲東德當局的眼中釘。

東德政府將消滅基督教當作一種潛在的政治目標，在幾十年的統治中，集中各方面政府資源以達成此目標。東德政府沒有像納粹那樣發起針對教會的大規模迫害運動，通常使用隱蔽的方式，此種無形的壓迫更有效果。黨和國家政權，尤其是國家安全部，幾乎控制著全部輿論和公共生活以及直接涉及私人領域的教會活動。東德當局讓神職人員在社會上得不到應有之承認和尊敬，讓基督徒成爲「隱形的人」，甚至是受歧視的人。

東德共產黨像納粹一樣，企圖取代教會在公共領域的作用，在教會外創造和發展出一套模仿教會的平行制度。無論是納粹還是東德政權，以及中共政權，所有極權主義政權都以教會爲敵，這是因爲基督教堅持人皆有良心的自由，這種自由是獨裁者對民眾實施催眠的最大障礙。「第三帝國的新大廈就以恐怖主義對良心的迫害而開始，這種迫害透過無數的管道浸沒了或者是輕輕地而不斷地滲透進全民族每一個人的生活裡面去。在它那裡，我們看到了第三帝國最強有力和最惡毒的手段及其自己的原罪。」[25]極權主義者靠暴力、更靠思想征服人民，通過「槍桿子」和「筆桿子」，讓民眾放棄良心的自由，甚至讓民眾幫助統治當局迫害「國家的敵人」。

我接著問法格勒：「那麼，東德時代的教會如何應對當局的逼迫？」

法格勒回答：「當時，東德教會的態度大致分爲兩派。多數派的觀點是恆久忍耐，如同當年的先知摩西一樣，他們認爲這是上帝給德國教會的試煉，這是德國教會在納粹時代的背叛和屈服所遭致的懲罰。當年摩西帶領以色列人曠野中跋涉，而現在東德的教會也在一種類似於『沙漠』的環境中存在。他們認爲，教會的生存是第一位的，他們要竭盡所能在東德無神論的大環境下存活。而少數派則主張公開、堅決地對抗當局的宗教政策，要像先知耶利米那樣對人民說出眞相來。這眞相就是，如今我們如同一個流亡的民族一樣，這個國家不是我們的國家。在後者當中有少數比較極端的例子，比如有一位牧師以自焚來抗議共產黨的暴政。」

在東德，一位神職人員如果選擇不服從的道路，其遭遇可想而知。比如，艾格特主教拒絕與當局合作，受到無情打擊。祕密警察們全天二十四小時監控和跟蹤他，讓他長期生活在沒有隱私、沒有自由的痛苦中。警察派女人去勾引他，並用匿名信散佈謠言說他雞姦男童，還指使醫生用抑制精神的藥品破壞他的健康。

即便如此，東德教會內一些有勇氣的牧師認爲，教會應當成爲受迫害者的避難所，給遭受不公義的人們以禱告和禮拜的空間。他們冒著風險與西德教會合作，籌集到資金，花錢從政府那裡贖出被關押的信徒。

與中共組建的「三自」僞教會系統（中共對其他幾大「合法宗教」如佛教、道教、伊斯蘭教亦如法炮製）相比，在東德，因為基督教傳統深厚，東德當局不可能推倒、拋開原來的教會，從頭建立一個新的官方教會體系，它只能逐漸滲透、蠶食原有的教會，並迫使其接受「社會主義教會」的定義。在東德時代長期擔任東德新教教會救濟會心理治療診所首席醫師的心理學家漢斯·約阿希姆·馬茨指出，數十年來，教會一直是東德境內唯一有組織的反對派力量，教會為不同的思想和表達方式保留了自由空間，而且不斷有勇敢的宗教領袖站出來反對國家專制獨裁、揭露社會體系內的扭曲之處。但是，在另一方面，教會內部也存在一個影響巨大的妥協派，主張與政府合作，甚至幫助政府壓制不斷增長的騷動和反抗，成為造成東德民眾「情感堵塞」的力量之一。[26]

在一九七一年的東德全國教會代表大會上，教會領袖接受政府的命令，將自身嚴格定義為「社會主義教會」。教會高層向官方靠攏的態勢的高潮出現在一九七八年三月六日——教會聯盟的大主教阿爾伯特·舍恩荷爾與東德獨裁者何內克之間進行了公開對話，談話被視為兩個公共機構之間的相互示好及諒解。由此，教會認為其身分得到政府的肯定，作為回報，也異常友善地讚揚了何內克身上體現出來的「專業水準」與「人情味」。[27]與此同時，數以百計的民眾在試圖穿越柏林圍牆、奔赴自由時，遭到東德邊防軍士兵槍殺，槍殺的命令是何內克親自下達的，他並沒有一點「人情味」。

德國前總理梅克爾的父親霍斯特·卡斯納就是「社會主義教會」的高階神職人員之一。當時，東德當局賜予教會管理層出國旅行的優先權，在普通大眾被嚴禁出境時，宗教領袖卻擁有去西方國家旅行度假的特權。多年來在教會內部工作、對教會權力運作洞若觀火的漢斯·約阿希姆·馬茨認爲，「教會領袖反而能夠享有此種出國度假的特權，不啻爲其投機取巧人格的一種明證。」[28]

卡斯納利用其資源和特權，早在一九七〇年代就獨自到羅馬和倫敦旅行。而且，他還能爲女兒爭取到去西方和蘇聯旅行的機會。他爲女兒營造了一個在精神和物質上都相當舒適的環境，在學業和事業上一路順遂的梅克爾，不覺得她在東德政權下的前半生有多麼痛苦和壓抑，她曾對攝影家柯爾珀說：「我不曾覺得東德是我的故鄉，但一直利用東德提供的遊戲空間。」另一方面，作爲官方教會牧師的女兒，她既享有部分特權，也並不爲政權所完全信任，在每間屋子都可能存在告密者的社會裡度過生命的前三十六年，養成了很好的掩飾或控制情緒的能力。[29]這段經歷也影響到梅克爾對共產黨及其意識形態的看法，她對共產黨有負面的看法但相當溫和——她也以自己的經歷去猜想中共政權的治理模式，結果犯了大錯。

東德政權致力於將東德教會塑造成一扇櫥窗，更何況這扇櫥窗能夠帶來滾滾財源——由於東德教會的經濟狀況已經到了捉襟見肘的地步，便懇求西德提供援助與補貼。當年西德流入東德教會的資金至少有二十五億至四十億馬克，也成爲東德政府的一筆重要的外匯收入。然而，這筆名爲「兄弟援助計畫」的、看似兄弟情深的金錢，卻是有毒的，是好心辦壞事的典型案例——東德教會在經濟上對西德的依賴日益加深。這不僅掩蓋了新教教會眞實的經濟狀況，也導致教會失去努力改善自己現狀的動力。教會在經濟上失去了獨立性，也形成了小範圍內的特權腐化。30

經過戰後四十多年的發展，東西德的社會和教會都大不相同了。法格勒指出，在分裂時期，東西兩個德國教會的狀況有明顯差異。東德教會處於受迫害者的位置，爲生存而掙扎，較多思考政教關係問題。而西德教會受憲法保護，不存在沒有宗教信仰自由的問題，面對的是後現代社會世俗化的衝擊，教會如何用古老而永恆的眞理應對時代的挑戰，是西德教會思考的重點。

一九八〇年代中期，東德的統治出現了裂隙，愈來愈多人去教堂參加禮拜和禱告會。教會成爲追求眞理的人們的聚集地，對異議人士也有保護功用。在一般情況下，警察不敢衝進教堂去抓人，當局只能派遣便衣警察混進教會搜集情報。在歷史轉型時期，教會發揮了重要作用，創造了和平演變的奇蹟。許多異議人士是虔誠的基督徒，後來成了國會議員和內閣部長。

法格勒也不無遺憾地指出，一九八九年之後，原東德地區享有了宗教信仰自由，但法律的保障並沒有使得信徒人數上升。近二十年來，基督徒的比例仍只有百分之二十左右。許多荒廢的教堂得以修復，但人們心靈的修復、基督教信仰的重建，是何等困難的工作。共產主義宣傳和教育的影響並未全部消失，價值秩序已被摧毀，需要很長時間才能恢復。可喜的是，在前東德的一些地區，湧現出了一批生機勃勃的教會和團契。

青山遮不住，畢竟東流去。上帝給予信仰者和教會的擔子，不會超過人所能承受的；

但上帝正是通過血與火的試煉，讓人們分辨清楚誰是麥子、誰是稗子。德國教會的光榮與夢想、失敗與恥辱、眼淚與血泊，不僅是其自身的財富，更是全世界教會共有的經驗與教訓——對於中國基督徒和教會來說，尤其如此。

二〇〇九年一月二十五日至二十八日初稿

二〇〇九年三月十日完稿

二〇二一年三月二十三日修訂

第十章

白玫瑰永遠綻放

——訪慕尼黑「白玫瑰」基金會

讓每個人說出他所認爲的眞理；
並讓眞理自己被引向上帝！

漢娜·鄂蘭《黑暗時代的人們》

女孩索菲爲何被選爲最偉大的德國人之一？

當代德國曾評選過德國歷史上的十大偉人，經過公眾投票，揭曉名單爲：艾德諾、路德、馬克思（馬克思名列第三，看來德國民眾並不認爲馬克思是跟希特勒一樣給人類帶來巨大災難的惡魔，這是德國思想觀念中的一個重大漏洞）、索菲·紹爾、巴哈、愛因斯坦、歌德、古騰堡、布蘭特、俾斯麥。其中，最年輕的也最不爲中國人所知的索菲·紹爾，死時年僅二十二歲，比其他所有人的壽命都短。她既不是改變歷史進程的政治家（如奠定聯邦德國根基的艾德諾），也不是留下不朽著作與學說的宗教改革家（路德）、大文豪（歌德）、音樂家（巴哈）或科學家（愛因斯坦），是十人之中唯一的女性和大學生。那麼，這位年輕女孩憑什麼享此盛譽呢？

索菲是納粹末期慕尼黑大學生反對希特勒的抵抗組織「白玫瑰」的成員之一。這個組織沒有像施陶芬貝格等軍方高層反對者那樣刺殺希特勒，只是暗中製作和散發反對納粹統治的「白玫瑰」傳單，呼籲民眾拒絕與納粹政權合作，他們堅持以非暴力方式反抗。在許多人眼裡，這種做法似乎不夠堅決與徹底。然而，他們的文字喚醒千百萬甘受奴役、麻木不仁的同胞，他們是黑暗時代「平民良知」和「平民勇氣」的代表。

這群年輕人最早出現在西方民眾視野之中，是一九四四年六月十四日。那天美國《時代》雜誌刊登了一篇介紹這群奮起抗暴的學子的報導。德國流亡作家阿爾弗雷德·紐曼根據這篇報導創作了一篇題爲〈他們六個人〉的小說，他有意識地採用足以顯示德國國內有人在準備進行一場並非勢均力敵的鬥爭以抵抗暴君和暴行的事實，這個故事鼓舞了無數在最黑暗時代掙扎的人們。[1]

在納粹最猖獗的歲月裡，絕大多數德國人都被黑暗和邪惡牢牢控制，蛻變爲罪惡的一部分。人們容忍犯罪，並參與犯罪，甚至感覺不到自己在犯罪。在戰爭末期，多數德國民眾仍接受並支持國家社會主義。在謀殺希特勒的計畫失敗之後，古德里安寫道：「當時，無可辯駁的事實似乎是，人多數德國人民仍然相信希特勒。如果希特勒死了，他們會認爲謀殺者殺害的是唯一能夠使戰爭勝利結束的人。」[2]即便在戰後多年，世人也並不了解納粹犯罪事實的眞貌。第三帝國的餘孽試圖掌握話語權，從修正主義的角度去改寫納粹時代的德國史，許多德國政論作家的筆觸多少都帶有明顯的懷舊感，他們向德國民眾傳達的訊息是，要不是當年希特勒的行徑有點失控，他們應該還是會過得很好；要不是希特勒插手軍務，德國的將軍們未必會打敗仗。對此，紐倫堡大審判的美方檢察官、此前曾在威瑪共和黨司法部任職的猶太裔法學家坎普納就主張紐倫堡審判的大量罪證資料應整理出版：「唯有如此，才能對抗有人明目張膽地在這剛萌芽的共和國裡，系統性地荼毒國民的心智。」[3]

希特勒爲何能成功地迷惑德國民眾，並將國際社會玩弄於股掌之中呢？當納粹殺戮猶太人時，德國民眾和西方盟國爲何鴉雀無聲、掩面不顧呢？歷史學家卡勒爾指出：「希特勒一生中的與眾不同之處不是他犯了無法形容的反人類罪行——在他之前的很多人幹過——而是他把犯罪提升到國家行爲和國際行爲準則的高度。他能夠推翻整個國家的道德，他建立的非法政府，能夠得到其他國家的外交承認，這樣的事實表明，國際社會完全準備容忍在它中間有犯罪政府的犯罪行徑，不僅容忍它們，而且還締結條約和協定向它們致敬。這就是民族社會主義的主要意義。它標明著歷史處在這樣一個時期，在這個時期，犯罪已經成爲德國生活和西方世界生活中的最高法律。」[4]這不是西方的第一次綏靖主義，也不是

❶2011年，廖亦武榮獲紹爾兄妹獎，是第一位榮獲此獎項的華文作家

❷少女索菲的照片。

❸電影《帝國大審判》（又譯：索菲紹爾——最後的日子）。

❹電影《帝國大審判》中，索菲在法庭上以基督信仰對抗納粹法官的「賣國」指控。

❺如今祥和安靜的紹爾兄妹廣場，昔日白玫瑰小組在此散發傳單。

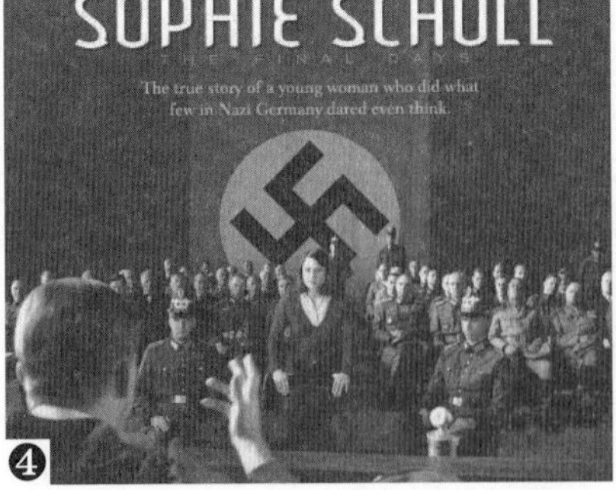

❹

❺

最後一次。今天，在東突厥斯坦對維吾爾人進行種族屠殺的中共政權，也得到了西方世界在戰爭爆發之前對納粹政權一樣的尊重、禮遇和合作——中國更加財大氣粗，所以大家一起發大財。

光與黑暗的戰鬥永遠不會停止，即使世界上只留下一個像索菲的女孩，鍾靈毓秀、冰清玉潔。漢娜·鄂蘭說：「即使是在最黑暗的時代中，我們也有權去期待一種啓明，這種啓明或許並不來自理論和概念，而更多來自一種不確定的、閃爍而又很微弱的光亮。這光亮源於某些男人和女人，源於他們的生命和作品，它們在幾乎所有的情況下都點燃著，並把光散射到它們在塵世所擁有的生命所及的全部範圍。」[5]當光明和正義突然出現時，人們一時之間不能接受，人們在黑暗中生活太久，習慣了黑暗，對光明感到刺目、感到扎心、感到困惑。但他們漸漸發現了另一種生活境界和生活方式——「像我們這樣長期習慣了黑暗的眼睛，幾乎無法告知人們，那些光到底是蠟燭的光芒還是熾烈的陽光。」

誠然，索菲和她的朋友們不是時代的主流。他們對政局走

向所發揮的影響力有限，未能改變希特勒繼續殘害德國和世界的現實。但在那個黑暗時代，有或者沒有出現過這幾棵蘆葦、這幾盞燈火，結果是不一樣的。他們存在過，表明德國有跟希特勒和納粹不一樣的人，德國古典主義和人道主義的傳統並未斷絕。他們的死亡並非悲慘的結束，乃是永生的開端。如果沒有這群反抗者，德國戰後的精神重建必將艱難千百倍——後人無法從剛剛灰飛煙滅的第三帝國的歷史中尋覓到重建德國必須的道德與文化資源。

這一叢白玫瑰暗香浮動。這一叢白玫瑰迎風而立。

戰後，飽含愧疚之心的同胞們沒有忘記「白玫瑰」，更沒有忘記死難的六位烈士。一九八七年，「白玫瑰」小組中的倖存者米勒和其他受難者家屬，一起發起成立「白玫瑰」抵抗運動基金會。我訪問慕尼黑的第一站，便是該基金會。

秋高氣爽的清晨，我們乘坐地鐵，下車後步行數分鐘，便抵達一個寬闊的廣場，廣場中央有巨大的噴

❹

❶紹爾兄妹廣場上，地面專門設置了當年白玫瑰小組傳單的紀念碑。

❷白玫瑰紀念園中索菲的半身塑像。

❸白玫瑰基金會前台，每天都會換一支白玫瑰。

❹慕尼黑大學主樓大廳中索菲的頭像。

泉，這是以索菲和漢斯·紹爾兄妹命名的「紹爾兄妹廣場」。廣場上匆匆行走過一群群朝氣勃勃的大學生，鴿子從他們頭上輕盈地飛過。當年的紹爾兄妹與他們一樣，處於如花似玉的好年紀，卻面對命運沉重而艱巨的挑戰。

我們穿過寬闊的廣場，進入慕尼黑大學校園。大學像鹽一樣融化在城市之中，沒有校門，沒有圍牆，沒有分界線。進入校園，首先矗立在眼前的，是第一座宏偉的大樓。這便是醫學院的主樓。主樓內是一個寬闊明亮的天井式大廳，安放著大學創立者路德維希一世的塑像，被稱爲「光明殿」。圍繞四面的三層樓的空間，都是教室及走廊。正面的牆壁上還鑲嵌著一組龐大的管風琴，其佈局類似於教堂。這裡正是當年紹爾兄妹拋灑反納粹和反戰傳單的地點。

那部著名電影《帝國大審判》（又譯《索菲紹爾——最後的日子》）中，索菲拋灑傳單的場景便是在此拍攝，電影最大限度地復原了當時的眞實情景。我多

❶

❷

❸

次觀看這部獲得第五十五屆柏林影展最佳導演、最佳女主角銀熊獎、評審團大獎等獎項的電影，如今來到在電影中已無比熟悉的地方，不禁心潮澎湃，彷彿走進那段幽深恐怖而又激動人心的歷史畫卷。

作爲海德格對立面的索菲：「是你而不是我的世界觀錯了」

一九四三年二月十八日清晨，紹爾兄妹來到這座大樓，趁學生上課之際，將傳單依次放在各個教室門口。索菲嫌這樣做不夠，在二層的欄杆前向下拋灑傳單，希望更多同學讀到。這是他們散發和郵寄傳單的活動中最爲大膽的一次，他們經常在此上課，熟悉環境，確信散發傳單之後可從容地逃脫。

沒有想到，躲在角落裡的校工史密特看到這一切。他迅速找來一位專門監視大學中持不同政見者組織的希特勒青年團成員，向其指認紹爾兄妹。此人正是鄂蘭所說的「平庸之惡」的典型——他認爲自己在盡忠職守，毫無助紂爲虐的負罪感。他們在家中是好父親、好丈夫，在單位是好員工，在奉命作惡時從不猶豫。這是德國人特有的個人道德與公共身分的分割。

正是此人的告密，「白玫瑰」小組落入蓋世太保的羅網，數十人遭到殺害。對於此種微不足道的「小人物」的心態，有學者分析說：「在組織化的社會環境中，迫害的命令在一級級的權威科層體制中下達，執行者是被『引誘』而不只是脅迫參與作惡。他被『權威』告知，他是在從事一項光榮、偉大、正確的事業，擔任一項有意義、有貢獻的工作，執行人物是爲上峰擔戴責任等等。」[6]此人日後的命運，史料並無記載，是死於戰亂，還是在戰後隱姓埋名繼續苟活？不得而知。

學校的全部出口立即被封鎖，紹爾兄妹被帶到校長室。德國的大學早已納粹化，校長是像海德格那樣效忠納粹的學者——海德格就任弗萊堡大學校長之後，積極致力於將大學納粹化，在演講中聲稱：「德國有了一場革命，我們必須問一下自己，大學裡也有革命了嗎？沒有。」他支持納粹對一整代學生提出的拋棄基督教和人道主義觀念的要求。基督教哲學不倫不類，是本質上錯誤的想法。海德格聲稱，他一有機會就唾罵基督教信仰及其價值，並幫助阻止基督教學者的教職任命。這位充盈的知識量受到一代學生尊重的超人，爲希特勒的夢幻蛋糕提供了糖衣。[7]

所有大學校長都是納粹信任的人，慕尼黑大學的校長不會出面保護學生，他立即將此事通知蓋世太保。蓋世太保趕到大學，如獲至寶般地將紹爾兄妹帶到位於維特斯巴赫宮的總部。緊接著，紹爾兄妹的宿舍被搜查，「白玫瑰」小組的名單被發現。隨即，「白玫瑰」小組其他成員克里斯托夫·普羅布斯特、亞歷山大·施莫雷爾、維利·格拉夫和胡伯等八十餘人先後被捕。

負責審訊索菲的是老奸巨滑的蓋世太保莫爾，他認爲對付這個初涉人世的小姑娘易如反掌。他裝扮出一個傷心的父親面對犯錯誤的女兒的模樣，希望索菲向其坦白並揭發其他人。活到戰後的莫爾是唯一公開談論過「白玫瑰」事件的納粹分子——其他處理此事的祕密警察、法官和獄卒全都保持沉默。莫爾試圖將自己描述成他對紹爾兄妹是充滿同情心的善良人，至於他是否眞的嘗試過爲索菲脫罪？因當事人都已死去，無人可確定。不過，審訊紀錄顯示，當莫爾勸誘索菲認罪時，索菲輕蔑地回答說：「你錯了，莫爾先生，如果我能活著，我將繼續做我做過的事情。是你而不是我的世界觀錯了。」

莫爾將索菲所有的朋友一一羅列，要求她描述每個人的政治態度與參與程度。索菲總是只有兩個版本的標準答案，不是「對政治沒興趣」，就說「支持政府的政策」。直到莫爾受不了這種答案，指出希望得到別的答案時，索菲精準地道出極權政治下矛盾的意識形態：「你們不就是希望人民只有這兩種態度嗎？」在獨裁政權眼裡，人民應當是逆來順受的奴隸，但他們又將人民當作潛在的敵人。

紹爾兄妹及「白玫瑰」群體，與史密特等人代表的「主流民意」構成對峙的兩極。這是覺醒者與沉睡者之間的巨大差異。作爲告密者的校工史密特，是普通德國人的典型代表——熱衷於物質生活，恪守既成倫理，將政府等同於國家，對元首崇拜得五體投地。當蓋世太保表彰他時，衣飾樸素的史密特謙卑地說：「我只是做了我應該做的。」正是這種狹隘認識，構成納粹的統治基礎。美國記者威廉·夏伊勒指出：「希特勒用一種無法解釋的催眠術始終得到這一偉大民族對他的忠誠和信任。不可避免地，德國人民像一群不會說話的牲畜一樣，但是懷著一種使他們不同於牲畜的虔誠的信念，甚至熱情，盲目地跟著他們跳下懸崖，投向國家的滅亡。」[8]

第三帝國滅亡之後，全世界都在嘗試解釋為什麼最具理性的德國人會心甘情願地接受希特勒的催眠術，這種努力至今仍未停止。納粹集中營倖存者因惹·卡爾特斯指出：「士兵變成了職業殺手，政治家變成了罪犯，資本變成了用焚屍爐裝備的、龐大的殺人工廠，法律變成了骯髒遊戲的遊戲規則，世界的自由變成了大眾的監獄，反猶太人主義變成了奧斯威辛，民族意識變成了集體屠殺。人們完全出於習慣而說謊，而且每人都能一眼識破的陰謀。如果宣稱愛——每個人都會知道謀殺的時間到了；假若提起法律——那是屬於偷盜和搶劫者的。」[9]納粹不是德國的「一小撮」和「癌腫瘤」，納粹像麵包與空氣，是人們生活中不可缺少的一部分。《帝國大審判》的導演、一九六八年出生的馬克·羅特蒙德說過：「當年，包括我祖父母在內的成千上萬的德國人，面對納粹暴行採取了視而不見的態度，我希望對這種現象進行剖析。」他的話直指核心：在暴行發生之時，「我」作為一個人，為什麼選擇沉默甚至合作？

在納粹掌權的日子，反抗者從來未成為這個國家的多數。戰敗之後，德國普通市民在廢墟中艱難維生時，作為佔領者的盟軍驚訝地發現，民眾並不怨恨希特勒，對第三帝國的回憶仍不乏浪漫溫馨色彩。老百姓早已同希特勒融為一體，否定希特勒就是否定自己。雅斯培指出，手上沾滿鮮血的納粹分子應當承擔法律意義上的罪，而絕大多數德國人都應當承擔道德的和形而上的罪。不是將希特勒描述成面目猙獰的魔鬼，其他人便可逃之夭夭。中國面臨的問題也一樣：不是將毛澤東描述成無惡不作的魔鬼，其他人便可逃之夭夭。

希特勒不是從天而降，他在德國民眾中，正如毛澤東在中國人裡一樣；德國人熱愛希特勒，如同中國人熱愛毛澤東。希特勒獲得權力並非德國歷史上的「偶然事變」，並不僅僅是興登堡的軟弱和缺乏判斷力的結果。[10]是德國人民自願選擇了希特勒。「從來沒有過一個獨裁者，像這個不正常的領袖遇到德國人民那樣，在他們的手上遇到如此聽話、如此順從的容易對付的群眾。大部分德國人如此殷切地在過去的十四年裡等待著一個領袖來把他們的命運掌握起來。」[11]我更感興趣乃是上述問題的反面：爲什麼在全民沉睡之下，年輕的索菲和朋友們卻能覺醒並抗爭？他們看透希特勒謊言的智慧從何而來？他們以一人敵一國、向死而生的勇氣從何而來？要解答這些問題，就必須進入索菲等人的心靈世界，造訪「白玫瑰紀念館」是第一步。

對納粹的態度，是判斷眞僞知識分子的標尺之一。就連蓋世太保官員莫爾也將紹爾兄妹譽爲「眞正的知識分子」，說明敵人也對他們肅然起敬。他們雖年輕，卻是眞正的知識分子。與這些看上去「乳臭未乾」的「眞正的知識分子」相比，被稱爲「歐洲最聰明的人」的海德格則是「僞知識分子」，是「魔術師、掠奪者、農夫、納粹分子」。這位大師在演講中說：「只有元首本人是德國現實及其法律的現在和未來。」諂媚之意，溢於言表。海德格將自己看成德國民族主義的化身，是國家社會主義的哲學代言人，他更願意「站在抽象的層面把大屠殺看成技術的罪惡，不願意面對醜惡的現實。」[12]在希特勒的庇護下，海德格的家庭生活十分興旺（他的妻子艾弗里特也是忠誠的納粹黨人），他坐享著輝煌事業帶來的巨大榮譽。一九四四年一月，納粹政權已經難掩頹勢，德國國內紙張奇缺，出版物被縮減或暫停，但政府部門保證了克洛斯特曼出版公司的紙張交付，因爲這些紙張是用來印刷海德格的作品的。[13]

在你做了一點好事、正直的事的時候，生活是多麼美好啊！

「白玫瑰紀念館」位於主樓的一間地下室，大約一百多平方公尺。整體設計簡潔樸素，白色的格調與「白玫瑰」這個名字契合。門口有一位和藹的老太太坐在辦公桌後，負責接待來客。桌子上擺放著一朵怒放的白玫瑰，素淨而高貴。辦公桌上放著一本來賓簽名本，我看到不少中文簽名，大部分是港台人士用繁體字寫的感想。

這裡陳列著紹爾兄妹等人的若干遺物，如他們使用過的打字機、印刷的傳單、獄中的衣物、判決書及各種版本研究「白玫瑰」事件的著作。書籍擺滿兩大排書架——我查找了一下，唯一的中文書籍是台灣左岸出版社出版的《白玫瑰一九四三》一書。中文世界裡紹爾兄妹的資訊太少了。紀念館內擺設著二十多個展板，詳細介紹「白玫瑰」小組成員的事蹟。一張張照片，一個個風華正茂的身影，讓人彷佛覺得他們仍活在今天一樣。

基金會負責人卡夫曼女士前來接待我們，她是研究「白玫瑰」的權威學者。她介紹說，早在一九五〇年代，人們便在大學、紹爾兄妹家及蓋世太保檔案館等處搜集有關資料。戰後初期，德國人普遍感到自己有罪，出於某種遮蓋羞恥的心態，需要從同胞中發現抵抗者，特別是平民中的抵抗者。但第三帝國時代，民間自發的抵抗者極少。當紹爾兄妹的事蹟被發現後，人們如獲至寶。後來，猶太大屠殺問題浮出水面，更多人反思民眾爲何對此視而不見，隨即發現「白玫瑰」傳單中多次揭露納粹屠殺猶太人的事實。一九八〇年代以來，德國人的反思逐漸深入，許多大學出現了自發的研究抵抗運動的組織和協會。於是，「白玫瑰」基金會應運而生。以紹爾兄妹爲核心，「白玫瑰」小組其他成員逐漸被發掘，還擴展到其他城市受慕尼黑「白玫瑰」啓發而成立的類似組織，它們大都沿用「白玫瑰」之名字。

隨著研究的深入和活動的拓寬，基金會的影響力愈來愈大，參與者和捐助者愈來愈多。如今，它不僅是一個紀念館，也是一個有數百位志工參與的協會；它不僅是一處紀念場所，也是一個研究和實踐之地。基金會重視對青少年的教育，每年來此參觀的中小學生多達數十萬人。基金會每年組織若干次巡迴展覽，足跡遍及德國全境，還到過日本、俄羅斯、英國和法國。

首先，我向卡夫曼女士詢問「白玫瑰」名字的由來。此前，我讀到過學者魯伯特·巴特勒提供的一種解釋，他認爲這個名字是哥哥漢斯取的，「漢斯是從一位美國作家本·特拉文寫的小說中借用過來的，小說的主題指向大機構中最基本的非人化因素，但是小說《白玫瑰》也是一部激動人心的冒險故事，它以墨西哥爲背景，充滿了神祕的色彩。也許是這些吸引了紹爾兄妹和他們的同伴。」如巴特勒所說，「名字的選擇寓意了組織的目標和態度」，

「白玫瑰」的動力來自於「青少年的理想主義」。[14]我不同意此種分析，它無法解釋絕大多數年輕人爲何做出與紹爾兄妹截然相反的選擇——他們也受「青少年的理想主義」驅動，卻加入希特勒青年團。「在希特勒青年團裡，對『元首』的信賴代替了對上帝的信仰。」[15]那麼，此種「理想主義」與彼種「理想主義」之間，究竟有什麼本質區別？

在我看來，「白玫瑰」這個名字有一種女性的嫵媚與純潔。在德國歷史上，像索菲這樣既有智慧又有勇氣的女性寥寥無幾，如支持丈夫刺殺希特勒的施陶芬貝格伯爵夫人、破解極權主義祕密的思想家漢娜·鄂蘭等；在中國歷史上，這樣的女性更寥寥無幾，如秋瑾、林昭等。她們像雪白的天鵝，質本潔來還潔去，汙穢的世界容納不下她們，她們讓怯懦而自私的男人們自慚形穢。那麼，「白玫瑰」之名會不會是索菲或該小組中的女性成員所取？

卡夫曼回答說，歷史學家對此仍無定論，但她可給出一個與巴特勒不一樣的答案。「白玫瑰」的命名應當與成員們的宗教背景聯繫起來分析。「白玫瑰」小組的思想導師胡伯教授是一位神學家，與潘霍華牧師一樣，胡伯是德國知識界和宗教界中少數敢於挺身反抗希特勒暴政的人。他印刷的第一份傳單是從明斯特主教克萊門斯·馮·加倫的訓誡中摘抄的。在傳單中，主教譴責了納粹消滅七萬名精神病患者、殘疾人和老弱病殘者的計畫，強調在上帝眼中，每個生命都不可剝奪，都同樣寶貴。正是這份傳單喚醒了紹爾兄妹的反抗意識。

紹爾兄妹生長在一個虔誠的基督徒家庭，父母從小便帶孩子一起讀《聖經》、去教堂。兄妹倆的密友普羅布斯特是東正教徒，另一位密友格拉夫是天主教徒，這個群體的大部分成員都是信徒。他們直接從《聖經》中尋求抵抗納粹主義的精神資源，相信耶穌所說的「因眞理得自由」。

據倖存者之一的尼古拉回憶說，「白玫瑰」象徵著爲了拯救人類而在十字架上受難的耶穌基督。當時，這群大學生在讀書會上討論俄羅斯文豪杜思妥也夫斯基的《卡拉馬助夫兄弟們》。在這部巨著結尾處，有一個動人心弦的情節：在小男孩伊留莎的葬禮上，他正在哭泣的發瘋的媽媽喊道：「老頭子，也給我一點花，從他手裡拿出來，就是那朵白花。你給我呀！」她不知是特別喜歡伊留莎手裡的那朵小白玫瑰，還是想從他手裡取一朵花做紀念。她一直不停地折騰著，伸著手想取棺材裡兒子手上的那朵花。

「我誰都不給，一朵也不能給！」孩子的父親忍心地叫著，「這是他的花，不是你的。全是他的，沒有你的！」

然而，在孩子安葬之前，孩子的父親還是從棺材裡拿出幾朵白玫瑰，趕回家裡對剛才忍心相罵的妻子喊道：「孩子他媽，親愛的，伊留莎讓我把花給你送來了，你這雙可憐的病腿呀！」他嚷著，一面將手中的花遞給她，那把花在他剛才倒在雪地裡亂掙時已揉皺，而且凍壞了。

最後，主角阿遼沙對孩子們說：「甚至即使只有一個好的回憶留在我們的心裡，也許在什麼時候它也能成爲拯救我們的一個手段。我們以後也許會成爲惡人，甚至無力克制自己去做壞事，嘲笑人們所流的眼淚……但最要緊的是，我們首先應該善良，其次要誠實，再其次是以後永遠不要互相遺忘……孩子們，親愛的小朋友們，你們不要懼怕生活！在你做了一點好事、正直的事的時候，生活是多麼美好啊！」[16]

這個故事啓發這群德國大學生選擇「白玫瑰」作爲其象徵。他們希望自己能像阿遼沙那樣「做一點好事，止直的事」。他們要做的便是對抗納粹，說出眞相。希特勒的政權依賴於暴力，更依賴於謊言，「希特勒非常清楚這一點：儘管他成功地顚覆了威瑪共和國，但若沒有千百萬德國人和奧地利人的支持，他的『千年帝國』維持不了幾個月；法令和強權只能短時間奏效；除非人民自願接受他的宣傳，否則權力的基礎不會穩固。」納粹重用一大批御用文人，透過他們創作的詩歌、散文、戲劇，表達了國社黨思想意識形態的基本內容——「民族的統一和團結是很誘人的理想。文學藝術家們最大限度地利用了這種理想的號召力。國家強盛、經濟繁榮和同胞之情與遭受奴役、饑餓和屈辱相比更得人心。」與納粹合作的作家們變成新帝國的前線戰士、精神戰士。[17]這群年輕人忍無可忍，決定行動起來，在戈培爾的鐵屋子上砸開一扇窗戶，讓人們可以透氣。

對於「白玫瑰」的得名，我傾向於認同卡夫曼的闡釋。這個解釋表明基督信仰是這群年輕人反抗活動的精神源泉。

起而唾棄這個體制，不但是德國人的權利，更是德國人的責任

「白玫瑰」的年輕人們從《聖經》中尋求支持，而不是從教會中尋求支持——在當時的

德國教會中得不到支持。

希特勒上台之後，德國天主教和新教的領袖們都屈從於納粹統治，這是德國教會長期依附於國家政權的結果——即使是宗教改革先鋒路德，也利用德意志諸侯的力量反抗羅馬教宗。在希特勒上台之前，德國教會從未獲得過獨立地位。一九三三年，德國教會領袖發表聯合聲明，強調教徒個人不能反對上帝所任命的國家機構，教徒應遵從納粹的政策。

另一方面，希特勒並沒有對教會放心，派出蓋世太保監視牧師在教堂中講道，如果牧師在佈道時發表不利於納粹的言論，牧師的身分亦不足以成爲保護傘，牧師照樣會被送進集中營。普通信徒更不敢有一點反對納粹的言行。第三帝國的宗教信仰自由只是表面的自由，希特勒用冠冕堂皇的「政教分離」的說法將教會趕出政治生活領域，進而壟斷權力。而教會和信徒茫然不知末日將至。

這就是「白玫瑰」的年輕人們所面臨的現實環境。在沒有得到教會和教友支持的情形下，紹爾兄妹等人透過禱告直接向上帝尋求幫助。作爲在納粹統治下長大的年輕人，要邁出這一步極其不易。他們都曾狂熱地信仰過納粹，漢斯十五歲就加入希特勒青年團，索菲十二歲時也加入德意志少女聯盟，他們熱切地參加納粹組織的活動，並因熱情和創造力成爲兩個組織的佼佼者。當他們識破納粹的本質後，迅速淡出這些組織。但從「旁觀者」轉變爲「反抗者」，有一段漫長的道路要走。以索菲爲例，她並非一開始就表現出非凡勇氣。初到慕尼黑的索菲看到哥哥漢斯在書中批註的「反抗暴政」的詞句，滿懷憂慮地說：「我很害怕。」

這種恐懼心理是大多數人面對強權時的心理。

靠個人的力量無法戰勝恐懼，他們在祈禱中懇求上帝親自帶領。他們的智慧和勇氣來自於對上帝的信仰，來自於《聖經》。漢斯在日記中寫道，世界秩序是上帝賦予的，每個人都有權獲得一個他所信賴的國家，而不是被強迫接受一個施行暴政的政權。自己雖是一個卑微的人，但並不卑賤，上帝愛每一個人，上帝與每個人直接發生聯繫。索菲在日記中寫道：「許多現時代的人們認爲，這個時代是最後的時代。可怕的徵兆會使大家相信這一點。這種信仰難道不是很有意義嗎？不是隨便哪個時代的人都有幸被上帝召去總清算的。」[18]他們從基督信仰中尋求力量，從德國乃至整個歐洲的文化傳統中尋求力量。他們發現，在歌德、席勒和康德那裡，德國有一個源遠流長的民主自由的傳統，該傳統可以改變目前德國被納粹引導走向滅亡的方向。知道什麼是眞理，如果不說出來，就等於不知道，甚至比不知道更惡劣。於是，他們拿起筆，寫成傳單，將眞理告訴沉睡的同胞。

「白玫瑰」小組先後完成六張傳單，並在傳單中大段地引用《聖經》經文。在第一張傳單中，他們呼籲德國民眾「立即阻止這個無神論的戰爭機器繼續肆虐下去」；在第二張傳單中，他們指出，「如果抵抗的怒潮能夠遍佈全國，能夠『瀰漫於空氣之中』，能夠廣結奧援來參與行動，那麼到了最後一刻我們就可以奮力一搏來擺脫暴政」；在第三張傳單中，他們反問人民說，「你們的心靈難道已經如此屈服於暴力之下，使得你們已經忘記了，起而唾棄這個體制不但是你們的權利，更是你們的責任？」在第四張傳單中，他們寫道：「我們不再沉默。你們不幸而有我們——你們的良心。那些今天仍然不相信納粹邪惡存在的人，他們遠遠沒有理解這場戰爭的形而上的背景……我們必須在邪惡最強有力的地方攻擊它，這個最強有力的地方就是希特勒的權力！」在被命名爲「德國反抗運動的傳單」中，他們展望了未來歐洲的圖景，「言論的自由、信仰的自由、國民免於犯罪政權暴力威脅的自由，這些都應該成爲新歐洲的基石」；而最後一張傳單則由胡伯教授執筆，他充滿激情地呼籲說，「自由與尊嚴！漫長的十年以來，這兩個美妙的德語詞被希特勒及其扈從扭曲成讓人噁心的事物。只有希特勒這樣拙劣的業餘演員才能如此成功地把一個民族至高無上的價值破壞殆盡……我們的民族正準備在自由和尊嚴的新思潮下，起而反抗『國家社會主義』奴役歐洲的暴行！」[19]

在納粹黨徒發出的「仇恨就是我們的祈禱」的叫囂之中，人們不禁懷疑說：「一張紙又能改變什麼？」很多人將這樣的反問當作袖手旁觀的合理解釋。在一個謊言如洪水般氾濫的時代裡，屈指可數的幾句眞話究竟有多大的價值？卡夫曼將六張傳單影本送給我，我說我會將它們裝裱起來放在書房裡。她告訴我，因爲「白玫瑰」成員的油印設備非常簡陋，整張傳單字跡的顏色深淺不一，甚至部分內容模糊不清，但這並未降低傳單內容所具有的震撼力。

當德軍在東線戰場遭到毀滅性失敗時，當幾乎每個德國家庭都有兒子戰死在前線時，這些傳單讓人們睜開眼睛來看清現實。一九四二年六月七日，「白玫瑰」第一次印刷和散發傳單，兩個星期之後發出了一百份。一九四三年一月二日，傳單已發散到全國，他們自己製作的數量高達一萬五千份，全國各地都有人複製，總量無法統計。最後一份傳單被地下抵抗組織帶到挪威，並輾轉傳到英國。英國印製了數百萬份，透過空軍在德國北部大量撒播，極大震撼了德國的民心。這就是一張紙的力量，它不是槍砲和坦克，卻勝過槍砲和坦克。

當時，關於是否永遠堅持非暴力方式，「白玫瑰」小組內部產生過一場爭論。在納粹的思想鉗制和暴力屠殺愈演愈烈之時，漢斯和幾名同伴一度懷疑非暴力主義的成效，產生了以暴力反抗暴政的念頭。他們的精神導師胡伯教授勸導說，這樣做不僅危險，也不恰當。暴力正是從對它同樣的回應中汲取力量的。「白玫瑰」對納粹的批判與反抗，根本原因不是出於仇恨，乃是出於對同胞的愛。愛高於公義，不能將愛降低到公義之下。同時，散發傳單是在威瑪憲法所許可的範圍之內，暴力卻是恐怖活動。另一成員普羅布斯特也反對暴力，他指出：「我們應該用精神戰勝納粹。」

是的，耶穌生前沒有對任何人使用過暴力，卻承受了人類對祂使用的暴力；耶穌可以從十字架上走下來，祂的力量足以毀滅世界，但祂自我設限，對力量存而不用。那麼，作為耶穌的信徒，必須踐行耶穌的教導和道路。以暴反暴，只能喚起更危險的暴力，甚至使反抗者與反對對象之間精神同構。對信徒而言，非暴力不是策略，而是價值選擇。經過一番思考和禱告之後，漢斯放棄了暴力反抗的想法，回歸以傳單來「喚醒」民眾的方式。

我向卡夫曼介紹說，在毛澤東暴政肆虐的中國，也誕生過一位像索菲一樣偉大的女大學生，她就是林昭。在幾乎全體國民都陷入瘋狂狀態的文革時代，林昭對毛主義的邪惡本質做出深刻透視，並自始至終堅持非暴力反抗原則。林昭在獄中，一面忍受各種非人的折磨，一面用鮮血書寫數十萬字的著述，她寫道：「只要生活中還有人被奴役，則除了被奴役者不得自由，那奴役他人者同樣不得自由！」林昭反對中國歷史循環的動力——即暴力，她堅信一個充滿愛和公義的世界不能以暴力來實現：「身受著暴政奴役切膚之痛再也不願意作奴隸了的我們，是不是還要無視如此悲慘的教訓，而把自己鬥爭的目的貶低到只是企望去作另一種形式的奴隸主呢？奴役，這是可以有時甚至還必須以暴力去摧毀的，但自由的性質決定了它不能夠以暴力去建立，甚至都不能夠以權力去建立！」林昭與索菲在不同的歷史時空中達到了同樣的歷史高度，這兩位女性，如白鴿一樣純潔、馴良而勇敢。

現在應當有人爲了反抗這個暴政而死了！

參觀完小小紀念館，卡夫曼帶我們來到二樓索菲散發傳單的走廊上。現在正是上課時間，走廊上空無一人。教室大門都緊閉著，學生正在裡面上課。這些學生是否知道教室附近所過發生的一切呢？卡夫曼說，大家都知道，這座大樓裡有許多紀念索菲的裝置。

在教室旁邊的一面牆上，鑲嵌著一塊小小的石碑，上面銘刻著事件的經過。這是戰後盟軍爲「白玫瑰」所豎立的石碑，當時豎立在外面的廣場上。風吹雨打，上面的字跡有些模糊。後來，人們將其遷入室內。轉瞬之間數十年過去了，要是索菲還活著，已是高齡老人。卡夫曼說，索菲的女伴、「白玫瑰」的成員瑪麗還活著，早已移居美國，已九十歲（編按：二〇〇九年本書初版時）。她不久前去訪問過老人，老人精神矍鑠，思維敏捷，回憶起索菲和「白玫瑰」同仁們來，眼中充滿閃閃淚光。瑪麗十八歲便參與抵抗運動，她被捕並被判處徒刑，關押在集中營，幾乎被折磨至死，後被美軍解救。

這眞是一群無所畏懼的年輕人。在被捕前兩天，索菲曾向朋友說：「已經有如此多的人爲了這個暴政而死，現在應當有人爲了反抗這個暴政而死了！」就在這一天，漢斯在給朋友的信中寫道：「我走過太多的彎路。我知道，深淵正在我面前張開大嘴，漆黑的暗夜包圍了我求索的心靈——但我義無反顧地踏入深淵。生命就是導向光明的歷險。」漢斯在獄中還寫道：「在獄中我找到了愛，而伴隨著愛的一定是死亡，因爲愛從不要求回報，因爲愛不需要代價。」他生前傾聽牧師朗讀的最後一段《聖經》是〈哥林多前書〉：「愛是恆久忍耐，又有恩慈。」[20]他們將靈魂交予上帝之手，不是死亡戰勝了他們，而是他們戰勝了死亡。

在一樓的大廳中，在寬闊的樓梯口，一側是六名烈士的黃銅浮雕，六位年輕人被塑造成跟隨耶穌的門徒的模樣，從一片渾沌中走來，如同在雲端漫步，卻離我們愈來愈近。在浮雕之下，擺放著一束人們剛剛獻上的白玫瑰。卡夫曼說，經常有人來此向烈士們獻花，這一細節表明他們活在民眾心中。另一側則是一尊剛剛塑造不久的索菲的塑像，她的臉上還帶著些許稚氣，頭上有一綹頭髮高高揚起，與當時女孩中普遍流行的整齊的瀏海與辮子截然不同。卡夫曼說：「這尊塑像，是按照索菲的照片塑造的，特別是這一綹頭髮，生動地表現了她身上反抗的意志與激情。當時拍電影時，扮演索菲的女演員專門來觀察這尊塑像，從中揣摩索菲的精神氣質。」

索菲與林昭的高潔與堅韌如此相似，納粹與中共的殘忍和卑劣也如此相似：索菲被希納粹處以斬首之刑，鮮血浸透斬首台上的木屑；林昭被中共下令槍殺，警察還向其家人收取五分錢的子彈費！

從這兩個家庭的遭遇可看出，毛澤東政權比希特勒政權更殘暴：紹爾兄妹遇難之後，他們的家人被貶爲「不被信任的德國人」，但未被送進集中營，掙扎著活下來，戰後小妹編寫了紀念文集並參與了「白玫瑰」基金會的建立。比紹爾兄妹一家更爲悲慘的是，林昭被殺害了，還連累了家人——她的父親在文革中被迫自殺，母親被瘋狂的紅衛兵打死在街頭，毛政權殺死了女兒，還不放過父母。

更大巨大差異的乃是現狀：在今天的德國，宣揚納粹思想、爲希特勒辯護是一種被眾人唾棄的、可恥的犯罪行爲。在今天的中國，毛澤東的畫像仍然掛在天安門城樓、印刷在鈔票上，許多文化人、大學教授以崇拜毛爲時髦，許多老百姓（也許他們的家人曾死於毛的暴政）跑到毛的故居去焚香叩頭，「毛家菜」開到了西方各國。

今天的德國，人們以索菲爲榮；今天的中國，卻很少有人以林昭爲榮——大部分中國人沒聽說過林昭的故事，不知道歷史上出現過這樣一位聖女。德國爲索菲建立了紀念館和紀念碑，索菲也進入德國歷史教科書；中國的歷史教科書中沒有林昭的名字。北大校慶時以毛澤東爲榮，無人提及林昭，中共不可能爲林昭建立紀念館和紀念碑——官方在其墓地前安裝攝影機，以此恐嚇前來祭拜烈士的人們。

而索菲和林昭之間關鍵的相似之處是：她們都是基督徒，直接從上帝那裡尋求眞理，憑著愛，奉十字架的名戰鬥，正是基督信仰給予她們「讓瞎眼的今得看見」的激情。這一點絕非巧合。林昭曾泰然地表示：「假如上帝需要我成爲一個自覺的殉道者，我也只會發自衷心地感激施賜予我這樣一份光榮！」我告訴卡夫曼，中國有一位獨立電影導演胡傑，拍攝了名爲《尋找林昭靈魂》紀錄片。也許，有一天可以將索菲和林昭的史料放在一起展覽，她們的異同以及所形成的張力，將震撼更多參觀者。卡夫曼對此建議很感興趣，立即記錄下林昭的情況並希望獲得這部影片，以後安排與《帝國大審判》一起播放。

接著，卡夫曼帶我們走到外邊的廣場上。在廣場中央的噴泉附近，她將地上的紀念碑刻指給我們看。剛才匆匆走過時，居然沒有發現——地上鑲嵌著好些像傳單一樣的白色大理石，一處，兩處，一疊，兩疊，一直延續到很遠的地方。用白色大理石製作的散落傳單，保持著傳單的原貌，並在旁邊增加了若干「白玫瑰」成員的肖像和生平簡歷。他們的目光炯炯有神，直接注目著高而遠的天空。這眞是絕妙的構想，這眞是特別的紀念。在敞開的公共空間之內，他們與熙來攘往的市民毫無障礙地交流與對話。「白玫瑰」與他們的傳單，以這種特殊方式在另一處時空中會合。由此，我更理解什麼是「不朽」，什麼是「永生」。在旁邊的幾張長椅上，幾位年輕大學生正在狼吞虎嚥地吃三明治，南德國明媚的陽光之下，一切如此美好。

我又想起林昭與一群志同道合的青年朋友們一齊創辦的地下刊物《星火》。「星火」同仁中有多位成員被毛澤東政權殺害，與「白玫瑰」一樣，這是一個人數雖少、精神含量卻足以提升和淨化「民族魂」的群體。每個國家、每個民族，都有自己的白玫瑰。台灣神學家、莊信德牧師在〈白玫瑰的控訴〉一文中指出：「我們今天在閱讀『白玫瑰』對抗納粹的信念時，不該只停留在影片的敘事當中，而是應當嚴肅地審視台灣極權下的歷史悲劇『二・二八事件』，以及中共極權暴行的『天安門事件』。」

二〇一一年，逃離中國的路程比當年穿越柏林圍牆的人們還要傳奇的中國流亡作家廖亦武，獲頒「紹爾兄妹獎」。這個以紹爾兄妹命名的獎項創辦於一九八〇年，由德國書業聯合會和慕尼黑市文化委員會共同頒發，旨在嘉獎「道德、才智和審美勇氣」。二〇〇七年，俄國記者波利特科夫卡婭被普丁政府殺害後被追頒此獎項。廖亦武是第一位獲此獎項的華文作家。慕尼黑市文化委員屈柏斯在頒獎典禮上表示，此獎頒給廖亦武是因爲他「既是一位偉大的藝術家又是一位勇敢的編年史記者」，他「爲找回人性的尊嚴進行了一場文學戰鬥」。

當廖亦武從在羅馬尼亞共產黨暴政下生活過的諾貝爾文學獎得主赫塔・米勒手上接受紹爾兄妹獎時，在得獎答謝詞中感歎說：「我是一個記錄共產黑幕，並以此洗刷自身恥辱的底層作家，而不是像紹爾兄妹那樣，慷慨赴義，在自己的祖國家喻戶曉的英雄。我曾經像野狗一般四處亂竄，同各類線人周旋。我一次次被抓，一次次從其它城市被遣送回去。一次次被軟禁在家裡。」他表示，得到這個「表彰和紀念人類尊嚴的反抗文學獎」時，他「在紹爾兄妹的英靈前感到慚愧，也許評獎委員會是要透過這次頒獎，向中國所有的地下寫作者，釋放一種自由終將獲勝的信息？」廖亦武的理解沒有錯，這一次的頒獎將不同時空中的納粹政權與中共政權，還有它們的反抗者們串聯起來。獨裁暴政如此近似，反抗者們更是惺惺惜惺惺。

紹爾兄妹和其他的反抗者，如同酵母一樣，可以讓整個麵團發酵——戰後德國民主、自由、法治、人權觀念的確立，除了得到英、美等國的幫助之外，更重要的原因是德國擁有紹爾兄妹等反抗者留下的精神資源，德國不但有自由、法治和民主的傳統，而且重新激活了這種傳統。反之，在沒有這種傳統和精神資源的國家，若西方強制推行西方價值觀和生活方式，注定會一敗塗地——美國在伊拉克、阿富汗、利比亞、敘利亞等近東和中東地區的這一系列錯誤做法付出了沉重的代價。[21]

讓我們重新仰望索菲和林昭們的生命軌跡，還有潘霍華與倪柝聲、邁羅克與鄭南榕、施陶芬貝格與劉曉波、赫塔·米勒與廖亦武，反抗者不絕於縷，而自由永不消逝。

白玫瑰依然綻放，幽香襲人。

白玫瑰將永遠綻放，紹爾兄妹與我們同在。

二〇〇八年十月二十五、二十六日完稿

（是日，亞歐領袖高峰會在北京召開，北京朝陽區國保大隊的便衣在我家樓下晝夜監視）

二〇二一年三月二十四日修訂

第十一章

在死亡之地重建愛與和平

——訪柏林圍牆遺址及和解教堂

為和解而努力，就是要實現上帝為人類提供的夢想，即讓我們都懂得我們同屬一個大家庭，同在一個互相依存的微妙網路中。

屠圖大主教《沒有寬恕，就沒有未來》

一座被柏林圍牆分割的教堂，它的死亡及重生

一九六三年六月廿六日，美國總統甘迺迪造訪西德，在柏林發表了題為〈我是一個柏林人〉的演講，其主題直指柏林圍牆——「自由有許多困難，民主亦非完美，然而我們從未建造一堵牆把人民關在裡面，來分開一個民族。自由是不可分割的，只要一人被奴役，所有的人都不自由。」甘迺迪沒有等到柏林圍牆倒塌的那一天，不久即遇刺身亡。在他演講時，柏林圍牆另一端身穿褐色軍裝的東德國家人民軍士兵，如同大理石一般筆直站立，個個荷槍實彈，如臨大敵——不過，他們中的大部分人都看到了柏林圍牆的倒塌。

猜忌、仇恨和恐懼的結果，是一堵圍牆的誕生。修築牆來保護己方，必定是缺乏自信心。柏林圍牆沒有中國的長城那麼長，但它所帶來的「隔絕」意義卻不亞於長城。那是兩個世界的隔絕，那是兩種價值的隔絕：一九六一年八月十三日，冷戰最為劍拔弩張的時刻，在東西柏林的邊界上，一夜之間矗立起一堵高大的牆，美其名曰「反法西斯防衛牆」——「法西斯」成了東德隨時可以推出來的「假想敵」和「公共污水溝」。

東德政權（以及背後支持它的蘇聯）效率之高，連納粹亦自歎不如，舉世為之瞠目結舌——但它在其他方面的效率卻很低。當天，數萬名人民軍官兵、人民警察、警察預備隊、工人戰鬥隊奉命出發封鎖邊界。在整個柏林邊境線上，每隔兩米就部署了哨兵，防止有人逃跑；而邊境警察、工人自衛隊和建築工人用帶刺鐵絲網、坦克路障和新澆的水泥支架阻隔街道。[1]

這堵圍牆此後用了數年時間完善、加固乃至永久化處理——包括水泥板牆一百零四點五公里、水泥牆十公里、鐵絲網五十五公里，牆高約三點六米。沿牆修建了二百五十三個瞭望塔、一百卌六個碉堡、二百七十個警犬樁、一百零八公里長的防汽車和坦克的壕溝。它截斷了一百九十二條街道，卌二條鐵路線，八條輕軌、四條地鐵以及三條高速公路。如此滴水不漏的防線，僅僅是為了防止東德民眾逃亡到西德。隨後，經過四次的改建和加固，柏林圍牆遂成為冷戰時代「鐵幕」的象徵。在整個東西德的邊界線上，東德佈置了七十萬枚地雷，六萬挺機關槍，一千一百隻訓練有素的狼狗。

柏林圍牆難道是東德大肆宣揚的「社會主義制度的優越性」的體現嗎？德國歷史學家海因里希·奧古斯特·溫克勒指出：「承認自己只能通過強制措施才能留住國民——東德以及整個『社會主義陣營』都因此大失顏面。東德和蘇聯通過封鎖邊界為自己判了一個緩刑。」[2]然而，當時西方世界被嚇壞了。

一九八三年，以美國副總統的身分訪問西德的喬治·布希，來到巴伐利亞邊界的小城德爾魯斯——它的綽號是「小柏林」，它像柏林一樣被帶刺的鐵絲網一分爲二。附在水泥柱上的鐵絲網朝向東邊而非西邊，清楚地表明，東德政府建造這道鐵絲網，用意是防止其人民到西方，而非防止西方人投奔他們。喬治·布希發現：「那邊只有部分房子住著人，但那裡的傳統的德國房子都被油漆成統一的顏色，很是整齊。他們將建築的外表搞得很光鮮，以炫耀東德的富足，但這只是掩蓋那半座城市窮困和衰敗的虛僞裝飾，那裡甚至連空房子的燈也爲了面子而開著。它與西邊這個充滿溫情、豐富多彩和欣欣向榮的農業小城相比，差別實在太大了。」[3]這就是東西德的縮影，這就是東德人要跑到西德的原因之一。

高聳的柏林圍牆阻止了大量東德人逃往西方的趨勢，但人們仍想出各種各樣的方式越過高牆，許多方法到了匪夷所思的地步，比如自製熱氣球飄過去、從靠近柏林圍牆的樓房陽台直接跳過去、挖隧道爬過去、藏進汽車的底盤和座椅下面矇混過關、躲藏在兩

❶柏林圍牆即將關閉前，一名東德士兵越過鐵絲網，逃往西德一邊，熱愛自由乃是人類的天性。

❷和解大教堂被東德官方炸毀的整個過程，此照片掛在艾舍牧師的辦公桌前。

❸艾舍牧師介紹和解小教堂的建築材料為環保的黏土。

❹夜晚燈火通明的和解小教堂，宛如個透明的玻璃罩子。

❸

❹

個打通的行李箱裡混過去等。用各種方式成功地從柏林圍牆逃離東德的人至少有五千多位，每個人的故事都可寫成一本驚心動魄的小說。人們不禁要追問：一個政權究竟邪惡到何種程度，才會讓其居民不惜生命代價也要離開？問題的答案隱藏在這組數字當中：有兩萬三千東德居民因逃亡罪而被判徒刑，平均每兩天就有一個人逃亡、被逮、坐牢。有七萬八千人因「危害國家安全罪」而下獄，每天有五個人因「危害國家安全」坐牢——他們「危害國家安全」的行為可能僅僅是說了句「東德不如西德好」。

由於逃難潮無法遏制，東德領導人便向邊防軍士兵下達了對企圖穿越柏林圍牆者「格殺勿論」的命令。柏林圍牆沿線血跡斑斑，槍聲不斷，這裡成為一處人們談虎色變的死亡與恐怖之地。「柏林圍牆不僅僅是一個象徵，它實際上代表的更是一種眞正血腥的權力。」[4]喬治·布希在日記中寫道，國家的分裂和冷戰所造成的人間悲劇和傷害，是報紙和圖片所無法傳達的：「父母和

❶

❷

子女、兄弟和姐妹以及所有德國人，可能都透過這鐵絲網眼巴巴地望著只不過幾步之遙的親朋好友而難以相聚。綜觀整個德國，很多家庭像這樣地被分離了幾十年，大概只有在兩國之間關係緩和時，才偶爾相會過。對生活在『鐵幕』下的兩邊的人民，這種分裂揭示了冷戰的無情、冷酷和悲慘的事實。」[5]

柏林圍牆及其附近地區變成了都市中心的「無人區」。在這片「無人區」，矗立著一座教堂，當時，沒有多少人注意到，柏林圍牆正好將哥德式的和解大教堂一分爲二。和解大教堂建於一八九四年，在柏林眾多宏偉的教堂中，並不怎麼突出。它在二戰期間奇蹟般地未受毀滅性破壞，戰後很快被修復。當柏林圍牆豎起來之後，「教堂的地理位置剛好位於東柏林轄區的最西端，與屬於西柏林轄區最東端的基督教會聯盟僅一牆之隔。從西柏林圍牆邊向東望，還可以看到

❶和解小教堂的十字架和掛在十字架上的耶穌，耶穌的一隻手伸向人間。

❷和解小教堂外象徵愛與和解的雕塑。

❸老師在和解小教堂內向學生們講解歷史。

❹柏林和解小教堂的祭壇。

此教堂的尖塔，和解大教堂就這麼孤零零地屹立於無神論共產主義下的東柏林的死角地帶。」[6]於是，和解大教堂成了一座橫跨兩個國家、兩種社會制度的教堂，地理位置上的尷尬也給教堂事務的管理帶來了重重的困難。

然而，劫後餘生的和解大教堂未能長久地存在。有一種破壞力量甚至大於戰爭，這就是統治者對歷史和文化的傲慢及蔑視。在美國與日本浴血戰鬥的太平洋戰爭後期，中國建築史家梁思成教授成功地說服了美軍放棄轟炸日本京都和奈良，拯救了這兩座日本最美麗的故都，日本民眾至今對梁氏心存感激。然而，梁思成能幫助敵國保存文化遺產，卻不能保護本國的文化遺產——他無法說服剛剛奪取政權並一意孤行的毛澤東放棄拆毀老北京城的雄心壯志。他的嘗試差點給他帶來殺身之禍——他被當作建築界「封建主義」的代表人物而遭到大批判。有的對手是可以講理的，有的對手不能講理。好大喜功的毛澤東和東德的領導人屬於後者。

當時，東德統一社會黨力圖將其控制下的東柏林打造

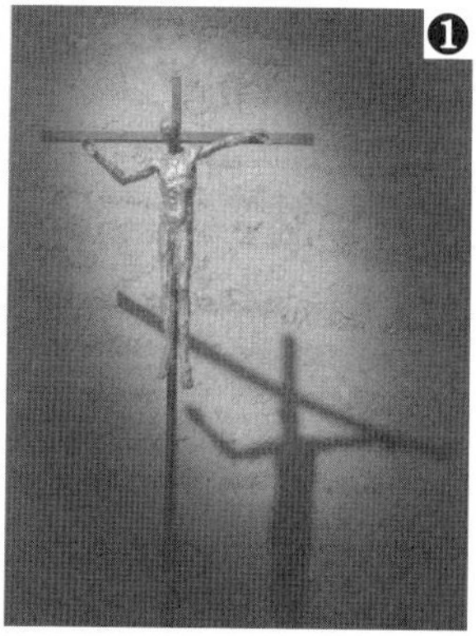
❶

❷

成一座嶄新的、整齊劃一、「具有社會主義美學風格」的城市。如果史達林連基督救世主大教堂都敢拆除，那麼東德人拆除一座沒有那麼有名的「和解大教堂」又算得了什麼？在此思路下，和解大教堂的存在是多餘的，更何況它破壞了柏林圍牆的權威。西德有若干文化界和宗教界人士簽名呼籲東德放棄拆除教堂的決定，但東德豈能屈服於「帝國主義及其走狗」的壓力呢？別人愈呼籲，東德拆毀教堂的計畫愈要迅速實施。一九八五年，東德政府以「提高邊界地區的安全性與清潔」爲由，悍然將這座教堂以爆破方式摧毀。

如今，在消失的教堂原址附近，保留著一段完整的柏林圍牆；也正是在這裡，基督教會和解聯盟主持修建了一座「和解小教堂」及一間小型博物館。教堂和博物館很小，紀念意義卻不容小覷。

一大早，我們出發與「和解小教堂」的主任牧師艾舍博士會見。半個小時即到達這個房舍比較破舊的區域。看來，德國統一並遷都柏林多年，柏林圍牆造成的後遺症仍未完全消除。

與許多身材高大的德國人不同，艾舍博士矮小而清瘦，頭髮花白，戴著深度近視眼鏡，襯衣上裝飾有顯示牧師身分的特殊領結，臉上一直帶著溫和的微笑，眼睛裡充滿寧靜與慈祥。他將我們迎進位於博物館一隅的小辦公室，問我們喝什麼茶，開玩笑說：「你們是從茶的故鄉來，我這裡的茶太差了，恐怕讓你們失望。但德國有一種花草茶，你們不妨試一試。」祕書爲我們端來花草茶。我們一邊喝茶一邊談話，話題便從和解大教堂浴火重生、由大變小的故事開始。在傾聽我講話的時，艾舍牧師一直在微笑並沉思；他一開口說話，語速很慢，態度很溫和。他身上有一種牧者特有的、讓人如沐春風的魅力。

牆裡秋千牆外道，牆外行人，牆裡槍聲響

艾舍牧師將柏林圍牆遺址的故事以及和解教堂的歷史淵源向我們娓娓道來。除了牧師身分之外，他還是「柏林圍牆紀念館領導委員會」委員。一九八九年十一月六日，柏林圍牆倒塌之後，周圍的寬闊地帶處於無人管理狀態。西德不敢貿然進入，東德則陷入無政府狀態，邊防軍撤離現場，連維持秩序的警察都消失了。

當時，有一些聰明的商人預料到「斷壁殘垣可能是無價之寶」，開著卡車跑來，將看上去醜陋不堪的水泥塊運回家中囤積居奇。後來，這些不起眼的廢品果然賣出天價。如今，在柏林的旅遊紀念品商店，有各種鑲嵌著拇指大的柏林圍牆碎片的紀念品出售，價格比普通的旅遊紀念品貴出許多。若以水泥塊而論，它們算得上是世界上最昂貴的水泥塊。這大約是當初下令修築柏林圍牆的何內克及其政治局同僚們做夢也沒有想到的結果。

在接下來的幾年，德國發生了讓人眼花撩亂的變化：東德政權幾經掙扎，仍不能獲得民眾信任，無可避免地走向瓦解，正如當時的西德總理柯爾所預測的，「如果見不到隧道盡頭的陽光，將會有更多的人逃離民主德國」。

德國統一的呼聲愈來愈高漲，短短一年多，便從遙遠的夢想變成觸手可及的現實。德國

統一之後，柏林的重新規劃與建設得以展開。統一後不久，德國聯邦政府決定遷都柏林，柏林再度成爲歐洲政治與文化重鎮。柏林恢復了一九一八年至一九三三年之間令人眩目的活力與包容性，正如作家亨利希·曼當年所說，「想追尋希望的人必須把目光望向那裡」，柏林是文明的搖籃，「會把德國聯結在一起的將不會是法制，而是柏林。」[7]柏林的城市格局面臨著戰後最大一次變局，「像這樣大規模的重建，在近代以降的歐洲城市中，尚未發生過，可以預期所面臨的高度困難。」原來柏林圍牆的隔離區，搖身一變成爲寸土寸金的市中心，一夜之間興建起高樓大廈。地理意義上的柏林圍牆只存在於人們的記憶之中和照片上。

在此背景下，艾舍牧師與各界人士一起發起了呼籲，希望聯邦政府將柏林圍牆的一部分保留下來，同時在原址重建一座和解教堂。保留一部分柏林圍牆，在統一之後的德國是一個極具爭議性的話題，因爲許多東德居民認爲這是一道深深的傷疤，不能讓它繼續裸露著。特別是那些試圖穿越柏林圍牆而遭射殺的死難者的親屬，擔心這段圍牆繼續刺傷其情感。一些西德人也建議大家向前看，不必過於拘泥歷史。但是，經過長期、充分的討論，大部分人傾向支持保留一段柏林圍牆。此看法逐漸成爲共識：這是對歷史的尊重，同時也能警醒後人。讓受害者獲得安慰的辦法，不是掩蓋歷史，而是讓歷史成爲對未來的啓示。經過十多年的努力，艾舍牧師和同伴們的願望實現了：這一段最後的柏林圍牆被政府以立法的形式保存下來，並在旁邊設立了柏林圍牆博物館。

柏林圍牆是國家暴力的象徵，是權力異化和扭曲的象徵。當年，柏林圍牆的修建利用的是「人民」的名義。但「人民」在不久之後卻發現這堵牆是爲少數人服務的，是保障少數人的特權。負責修建柏林圍牆的何內克甚至給這個計畫其了一個浪漫的名字——玫瑰行動。[8]曾參與修建柏林圍牆的東德工人巴爾克，也擔任過柏林圍牆下的哨兵，在忠心耿耿地爲東德服務四十年之後，他在黨代會上憤怒地發言說：「當年我曾乞求人們理解政府的建牆措施，因爲這堵牆可以阻止共和國受到進一步的銷蝕，並保障道德、經濟和政治上的健康。然而，政治局欺騙了我和成千上萬的工人戰鬥隊隊員。他們把反法西斯牆玷汙成一堵骯髒的牆，躲在牆內像脂肪裡的肉蛆一樣揮霍無度。」[9]這樣一堵牆，能不倒塌嗎？使之倒塌的力量，不僅僅是從甘迺迪到雷根等西方世界所施加的壓力，也不僅僅是戈巴契夫的新思維政策，更是東德政權失去自身的合法性，失去民眾的信任與支持。一個用高牆來囚禁其公民的國家，註定了無法獲得「可持續發展」。

更可怕的是，在柏林圍牆下一直上演著和平時期本來不必要的殺戮。一九八九年二月六日，年輕的克里斯·歌弗羅伊在試圖穿越柏林圍牆時被東德士兵槍殺，成爲最後一個死在柏林圍牆下的人。在柏林圍牆存在的廿八年間，至少有一千一百多位東德居民在試圖翻越柏林圍牆或潛渡施普雷河時被槍殺。其中，一百七十一人是在試圖越過市中心的混凝土牆時喪生的，開槍的正是號稱保護他們的人民軍士兵。人們在前東德國家安全部的檔案中發現了一份檔案，表明東德政府曾下令對越境者開槍，哪怕是婦女兒童。這份文件是在一九七一年至一九七四年服役的一名前東德邊防軍下士的檔案中發現的。一九七三年十月一日的一份七頁長的執勤指示寫道：「對使用射擊武器，不要猶豫不決，即使有婦女兒童突破邊境時也一樣，因爲叛國分子經常利用他們爲自己服務。」這一指令下達給前東德情報部門特種部隊，其成員的公開面貌是邊防士兵。專門負責清理前東德國家安全部檔案的比特勒女士認爲，這份檔案具有重大意義，它以白紙黑字的形式駁斥了何內克和克倫茨「沒有下達過開槍命令」的謊言，再清楚不過地表明，東德當局確實給士兵下令，讓他們殺害手無寸鐵的同胞——最高的決策者是統一社會黨政治局。

兩德統一之後，除了何內克等少數東德高級領導人之外，極少有開槍殺人的軍官和士兵受到追究和審判。到一九九七年爲止，大約有一百五十起針對前東德邊境哨兵和安全官員的審判。多數哨兵都被宣告無罪，只有四十六人被認爲犯了過失殺人罪，多數人被暫緩判決。其中一位哨兵被判處六年監禁，他被指控開槍打死一名已被抓獲的逃亡者。東德最後一任領導人克倫茨被判處六年監禁，但他拒絕認罪。[10]當時的法庭本著兩德剛剛統一、儘量減少矛盾的心態作出「吞舟是漏」的判決，這種過於功利主義的做法並不利於彰顯正義和醫治創傷。隨著時間的流逝，對這部分人的追究和審判愈來愈不可能——他們中的很多人以及受害者家屬逐漸走向自然死亡。

艾舍牧師認爲，保留柏林圍牆是對兇手的一種永恆的審判，也是對死難者的一種永恆的悼念。人們可以在這裡祈禱，點燃火把，安放花圈，表達對死者的哀思。當然，對於保留部分柏林圍牆的建議，也有人提出反對意見。他們認爲，既然兩德已統一，雙方要儘量「向前看」，保留這個歷史傷疤，對德國的「精神統一」不利。東德一方的某些人士認為，保留柏林圍牆對他們似乎是故意的羞辱。對此，艾舍牧師反駁說：「我們不能將這堵牆從歷史中抹去，它確實存在過，而且依然在對我們的心靈發生影響。」就像保留若干納粹時代的集中營一樣，「前集中營變成了具有集合博物館、旅遊和紀念等多重功能的紀念堂」，保留部分柏林圍牆也是為了捍衛記憶、牢記罪惡，以免重蹈覆轍。如果說部分柏林圍牆的存在讓某些人感到不舒服、感到不安，那麼集中營的存在不也是如此嗎？人當忠於過去，還必須忠於現在，過去就是現在的一部分。

艾舍牧師帶領我們從紀念館螺旋式的樓梯登上三樓，從三樓的平台上可俯瞰街道對面的柏林圍牆。我這才發現，所謂的「牆」，並非原先我所理解的一堵孤零零的牆，而是兩排平行的牆，中間有二三十米寬的空地，崗樓即設置在空地中央。空地以灰色沙土鋪就，幾乎寸草不生。兩排高牆的頂端，都安置有陰森森的鐵絲網。這種設計，讓企圖穿越高牆者無計可施，即使穿越第一道牆，其進入的卻是一片屬於東德領土的無人地帶，若為哨兵所發現，哨兵有權開槍射殺之。大部分的死者都死在此無人區之內。今天，許多參觀者在這段柏林圍牆周圍徘徊，也有人在牆下獻花。

重建的不僅僅是一座教堂，乃是愛、寬容與和解的價值

艾舍牧師的話題轉移到和解教堂來。由於特殊的歷史原因，和解大教堂與柏林圍牆的關

係剪不斷、理還亂。昔日的和解大教堂是工業化迅猛發展過程中，由基督教和解聯盟組織所修建。它專門爲那些剛剛到城市尋求工作機會的農村人口服務，是當時柏林市中心的一處信仰場所，也是一個社會救助部門，是融合新舊居民的「熔爐」。教會希望用基督之愛來達成社會底層勞工與資本家之間的和解，將教堂取名爲「和解」。

這座教堂的歷史，也是現代德國歷史的縮影：一九三三年納粹上台之後，天主教會和新教教會都臣服於希特勒，和解大教堂也不例外。在納粹時代，先後在此擔任主任牧師的有三人。第一位牧師反對希特勒，遭到解職。不過，他反對希特勒並非基於民主理念，而是忠於一戰失敗之後流亡海外的威廉皇帝，他是一位保皇主義者。這位牧師希望德國回到帝國時代，教會與皇室恢復自從路德宗教改革以來的親密關係。

第二位牧師完全認同納粹的理念，認爲希特勒開創了德國歷史上從未有過的新時代，讓德國各個領域發生翻天覆地的變化。他同意將和解教會改造成納粹主義的教會。他是一位年輕牧師，在學術和演講方面很有才華，頗受會眾歡迎，深得納粹器重。二戰之後，他受到盟軍清查，一時之間千夫所指。不久，他故意製造一起車禍自殺，並留下一份遺書，承認在納粹時代有罪。對此，艾舍牧師指出，當時沒有任何一個團體包括教會願意收容這個有罪的人，沒有人原諒他和安慰他，他只能絕望地自殺。這表明當時的社會和教會都缺乏寬容和寬恕的理念去對待願意回家的「浪子」，人們並未遵照耶穌的教導去愛他。

第三位牧師嚴格遵循《聖經》原則，主張政教分離。當時，所有牧師都是國家官員，都需要向希特勒宣誓效忠，這樣才能獲得牧師「執照」。這位牧師拒絕向希特勒宣誓，失去了這一職位。他並未公開批評納粹的政策，更沒有像認信教會的牧師如潘霍華那樣參與抵抗運動，他沒有被納粹送進集中營。

在經歷了殘酷的二戰之後，和解大教堂倖存了下來，此後繼續存在四十年，最終仍不免被偏狹的意識形態所犧牲。在東西德對立的時代，和解大教堂擁有一套獨特的治理模式：柏林圍牆將德國一分爲二，也將和解大教堂一分爲二。東德官方企圖讓它成爲顯示其宗教信仰自由的樣板，同意「共治」方案。這個教會的牧師，既有西德的，也有東德的；其會友既有西德的，也有東德的。如此特別的教會，僅此一家。

艾舍牧師從一九七五年來到和解大教堂擔任牧師，負責處理有關西部地區的事務。他一生中差不多一半時間，都獻給了這所教堂。他與東德的牧師有合作和交往。一九八五年，東德政府決定炸毀和解大教堂，命令的執行極其高效。社會主義制度在大部分時候是低效率的，但在類似的少數時刻效率卻特別高。在艾舍的書桌前，掛著一組和解大教堂轟然倒塌時的照片，這組照片定格了教堂倒塌前後幾個撕心裂肺的瞬間。多年以後，每當注視著這組照片時，艾舍牧師依舊黯然神傷。

和解大教堂在歷史上沒有完成「和解」的使命，它的悲劇深深地根植於德國教會的缺陷之中。德國教會與國家的關係過於密切，這源於路德的神學，「路德的神學前提使他不僅必然要攻擊教會的管轄權力，而且要相應地維護世俗當局，從而塡補譴責造成的權力眞空。」[11] 路德神學促成了近代民族國家的發展，同時也導致了國家權力的無限擴張。由於德國教會長期依附於權勢階層，失去了上帝的同在與祝福，在挑戰與逼迫降臨時，便迅速自我繳械投降。

那麼，在新的歷史時期，教會應當扮演何種社會角色？艾舍牧師強調，教會和基督徒首先要懺悔，要反省，要回歸使徒時代的價值，要與世俗政權保持距離，同時也要關心社會公義，成爲世界的光和鹽。對於艾舍牧師來說，與保留一段柏林圍牆同樣重要的，是重建和解大教堂。這些年裡，他與一群志同道合者一起奔走呼籲。

爲什麼不能在這片曾被鮮血浸透、被死亡籠罩的土地上修建一所新教堂、並讓其成爲和解的象徵？艾舍牧師指出：「我的目標並不是只爲重建一棟建築意義上的教堂，而是重建東部與西部之間的信任，重建人們對愛、和解與寬恕的信念。在經過納粹時代和東德時代之後，此種精神重建極爲困難，也必不可少。」最後，雖然沒有按照原來樣式建造一座和解大教堂，但在原址上重建了一座和解小教堂。教堂規模由大變小，但其蘊含的精神價值卻由小變大。艾舍牧師高度評估和解小教堂對於未來的德國和歐洲精神走向的意義。「不要看這座小小的教堂。確實，在歐洲的任何一個小鎮上，你都有可能看到比它更大的教堂。但是，和解小教堂的象徵意義是獨一無二的。它的存在表明，在死亡和殺戮之地，人類有能力按照上帝的囑咐來重建和平與良善。」

這座重建的和解小教堂，負擔著闡釋納粹時代和東德時代的「雙重黑暗」的使命。它也是一個公開的紀念地，人們可以在這裡舉辦各種公開的宗教或非宗教紀念活動，這類紀念活動的意義在於，「用一種相反的文化來體現和解的核心價值：和平、眞相、公正和寬恕」。[12]

關於和解這個概念，艾舍牧師解釋說，作爲一位神學家，比起歷史的維度來，他更願意從神學的角度切入。和解是一個古老而深邃的題目，是《聖經》中重要的主題。使徒保羅指出過，人們應當與上帝和解，與世界上所有人和解，去愛身邊每一個人。德國、歐洲乃至全世界都需要和解，若人類不能和解，恐怖主義將成爲這個時代一個無法消除的頑疾，即使用戰爭手段也無法消除。

基督徒和教會應當成爲愛、寬容與和解價值的先行者和傳播者。艾舍牧師指出，目前德國基督徒的數量在下降，但基督教信仰與價值並未過時，古老的信仰可以迎接時代的挑戰。

什麼是德國精神、歐洲精神乃至西方精神？德國歷史學家溫克勒指出，如果一定要找出西方的價值得以從中發生的「根源」，那麼耶穌把上帝的領域與凱撒的領域分開的那句話，產生了西方人內心中和西方國家的分權憲法中所帶有的二元精神，政教兩大權力的分離又推動了現代分權（三權分立）的誕生，從而也爲法治和人權、公民權的產生創造了一個堅實的框架。這些都是西方教會的成就，連東正教世界都沒有此類觀念，更不用說伊斯蘭世界和儒教世界了。[13]但是，他未能論述宗教改革的遺產、清教徒的觀念秩序以及韋伯所說的「新教倫理與資本主義精神」等精神資源的重要性。這是世俗主義者思想的局限。

德國歷史學家邁涅克在多年之前便追問說，德國乃至整個歐洲的「共同財富」是什麼呢？是基督教——「它那整體性的輪廓是已經呈現在我們眼前了——那就是對於一切的善都有其神聖的根源這一信仰，對於永恆、對於絕對的敬畏，要把握虔誠的基督徒所稱爲神之子的靈魂，承認良心是『我們道德生涯中的太陽』；已經超越人性中感官的低級基礎，並朝著出自永恆而遠遠擺脫了血統和種族的那種道德前進。」眞正的基督信仰是種族主義和專制主義的剋星，是科技主義和物質主義的最後一道防線。「我們德國人的需要就是基督教西方的普遍需要。因爲宗教生活到處都處於有被近代文明榨取枯竭的危險。凡是能夠在基督教基礎上鼓舞我們宗教生活的，同時也就有助於溝通民族與民族之間的裂隙，並和解戰敗者和戰勝者。」[14]人類需要先與上帝和解，才能彼此和解。和解教堂的浴火重生，以及它所昭示的和解的價值，生動地驗證了邁涅克的設想。

和解教堂象徵的正義與和解，是對柏林圍牆象徵的暴力與殺戮的否定

艾舍牧師也承認，和解有可能被濫用來幹壞事，有人會披上和解的外衣讓別人迷路。那麼，什麼是誠實的、清晰的、有效的和解呢？我們生活在一個紛繁複雜的世界上，這個世界不是黑白分明的，在做正確決定時也會包含不正確的成分。艾舍談起他與父親的關係：對於在戰後成長起來的自己而言，反對希特勒不是一個問題，第三帝國已經覆滅，納粹的罪行已經彰顯，歷史書上寫得一清二楚。他年輕時與父親發生過一些衝突：父親曾是一位德軍士

兵，在法國佔領區服役。戰後，當父親在回憶起這段經歷時，並沒有深切的懺悔，而使用一種無批判性的、甚至美化的方式來講述之。他不接受父親的這種態度，多次嚴厲批判父親，甚至與之疏遠。

多年以後，柏林圍牆倒塌，給他帶來極大震撼。在一九八九年之前，他認爲東德政權相當穩固，數十年之內都不會崩潰，這是大部分西德人的想法。但事實證明這一判斷完全錯誤。由此，他轉而想起了父親。父親當兵時只有十八歲，沒有完成中學教育。當時，反抗法西斯的德國人鳳毛麟角，絕大多數人都是順從者。事後說反對希特勒容易，當時卻極難。而自己在一九八〇年代中期，年齡比當年從軍的父親要大得多，經驗豐富得多，獲得的資訊也多得多，尚且做出錯誤判斷。那麼，爲什麼不能寬恕當年犯錯的父親呢？爲什麼不積極地與父親溝通，與之共同承擔歷史的重負呢？爲什麼不能與父親一起共同完成心靈的重建並徹底走出那段幽暗人生呢？

父親與兒子的鴻溝如何填平？德國作家霍斯特·布爾格寫道，參戰的父親那一代人「沒有可以仰視的榜樣，至少沒有活著的，也沒有什麼能夠爲人指明方向的、給人撐腰的思想。誰反對希特勒，誰就必須靠自己，必須自己創造自己的世界。要想不和狼一起嚎叫，那是需要勇氣的。」[15]當然，那個時代並非沒有勇敢的反抗者——如紹爾兄妹，只是他們全都被納粹的宣傳機構遮蔽，他們從容就死的英雄行徑不爲普通民眾所知。

就在柏林圍牆倒塌之後幾個星期，艾舍牧師的父親突然去世了，他卻一直沒有告訴父親說，自己已原諒了他。這是他一生中最大的遺憾。

柏林圍牆的倒塌，使艾舍牧師與早年信奉的左派思想決裂，並失去了很多朋友。此前，他一直都是左派，是反對派，卻是「主流」。他說出此一吊詭的事實：絕大多數歐洲知識分子都是左派，都是資本主義的激烈批判者，神職人員亦如此，這是一種天然的「政治正確」。當時，艾舍牧師認爲社會主義是資本主義的反動，是一種新的制度的嘗試。當東德的許多檔案公佈之後，他才驚訝地發現東德的種種黑幕，東德教會內亦存在大量告密者，幾乎所有東德人都過著「不正常」的生活。此前，他與和解大教堂中的東德牧師一起工作，從未料到此種情況。他天眞地將東德的同事當作眞誠的信仰者。後來，他發現，在東德沒有心靈自由，但此前並未更多思考並關心東德教會和基督徒受逼迫的處境，也沒有爲那些堅持信仰、捍衛自由的教會和教堂提供幫助。

艾舍牧師說，他被蒙蔽了很多年。東德教會從來不是一片淨土，但教會仍然爲人權活動人士提供諸多幫助。在蘇聯和東歐地區，大多數工會、集體農莊、文化社團、傳播體系等都創建於全能主義時期，在後全能主義時期仍受黨國供養。處於祕密狀態但卻名聲在外的情報機構的存在，進一步削弱了這些組織，並使這些組織的領導人在轉型之中沒有發揮作用。[16]剩下來唯一能在黨國體系面前保持相對獨立性的便是教會，唯一能凝聚人心並提供價值資源的便是教會。談起萊比錫聖尼古拉教堂在東德民主化轉型中所起的作用，艾舍牧師給予高度讚揚。

那麼，東部和西部的教會在未來的德國能承擔何種歷史使命？

艾舍牧師認為，經歷了納粹和東德兩個暴力氾濫的時期之後，教會的重要工作之一是完成和解，完成兩個德國「精神上的統一」。他介紹說，透過研究檔案資料，他發現東德政權計畫利用科學的力量控制所有人的活動和頭腦，許多科學研究都侵犯了公民的自由與尊嚴，違反了《聖經》的原則和基督信仰。東德官方展開的如心理學、社會學等研究，有計劃地侵入私人生活的方方面面，建設了一個龐大的監視網路，並系統性地破壞了人與人之間的信任。兩德統一已二十多年，但那段歷史遺留下來的問題仍未消除，德國完成了政治上的統一，卻沒有完成精神上的統一。甚至連經濟上的統一也只完成了一半——儘管富裕的聯邦德國藉由社會福利補償了轉型的輸家（原東德地區的五個邦），這種帶有「社福計畫的破產管理」大致實現了「撤銷管制、去官僚化和私有化」，但數百萬東德人仍然藉由「用腳投票」，移民到前西德地區。[17]更嚴重的是，很多原東德地區的民眾產生了被剝奪感和被歧視感以及深刻的怨憤心態，故而「新納粹思想」開始萌芽。另一方面，共產黨統治時代的精神創傷並未得到療癒：許多參與迫害的人以及告密者，在時代變化之後，不能從昔日的黑暗中走出來。加害人與被害者之間無法實現具有和解性質的交談和對話。實際上，在當下的社會氛圍下，昔日的加害者若承認過去的罪行，並不會遭到逮捕或毆打，並不需要付出慘痛代價。懺悔的門檻並不高，但懺悔者非常之少。

這是什麼原因呢？艾舍牧師指出，最困難的事情是心靈淨化的工作、將正義與和解同步實現的工作。他總結出一套理論來解釋此種情況：揭露的工作很重要，但對身負罪孽之人獲得解脫並無幫助。那麼，如何讓加害者融入此一解脫過程之中？加害者是舊制度的組成部分，如德國作家恩岑斯貝格爾所云，「在法西斯時代我未嘗知道我生活在法西斯時代」。[18]他們對舊制度有著很大的依賴性，好像吸毒者一樣，一輩子都出不來，難以衝破心理的藩籬。極權主義不僅通過機槍和坦克來控制人，更多時候是通過將參與者扯入謊言與仇恨之中，讓謊言和仇恨的毒素毒化心靈。在那樣的環境下，不僅加害者是如此，受害者也是如此，而且受害者很容易轉化成加害者。當加害者和受害者的身分模糊甚至重合時，社會的善惡、眞假、是非判斷便失效了。

另一方面，艾舍牧師指出，當時的西德社會並沒有爲加害者與受害者的和解創造出一個空間和環境來。和解的基礎是：「從那些被我們憎恨和蔑視的人身上，我們還可能發現人性的存在，並以此來判定罪孽和罪責程度。」[19]如果沒有這個基礎，加害者大都不能大膽地說出眞相，因爲即使說出眞相，也很難獲得諒解。這就需要有一個團契、一個群體，讓他們置身其中，讓他們開始新的生活，讓他們去接觸與昔日充滿謊言和仇恨的生活沒有關係的人。教會本應提供此平台，可惜教會在相當長的一段時期內在這個領域無所作爲，眼睜睜地失去了和解的最好時機。

一位講述大屠殺課程的學者指出：「大多數違反人性的恐怖事件的根源並不在『外部世界』，它們起源於對陌生人完整人格的否定，以及不承認其他人也是人類的一員。」[20]而在教會裡，人被剝奪和被貶低的尊嚴和價值可以被重新確立。思想家雅斯培指出：「既不要成爲過去的犧牲品，也不要成爲未來的犧牲品。關鍵在於，完全成爲當下的。」在此意義上，如何重建和解教堂，本身就是一個民族的成員共同療傷的過程。重建柏林和解大教堂，既要延續老教堂的歷史，又要讓此教堂在一個新的移民社區中發揮新的作用。人類有沒有信心讓這個曾經破碎的世界成爲充滿仁愛與寬恕的世界？是柏林圍牆及其所象徵的暴力與殺戮，還是和解教堂及其所象徵的愛與和解，更有力量呢？

和解教堂的重建具有里程碑式的意義。艾舍牧師說，他心目中新的和解教堂，不僅是一個教會，也是一個紀念館、博物館以及社區中心。

「這個理想實現了嗎？」我問。

艾舍牧師微微一笑，賣了一個關子說，「我們現在就去看看。」

「在這個人們離開上帝的時代，我們爲上帝的道路作見證」

我們一起出門，穿過街道，沿著一段柏林圍牆走一百多米，新建成的和解小教堂便呈現在眼前。與昔日和解大教堂那哥德式的尖頂及精美繁複的雕塑及裝飾不同，和解小教堂是一棟小巧玲瓏的、穀倉形狀的建築。既不失現代建築的簡約風格，又體現了建築與大地之間的有機聯繫。附近的柏林圍牆遺址、陰森的鐵絲網以及空曠的無人地帶，與這座暖色調的建築形成鮮明對照。走近一看，這座建築使用的材料居然是黏土，沒有使用水泥。艾舍牧師說，可不要小看黏土這種建築材料，這是德國境內第一個用土牆作爲承重牆的建築。

一九九五年，兩位年輕的柏林建築師扎森羅特和賴特曼的設計方案得標之後，本欲以混凝土做爲主要建材，但負責監管的柏林圍牆委員們希望改以符合環保與健康的黏土爲主要建材。這是一個具有挑戰性的要求。當時，該建築僅有九十五萬歐元經費，這讓建築師爲難了。許多民眾聽說此消息，紛紛慷慨解囊；另外有一支由十四個歐洲國家組成的建築義工隊來免費施工，再加上來自奧地利的土牆結構專家以及柏林工業大學建築系的專業知識支持，終於在二〇〇〇年完成了這項幾乎不可能的任務。即使那些不信上帝的民眾，也感歎說，這座小教堂的出現是一個神蹟。建築學家則讚譽說：「這座建築物體型雖小，卻涵括解決了過去、現代或者是未來所擁有的歷史結構層次與面臨的都市建築問題，其設計與興建過程與成果，可以說是爲現代都市計畫與建築設計基本問題的解決樹立了一個榜樣。」[21]

我發現，來和解小教堂參觀的青年很多，這個空間比傳統的老教堂更讓人放鬆。艾舍牧師說，平時教堂向公眾免費開放，禮拜日在這裡有幾堂講道。他每週都在此講道，教會大約有兩百多位固定的教友，這一區域內有許多原東德的居民，還有大批新移民，需要展開很多牧養的工作。艾舍牧師既是一位神學家，也親自參與牧會，後者需要付出數不盡的時間和精力。艾舍牧師說，他很喜歡牧會，去探訪每個會友的家庭，去傾聽他們的每一個電話：「我們需要在這個人們離開上帝的時代，爲上帝的道路作見證。」就柏林、德國乃至整個歐洲而言，基督徒的數量在冷戰之後一直呈下降趨勢，基督教對社會的影響日漸式微，但艾舍牧師認爲，教會可以在社會的精神和道德重建中發揮其他機構無法企及的作用。和解是教堂之名，也是艾舍牧師的核心概念。不僅至今戰火紛飛的地方——科索沃、蘇丹、盧安達、伊拉克、阿富汗等——需要和解，德國社會也需要和解。屠圖大主教說過：「上帝想要表明，衝突和壓迫之後生命依舊；有了寬恕，就有了未來。」[22]加害者需要從恐懼中解脫出來，受害者需要從仇恨中解脫出來，所有人都需要從偏見和傲慢中解脫出來。這種解脫必須有上帝的參與和帶領，人靠自己的力量無法完成此種使命。

和解大教堂變成了和解小教堂，並不意味著教會的萎縮與信仰的退卻，是意味著基督徒以一種更謙卑的態度進入這個世界。這座建築的設計理念就是如此：「新建成的和解小教堂建築平面局限於舊教堂的唱詩班位置，從平面安排的意義而言，新建築並沒有佔據舊教堂的心臟空間位置，而是謙虛地、中性地退縮至唱詩班空間的位置。」[23]和解小教堂所蘊含的精神價值，已然超越了和解大教堂，「教堂不在乎大，有愛、正義和眞理，則有上帝。」

艾舍牧師說，他很喜歡這座新建成的小教堂，他經常在此禱告和讀經，或者與教友及參觀者交談。在建築專家眼中，這裡是一處開放的公共空間：「和解小教堂所擔負的功能非僅侷限於宗教目的，因它的歷史與地理位置，它同時擁有人道性和社會服務功能、見證德國現代歷史的紀念性功能，以及新時代亟需的環保構築觀念。」[24]

這裡有很多老師帶著孩子來上課，這裡不需要像老教堂那樣保持安靜肅穆，孩子們七嘴八舌，好不熱鬧。等待一群活蹦亂跳的青少年隊伍走過之後，艾舍牧師帶我們走進教堂的迴廊。迴廊以冷杉木修建，沒有使用油漆粉刷，保持著木材原色。由於使用黏土材料所達致的冬暖夏涼的效果，整個教堂沒有安裝空調和暖氣系統。

迴廊的盡頭，保留有當年大教堂深達四米的地基，且以玻璃罩覆蓋之，以供遊人參觀，以此想像教堂的歷史。設計師以此種方式將歷史與現實勾連起來。

從大門進入大廳，豁然開朗，陽光燦爛。對於祈禱大廳，我有兩個最強烈的感受：其一，比起我到過的許多世界知名大教堂，這座只能容納兩百人的教堂，實際的空間小得不能再小，卻又顯得比很多老教堂更加寬敞，因爲它沒有壓迫感。其二，其黏土牆面沒有任何裝飾，既沒有塑像，也沒有管風琴，更沒有彩色玻璃窗，樸實到了極致。大廳裡的椅子也不是教堂中常見的木質長椅，而是單個的折疊椅，如此可隨意組合，平時亦可供學校的老師給學生上課。在功能上，最大程度地實現了多樣化。

在簡樸的講台一側，豎立著一個細長形狀的、高約三米的銅製十字架。十字架下是點著蠟燭的平台及雪白的鮮花，以此象徵耶穌基督的純潔和公義。被釘在十字架上的耶穌基督的形象，與我在其他任何教堂中看到的都不同。瘦弱的耶穌的兩條腿和一隻手被釘在十字架上，另一隻手卻彎曲地伸展著，似乎在撫平人間的痛楚，似乎在擁抱流離失所的人們。這一形象並不符合《聖經》中耶穌受難的描寫，極具挑戰性與爭議性。

艾舍牧師說，和解小教堂接納此一表面上看似乎離經叛道的十字架，因爲它展示了基督教的內在精神，基督教是愛與公義平衡的宗教，是憐憫與律法並存的宗教，耶穌不是高高在上、與人們日常生活沒有關係的神。耶穌就在我們身邊，時刻幫助、安慰、引導我們，並將和平與公義帶給世人。這樣一個耶穌的形象，讓我想起屠圖大主教的描述：「祂被釘在十字架上，雙臂伸展，彷彿要擁抱一切，將所有的人、所有的物都擁進他無所不包的懷抱，讓萬眾萬物都有所歸依。沒有局外人，一切都在其中，都互相歸依。我們有所區別，因而我們才能懂得我們彼此需要，因爲沒有一個人可以絕對自給自足。」[25]

參觀完教堂內部設施之後，艾舍牧師特意引我們到教堂門口左側的草地旁邊，這裡安放著一尊跪著互相擁抱的兩人銅像。艾舍牧師告訴我們，這是英國考文垂市贈送給和解小教堂的禮物。二戰中，考文垂是英國的飛機和電子工業中心，遭受納粹空軍慘烈的轟炸，整座城市被夷爲平地。考文垂與中國南京、日本廣島、德國德勒斯登一起，被稱爲二戰中四個受害最嚴重的「悲情城市」。戰後，考文垂致力於人類和解的工作，重建了市中心一座被炸毀的教堂，並在那裡設立和解研究中心。這尊雕塑，其原件是考文垂市送給廣島的，後來聽說柏林和解小教堂建成，又複製一份送給昔日不共戴天的敵人。艾舍牧師說，這尊塑像與和解小教堂的精神內涵不謀而合，被安置在此處簡直就是上帝的美妙計畫。

柏林圍牆下曾血跡斑斑，這個世界很多地方都曾血跡斑斑。是貪婪、仇恨、恐懼和權力慾望等人的罪行帶來暴力與殺戮。屠圖大主教指出，我們生活的世界是一個疲憊、失望和嫉憤的世界，在頻繁而深重的痛苦之中，和解讓人們「從失望中看到了希望」。是的，人類固然有罪性，有殘忍、暴力和殺戮的一面，但人爲上帝所造，又具神性，有上帝的形象，人類身上亦有愛、悲憫與和平的一面。在死亡之地重建愛與和平，並非遙不可及的夢想。柏林圍牆遺址與和解小教堂，就是人類所做的勇敢嘗試。

在東方文化中，「和解」還是一個陌生的概念。但有或沒有和解之理念，中國社會的轉型必將呈現為迥然不同的兩種面貌。

那麼，什麼時候，中國也能建立一座自己的和解教堂呢？

二〇〇八年十一月五日、六日完稿

二〇二一年三月二十四日修訂

第十二章

祈禱和燭光的力量

——訪萊比錫聖尼古拉教堂

在柏林，人們可以在曾經被柏林圍牆隔斷的布蘭登堡門前自由地、經常甚至是誇張地昂首邁步。在北京，天安門廣場拍照留念的人們，會不會也思索二十年前的那裡發生的一切？記憶永存。然而就像二十年前一樣，我們對於哪怕即將發生的事情，也總是知之甚少。主動權掌握在中華人民共和國的人民手中，但誰都無法知道歷史會是怎樣發展：是像當年東歐那樣，人民從厭惡、不滿，發展到對專制政權的極度蔑視？還是會發生完全出乎意料的變化？

李・達菲爾德

「這個國家很像一隻燒得滾開而蓋子又扣得緊緊的鍋」

柏林圍牆的倒塌是蘇聯東歐劇變、兩德統一、冷戰結束的起點。

「戈巴契夫先生，請拆毀這座圍牆。」一九八七年六月，造訪柏林的美國總統雷根在布蘭登堡門前向蘇聯總統戈巴契夫大聲呼籲。此時，兩德已分裂了將近四十年。

雷根在演講前夕拋開撰稿人準備好的稿件，不顧國務院和白宮顧問的反對，在演講傳達出「了不起的資訊」，直接挑戰「邪惡帝國」。[1] 雷根的呼籲振奮了人心，卻無人奢望在共產黨陣營獲得任何正面的回應。

柏林圍牆的始作俑者之一、僵化頑固的東德領導人何內克，拒絕追隨蘇聯領導人戈巴契夫提倡的「公開化」政策，繼續推行高壓統治。在雷根講話兩年之後，何內克倨傲地宣稱：

「柏林圍牆在未來的五十年甚至一百年間仍將屹立不倒。」

當時，只有百分之三的西德民眾相信，能在有生之年親身經歷兩德統一，兩德分治的狀況似乎定格下來。

然而，緊接下去的歷史發展，卻有如電影的快速鏡頭：兩年之後，社會主義陣營中最富裕的國家、歐洲第五大工業國的東德政權陷入重大危機之中。大批逃亡潮及街頭上的群眾示威運動爲東德領導層帶來巨大壓力，何內克被政治局罷免，躲進了蘇軍醫院。

一九八九年十一月初，試圖亡羊補牢的東德政府火速制定了一項有限度開放旅遊的法規。十一月九日傍晚，中央政治局委員沙波夫斯基提早宣布了這項准許立即出國旅遊的規定。

當天夜裡，在無一槍一砲的情況下，柏林圍牆邊的東德邊界關卡就被蜂擁而至的老百姓衝垮。那些曾抓捕過企圖翻越柏林圍牆的民眾、對渴望自由的同胞開槍射擊的東德邊防軍士兵，由於沒有上級的命令，不知所措，袖手旁觀。

這一偉大的歷史事件發生在雷根演講的二十八個月之後。作爲目擊者的人權活動人士埃佩爾曼和牧師胡爾澤曼寫道：「這些身穿軍裝、幾十年來對自己國家的人民趾高氣揚的大兵們，現在不知道該怎麼辦了。從前的自以爲是一掃而光。」

才剛上台的東德新領導階層焦頭爛額，試圖做出順應民意的決策，卻很快又被民意拋到身後。領導階層像走馬燈似地更替，最後整個上層結構瓦解了。

今天，人們依然記得柏林圍牆倒塌時激動人心的場景，成千上萬載歌載舞的人們體驗到了自由無比美好的滋味。柏林圍牆彷彿是一夜之間倒塌的，彷彿是被雷根的演講摧毀的——這是那些生活在「加速的時代」的人們的感覺，歐洲的戰後秩序伴隨著共黨的統治一起崩潰。[2]德國歷史學家海因里希·奧古斯特·溫克勒評論說：「一九八九年十一月九日柏林圍牆的開放對於民主德國的意義，正如一七八九年七月十四日巴士底獄風暴對於德國封建王朝的意義一樣：兩者都是對舊制度的毀滅一擊。柏林圍牆與巴士底獄一樣，都是『不自由』的象徵。象徵倒塌了，舊制度的末日也隨之來臨。」[3]

殺戮有時，醫治有時；拆毀有時，建造有時。柏林圍牆是一夜之間建造起來的，卻不是一夜之間被推倒的。在這座高牆轟然倒塌之前，許多「無名英雄」數十年如一日地鬆動其牆角。拆毀是一個比建造更艱巨的過程，許多人爲之付出了自由乃至生命代價。

柏林圍牆的倒塌，跟外部環境的變化有關，如雷根對「邪惡帝國」不假辭色的積極外交政策，如戈巴契夫

❸

❹

❶聖堂內的聖物：羅馬時代的木制十字架。

❷聖堂外高聳入雲的廊柱，象徵著教會應當參與公共事務，成為社區的中心。

❸聖堂內罕見的白色巨柱。

❹於一九八九年萊比錫民眾從聖尼古拉教堂門開口開始遊行示威，這是鐫刻著當時人們腳步的紀念牌。

的新思維和公開化政策；柏林圍牆的倒塌，更與東德民眾渴望自由的決心和勇氣有關，自由從來不是從天上掉下來的餡餅，自由需要熱愛它的民眾去奮力爭取。

就在柏林圍牆倒塌前一個月，戈巴契夫應邀到柏林參加德意志民主共和國（東德）建國四十週年慶祝活動。東道主精心準備了閱兵儀式等慶祝活動，但目光炯炯的戈巴契夫覺察到東德的情況非常不妙，「一眼就可以看出，這個國家很像一隻燒得滾開而蓋子又扣得緊緊的鍋」。[4] 民眾的不滿已到達沸點。許多人都有同感，劇變即將到來，但未來究竟會怎樣，又一片茫然。柏林圍牆的倒塌讓大多數人猝不及防，多年以後人們又事後諸葛亮般指出，這是水到渠成式的結果。人們總是喜歡聚焦於歷史那激動人心的轉捩點，而忽略細水長流的量變過程。

確實，很少有人知道，柏林圍牆的倒塌並非始於柏林圍牆，而是始於遙遠的萊比錫的聖尼古拉教堂——在這座教堂開始的和平祈禱會喚醒了民眾的良知，並催生

❶

❷

了一九八九年東德境內最早的和平示威活動，從而撬動了專制政權的第一塊基石。是信仰賦予民眾以反抗獨裁政權的良知與勇氣，人們大聲地說出心裡話：「我們再也不能這樣生活下去了！」正是在教堂的穹頂之下，人們手牽手、心連心，一同爲愛和公義來禱告。正是在這座教堂內外所發出的禱告的聲音，如一石激起千層浪，改變了一個國家和民族的歷史。探究柏林圍牆何以倒塌的祕密，應當去聖尼古拉教堂尋覓答案。

萊比錫是世界聞名的圖書之城，這裡的印刷業與圖書業具有悠久的歷史，萊比錫大學圖書館是德國最古老的圖書館之一。在其鼎盛時期，全德國差不多有超過一半的圖書是在萊比錫出版和印刷的。在東德時代，著名的萊比錫國際書展爲求知若渴的讀者們提供了每年一次的「祕密閱讀」（其實是半公開的閱讀）的盛宴。有的讀者爲了直接在書展上把一本書從頭到尾讀完，用了一整天時間，有時還一直站著讀。有的展台工作人員還遇到如饑似渴的讀書迷，時間不夠讀完的書第二天來接著

❶尼古拉教堂別具特色的穹頂。

❷米勒先生向作者講解和平祈禱會的徽章。

❸作者與聖尼古拉教堂的史蒂夫牧師和米勒先生合影。

❹這一燭台象徵著將暴力轉化為和平。

繼續讀。甚至有人成立了書寫小組，一個人讀，一個人寫，還用起了速記法。有一位名叫希爾畢西的工人作家，居然對喬伊斯、龐德、金斯堡、曼德爾斯塔姆等被禁的外國作家瞭如指掌，人們感到很驚奇，後來才知道他將假期攢在春季書展，書展期間每天都到西德出版社的展台前看書和抄書。甚至連偷書賊也充斥其中，而西德的出版社通常對偷書賊相當寬容。在菲舍爾出版社的展台，有讀者在工作人員的視線下把書帶走了。[5]

萊比錫也是學術、文化和音樂之都，建立於一四〇九年的萊比錫大學是德國僅次於海德堡大學、科隆大學的第三古老的大學，歌德、尼采等人曾在此求學，巴哈、孟德爾頌、華格納等大音樂家亦曾在此首演作品。

在萊比錫短暫訪問期間，我們還抽空去過一家歌德寫《浮士德》的酒館吃飯，門口有浮士德博士和魔鬼的雕塑，菜單上的菜品保持著歌德時代的風格。當地人自豪地說，萊比錫市民的文化修養在德國名列前茅。也難怪，東德民眾追求自由的呼聲是從這裡開始。

❶

❷

當我們在初秋瑟瑟的寒風中來到聖尼古拉教堂時，發現教堂一側正在維修。工人不多，動作緩慢卻仔細。各種建築材料井然有序地放置在空地上。我在德國看到的老教堂，差不多有一半在維修，德國朋友告訴我，有的維修工程會持續十多年。工人們「慢工出細活」，務必使之「修舊如舊」。這與中國古建築維修過程中的粗疏和草率形成鮮明對照。中國人對其歷史文化遺產缺乏基本的敬畏之心，許多古建築一經維修便面目全非。

聖尼古拉教堂的牧師史蒂夫和青年事工組負責人米勒，約我們在教堂前的「大柱子」下會面。在教堂門口的小廣場上，我們果然看到一根高聳入雲、椰樹狀、雪白的石頭柱子。在德國其他地方的教堂周圍，我從未見過這種充滿浪漫造型的柱子，德國教堂的柱子多是簡潔而肅穆的傳統風格，顏色亦爲黑色或褐色，極少有白色。這根巨柱與周圍嚴謹而整齊的建築並不協調，像是一名天外來客一般。我們有些懷疑，他們說的是這根奇怪的柱子嗎？計程車司機說，廣場周圍只有這根柱子，萊比錫市民的約會，常常安排在這裡。

兩分鐘之後，兩位先生迎面向我們走來。史蒂夫瘦高個子，西裝革履，風度翩翩；米勒身穿紅色的套頭運動服，腦後還紮著一個金黃的小辮子，不像是教會的工作人員，倒有些「搖滾中年」的味道。在會面過程中，米勒滔滔不絕，史蒂夫在一旁微笑點頭並偶爾插話。米勒告訴我們，他們兩人從青年時代起便結爲莫逆之交，此後一起參與爭取宗教信仰自由的活動，長達二十多年。他們最美好的青年時代都是在這所教堂中度過，聖尼古拉教堂就像是他們的家。

衆百姓要大聲呼喊，城牆就必倒塌，各人要往前直上

就在這個頗具現代藝術感的石頭柱子之下，我們開始了交談。米勒說，這根柱子是一九九〇年教堂整修的時候豎立起來的，是教堂內部具有三百年歷史的柱子的複製品。當時，之所以要將教堂內部的柱子豎立在外邊的廣場上，自有神學寓意和歷史情懷：基督徒必須遵照耶穌基督的教導，成爲世上的光和鹽。教會不單是關起門來敬拜上帝的地方，信徒應當走出教堂，走進民眾中，讓信仰成爲民眾生活的中心。教會有先知的職分，要帶領民眾走義路。

在東德一黨專制時代，聖尼古拉教堂的牧師和信徒們便如此而行，不畏祕密警察的恐嚇與騷擾，在這裡舉行一週一次的和平禱告會。這一活動從三十多人開始，逐漸擴大到幾百人、幾千人，「因眞理得自由」的號角由此奏響。

米勒讓我們注意觀看柱子旁邊地上鑲嵌的一塊小小的銅牌，如果不是他的提醒，眞還沒有看到這塊銅牌。上面是一串凌亂的腳印以及標示的時間「一九八九年」。一九八九年秋，正當何內克政權躊躇滿志地組織東德建國四十週年盛大閱兵儀式，萊比錫市民們發出第一聲吶喊，遊行隊伍從教堂門口出發，九月四日的遊行隊伍多達一千五百人，九月二十五日擴大到八千人，齊聲要求遷徙自由和言論自由。這串腳印便是當時遊行市民腳印的定格。作爲東德僅次於柏林的第二大城市，萊比錫的民主運動在東德全境引發連鎖反應。

米勒從書包裡掏出一大疊照片給我們看。這些照片是民眾上街遊行的場景，遊行隊伍擠

滿內環路，萊比錫市民幾乎傾城出動。有示威者打出用中文寫的「民主」的標語，米勒說，當時他們都知道天安門屠殺的消息，何內克是最先發表聲明表示支持北京天安門屠殺的外國領導人，他發表評論說：「鎮壓反革命是正確的選擇。」這句話釋放了一個清晰的信號：在鎮壓民眾方面，何內克不會比鄧小平心慈手軟。何內克倒行逆施的言行激起萊比錫民眾的更大憤怒。他們在悼念被殺害的中國民眾時，更堅定了反抗暴政的決心。

一九八九年十月，東德舉行建政四十週年慶典，剛剛參與天安門屠殺的中國副總理姚依林應邀出席。何內克在與姚依林會見時，再次讚揚中共的「當機立斷」。這意味著他在東德也想幹同樣的事情。

東德情報機構負責人沃爾夫後來回憶說，他接到何內克的書面命令：「以中國模式解決問題。」沃爾夫說：「後果可能比北京更嚴重。」

十月八日，國家安全部頭子米爾克發出「紅色警戒」的命令，實際上是給軍警簽發了街頭的「殺人執照」。這道命令的內容令人毛骨悚然：「根據情況需要，終身武裝部隊成員時刻隨身攜帶武器，充足的後備部隊準備就緒，能夠迅速出動，進行干預甚至採取攻擊性措施，以鎮壓和破壞非法示威活動。」就連醫院都準備好隨時接受傷員。[6] 萊比錫變成北京，不是沒有可能。

萊比錫被坦克重重包圍起來。在此一情形之下，參加遊行需要將生死置之度外的勇氣。就在萊比錫人民走上街頭時，全副武裝的警察整裝待發，他們接到命令，不惜一切代價制止市民的遊行示威活動。米勒手上有警察集結的照片，警察全副武裝，殺氣騰騰。何內克在政治局會議上立場強硬，他無力阻止因爲匈牙利開放邊界而導致的大量人口外移，卻要讓留下來的人明白這個國家究竟誰是「老大哥」——他並不知道，這個「老大哥」的位置，他坐不了幾天了。

米勒說，他手上的照片是在安全局的檔案中發現的。當局派遣不少便衣混進遊行隊伍中，將參與者拍照「留念」，以便「秋後算帳」。然而，趾高氣揚的特務們沒有想到，之後被「算帳」的是他們自己。

如今，這些浩如煙海的檔案材料保存在柏林的高克檔案館——該檔案館收藏了東德祕密警察機構史塔西的人量檔案，以首任館長、人權活動人士高克牧師的名字命名，高克牧師後來出任聯邦德國總統。高克牧師說，這裡是「共黨們革命業績的存放站和隨用隨取的藥房」——受害者可來此查詢其檔案，以了解歷史的眞相、醫治過去的創傷，當然也有可能因爲發現眞相而再次受傷，如雷納·埃佩爾曼所說：「你看過檔案後變得明智了，但也變得更爲不幸。」[7]但這是必須面對的生命的一部分。

這些解密的檔案成爲轉型正義的重要證據，也啓動了一系列的訴訟和審判。高克牧師說：「分別審理這些案件可能會拖上很長時間，就像原來聯邦共和國對納粹罪行的審理那樣，長到有些罪行過了追訴期。但我們決不贊成對黨棍們實行籠統大赦——就算僅僅爲了他們的受害者的緣故。如果這麼做，會毀掉人們的法治信念。」

米勒說，一九八九年十月九日，五萬名萊比錫市民走上街頭高呼「我們代表人民！」他也是其中之一。人們憤怒地說出心聲——他們拒絕被獨裁政權所「代表」。可憐的是，今天的中國人依然被共產黨以一種強姦的方式「代表」。

那一天，上街遊行的人數達到第一個高峰。此次遊行成爲東德歷史上的轉捩點。幸運的是，萊比錫沒有演變爲另一個天安門，東德當局在最後一刻撤走了軍隊，也許是戈巴契夫公開宣布，蘇軍不會幫助東德當局鎮壓民眾，讓何內克在失去靠山的情況下不敢悍然動用武力；也許是軍隊內部出現反對動武的聲音，在政治局內部也出現不同意見；也許是天安門的血跡斑斑太殘酷，喚起軍警們的良知，他們不願重演天安門的慘案。

於是，一次次的遊行，人數節節高升——「十月十六日，萊比錫的抗議群眾人數增長至十萬人，一個星期後更成長到三十萬。其他城市也有成千上萬的民眾走上街頭。」[8]過去那些在高壓下沉默的大多數，終於站出來發出了一聲聲的怒吼。民主運動的成功，需要天時、地利、人和，國內環境和國際環境所形成的合力，人數多並不意味著必然成功——香港這座僅有七百萬人口的國際大都市，多次發生兩百萬人參與的反共大遊行，卻未能改變北京將香港變成「警察城市」之厄運。三十年後的香港，成爲文明與野蠻、民主與專制對峙的「新柏林」，香港人還有機會「在風雨中擁抱自由」嗎？

誰也沒有料到，由聖尼古拉教堂開始的和平祈禱會，發展演變成和平遊行，居然摧垮了似乎牢固如山的何內克政權。誰能輕視地下這串凌亂的腳印呢？誰能忽視禱告的力量呢？

接著，米勒和史蒂夫帶我們進教堂內部參觀。聖尼古拉教堂外部用褐色砂岩裝飾，看上去與德國的許多老教堂並無二致，但其內部裝飾金碧輝煌，明亮華麗，且具有濃郁的異域風情，不像是一座教堂，倒像是一所帝王奢侈的宮殿。此裝飾風格不同於同時代的其他教堂。

聖尼古拉教堂注定了會在德國現代歷史中扮演關鍵角色：它建於西元一一六五年，是萊比錫最古老的一座教堂。它位於東西和南北兩個重要貿易路線的交會處，是爲了紀念中世紀批發商和貿易商的保護神尼古拉而建。從西面看，這座教堂最初是按照羅馬式的風格修建的。在十六世紀初，它又增建了哥德式的大廳。在一九三二年建成的三個尖塔，一直被認爲是巴洛克風格的建築。不同時期建築風格的組合，見證了萊比錫的歷史進程。

聖尼古拉教堂內保存有若干巴哈的物品。一七二三年至一七五〇年，巴哈作爲唱詩班的風琴彈奏者和指揮，活躍在這個教堂，他的許多作品第一時間在此演奏，如兩部受難曲之一的《約翰受難曲》，便是一七二四年在聖尼古拉教堂首演。《約翰受難曲》是受難曲這種音樂形式的巔峰之作，不僅因爲音樂本身具有無與倫比的崇高境界，也因爲巴哈以一種高超的方式融會了不同的對立形式。對於巴哈和萊比錫市民而言，它堪稱那一年最好的音樂作品。今天的聖尼古拉教堂中保存著一件萊比錫人引以爲傲的樂器——鑲嵌在後牆上的一架四人聯合演奏的巨型管風琴。史蒂夫說，當年他們走上街頭，經常哼唱著巴哈的音樂，那些旋律中蘊含著人類追求與捍衛自由的激情。

在聖殿裡，豎立著一個晚期羅馬式木質十字架，是萊比錫最古老的藝術品。米勒讓我們走近端詳之，並將上面一處處黑色的斑點指給我們看。他告訴我們，這是和平祈禱會期間，大學生們圍坐在十字架前，將點燃的蠟燭放在十字架上，蠟燭燃完之後蠟油的痕跡。因而，此十字架亦銘刻了那段抗爭的歷史。

教堂內部的裝飾，具有法國古典風格，若干托起教堂穹頂的椰樹狀白色柱子，果然與外邊的那根一模一樣。祭壇上的和平天使圖案，很少在歐洲的教堂中出現。史蒂夫說，和平天使不是《聖經》中的典故，卻帶給教友們若干深切的啓示——如何運用和平的手段爭取自由，如何在反對運動中貫徹非暴力的理念？

你願意因信仰而被貶爲「賤民」嗎？

史蒂夫認爲，教會在眞理的問題上不能妥協，教會的妥協不能換取到「生存空間」。在納粹時代，納粹高官鮑曼公開宣稱：「國家社會主義和基督教信仰是不能調和的。」在東德時代，何內克在黨的會議上聲稱：「馬克思主義認爲，宗教是精神鴉片，所以我們要有計劃的消滅教會。」他們對教會的態度相當清楚。

東德時代，教會大致保持形式上的獨立性，國家有限度地承認教會的自治，被封鎖的反對派公眾可轉入教會那部分受到保護的「半公眾」圈內。觀察家發現，國家的干預觸及國家與教會關係這一敏感領域，基礎團體、新受眾和定居下的社區成員的聚合促使教會周圍社會結構的混合，使「反對派公眾」達到新水平，也讓國家的監控和約束能力受到限制，國家教會愈來愈成爲政權在行使這類能力時的替代物。[9]

一般而言，警察不敢輕易衝進教會去抓人——與在無神論教育下長大、「和尚打傘。無法（髮）無天」的中國警察相比，東德的警察殘存了一點對「上帝國」的敬畏之心。

東德當局深知，要除去基督教在德國人精神世界中的烙印，不是一夜之間就能達成的。他們制定了一套長遠的計畫，透過種種方式打擊和貶抑教會，對神職人員及其家庭甚至所有教徒實施歧視性政策，使許多人放棄信仰、脫離教會。

史蒂夫介紹了他本人的情況：他出生於一個普通的牧師家庭，家中有六個兄弟姊妹，因「出身」的原因，無論學業如何優異，兄弟姊妹全都不能上大學，亦不能加入共青團（他們也不願加入共青團）。初中畢業後，他只好去學習泥水匠，白天工作，晚上去教會辦的補習班繼續學習。當時，教會向當局爭取到辦中學補習班的權利，專門爲像他這樣的「劣等階層」子弟提供晚間教學，這樣他才完成中學課程。那個時代，像梅克爾那樣，出身於牧師家庭，卻完成大學教育，甚至讀完博士課程的人，在東德寥若晨星——共產黨的優待，當然是有條件的，條件是什麼，人們心知肚明。兩德統一之後，史蒂夫辭職到神學院學習，畢業之後回到聖尼古拉教堂工作，不久前升任該教堂的主任牧師。

米勒接著這個話題自我介紹說，他來自萊比錫附近農村的一個牧師家庭，東德政權在農村的控制更強，農村連教會辦的文化補習班都沒有。他的哥哥成績最好，卻連木工都不讓做，被分配到一家化工廠當學徒工，去搬運危險的硫酸等物品。這類誰也不願幹的活，強行派給賤民及其子女。米勒的哥哥後來參加民主運動，在一次遊行示威中，胳膊被警棍打斷並被捕入獄。米勒本人從農村來到萊比錫，在一家銅鎖店當學徒。剛開始他感到未來的生活沒有指望，心中充滿憤怒和怨毒。後來，他業餘到聖尼古拉教堂參與青年小組，自學神學並參加民主活動，在教會中找到了安慰和愛。迄今爲止，他在聖尼古拉教堂擔任青年事工負責人，已長達二十多年。

多年來，米勒一直是東德祕密警察重點監視的人物。他從書包中掏出一張卡片，居然是祕密警察搜集的關於他的檔案資料的目錄，其中還有他的朋友對他的揭發及簽名。米勒說：「那是一個人人自危的社會，但那樣的社會不可能永遠持續下去。」有一次，他穿著一件自己製作的、寫著「尊重不同的生活方式」字樣的衣服乘坐電車，一名便衣警察發現之後，將他趕下車。他還與教會中的青年教友們發起反對服兵役的運動，一九八九年九月，他接到官方最後一次要求他服兵役的通知書，如果再次拒絕，就會被捕坐牢。就在此時此刻，柏林圍牆倒塌了，東德政權很快垮台。「這眞是上帝巧妙的安排。」米勒說。

我注意到，史蒂夫和米勒的雙手上都佈滿繭，這是長期從事艱辛的體力勞動的結果。他們是眞正的「藍領」，被排斥在大好前程和優越的工作機會之外，既然沒有什麼東西可以失去的了，便不再患得患失，完全按照信仰來生活。這正是他們與那些怯懦的、捧著別人飯碗的中國文人之間最大的不同。中國的文人捧著官府的飯碗，「四體不勤、五穀不分」，沒有經濟的獨立，哪裡來精神的自由？史蒂夫和米勒，眞個是「赤條條來去無牽掛」，每週日都去教堂參加禮拜，不必擔心教徒身分影響升遷和入黨。他們每週都參加禱告會，並就若干社會問題坦率地發表意見，不管是否有特務將他們的言論搜集並彙報上去。有了這樣的心態，當局就拿他們沒辦法了。

在教會內部，米勒和史蒂夫是積極的抵抗者；大部分人則屬於消極的抵抗者，梅克爾的父親卡斯納便是其中之一。卡斯納「從精神上來說不贊成東德的那一套」，但他又是「小屋裡的閉門思索者，他找到了自己的小屋，知道避免與國家衝突的界限在哪裡」。他與民主德國的宗教管理部門保持一定程度的合作，並在教會中獲得較高職務的任命。一方面，安全部的檔案中有此紀錄：「卡斯納，一九五四年來自西德漢堡，是我們工農國家的敵人。」另一方面，也有資料顯示，卡斯納曾經短暫地與安全部合作。[10]

當時，一位東德牧師所面臨的根本性決定，主要涉及四個原則問題，必須考慮的因素是，牧師不僅對宗教和教會負有責任，而且對家庭負有責任，有時妥協就是因此而做出的。

第一，是否參加東德當局的投票？某些牧師拒絕投票，他們不願使一個不信基督的國家政權合法化。更多的牧師去參加，但去投票室投票——大部分公民當眾將選票放進票箱，以此向當局表示忠誠；而牧師到投票室去投票，以鼓勵大家投「良心票」。

第二，東德當局組建了一個名為「全國陣線」的、將所有政黨和社會團體都包括在內的組織，基督教會是唯一沒有加入而被允許存在的組織。全國陣線內有一個教會工作小組，有一些牧師接受其邀請參與活動，另一些牧師則完全不與之來往。梅克爾的父親卡斯納曾應全國陣線邀請，作為代表團之一員，出訪義大利，並在報告中讚揚義大利共產黨。

第三，一九五四年，東德根據自由宗教運動和十九世紀工人政黨的反教會傳統設立了青年成人禮儀式。每年官方都會組織盛大的「成年禮」活動，吸引青少年參與，以此取代教會的「堅信禮」。只有經過官方的成年禮，年輕一代才算步入勞動人民的大家庭，這個大家庭在工人階級及其革命政黨的領導下，統一思想，統一行動，在民主德國建設發達的社會主義社會。牧師或信徒是否讓孩子參與「成年禮」？或者同時參與「成年禮」和「堅信禮」？梅克爾沒有參加一九六九年她的同學們都參與的成年禮，而在次年接受了堅信禮。

第四，牧師的子女是否加入共青團？不加入共青團，等於喪失上大學的權利；加入共青團，需要履行一系列宣誓儀式，這些儀式與基督教信仰是矛盾和衝突的。梅克爾參加了共青團，還擔任過團小組幹部。

由此可見，梅克爾的父親卡斯納是主張教會與社會主義共存的牧師，試圖在不與國家發生衝突的情況下盡可能保證教會的自主自治。他的這互相矛盾的選擇，說明東德神職人員的艱難處境。儘管如此，作爲牧師的女兒，梅克爾不得不「受苦」，「主要依靠學習成績出色，梅克爾多次逃過了教師的打擊壓制。一個同學給她出主意，被問到父親的職業時，含糊不清地回答，使得『牧師』聽起來像『司機』」——在德語發音中，「牧師」（Pfarrer）和「司機」（Fahrer）這兩個詞只在第一個字母上有區別，聲音很相似。

我告訴史蒂夫和米勒說，我們在北京的方舟教會，也正在經歷類似的處境。祕密警察派遣線人進入教會，搜集「情報」。警方不時「約談」教會成員，並散佈各種骯髒的謠言，試圖挑撥教會會友之間的關係。然而，讓特務們不能理解的是：教會是上帝所設立的屬靈的群體，而不是人們自行建立的、基於利益需求的團體，教會是世俗政權所無法毀滅的。祕密警察「暗地裡」的作爲不能奏效。他們在東德不能如願，在中國也不能如願——耶和華的杖和杆，保護著一群群他所愛的羔羊。

特務和線人也有認罪悔改的那一刻嗎？

聖尼古拉教堂是萊比錫最重要的教堂之一，也是教友人數最多的教堂之一。無論納粹時代還是東德時代，許多教堂被關閉，但當局始終不敢將聖尼古拉教堂關閉。

何內克及統一社會黨從來就不喜歡教會，並將教會視爲對其統治的潛在威脅。美國學者林茨和斯泰潘在研究蘇聯東歐的社會變遷時指出：「在所有社會之中，宗教都是當權者們最難控制的社會現實。共產主義信仰無神論，要求盡可能限制宗教在公民社會之中的作用。國際範圍內組織起來的羅馬天主教會（特別是在波蘭和立陶宛）以及新教不同政見者（特別是一九八〇年後期的東德）的存在促成了一個不同的公民社會。」民主社會遵循政教分立原則，政府不會干涉公民的信仰自由和教會的內部事務、教會不追求世俗權力，除了傳播信仰之外——當然也可以積極參與慈善、教育、文化等社會事務，成爲公民社會的重要組成部分。與之相反，一切專制政權，無論法西斯還是共產黨，都企圖締造「全能社會」，將教會視爲眼中釘、肉中刺，並採取各種方式打壓和限制，解除教會的社會功能，將教會驅逐出社會生活領域、牢牢限制在教堂之內，「在民主的社會之中，宗教、教堂以及與之相聯繫的志願團體，在團結人民、澄清道德立場（這些道德立場往往具有政治涵義）及組織多樣化的利益方面，發揮了重要作用。廣泛的世俗化可能削弱社會的活力。共產主義致力於使社會世俗化，控制並滲透進宗教組織，阻止其進入菁英行列，使其無法開展忠於教會的教育。」[11]

一九八〇年，愈來愈多東德居民爲了追求眞理而來到教會。東德政府未能成功消滅教會，自己反倒失去意識形態的吸引力。隨著腐敗加劇、經濟停滯，這艘船上出現一個接一個的漏洞，補好這個，那個又漏水。整個社會主義陣營這艘巨大船隊，亦駛入一條死胡同。美國總統雷根對整個蘇聯東歐集團的觀察相當準確：「那時的蘇聯東歐的領導人已經精疲力竭，而且喪失了自己的信仰，只是頑固地想扭轉這個大口喘著粗氣、鮮血四濺的政治機器的運轉方向。」[12]

經歷了長久的沉默之後，究竟是在沉默中滅亡，還是在沉默中呼喊？在除了信仰之外「一無所有」的圈子之內，舉行和平禱告會的思路醞釀成形。這群基督徒痛切地感受到社會的衝突、不公和虛僞，決定爲和平、公義和愛而祈禱。他們的祈禱不是空洞的、抽象的，而是針對具體的、現實的社會事件和生活處境。這群年輕人設計了和平祈禱會的徽章，徽章巧妙採用了一位蘇聯雕塑家爲萊比錫國際博覽會設計的雕塑的圖案，以一個拿起錘子敲打一柄刀劍的工人爲主體。這是一個社會主義現實主義色彩很明顯的圖案，他們卻巧妙地利用了該圖案的象徵意義：化鐵爲犁。這是《聖經》中的教導。同時，他們藉此來保護自己。米勒說：「有一次，當我們舉著這個徽章走在街頭的時候，一名馬列主義老太太走過來咒罵說，你們是一群社會垃圾，竟敢詆毀社會主義制度，我要去報警，將你們都送進監牢。我反駁說，你看，這個圖案是蘇聯老大哥的藝術家設計的，你居然敢對蘇聯老大哥有所不敬，我才要去檢舉你呢。結果，她嚇得落荒而逃。」

我們一邊參觀一邊討論。史蒂夫說，後來他們查看了市民可自由查閱的祕密警察的資料後才知道，在高峰時期，當局派遣了多達廿八名祕密警察參加祈禱會並撰寫情況彙報。「我們要寫回憶錄的話，那些材料是最佳的參考。」當時，他們知道內中必有密探，但他們毫無祕密可言，在教堂中所說的每一句話，都可當著普天之下所有人說。在此高壓之下，他們總結了不少經驗，讓教友們如何在彎曲悖謬的時代保持安靜而平和的心境。面對三十多位血氣方剛的年輕人，牧師在佈道中說，雖然現實如此不堪，但我們可以透過信仰，讓自己生活在一片淨土之中。耶穌教導說，要愛人如己；即使對待逼迫我們的人，也要如此而行。我們不是要打敗他們，並像他們對待我們一樣對待他們，而是要讓他們看到眞理，看到世間還有另一種美好的生活方式。牧師的講道感動了一位線人，這位線人主動站出來說：「我是一個可恥的監視者，我今後再也不做這樣的事情了！」

這名線人在全體弟兄姊妹面前懺悔此前的所作所爲，終於獲得了上帝的救贖，也獲得了大家的諒解，其生命得以更新和改變。並不是每一個祕密警察和軍人，都是專制政權的鐵桿支持者，就連東德最後一任國防部長霍夫曼也在回憶錄中說，一九八九年東德舉辦規模空前的閱兵儀式，「當人民軍和邊防軍的儀隊列隊走過閱兵台時，觀摩者肯定會油然而生出一系列問題：在這些鋼盔底下，軍官、軍校生、準尉、士官和士兵們的腦子裡究竟在想些什麼？他們眞的是那種『紅色普魯士人』？他們眞的會擁有意志和能力，『無條件地』執行『工農政權』發佈的每一道命令？」[13]連國防部長對士兵的忠誠都喪失了信心，其統治如何維持下去呢？

一九七六年，西德的出版社編輯卡爾·科里諾參加萊比錫書展，結識了參加書展的一家東德新教出版社的編輯、牧師翁內貝爾格（他後來在一九八九年萊比錫政治轉折時起到了重要作用），後者帶科里諾去參加了一個私人展會之夜。科里諾在展會上遇到一位演員，這位演員向他推薦若干東德青年作家及作品。後來，他編輯出版了多本東德作家的著作，雖然這些作家因爲在西德出版「敏感作品」而受到國安部的騷擾，但他們得到的稿費使他們的生活大大改善。多年後，科里諾才知道，幫他牽線的那位演員是國安部的線人，但他從目前公開的上萬頁國安部專職線人的資料中卻未查到此人的詳細資料。所以，在這位演員去世後，科里諾仍然對此迷惑不解：「是國安部爲了把這位間諜偷偷派遣到我身邊，讓他支持異議文學作品，還是這位間諜眞心喜愛文學，爲了讓一位才華橫溢的作家稍微減輕生活負擔，而做出超越他能力範圍的事？」[14]

大家逐漸認識到，當人們選擇像哈維爾那樣「活在眞實當中」，祕密警察就沒有那麼可怕了：他們也是活生生的人，而不是由「特殊材料」製造成的人，不是青面獠牙的魔鬼。大家不再對其感到過度恐懼。一旦身分公開化，祕密警察便失去了力量，因爲「祕密」正是他們讓眾人感到恐懼的武器。所以，公開化和透明化是「無權者」的力量源泉所在。米勒說：「如何戰勝恐懼是我們的一道功課，我們在《聖經》中尋找答案，在禱告中尋找答案。」

上帝垂聽了這群人的禱告。上帝是聽禱告的上帝。隨著參加禱告會的人數愈來愈多，後來禱告會分成不同小組，分別就信仰自由、言論自由、拒絕服兵役等問題展開討論。他們認爲，信仰自由與基本人權密切相關，而和平祈禱可以贏得自由與人權。他們被官方媒體描述成「受西德煽動的反對社會主義的壞分子」，但他們用《赫爾辛基條約》中保障人權的條款與政府展開有理有節的對話，得到愈來愈多市民和信徒的支持。當局的壓迫持續加大，教堂的牧師被警方傳訊，警察頭子威脅說：「不要以爲牧師的身分可以永遠保護你。」牧師回答說：「不是牧師的身分保護我，乃是上帝親自保守我。」對方無言以對。

東德當局還向萊比錫教區的主教施加壓力。主教親自寫信給聖尼古拉教堂的神職人員，指示他們立即停止和平祈禱會。但是，牧師和教會同工都認爲，必須堅持教會體系內部的民主程序，教會不是一個平行於世俗政權的金字塔式的權力機構，主教的指示不是一道只能被動接受的聖旨。他們專門爲此禱告，傾聽來自上帝的聲音。然後，他們舉行一次民主投票，會友全票通過支持辦祈禱會的決議。一九八九年秋天，主教親自來此視察，本來想要勸說教友們「順服掌權者」，結果反倒被教友們的禱告和行動所感動，轉而蒞臨包括聖尼古拉教堂在內的萊比錫四個教堂，並爲教友們以及在一旁監視的警察們懇切禱告。

這時，米勒走到教堂中央一盞巨大的燈檯前，告訴我說，一般新教教堂不會設置燈檯，而聖尼古拉教堂是由天主教教堂轉化爲新教教堂的，其陳設仍具有某些天主教特徵。這盞大燈檯的設計頗具象徵意義：「這是教堂中有數百年歷史的寶物，它的樣式十分特別，就像一盞盛開的花朵，花瓣都向內收攏。這一造型的寓意是，我們的信仰不是製造衝突和麻煩的信仰，而是締造和平與公義的信仰。青銅可以用來製造仇恨的箭頭，也可以用來製造此和平之燈檯。我們的信仰啓示我們，無論在何種情況之下，仍要堅持非暴力的方法來尋求自由。暴力一旦啓動，則非任何人所能控制，受害者向施暴者轉變，世間遂無正義可言。」燈檯上數十支蠟燭在燃燒，燭光閃閃，似乎將我們帶回當年那個風聲鶴唳、一宿三驚的夜晚。

他們迷信暴力，我們相信禱告

在歷史轉折關頭，何內克揚言說，黨、軍隊、警察和武裝工人戰鬥隊，已做好應付一切事變的準備。他確實有十足的資本：一九八九年，統一社會黨擁有二百三十多萬正式和預備黨員，幾乎相當於東德成年人的四分之一，此比例在蘇聯東歐的共產黨國家中是最高的。東德安全部擁有近十萬名編制內工作人員以及將近六十萬的非編制內人員，其比例也無與倫比。東德的經濟水準在蘇聯東歐國家中最高，讓作爲老大哥的蘇聯也羨慕不已——後來的俄羅斯總統普丁，當時是一位蘇聯駐東德使館的國安會（KGB）情報官員，他們一家對東德的物質生活條件感到相當滿意。但這位聰明的特務已發現東德社會在繁榮表象之下的嚴峻危機，他在回憶錄中指出：「東德的滅亡是不可避免的。我到東德後開始同德國人交談，同時開始思考周圍發生的一切，我內心甚至開始有些厭惡，感覺這種生活不大符合常態。現在，在歐洲是不可能再出現一個以一九五三年的蘇聯爲樣板的、如此沒有生氣的國家了。」[15]

一九八〇年中後期，蘇聯已開始第二輪「解凍」，東德領導人卻堅持史達林的教條，與時代發展的總體趨勢漸行漸遠，戈巴契夫將與何內克的接觸形容爲「撞在一堵沒有門窗的牆上」。[16]以何內克爲首的東德領導層，認爲既然「國家對所有人民進行著監視」，他們的統治就穩如泰山。他對戈巴契夫的忠告「對變局反應太遲的人必將是失敗者」嗤之以鼻，認爲可以倚靠手中的資源壓制並消滅所有反對派，放眼國內沒有任何一支力量可與之抗衡。

然而，何內克沒有想到的是，他面對的不是硬碰硬的、群眾的暴力反抗以及黨內的政治陰謀，而是基督徒的燭光和禱告。這是一群手無寸鐵的信仰者，他們在燭光前齊聲禱告，心中既沒有仇恨，也沒有奪權的慾望。對於企圖奪權者，可以用武力和陰謀來打擊或瓦解之，但對於超越權力訴求的愛自由的群體，何內克束手無策。正是燭光和禱告，以及國內國際形勢的演變，使萊比錫和柏林圍牆沒有重演天安門的血腥場景。

何內克最終被送上審判席。那麼，如今還在掌權的中國的「何內克」該作何打算？你可以泯滅良知，可以出賣靈魂，可以狐假虎威，可以爲虎作倀，但天上有上帝的眼睛看著你，地上有千萬雙民眾的眼睛看著你，你無從隱藏卑劣的行徑和赤裸裸的謊言。人權活動人士高克牧師指出，對前東德黨棍們審判包括道德的、司法的和歷史的三個層面。每個人都必將爲其言行和選擇付出代價，沒有人可以從容地逃遁。掩耳盜鈴者所欺騙的只是自我的感覺，強詞奪理者所說服的只是本人的內心。從希特勒到何內克，從史達林到毛澤東，從波布到海珊，迷戀暴力的大人物，並沒有成功地用暴力建立起千年帝國；相反，他們被上帝之手掃進歷史的垃圾堆。

將納粹的歷史與共產國家的歷史聯繫起來考察是必要的，這種歷史視野可囊括當今世界以恐怖主義或國家恐怖主義橫行於世的人物，如蓋達組織頭目賓·拉登、塔利班領袖奧馬爾、蘇丹總統巴希爾……迷信暴力的人從未在人類歷史與現實中消失，在未來還會層出不窮地出現。希特勒和何內克不是人類精神的「畸變」，毛澤東和波布也並不是非人的「魔鬼」。那種將納粹罪行作「特殊化」的做法尤其危險，史達林和毛澤東理應被納入希特勒「同道中人」的序列。美國歷史學者李波厄特說：「那些否認希特勒種族滅絕的人被公正地封殺了，而不知何故，蘇聯的情況正好相反，那些否認史達林大清洗，再次掩蓋例如卡廷大屠殺等情況的學者卻被出版界認爲是值得尊敬的人。」[17] 原因很簡單：左派掌握了話語權。在中國，嗜血如命的毛澤東的頭像在天安門城樓上注視著來來往往的人流，人們能掩耳盜鈴地說已獲得平安了嗎？沒有平安，無論以暴力來消滅不同意見和統治者，還是以暴力來反抗暴力的「楊佳」式的被凌辱與被傷害者，心中都沒有平安。

人類如何才能擺脫暴力、享受自由？人類如何才能找到眞正的平安？聖尼古拉教堂的牧師和信徒們告訴我們：永恆的力量，眞正的平安，蘊藏在禱告和燭光之中。對於懷疑論者來說，這似乎是夢囈。德國統一之後，南非黑人大主教、「眞相與和解委員會」主席屠圖，曾到聖尼古拉教堂舉辦佈道大會——他站在這個講台上再適當不過了。屠圖高度讚揚當年發動和平祈禱會的牧師和信徒們，認爲他們使得教會成爲「有機體」，由於他們不屈不撓的努力，「上帝啓動了向心的進程，開始了向著中心、向著同一、和諧、善良、和平和正義、能夠掃除一切障礙的運動過程。」[18] 祈禱和燭光的力量，是暴力和武器所不能戰勝的。

《聖經》中這樣描繪耶穌基督：「他像羊羔被牽到宰殺之地，又像羊在剪毛的人手下無聲。」他解除了自己的武裝，「獻身甘作萬矢的」，卻比千軍萬馬更有力量。聖尼古拉教堂中的基督徒們，便是效仿耶穌的榜樣。當基督徒開始祈禱時、當基督徒點燃燭光時，就是向上帝發出呼求、就是邀請上帝來幫助。這是上帝給地上的教會的使命——「教會應當爲愛而生活。如果它不能做到這一點，那就可悲了。如果它由於保持沉默，由於各種可疑的藉口而參與世界的仇恨，那就可悲了。如果它接受產生仇恨的言詞和口號，那就可悲了。」既然是來自上帝的力量，誰能抵擋呢？此種經驗，從東德到波蘭，從南韓到南非，正是透過祈禱和燭光，人們暴政翻轉，讓自由來臨。

很快，兩個小時的會晤結束了。在大教堂的一間小禱告廳內，我請求史蒂夫爲我們禱告，爲中國教會和中國人民禱告。我們站立在一起，手拉著手一起禱告。當我們一起牽手禱告，也分享了他們的信心、勇氣和智慧。他們的笑容單純而燦爛，他們看到了禱告產生的美好結果。我們也必將如此。從萊比錫聖尼古拉教堂裡的和平祈禱會到柏林圍牆的倒塌，看起來遙不可及，實際發生時卻只是一步之遙。

東德的歷史轉折，並不是由戈巴契夫、葉爾辛那樣的體制內改革派啓動，也不是由像哈維爾、華勒沙那樣的體制外的反對人士促成，而是由祈禱和燭光完成，由像史蒂夫和米勒這樣的普通基督徒完成。東德民主轉型期間，體制內缺乏掌權的改革派，體制外亦缺乏有影響力的反抗運動領袖，東德的基督徒和教會恰好填補了這一空缺。

多年之後，東德末代國防部長、海軍上將霍夫曼在其回憶錄中思索東德政權瞬間瓦解的原因時指出：「首要原因肯定是缺乏民主與自由，從而使每個個體日甚一日地感覺到這種缺憾，使整個社會逐漸趨於癱瘓。當黨和國家領導人距離人民愈來愈遠時，當他們對現實和公民需求的關注愈來愈淡漠，甚至於極其荒唐地背離社會科學基本原理一意孤行時，當他們的統治愈來愈明顯地具有專橫、武斷、強制的色彩時，只需在火藥桶內投入區區一個火星，便可以引發廣大東德公民的公憤。」[19] 這位忠心耿耿的職業軍人，只看到了東德黨政一體的政權內在的自我毀滅機制，卻未能深刻地領悟來自祈禱和燭光的力量，那力量不是任何強大的武裝力量能夠戰勝的。

那力量，蘊藏在無數像史蒂夫和米勒那樣的普通人當中。那力量，凝聚在教堂的屋簷之下。那力量，柔弱勝剛強。

二〇〇八年十月十六日至十八日初稿
二〇〇九年六月完稿
二〇二一年三月二十四日修訂

第十三章

遲到的懺悔還是懺悔嗎？

——鈞特·葛拉斯為何隱瞞親衛隊的履歷？

知識分子作爲一個「受傷的民族」內民族的或後民族的預言家，仍然是一群關鍵人物。

揚－維爾納．米勒《另一個國度》

當你剝洋蔥的時候，怎麼可能不淚流滿面呢？

懺悔，還是不懺悔，這是一個問題。部分懺悔，還是全部懺悔，這也是一個問題。及時懺悔，還是延遲懺悔，這又是一個問題。在公眾面前做一次「懺悔秀」，還是基於內心深處的呼求而懺悔，這是一個更關鍵的問題。

二〇〇七年夏，一直享有「德國良心」美譽的諾貝爾文學獎得主鈞特．葛拉斯，在其回憶錄《剝洋蔥》出版前夕，突然公開十七歲時參加過納粹青年親衛隊的事實，並宣布他將在這本書中，對那段經歷做出詳細披露。

葛拉斯聲稱，自己在戰爭期間是「防空輔助員」，許多德國年輕人都被迫做過這種相對來說比較無辜的工作，就是看管地對空大砲之類。但在接受《法蘭克福彙報》採訪時，他又承認，自己其實曾經是菁英軍隊親衛隊的一員，這支擁有特權的軍隊在戰爭中犯下了許多恐怖的罪行。他還坦白曾竄改自己的檔案。

長期以來，葛拉斯被當作「最敢說眞話的西方知識分子」之一，在德國尤其具有道德感召力，正如熟悉德國文學的學者廖天琪所說：「人們公認葛拉斯是德國社會的道德良心的守護神，他對一切不正義的事都要發話或插手。」[1]我在訪問德國期間，與很多知識分子交談，每當提及葛拉斯時，他們大都充滿敬意，葛拉斯是人們高山仰止的「教父」級人物，即使與他論戰的對手，都不得不承認這一事實。同樣是諾貝爾獎得主的義大利作家達里奧·福稱讚說：「葛拉斯在文明和文化領域裡打了許多戰役，他始終不渝地在為正義、自由和民主奮鬥。」奈及利亞作家索因卡稱讚說：「葛拉斯提出了另一種世界觀。它將幫助我們去抵禦那種極其狹隘的小團體主義的誘惑力而有利於全人類這個大團體。」波蘭作家米洛茲稱讚說：「葛拉斯的文學創作是對二十世紀所發生的事件以及對戰爭所發出的抗議的呼聲。這是一個使歷史不被遺忘的嘗試。他的文學使命在於，對自己國家的人講眞話。」[2]自六〇年代成名以來，葛拉斯一直嚴厲批判一切權力和權力者，是德國甚至歐洲讀者心目中的一把道德準繩。

另一方面，葛拉斯是當代德國最積極介入現實政治的公共知識分子：他是左翼文化運動的旗手，不僅議政，而且參政。不停撰文批評基民盟政府的各項政策，甚至親自出馬參加競選或幫助社民黨競選，他是社民黨領袖布蘭特的忠實盟友，「自從六〇年代早期以來，葛拉斯便較深地介入政治，支持社會民主黨人競選，並在此過程中重新定義德國作家的公共角色。他對這一角色的定位是，一個有責任心的、充分知情的、對時事抱有一個立場的公民，並且敦促他的同胞以相似的理性方式行動。」[3]葛拉斯的這一形象已被德國朝野所接受，亦在公眾心中定格，甚至他自己也信以為真。

因此，葛拉斯關於自己自願加入青年親衛隊的這番坦白，宛如一石激起千層浪，立即引發轟動效應。洋蔥才剝開一層，世界就打了個響亮的噴嚏。這不僅是一個文學事件，更是一起政治事件。

事態逐漸升級，連葛拉斯本人也未曾料到——《明鏡週刊》不無嚴厲地評論道：「直到吐露真相那一刻，葛拉斯還戴著一個漂亮的偽裝：低級砲手。這多像一個無辜少年，被動地捲入戰爭，然後，勤奮，充滿懷疑，毫無意識形態地，參與建設共和國。帶著低級砲手這個名稱，他就好逃脫干係，好使自己道德化。而在年輕的小輩面前，他更

❶納粹親衛隊頭子希姆萊，是納粹第三號人物。

❷印有葛拉斯手印的戰俘營登記卡。

❸鈞特·葛拉斯登上《時代周刊》封面。

❹親衛隊是德軍中最殘暴的一隻武裝力量。

有資格擺譜。」有聯邦議員提出收回葛拉斯的一切榮譽獎賞，包括諾貝爾文學獎；總理梅克爾委婉地指責葛拉斯坦白得太晚了；葛拉斯多年的老朋友于爾格斯評論說：「如果他早一些承認十七歲加入了親衛隊的歷史，沒人會在意的。但是現在，從道德角度看，人們已對他所說的一切都產生了懷疑。」于爾格斯認爲，葛拉斯的這份「有點虛僞的懺悔」象徵著「一個道德權威的終結」。對此，廖天琪評論說：「葛拉斯作爲一名衛道者，數十年來總是對德國同胞耳提面命，要求社會和個人反思檢討歷史。他在步入暮年時，竟掉過頭來給自己一耳光，把不可告人的祕密公諸於世。讓人如何理解？他以前是僞君子、懦夫嗎？德國和全球媒體現在都在談論葛拉斯的遲來的懺悔。」長達六十一年的沉默，很難讓人不打上一個問號。

由於有了這番「鋪墊」，當《剝洋蔥》一書出版之後，果然造成洛陽紙貴的態勢，該書成爲近年來德國圖書界少有的一本超級暢銷的嚴肅讀物，也被迅速翻譯成

❶

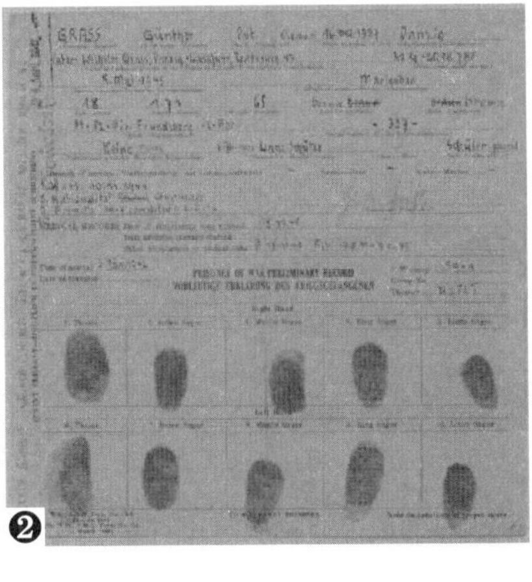
❷

多種語言出版——有人不無諷刺地說，葛拉斯的「廣告策略」獲得了巨大成功。但我認爲，事情沒有如此簡單，一個功成名就、近乎聖賢的大作家，不會爲了一本書的暢銷和一本書的版稅，而拿一世英名作爲賭注。這樣做不符合常理。那麼，葛拉斯爲什麼要這樣做呢？這就需要從《剝洋蔥》一書中尋找答案。

當該書中文譯本出版之後，我立即購買一冊先睹爲快。當我讀到以下段落時，這些欲語還休的句子讓葛拉斯正義凜然、唯我獨尊的公共知識分子形象，漸漸變得模糊起來——「與其說是害怕，不如說我當時把親衛隊視爲一支精銳部隊。幾十年來，我始終拒絕承認自己和『親衛隊』這個詞，和那兩個S字母有關。戰後我心中始終羞愧難當，對少不更事時引以爲豪的事情避而不談，保持沉默。但是，負擔還在，誰也無法減輕。」

「我接受坦克兵的訓練，秋去冬來，麻木不仁。雖然在那年秋天和冬天，我沒有聽說過那些後來才曝光的戰爭罪行，但是自稱當初無知並不能掩蓋我的認識：我

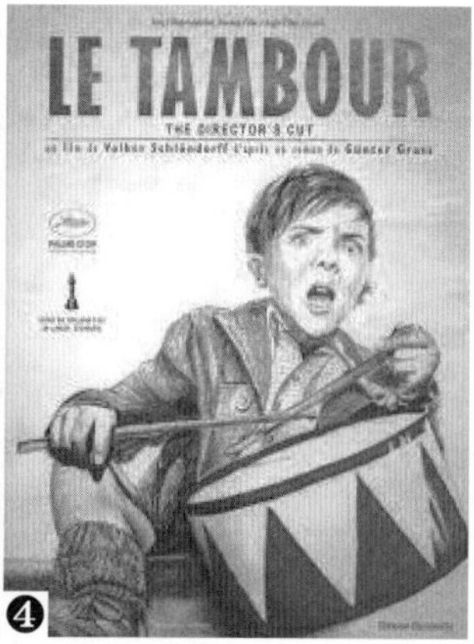

❶葛拉斯自傳《剝洋蔥》台灣版封面。
❷葛拉斯以德國的良心自居，卻隱瞞了自己自願參加納粹親衛隊的不光彩歷史。
❸葛拉斯自傳《剝洋蔥》德文版封面。
❹葛拉斯代表作《鐵皮鼓》：以侏儒的視角看黑暗的世界。

曾被納入一個體制，而這個體制策劃、組織、實施了對千百萬人的屠殺。即使能以沒有動手幹壞事爲自己辯白，但還是留下一點兒世人習慣稱爲『共同罪責』的東西，至今揮之不去，在我有生之年肯定是難脫干係了。」[4]

用「剝洋蔥」作爲書名，說明葛拉斯早已意識到回憶錄是一種最難寫作的文體——美化自我是人類的本能，抵抗此種誘惑需要超乎尋常的意志。他在《剝洋蔥》中首次公開致歉，卻已然猶抱琵琶半遮面：「所有五〇年代的知識分子都明白，我們雖然不是直接的犯罪者，但也屬於製造奧斯威辛集中營慘案的同一代人，我們的傳記，因此也必定標上萬湖會議的註腳。」他最後寫道：「我簡短的墓志銘應當是：『我保持了沉默』。」

面對這位將近八十歲、白髮蒼蒼的老人的懺悔，你能說他缺乏足夠的眞誠嗎？但我又不禁要追問道：懺悔是否可以不分先後？遲到的懺悔依然還是懺悔嗎？過於

❶

❷

❸

遲緩的懺悔可以讓當事人最終獲得心靈的平安嗎？

他為什麼記得穿過青年防空兵制服，卻「忘記」了穿過親衛隊制服？

從《鐵皮鼓》到《蝸牛日記》，葛拉斯的許多作品都與納粹集中營的歷史、戰爭與大屠殺有關。他經常頗為煽情地表述說，每當提筆寫作，奧斯威辛集中營的死者便從毒氣室裡探頭來張望他，所以「去討論罪責的問題是不夠的；僅有解釋也是不夠的，必須公開譴責它，追究它的責任。」[5]他認為，寫作不能獨立於歷史之外，他由歷史批判進入現實批判，像一名獨行俠，對戰後西德和東德的政府以及統一之後的聯邦政府皆持批評態度。

葛拉斯認為，奧斯威辛的陰影仍然籠罩在德國和世界的頭上。出於對現實政治的失望，他寄託希望於透過文學改變社會，「經常變幻的競選謊言無法給予人們在逃離後應該得到的東西，只有文學能夠補救給世界帶來的不公正以及由於驅逐而帶來的不公正。」他進而雄心勃勃地提出：「政客們應當尋求作家們的建議。」然而，政客們儘管尊重他，卻很少徵求他的意見並按照他的意見去實行——即便是他的好友、社民黨政客布蘭特。

葛拉斯無疑是德國國民性不留情面的批判者，以致有德國人指責他「反德國」。他好像是魯迅小說《狂人日記》的主角「狂人」，從本國、本族的歷史中發現血淋淋的「吃人」二字並勇敢地喊叫出來。他激烈地反對民族主義，他對祖國的看法帶著恐懼與憎恨的情感。有些評論家說，他筆下矮小孱弱的奧斯卡（《鐵皮鼓》的主角）象徵著他希望德國成為的樣子。

有一天，批判者突然站到其批判對象的位置上：人們發現，文學並非純潔無瑕，政治家喜歡說謊，作家也喜歡說謊，聲稱最厭惡謊言的葛拉斯居然也是說謊者！由於其長期隱瞞親衛隊身分，波蘭但澤市——葛拉斯童年生活過的地方、其代表作《鐵皮鼓》故事的發生地——市議會決定收回葛拉斯的「但澤榮譽市民」稱號。人們質疑說：為什麼延宕半個多世紀之後，你才公佈這一嚴重的汙點？在此前那麼長的時間裡，你一直佔據著高山仰止的道德制高點的位置，義正詞嚴地指責納粹的支持者們，與此同時，你是否捫心自問過本人在那個時代所扮演的角色？

葛拉斯是一位喜歡回憶的作家，他的許多作品都帶有強烈的回憶錄或自傳色彩。他在若干散文、訪談和演講中，時常談及早年的生活經歷。早在一九六六年，他在一篇〈致一位想要投國家民主黨（極右翼政黨）票的年輕選民的演講〉中，用青年時代的經歷勸導年輕一代德國人不要輕易接受極端民族主義意識形態。他說，十歲時自己曾是少年團的一員，十四歲加入希特勒青年團，在十五歲成為一名高砲團助手，到十七歲正式加入陸軍，直到被美國人俘虜為止。換言之，他「要變成納粹，年齡還太小，被（納粹政權）塑造，卻是足夠大了。」一直到十九歲，他才開始意識到：「我們的民族有意無意地積累了多少罪孽，我們這一代人和下一代人得承擔多大的負擔和責任。」[6]

一九九九年，葛拉斯獲得諾貝爾文學獎時，如此談及本人的履歷：「我認為從自己青年時代的政治生活汲取教訓，是永久性的責任。戰爭結束時我十七歲，先在希特勒少年軍，後來當空軍助理員，最後成爲士兵。」在與記者哈羅·齊默爾曼的對話錄中，他回憶說：「我十五歲輟學後，突然發現自己已身穿青少年防空兵的制服。我很長一段時間都擺脫不了這種制服以及軍隊生活的陰影：從服役到被捕，在開採鉀鹽中，頭幾次都是在營地住宿。」7

這些當年的生活細節，在葛拉斯將加入過親衛隊的經歷披露出來之後，互相牴觸、左支右絀。葛拉斯身上穿過那套讓人爲之膽寒的親衛隊制服，此前他從未提及，偏偏清晰地描述了另一套比較普通的「青少年防空兵」制服。這是一種有意識的置換和隱瞞。葛拉斯幾十年來一直都不能擺脫的，究竟是那件不值一提的「青少年防空兵」制服，還是另一件讓人談虎色變的親衛隊制服？最爲出色的撒謊方式，不是全盤否認所有眞相，而是坦率地將次要眞相說出來，並以此將關鍵眞相掩蓋。葛拉斯正是這樣做的。

德國電視一台的記者魏克德採訪葛拉斯時，直言不諱地追問：「爲什麼現在才說呢？」此前口若懸河的葛拉斯，立即變得唯唯諾諾、呑呑吐吐了：「我把它埋在心裡。我也說不清道理。我一直在關注這個問題，它始終揮之不去。我原以爲，自己作爲一個作家和這個國家的公民，我已經反思得夠了。我沒有意識到自己的罪責。我被親衛隊徵召，卻沒有參與過犯罪。然而老有一種感覺，有一天，我得在一個較大的框架中，吐露實情。現在我克服了內心的障礙，決定寫自傳，以青少年時期的自我爲題材。從十二歲寫起到三十歲止。在這個較大的範圍中，我可以敞開地表白。」在另一個場合，他有提出另一種解釋：「是因爲那些新聞紀錄片。我太容易受到他們那些精心修飾、非黑即白的『眞相』影響。」[8]這兩段話五味雜陳，既有懺悔，也有辯解；既有痛苦，也有掩飾，就像其筆下的奧斯卡一樣，那魔幻的童年一直沒有離去。

在《剝洋蔥》中，葛拉斯不斷地對當年的細節作自我質疑、自我解構，他以一個懷疑主義者的視角開始這段「回家」之旅。人的記憶究竟有多麼可靠？人的自我保護的本能，讓記憶變得非常不可信，人有選擇性地記憶對自己有利的部分，忘卻對自己不利的部分。

二〇〇〇年，在立陶宛首都維爾紐斯舉辦的一次諾貝爾獎得主聚會上，葛拉斯說，「回憶可以作弊，可以美化，可以僞裝」，甚至可以「像兒童捉迷藏一樣躲起來」，所以「即使如同洋蔥被一層層剝開，結果還是難以令人滿意。」他承認，「回憶」是一位「最不可靠的證人，她喜怒無常，經常偏頭痛發作，此外還有一個隨行就市、待價而沽的名聲。」由此，葛拉斯對記憶的看法陷入某種「絕對的相對主義」之中——沒有人的記憶是值得信賴的，既然所有人的記憶都不可靠，爲什麼你們偏偏要用最苛刻的標準來分析我的記憶呢？

葛拉斯直到晚年才說出那段黑暗的歷史，跟他過於愛惜羽毛的心態有關。當他在文壇上的地位愈來愈高時，更不敢說出眞相，只有憋到了基本上對外界批評充耳不聞的晚年，才揭開最後的祕密。這種做法有一種頑童心態，類似於他筆下的奧斯卡，就是要讓大家大吃一驚。這不是懺悔，葛拉斯在《剝洋蔥》中的表白，連遲到的懺悔也算不上，其中摻雜太多掩耳盜鈴式的辯白。屠圖主教在分析南非種族屠殺的歷史時說過：「如果犯錯的人認識到其錯誤，那麼他應該感到悔恨，或至少爲其錯誤感到歉疚。這應導致他坦白錯誤，請求寬恕。這當然需要相當的謙卑。」以此衡量，葛拉斯並沒有謙卑的態度。在一次接受德新社採訪時，他不無驕傲地聲稱：「我知道那是恥辱，六十年來我一直把這段歷史視爲恥辱，並努力懺悔。對戰爭的反思也定義了我後來作爲作家和公民的行爲方式。」與此同時，對於批判他的傳記的作者，他威脅將其告上法庭——他可一點都不寬容和仁慈。

此「軍」非彼「軍」：親衛隊探祕

最難以啓齒的一幕還是在書中出現了：當時德國軍隊崩潰之後，葛拉斯與一名國防軍一等兵一起走上逃亡之路，直到後來被美軍俘虜。這名經驗豐富的老兵油子，帶領乳臭未乾的葛拉斯在前線與後方混淆的村落與森林之間東躲西藏。葛拉斯在亂軍之中存活下來，大都拜此人所賜——「是他看了看我領子上的古日爾曼字母，吩咐我換裝，並伸出援手使我換成了裝。他不可能喜歡我所屬部隊的標記。由於我，不用多說，他陷入了一個臭名昭著的團夥。」葛拉斯清楚地記得，那個「知己知彼」的一等兵告訴他說：「要是俄國人逮住我們，看見你領子上的那個裝飾，小子，你就完了。像你這類傢伙，他們會格殺勿論，給你後腦來上一槍，斃了再說。」[9]他幸而被美軍俘獲，待遇大致還好，若是被蘇聯紅軍俘獲，下場可想而知——但這段經歷並未阻止妨礙他日後成爲激烈的反美主義者，他對美國的仇恨遠遠超過了對蘇聯的仇恨。

這一細節充分證明了親衛隊之特殊性：親衛隊大肆屠殺平民和俘虜，國防軍官兵一般不齒於與之爲伍。在納粹時代，參加親衛隊與參加普通的軍隊，性質完全不同。此「軍」非彼「軍」也。與國防軍相比，親衛隊究竟有哪些根本差別呢？親衛隊不是正規軍，卻有精良的裝備和嚴密的組織，更掌握民眾生殺予奪之權，研究親衛隊歷史的學者克諾普指出：「它是恐怖的化身。它執行集體大屠殺。在希特勒帝國的所有組織裡，它最能體現統治者的極端妄想。SS——用古日爾曼的魯內文書寫的兩個字母代表著納粹獨裁最有效最危險的權力工具。『親衛隊』在短短幾年內就由無足輕重的衛隊發展成了希特勒帝國裡的一個國中之國，一個奴隸國家。」[10]在第三帝國，加入親衛隊需要經過嚴格的政治甄別和身體檢查，希特勒曾要求幾乎就是他的私人軍隊的親衛隊將「純正的軍人傳統、德意志貴族的高尚理想、風度和教養，以及以種族精華作爲基礎的工業家的創造性活力，連同時代的社會要求」集於一身。[11]

親衛隊是集中營的管理者，是大屠殺的實施者，這是希特勒賦予親衛隊的特權和專利：「『你的榮譽叫作忠誠』——親衛隊回應希姆萊宣揚的這個口號，在前線充當『消防隊』，填漏補缺，殘酷地剝削俘虜和勞工，在摩托化步兵的行刑隊和納粹政府的死亡營裡無情地屠殺，執行大屠殺——在納粹國家的所有組織中，只有親衛隊能夠做到，尤其是只有他們願意執行希特勒的這一任務。」[12]親衛隊一直頑抗到第三帝國滅亡的最後一刻，也將殺戮延續到最後一刻，「殺人對於親衛隊來說像劈柴和擰螺絲釘一樣理所當然」。

如果說普通國防軍士兵聲稱對集中營和大屠殺毫不知情，有可能是實情；那麼，作為親衛隊士兵的葛拉斯，即使沒有參與過大屠殺，但對大屠殺多少是知曉的，他卻堅持說對大屠殺一無所知，這很難讓人信服。在《我的世紀》一書中，葛拉斯借助一位戰地記者之口說出心裡話：「我看見了這一切，但是一個字也沒有寫。我沒有學會描寫這些。我找不到合適的詞語。我就這樣學會了隱瞞。」[13]這是他內心真實想法的不經意流露嗎？

葛拉斯辯解說，他不是「自願申請」加入親衛隊的，而是在收到入伍通知書之後才去報到的。但並非所有青少年都有「資格」收到這份通知書。親衛隊有嚴格的挑選機制，從家庭背景到本人表現，稍有瑕疵者便不可能入選。葛拉斯加入時，第三帝國滅亡在即，親衛隊亦無法力挽狂瀾。他沒有參與過大屠殺，並非他拒絕執行此類命令，僅僅是時間上滯後——那時，第三帝國和親衛隊都只剩下幾個月壽命了。

這段歷史早該說出來，葛拉斯太愛惜面子，多年來躲躲閃閃。他說出這段經歷，仍「猶抱琵琶半遮面」，可驗證此一批評的證據是，《剝洋蔥》中有一個重要細節：被美軍俘虜之後，葛拉斯與戰友們抗拒美國教官的「再教育」——「包括我在內，不相信他給我們看的東西：各個集中營的黑白照片。我看到了堆成山的屍體、焚屍爐，看到了挨餓者、餓死者、瘦得皮包骨的倖存者，他們是來自另外一個世界的人，讓人難以置信。」

葛拉斯等戰俘總是重覆那幾句話：「這難道是德國人幹的？」

「這種事絕對不會是德國人幹的。」

「德國人才不幹這種事呢。」

葛拉斯私下裡說：「宣傳，一切只是宣傳而已。」

葛拉斯心中如此思考：因爲我們是年輕納粹，所以他們讓我們去達浩短期參觀，接受再教育。一站又一站地帶我們走遍集中營。這是一位和葛拉斯一起參觀的、學徒滿師的泥瓦工說：「你們看見有噴頭的浴室了嗎？說是毒氣室，其實是新粉刷的，肯定是美國佬事後建的……」

過了些時間，葛拉斯才慢慢理解並且勉強承認自己在不知情的情況下，或者準確說，在不想知道的情況下參與了犯罪，「這種罪行不會隨著時間的推移而減輕，它不會失去時效，我依然負有罪責。像飢餓感一樣，人們也可以說罪責以及追隨它而來的羞恥感也咬人，不停地咬人。我的飢餓感只是暫時的，可羞恥感。」[14]

在這裡，葛拉斯承認自己是一位「年輕納粹」，這一坦白比此前他反覆強調的「要變成納粹，年紀還太小」是一大進步。從中看出，納粹對民眾尤其是孩子的洗腦何其成功。納粹主義並未隨著納粹政權的垮台而消失，人們擺脫納粹主義的困擾尚需時日。

葛拉斯又說，當年他加入親衛隊是爲了擺脫小市民氣的家庭，他並不完全接受納粹的理念，「年輕士兵腦袋上過大的鋼盔不斷地滑到一邊，年輕士兵腦袋裡的想法亂成了一鍋粥」。其言下之意是：「我」並不比別人「更壞」。但反向言之，「我」爲什麼就不能比別人「更好」呢？

葛拉斯不是不知道，在那個黑暗時代裡，德國出現過若干位「更好」的同胞，不畏死亡挺身反抗納粹暴政的同胞，從「白玫瑰」小組的年輕人，到認信教會的潘霍華牧師、尼穆勒牧師，以及國防軍中的貝克、施陶芬貝格等將領，他們並沒有「隨大流」。即使納粹權力達到頂峰，德國社會也並非鐵板一塊，尤其是在教會和軍隊中，反抗納粹的努力一直沒有中斷。換言之，即便在納粹時代，成為「更好的人」，不是沒有可能。

葛拉斯在談及戰後國防軍的改革時說過：「我們現在應該有能力把那些在納粹時期說『不』，那些拒絕執行謀殺命令，大部分為此獻出了他們生命的德國軍官和士兵宣布為聯邦國防軍的榜樣。」[15] 那麼，不服從者難道不也應該成為他本人的榜樣嗎？如果他以不服從者為榜樣的話，為何還抱有「法不責眾」的僥倖心理呢？

你以為是在「剝洋蔥」，其實你是在「刷油漆」

英國的一篇書評指責葛拉斯患上了「選擇性失憶症」，進而從語言學角度分析說：「葛拉斯從一開始就遮遮掩掩，『黨衛隊』一詞出現時，竟然不是主格，而是屬格：『一處黨衛隊的操場』。而『我』出現的時候，也不是『我』，而是『那個掛著我名字的新兵』，這種習慣性的可怕的拐彎抹角貫穿了全書。」這篇評論還諷刺說，葛拉斯的「懺悔」，「不是在『剝洋蔥』，而是『刷油漆』。」

當年參加親衛隊時，葛拉斯是一位年僅十七歲的少年，但並不能因為年齡的因素，便將那段歷史一筆勾銷掉：同樣是少年，「白玫瑰」抵抗組織的成員索菲，散發反納粹傳單時，只有十八歲。勇士與懦夫之間、清醒者與沉睡者之間、反抗者與屈從者之間，難道不應獲得不同評價嗎？我們固然應當理解人性的軟弱，但不能拿羞恥當作榮耀，不能高舉「躲避崇高」的旗幟。葛拉斯不能迴避追問：爲什麼懺悔姍姍來遲？在那些「咀嚼恥辱」的暗夜裡，你如何獲得心靈的平安？

這些年來，葛拉斯是怎麼過來的呢？爲了掩飾個人在納粹時代的「隨波逐流」，他不惜使用一種最爲極端的方式和語言清洗納粹的罪惡，並將這種罪惡以歷史主義的方式作某種「德國化」處理。在對一個抽象的「德國」的口誅筆伐中，他個人獲得了某種道德滿足。

柏林圍牆倒塌之後，德國迅速實現了統一，葛拉斯是德國統一持之以恆的反對者。「奧斯威辛甚至可以抵消其他人民都擁有的民族自決權，因爲除了其他古老的理由，締造一個統一而強大的德國，正是造成大屠殺的理由之一，」一九九〇年，他在一篇演講中說。「我們無法擺脫奧斯威辛，我們甚至不應該做此嘗試，儘管這種誘惑非常之大。因爲奧斯威辛屬於我們，它是我們歷史中的烙印。而且——這對我們有好處——它令我們可以得到這樣一種領悟，簡而言之就是『現在我們終於了解了自己』。」他的出發點是，「一個焚書的國度」一直讓「傷口破著」是必要的，統一、強大的德國有可能再次法西斯化。他表達了戰後德國左翼知識分子長期以來的一種含蓄的共識，即「德國的分裂必須被接受，作爲對希特勒和德國罪行的直接懲罰」。[16]即使德國統一之後，民主制度運作良好，他仍堅持此觀點，希望建立「邦聯制」的德國。最終的結果是——「葛拉斯作爲一位作家喪失了他的某些道德和政治權威，而社民黨在一九九〇年大選中喪失了重要的支持。」

表面上看，反對德國統一是對納粹歷史以及德國「民族性」的反省與批判。早在五〇年代，葛拉斯便認爲，「（大屠殺）這種超常的罪行，不是一種動物本能暴行的結果，不是由一個生活在無知中、只遵循循環往復的規律的民族來完成的，而是一個未完全覺醒的民族造成的。」[17]但是，將納粹的暴行作「德國國情論」處理，並非反思與根絕大屠殺的最佳方式；相反，它與葛拉斯內心深處的幽暗意識息息相關，這種「否定性的民族認同」，源於葛拉斯不敢說出自己親衛隊經歷的恥辱感。愈是感到恥辱，愈是要用一種激越方式來表達對納粹的厭惡，不惜將整體的德國定義爲「大屠殺民族」。於是，「雪恥」心態戰勝了理性反省。當偏執成爲批判的動力，批判的意義與價值便被抽空。

與這種自我虐待式的反省（或者說「反民族主義的民族主義」）相反，另一位德國知識分子恩岑斯貝格爾在六〇年代便提出的觀點，更接近大屠殺的眞相——「法西斯主義是令人厭惡的，不是因爲德國人曾經實踐它，而是因爲它能夠在世界上任何地方被實踐。」[18]這不是爲納粹暴行辯護，而是在一個更加廣闊的維度上思考大屠殺的根源。在納粹大屠殺之後，世界各地都發生過類似的大屠殺，如中國、蘇聯、北韓、柬埔寨、盧安達、南斯拉夫。「奧斯威辛」並非只有德國人才幹得出的壞事。制止大屠殺，不是德國人的特殊使命，而是所有國家和民族共同的使命。

同樣道理，拒絕懺悔、遮蓋罪行，不僅是東方人的習慣，也是西方人的喜好，乃是一種不難理解的「人之常情」。我們不能片面強調美國學者本尼迪克特在《菊與刀》中定義的東方文化是「恥感文化」、西方文化是「罪感文化」，並將戰後日本與德國對戰爭罪行的態度作兩極化處理——人們經常拈出德國總理布蘭特跪倒在受害者紀念碑前的場景和日本首相小泉純一郎執意參拜靖國神社的場景來對照，這兩幅畫面都是事實，但絕非全部。對眞相的排斥和對懺悔的延宕，並非僅在日本人那裡普遍存在，在德國人那裡同樣普遍存在。與其說葛拉斯的隱瞞行爲更像日本人，不如說人人皆有羞恥感和虛榮心，爲了維護「面子」不惜掩蓋眞相。

在中國，「葛拉斯的尷尬」以及「不懺悔的勇氣」，普遍存在於知識界和公眾中：從反胡風運動中交出私人信件陷胡風於死地的舒蕪，到反右運動中如野獸般互相撕咬的學者和作家；從文革初期打死老師的紅衛兵到作爲四人幫寫作組「石一歌」骨幹的御用文人余秋雨，不都理直氣壯地拒絕懺悔嗎？如果比賽誰更「好面子」，中國人比日本人更好面子。在「不懺悔」的比賽中，中國人不是旁觀者。中國人拒絕懺悔，固然與文化傳統與民族心理有一定的關係，但更多還是與日本人、德國人一樣，是源於人類自我保護的本能——即使在不同文化傳統和民族心理之下，大部分人都首先選擇隱藏、躲避和沉默。

中國當下的政治環境，更不適宜懺悔精神的生長發育。當我對余秋雨的「不懺悔」提出公開批評，對我的批評卻多於對余秋雨的批評——人們都不喜歡聽眞話，不喜歡說眞話的人。大部分中國人全然接受一種相對主義的世界觀，這個世界觀認為，誰都沒有權利批評另一個人「不懺悔」。直到今天，沒有任何一個打死老師的紅衛兵成員站出來說出眞相和表達懺悔，文革時參與打死老師的女紅衛兵頭子宋彬彬以「傑出校友」身分出現在北師大女附中的紀念冊上，這本紀念冊的另一面即是被打死的校長卞耕耘的照片——在沒有眞相、懺悔與赦免的前提下，一種幕後的看不見的巨大力量，以這種方式讓加害者與被害者「和諧相處」。也沒有任何一個在天安門屠殺中開槍殺人的「共和國衛士」站出來說出眞相和表達懺悔，當被害者仍不能公開被紀念、被害者家屬仍受到發出殺人命令的當局的監視和騷擾時，呼籲殺人兇手作爲個體站出來說出眞相，幾乎是不可能的要求。

在中國，那麼多的災難過去了，人們始終保持沉默，良心之門早已關閉。

在中國，「剝洋蔥」的工作沒有人做，「刷油漆」的工作每天都在進行。

歐洲知識分子「反美主義」的精神分析

蘇聯東歐崩潰、冷戰結束，歷史沒有終結，亦沒有改變歐美知識界「左翼獨大」之格局。葛拉斯博取大眾歡迎的「政治正確」，由兩大支點構成，即極端的反美主義和反宗教信仰（特指基督教）。反美主義不僅是法國而且是歐洲知識分子最時尚的裝扮，法國當代哲學家雷吉·德布雷如是說：「美國主義，就是把一切積極因素全部除掉的黑暗的美國。」[19]這也是葛拉斯的論點。

在二〇〇六年國際筆會的柏林年會上，我聽到葛拉斯的一場演講。這位德高望重的老人被安排發表大會的開幕演講，他的演講比德國總統科勒的演講更受矚目——德國確實有尊重文化人的傳統。

葛拉斯剛一入場，聽眾立即起立鼓掌致意。他的步履有些緩慢，但一開始演講，便慷慨激昂、眉飛色舞——他習慣了像演員一樣對著數百部攝影機和照相機鏡頭發表演說，也知道在哪裡等待聽眾鼓掌。我聽不懂德文，但我並不喜歡那種極度誇張的語調，以及聽眾們迷狂的掌聲。我突然有一種奇怪的感覺，他演講時的樣子很像希特勒。

此後，我看到葛拉斯演講的英文稿，大失所望——他在此次演講中津津樂道的是歐洲極左派們一貫的思路：激烈抨擊美國的外交政策，故作驚人之語地將美國總統小布希比喻為希特勒，將美國比喻為納粹德國。在反美主義甚囂塵上的歐洲知識界，此觀點相當「政治正確」，難怪這場演講能獲得聽眾雷鳴般的掌聲。

然而，將美國比喻為納粹，又與葛拉斯本人長期堅持將納粹「德國化」的思路格格不入——葛拉斯不是強調納粹是德國的「特產」和「特色」嗎？當有人將蘇聯和東德的共產主義政權與納粹類比，立即遭到葛拉斯等左翼知識分子的憤怒聲討，認為這樣的類比降低了納粹的邪惡，是將納粹「普遍化」，甚至是為納粹開脫。他參加過抗議東德迫害異議作家的簽名，但東德在其心中始終是「被毀壞的」、值得憐憫的對象——如果他觀看過《竊聽風暴》還會這樣想嗎？然而，為了批判美國，他卻不惜成為自身立場的顛覆者，全然忘記了自己在納粹與德國之間設定的必然的因果關係——他太恨美國了，便情不自禁地將美國「納粹化」。

冷戰時代，葛拉斯除了反對自己的祖國德國，還同時反對美國和蘇聯，對冷戰兩大陣營各打五十大板（其實，他對左派明顯筆下留情，對美國的批判力量遠遠大於對蘇聯的批判），明快、簡單、粗暴，也能彰顯自己超然物外。他反對美國在德國部署導彈，儘管這是為了保護德國免受蘇聯的恐嚇。另一方面，他孜孜不倦地為卡斯楚的古巴政權辯護，支持尼加拉瓜八〇年代的左翼桑定政權，但他卻說自己反對革命。

因為反美，當然也要反對以色列——這時，葛拉斯又將納粹屠殺猶太人的歷史忘得乾乾淨淨。既然如他所說，製造過奧斯威辛屠殺的德國連統一的權利都沒有，那麼當過青年親衛隊的他不也就自動喪失了批判以色列的權利嗎？然而，二〇一二年，葛拉斯又出現在公眾視野之下，他發表了一首名為〈不得不說的話〉的詩歌，批評以色列對伊朗核試驗惡語相加。以色列聲稱，如果伊朗構成核威脅，就有理由摧毀其核設施。葛拉斯對此表示反感，聲稱這樣的前景「威脅著已經岌岌可危的世界和平」。這首詩在國際範圍內引發了爭論，以色列總理納坦雅胡以個人身分斥責葛拉斯是「反猶主義者」，以色列政府宣布葛拉斯為「不受歡迎的人」——一個前親衛隊士兵仇恨以色列，一點也不奇怪。後來，葛拉斯辯解說，自己並不是要批評這個國家，只是想批評以色列政府——將民族、國家與政府截然分開，很難自圓其說：納粹與德國能這樣分開嗎？難道你可以說，「我只批評納粹政府，不批評德國」嗎？希特勒不是德國人，不是德國人民選舉上台的嗎？

對於以葛拉斯爲代表的偏激、病態的反美主義，需要做一番精神分析。除了左派意識形態的驅動、除了「雕欄玉砌應猶在，只是朱顏改」的沒落貴族心態之外，還與葛拉斯在戰俘營中的經歷有關。《剝洋蔥》中有一段記載：他第一次見到美國大兵，發現戰勝對手像是漫畫裡的人物──「他們悄無聲息地來了，腳蹬橡膠底繫帶鞋，這和我們笨重的矮幫靴形成了多麼強烈的反差！我們驚呆了。勝利者總是嚼著口香糖，這可能令我讚歎不已。」[20]這是一種本能上的不喜歡，沒有道理可講。對於蘇聯人，這些德國戰俘心懷恐懼；對於美國人，表面是羨慕，背後深深隱藏著自尊被傷害的怨恨。

《剝洋蔥》中還有一個細節：年輕的葛拉斯與戰友們一邊否定集中營和大屠殺，一邊抱怨戰俘營的伙食不佳，「我們每天只分到一滿勺的白菜湯或大麥粥」。[21]戰俘營中的親衛隊，難道還有權要求錦衣玉食嗎？葛拉斯恰恰忘記了，如果將美軍戰俘營與納粹集中營的待遇相比，一個是天堂，一個是地獄；即使將美軍戰俘營與蘇軍戰俘營相比，亦是天壤之別──要是葛拉斯被關押在蘇軍戰俘營，其親衛隊身分一旦被揭穿，還能指望死裡逃生嗎？

不過，這些比較是葛拉斯不屑做的。他天生地便有一種作爲德國人和歐洲人的傲慢，深受作爲勝利者和佔領者的美國的刺激下，這種傲慢變本加厲。從那時起，葛拉斯就不喜歡「總是嚼著口香糖」的美國人，對美國人幫助德國人從納粹奴役下解放毫無感激之心。在整個冷戰時代，他和許多德國知識分子將美國和蘇聯兩個陣營等量視之，認爲兩邊同樣邪惡，聯邦德國不幸成了美國的附庸。他不願承認顯而易見的事實：如果他是一位東德居民，也許早已成了柏林圍牆東邊牆角下一具可憐的屍體。

在蘇聯實力蒸蒸日上的時代，葛拉斯大力支持布蘭特的「東進」政策——只要是反美的事情都是可行的。多年以後，終於等到伊拉克戰爭——好一個堂而皇之的反美瞄準孔！對美國的全盤反對，爲葛拉斯贏得了道德聲譽，日復一日、年復一年，他只能以此種方式來彰顯其價值——「一位理智的、主張妥協的『當代人』和公民，最終採取了一種類似於『全部或全不』態度的立場，那曾經是他經常批評的目標。」[22]

你捲入的歷史，是一個堵住了的馬桶

葛拉斯反美，還有一個原因，那就是美國深具基督教精神。葛拉斯對基督教反感，是因爲他從小生活在一個信仰虔誠的家庭——他需要「因反叛而得自由」。在他的聲望如日中天之際，曾宣布退出社會民主黨、柏林藝術學院與路德教會——青少年時期，他曾退出羅馬天主教教會。他批評路德教會與天主教的等級制度是納粹主義「在道德上的幫凶」。他認爲，基督教是一個「過時」的概念。在他的每一部作品中，都充斥著對上帝的冷嘲熱諷，他的自我期許是質疑「由基督教造就的、被基督教扭曲的、充滿固定觀念的世界」。[23]他對基督教的仇恨，倒是跟希特勒不謀而合。

在葛拉斯作品中那些故意渲染的色情場景中，對女性極其輕蔑，視若玩物；同時念念不忘隨時隨地將上帝、耶穌和《聖經》拿出來侮辱一番。在現實政治層面，葛拉斯一提及基民盟便恨之入骨，將從艾德諾到梅克爾的基民盟政治家統統命名為「希特勒的跟班」（他又犯了將希特勒與納粹當屎盆子扣到別人頭上的毛病），完全不顧此評價不合常識。他經常將基督徒描寫成白癡——當然，他從來不敢如此批評伊斯蘭世界的暴政和恐怖主義，他知道同行魯西迪因為《魔鬼的詩篇》引來了殺身之禍，被迫躲藏二十多年。與之相反，即使是出於惡意對基督教和基督徒發起挑釁，在德國是安全的，還會在無神論日漸肆虐的世界博得掌聲。

醜化神職人員及基督徒，貶低德國和歐洲的基督教文明，是葛拉斯樂此不疲的遊戲。在《剝洋蔥》中，有一個小小的細節，他煞有介事地講述了與未來的教宗本篤十六世在戰俘營中的一段交往，那時的教宗也是一位被俘的德軍士兵，「他和我在陰雨綿綿時躲在帳篷裡，可能用骰子賭我們的明天。他叫約瑟夫，就是他規勸我來著，態度堅定，但輕聲細語，真的很溫和，我總也忘不掉他。我想成為這個，他想成為那個。我說真理有許多。他說真理只有一個。我說我不再相信任何事。他左一個教條右一個教條。我喊道：『約瑟夫，你可能想當異端裁判所的大審判官或者有更大的抱負吧』。」[24]對於這一過於離奇的細節，有歷史學家考證說不可能是真的，兩人的履歷並無交集。就是葛拉斯聲稱最愛的妹妹，也忍不住站出來否定之——但葛拉斯舉重若輕地回答說，這是一本小說化的自傳，小說是可以虛構的。他從未仔細區分小說與自傳之間的界限，這成為他拒絕和對抗批評時最好的策略——如果有人批評其作品過於寫實，他就會說這不是虛構的小說而是傳記或回憶錄；如果有人批評其書中的細節都「純屬虛構」，他就說該作品不是自傳而是虛構的小說。於是，所有批評者只好閉嘴。

由於驅逐了上帝，葛拉斯自我加冕便充當上帝，雄踞民眾之上、生活在抽象的世界。這是許多歐美左派知識分子典型的心路歷程。在德國，每當發生重大的政治事件，人們通常都會停下來詢問：不知道鈞特·葛拉斯對此會有怎樣的看法？與英國和美國不同，在德國有一點幾乎是天經地義的：凡是在文化和學術領域有傑出成就的男人和女人，都應當對國家大事發表評論。而且，他們的評論通常被公眾奉為「聖旨」——在德國，知識分子尚未像英美那樣經歷「祛魅」和「專業化」的過程。文人天然地「正確」，民眾過於相信他們在其專業領域之外發表的意見。那些有文學藝術才華的人，同時擁有超過他們實際能力的話語權。他們陷入自以爲聖的狀態——他們不會承認，驕傲是人最大的罪，自以爲義是最大的不義。

這位「過於聰明」的大師，過去一點都沒有料到柏林圍牆會在一夜之間倒塌。葛拉斯不是先知，在一切事情上都是「後知後覺」。對於歐洲左翼知識界來說，不是他們領先於時代，而是時代拋棄了他們。葛拉斯遲到的懺悔，不是眞正的懺悔，而是「爲批判而批判」的左翼的一個笑話：「二十世紀的種種意識形態投合了某些知識分子的自負和不加掩飾的野心，但也陰險狡詐地投合了正義感和對專制的仇恨，並灌輸給我們，如不加以控制的話，它們會將我們完全俘虜。」[25] 葛拉斯被美軍俘虜只是暫時的，他被自己的虛張聲勢和色厲內荏永久俘虜了。

作爲社民黨「思想庫」和道德標榜，葛拉斯深陷於「比賽誰更左」、「愈左愈高尚」的泥沼之中，他自詡站在「弱者」一邊——最有代表性的舉措是，他在一份有四十九位德國及歐洲知識界名流致聯邦議會的公開信上簽名，這封信支持因過於親共而被免職的德國之聲中文部副主任張丹紅。他們聲稱要保護張的言論自由。

那麼，張究竟發表了哪些爭議性言論呢？張的核心觀點是：「中國共產黨比世界上任何一支政治力量在實踐人權宣言第三條方面的貢獻都要大。」難道這也是葛拉斯的看法嗎？葛拉斯簽名的公開信並未瞄準問題的焦點，是一支失去靶子的箭頭。作爲德國官方媒體的德國之聲處理張丹紅，不是違背言論自由的原則，而是必須處理幫中共洗白的謊言。

葛拉斯等人聰明地支持一位共產黨的傀儡（他的作品的譯本在中國大賣特賣），而漠視中國國內需要幫助的人們——那些被中共剝奪言論自由等基本人權的作家和記者。共產黨是人權的壓迫者。在一份來自中國異議知識分子的抗議信中，包括天安門母親在內的異見者們對葛拉斯及其朋友們提出反問：中國有成千上萬人因爲言論原因被關進監獄或受到祕密警察騷擾，「你們是否也能聯名爲他們呼籲一下，使得他們早日獲得釋放，也多少享受一點你們相信的『人權改善』？諸如此類的因言獲罪案件在中國不勝枚舉，你們關注過這些案件嗎？」葛拉斯不會回答這些「扎心」的問題，他早已習慣了在自己營造的大師光環中自言自語、自我陶醉。

《明星週刊》的主編奧斯特科恩評論道，儘管沒有任何證據表明，葛拉斯在黨衛軍第十裝甲師（弗倫堡師）服役時曾經參與任何犯罪行爲，但是，這個曾經對幾乎一切事、所有人進行評判並永遠保持道德正確的人，這個有著德國社會良心、喋喋不休的方形腦袋的鐵皮鼓手，六十年來卻不曾鼓起勇氣，對自己生涯中的一個小汙點進行自我揭露。但如果他早這麼做了，這只會讓他多年一直致力的對法西斯和民族狹隘的批判更令人置信。不僅他的傳記作者尤格爾斯這麼認爲，他的小說《蟹行》也證實了這一點。在這本二〇〇二年出版的、同樣以但澤逃難人群的最後命運爲主題的小說中，葛拉斯寫道：「歷史，更確切地說，我們捲入的歷史，是一個堵住了的馬桶。我們沖啊沖，屎卻愈沖愈高。」

如今，這個不知疲倦的鐵皮鼓手必須面對朋友和敵人的詰問：爲什麼遺忘？爲什麼坦白來得這麼晚？或者，葛拉斯就只想獨自支配對他個人形象塑造的權力？如果這團「屎」——他的黨衛軍成員歷史——在他死後（編按：死於二〇一五年）才被公開，那麼他一生的事業盡將摧毀。奧斯特科恩認爲，葛拉斯的坦白，雖然遲了六十年，卻是其晚年精心盤算的利己主義的選擇。

聖人的心態導致理性的歧途。葛拉斯成了他自己的俘虜，但還有很多人推崇他。

二〇〇八年十一月一日、二日完稿

二〇二一年三月二十五日修訂

第十四章

讓習慣黑暗的眼睛習慣光明

——我們的生活，就是一部《竊聽風暴》

那是藍色九月的一天，
我在一株李樹的細長陰影下
靜靜摟著她，我的情人是這樣
蒼白和沉默，彷彿一個不逝的夢。
在我們頭上，在夏天明亮的空中，
有一朵雲，我的雙眼久久凝望它，
它很白，很高，離我們很遠，
當我抬起頭，發現它不見了。

布萊希特〈回憶瑪麗・安〉

德國人拍《竊聽風暴》，中國人拍《英雄》

德國人與中國人之間有多大的不同呢？

人與人之間有多大的不同呢？

偶然看到詩人桑克的一段訪談，他是一個在黑龍江興凱農場長大的孩子，那裡是流放者們的第二故鄉，聚集了一批才華橫溢、命運多舛的知識分子，他將他們當作老師，學會了怎樣寫詩。

如果說中國的文革是一場正在發生的「奧斯威辛」，那麼在文革中寫詩本身就是一件無比危險的事，林昭因爲用詩歌擁抱光明而被殺害。多年之後，桑克談到詩歌與人生道路的選擇：「你看電影吧。德國人拍《竊聽風暴》，我們拍《英雄》。算了，不說了。這種事情以前有，以後還會有。我曾看過郭沫若五、六〇年代的詩，如果你沒看過他原先的詩，你會覺得他有點那個，等你看過他原來的詩，你可能就會明白，他背叛的人只是他自己。一個人如果連他自己都能背叛，你能指望他保護他的家人，保護他的同胞和鄰居嗎？你可以自己選擇。選擇與否是自己的私事，沒什麼對錯。但良心是必須的，否則晚上睡覺會做噩夢。」[1]德高望重的「郭老」早已從狂飆的詩人淪爲恭順的弄臣，那是他「身不由己」的選擇，他自願被囚禁在王府花園中，已然無法回頭。即使兩個孩子悲慘死亡，也只能假裝無動於衷——極權主義之可怕，是將每個人改造成最自私的人，爲保全自己不惜犧牲家人。「家」是最後一道防線，當家也不安全，極權主義便大獲全勝。

詩歌必將繼續下去，給人幸福，給人自由，給人尊嚴，給人希望，如同德國詩人布萊希特深情的吟唱——在《竊聽風暴》中，這首詩歌是那冰冷的「一九八四」時代最後一分溫暖。

桑克說得好，「德國人拍《竊聽風暴》，我們拍《英雄》。」這就是德國人與中國人之間的不同。《竊聽風暴》原名直譯過來是「他人的生活」，「他人的生活」更像一部小說的名字，而「竊聽風暴」是帶有港台味的翻譯，誇張卻更易於流傳。

《竊聽風暴》與《英雄》足以表徵兩個世界的差異何其之大。這兩部電影之間的區別並不在耗資之多少：前者僅耗資一百七十萬歐元，好幾位名演員都受到劇本感動，幾乎是義務參與出演；後者耗資超過一億元人民幣，是動用無數人力物力的「大片」，導演和演員都賺了滿缽子的鈔票。這兩部電影之間的眞正區別在於：前者呼籲光明來臨，讓習慣黑暗的眼睛習慣光明；後者勸誘在黑暗中生活的人們，讓他們維持原有的生活狀態。德國人擁抱自由，中國人歌頌專制；德國人尋求人性之高貴，中國人安享奴隸之卑賤；德國是自由國度，中國是動物莊園。

如果說《竊聽風暴》是一個棄惡從善的祕密警察的故事，那麼《英雄》便是一個歸順暴政與帝國的刺客的故事。刺客向皇帝皈依，隱喻著張藝謀被黨國招安。「殺人放火被招安」是梁山好漢們的夢想，張藝謀則先紅遍西方並以此爲籌碼向帝王家賣出好價錢——《英雄》是賣身契。今天的張藝謀，便是昨天的郭沫若——他們選擇了最壞的那種選擇，選擇了成爲早年自己的敵人。在精神意義上，他們是自殺者。當張藝謀獲得

❸

❹

❶睡在同一張床上的夫妻，也有可能是你的告密者。

❷《竊聽風暴》的主角是一個祕密警察，他是這個邪惡體制內幡然醒悟的「好人」，但在中共的祕密警察中還未曾出現過類似的人物。

❸《竊聽風暴》的男主角穆埃也有一段與電影相似的人生。

❹榮獲奧斯卡最佳外語片獎的德國電影《竊聽風暴》（又譯《他人的生活》）。

柏林電影節大獎並被中國老左派攻擊爲「醜化中國討好西方」時，他會想到二十年後自己居然會如此不堪的模樣嗎——從來自西部的憤怒青年變成中宣部欽定代言人，是怎樣一條墮落的直線。

這個世界上還有另一種人，那就是眞正的藝術家。《竊聽風暴》的導演馮·多納斯馬克是其中之一，他與我同齡，一九七三年生，被德國電影界譽爲「神童」。他出生在西德，成長環境舒適優越。他沒有在「東德」生活過，沒有經歷過那段竊聽之下人人自危的歲月，卻對東德的歷史充滿興趣。與其說他是對「異質」的生活有一種旁觀者的獵奇心理，不如說他對德國的現實充滿深切的責任感。早在一九九七年冬天，還是慕尼黑電影學校學生的多納斯馬克，在苦苦構思一個劇本。一天晚上，他精疲力竭地躺倒在學生宿舍的地板上聽著貝多芬，靈感遲遲沒有降臨。

這時，多納斯馬克突然想到，「革命導師」列寧與音樂大師貝多芬之間有著複雜的關聯。一九四九年一月，《時代》週刊報導了莫斯科紀念列寧逝世廿五週年的情景：「在莫斯

❷

❶

科，面帶笑容的史達林和其他共黨重要人物坐在莫斯科大劇院觀禮。如往年一樣，一整天都是歌頌列寧的演講致詞，還包括一個以列寧生平爲內容的廣播劇，長達一小時。廣播劇以列寧最崇拜的貝多芬《熱情奏鳴曲》作爲壓軸尾聲。這個廣播劇配上列寧的一段話作爲旁白：「沒有比《熱情奏鳴曲》更美的音樂了，驚人、超尋常的音樂！它總讓我像孩子一樣由衷地覺得自豪——怎麼人類可以創造出這樣奇蹟似的樂曲。」廣播劇以最甜美的聲音結束：「列寧，就是這樣一個人！」

但列寧日記中另外一段話卻不能讓老百姓知道：「我不能常聽這個樂曲，因爲，它會影響我，使我有一種衝動，想去讚美那些活在汙穢地獄裡而仍舊能創造美的人，想去親撫他們的頭。可是這個時代，你不能去親撫人家的頭，除非你要讓你的手給咬斷。你得重擊人家的頭——毫不留情地重擊——雖然說，理論上我們是反對任何形式的暴力的。」列寧害怕會被貝多芬的音樂感動，以至於變成溫和柔弱的人，甚而影響俄國革命進程。極權主義的「舵手」，需要一顆冷酷無情的心。極權主義所依賴的祕密警察，也需要一顆冷酷無情的心。[2]

❸

❶人權鬥士高克在德國統一後出任負責處理東德國安史塔西祕密檔案的聯邦專員，2012年當選德國總統。

❷專家修復東德崩潰前夕史塔西用碎紙機銷毀的祕密檔案，這項工作將持續數十年。

❸東德史塔西的祕密檔案，如今收藏在專門的檔案館，可供公眾查閱。

這時，幾幅畫面閃過多納斯馬克的腦海：他看到一個頭戴耳機的、表情陰鬱的男人。這是一個間諜，他正在竊聽一個彈奏著鋼琴曲的監視對象。短短幾分鐘之內，他的腦海中就有了故事：關於前東德國家安全情報人員「改邪歸正」的故事。這個故事從此在這個年輕人心中醞釀了九年。

怎樣才能克服一位新人在這個最看重名望和資歷的行業中面臨的重重困難？劇本、預算、演員、攝影、音樂、發行……電影不是在書齋中實現的事業。發行商一開始並不認爲德國人做好了接受一部描述東德祕密警察影片的心理準備，他們希望多納斯馬克導演喜劇而非悲劇。這是人們喜歡觀看喜劇的時代，是捧著爆米花、端著可樂在電影院中「休閒」的時代，不需要太沉重的東西。誰會願意掏錢去看一部陰鬱的電影呢？

面對各種不利條件，年輕而沒有經驗的多納斯馬克逆流而上，奇蹟般地自編自導完成了《竊聽風暴》。處女作即爲成名作。一個如此年輕、沒有在東德生活過的藝術家，爲何對「不自由」的生活有切膚之痛？

❶

❷

如果告密者就是你的家人，你該怎麼辦？

《竊聽風暴》中，我最喜歡的演員是男主角烏爾里希·穆埃，他扮演祕密警察衛斯勒。影片完成後不久，他突然離開了這個世界，連告別都沒來得及。但他永遠活在他扮演的角色之中——那個威風凜凜的警察學院教授，專門訓導未來「國家公僕」審問「國家的敵人」；那個在黑暗閣樓中，沒日沒夜地竊聽的安全局官員；那個家庭婚姻破裂，下班之後一個人孤獨地呆在家中，只能招攬妓女上門，性愛之後希望與之交談卻被斷然拒絕的猥瑣中年男；那個身上僅存的善良被布萊希特的詩句喚醒、不顧一切地去保護監視對象的黨國背叛者；那個因爲竊聽失敗而被貶斥爲信件檢查員的、唯唯諾諾的小職員；那個在柏林圍牆倒塌之後卑微地苟活、佝僂而衰老的郵遞員。穆埃演活了祕密警察衛斯勒的冷酷與溫情、堅硬與柔軟、變態與正常、忠誠與動搖，他彷彿就是從安全局大樓裡施施然地走出來的人。

生活與虛構之間只有一層薄薄的窗紙。就連導演本人也沒有想到，他虛構的電影故事在現實生活中眞實發生過，而且就發生在男主角身上。一九八九年之前，穆埃長期生活在沒有民主的「東德」，政治高壓、祕密竊聽、線人告密、孤立與誹謗、逮捕與殺戮、有聲與無聲的悲劇，都是他的親身經歷。在片商發行的電影手冊上，刊有一則導演多納斯馬克對穆埃的訪談，穆埃公然控訴其前妻、也是他女兒的母親葛羅蔓是史塔西的線民：「我的妻子，曾經就是國安部的告密者。這不是別人的生活，這是我自己的生活。」

葛羅蔓在東德時期已是一位成功的女明星，比前夫的名聲更大，曾演出許多舞台劇、電視劇和電影，德國統一後，還擔綱主演許多影片。葛羅蔓發誓，自己從未接觸過史塔西，既然穆埃不肯收回指控，她只有走上訴訟一途。她向審理的法官們清楚地證明，與她接觸的史塔西幹員赫穆特·孟洱在報告中提到，和她的會面完全是其捏造的，報告中那六次會面的時間她剛好都在東柏林的高爾基戲劇院登台演出。後來孟洱現身接受媒體訪問，表示自己從前一直以「偵探」身分和葛羅蔓接觸，並未透露自己是史塔西幹員，而且確實曾在報告中虛構一些東西以博取上司的好感。孟洱從前是葛羅蔓的粉絲，他在一些戲劇的首演結束後，上台為她獻花，這些鮮花的開銷都是自掏腰包，沒有報史塔西的公帳。[3]

葛羅蔓與史塔西幹員孟洱之間的關係引起外界許多揣測。究竟為什麼這位女星會和一位自稱是「偵探」的男人碰面，他們之間發生了什麼事情？孟洱是否是一位人們無法從他所交付的檔案資料察覺他的良知的史塔西幹部？他和自己所控制的女線民墜入情網，後來在東德瓦解及史塔西檔案曝光之後，必須提供一些有利於這位女線民的說辭，好讓她能順利開脫？

或者，這名諜報人員是史塔西的死忠派，是這個情報系統的捍衛者，基於本身的意識形態，他必須盡全力保護從前的工作伙伴？或者還有另一種可能：孟洱是否是專門誘騙女性參與祕密情報工作的幹員？是一位曾接受史塔西特訓，並帶有傳奇色彩的「羅密歐」？

在媒體的叫囂助陣下，這對離婚的名人夫妻爭執前後持續兩年，柏林法院數次開庭審理這起訴訟。整個案件的發展變得很像一部連載小說，公共輿論涇渭分明，不是支持穆埃，就是支持葛羅蔓——保守派媒體支持前者，左派媒體支持後者（左派當然要竭力弱化和淡化共產黨及史塔西的殘暴，並對與之合作的線人給予「同情的理解」）。

二〇〇八年四月，柏林高等法院對這起官司作出判決：穆埃指責葛羅蔓爲史塔西線民一事乃不實之指控。在檢附的資料中，只有一份比較能顯示葛羅蔓似乎曾與史塔西合作，不過裡面的內容也含帶葛羅蔓無辜的證據，因此，往後任何人都不得再聲稱葛羅蔓曾是史塔西的爪牙。[4]

因爲《竊聽風暴》，穆埃同時獲得德國和歐洲兩個最佳男主角獎，他在答記者問時，第一次突破法院禁令，談及那段傷痕累累的生活。是誰，將一生中最親愛的那個人變成敵人？是誰，強迫他們過這樣一種可怕的生活？是在監獄中服刑後流亡智利的何內克嗎（一九九二年，他在獄中加入了一九九〇新組建的德國共產黨，該黨到了二〇一一年，黨員人數僅有一百五十五人）？不，不能把所有罪行都推到他一人身上。上帝給人選擇的自由，人們可以選擇良心、詩歌與光明，也可以選擇殘酷、冷漠與黑暗。

解密的前東德情報機關檔案規模龐大，任何人終其一生都無法全部閱讀一遍。史塔西的標語是「我們無所不在」，至一九八九年爲止，東德約有六百萬人被建立過祕密檔案，已超過東德總人口的三分之一。如果將檔案全部聯接起來，一共有一百二十五英里長，共有二十一億兩千五百萬頁的案卷，重達六千二百五十噸，它記錄著東德一千八百萬人生活的方方面面。這還只是保存下來的一部分，究竟有多少檔案被銷毀，可能成爲永久的祕密。後來成爲俄羅斯總統的普丁，當時是蘇聯派駐東德的國安會（KGB）間諜，在其情報生涯中最富戲劇性的時刻，就是在柏林圍牆倒塌前夕幫助史塔西焚燒檔案。[5]數年前，聯邦德國的有關部門從一個廢棄的地下倉庫中發現了堆積如山的被碎紙機攪碎的祕密文件。聯邦議會專門撥出一筆經費，委託專家對其進行修復，據說全部修復完成需要半個多世紀。

這些檔案的作者是「國家安全局」，即史塔西。它比蘇聯格別烏（KGB）的工作效率更高，格別烏主席克留奇科夫評論說：「在一個政府從來沒有威望、所有人都有安全威脅的國度裡，史塔西成爲當權的統一社會黨的盾牌和利劍。」[6]一九八三年，美國副總統喬治·布希訪問西德時指出：「作爲訓練恐怖分子的營地和策劃政變的大本營，東德是最令人憎恨的恐怖國家之一。在所有的間諜領域，他們是最富侵略性的，而且他們的欲壑永遠也塡不滿。也正是爲東德，蘇聯幹出了大量醜惡的事情。在東部華沙集團中他們是最主要的元兇。」[7]這個一千八百萬人口的國家裡，史塔西是東德最大的雇主，有近十萬名編制內的祕密警察，三千人滲入公共生活、軍隊和經濟領域的重要部門，兩千多人負責檢查郵件，一千五百人專門監聽電話，四千人在西德等國家做間諜工作。另外還有十八萬五千名的「編外人員」及線人，其中有一萬五千人是從青少年中挑選出來的，他們遍及學校充當「教室密探」——與之相比，僅僅擁有一萬五千人的納粹的蓋世太保隊伍相形見絀。

一九九一年，德國聯邦議會通過了〈關於前德意志民主共和國國家安全機關檔案條例〉。該條例主要包括兩條：對前東德國家安全機關的所有工作人員進行審查；向個人公開祕密檔案。現存的六百萬份史塔西檔案，被放置在史塔西檔案局內保管。到二〇一五年一月，申請查閱本人檔案的個人超過七百萬。[8]

有的眞相令人噁心乃至窒息——東德作家漢斯·謝德禮在查閱自己的史塔西檔案時發現，他的親哥哥——東德知名的英國史學者卡爾漢茲·謝德禮——在一九七五年被史塔西吸收爲非正式的通報合作者，當時他與兄長每星期碰面兩、三次，幾乎每次碰面後，哥哥都會撰寫一份報告密呈國家安全部。卡爾漢茲對於自己所撰寫的史塔西檔案擺出一副很訝異的樣子，拒絕承認曾背叛弟弟，更別提道歉了。於是，手足之情破裂了。漢斯刻意讓自己對這個事件保持情感的距離，並透過書寫平復內心的傷痛和震驚。他後來用特有的簡潔的文字風格總結自己如何努力克服這件事的衝擊：「對於這件事，該說的我都已經表達在〈一件和B有關的事〉這個短篇自傳體小說中；對於這件事，我哥哥該說的，他卻什麼也沒說。反正對我而言，這件事已經過去了。」其實，作爲告密者的哥哥一直沒有眞正擺脫良心的歉疚。二〇〇七年十二月，在東德與史塔西瓦解將近二十年後，他坐在柏林一座公園的長凳上舉槍自盡。

沃倫夫婦是爲和平與人權組織工作的一對夫妻，妻子薇拉在其檔案中發現，自他們認識以後，丈夫一直在監視並彙報她的行動。類似的例子，一位婦女因試圖出逃西德被判處五年監禁，出賣她的人，正是那天早晨她離家出逃時，祝她好運的丈夫。

這就是最眞實的、原生態的歷史。這一切，曾發生在東德、匈牙利、捷克、波蘭、羅馬尼亞、保加利亞、蘇俄等國；這一切，仍發生在中國、北韓、越南、古巴等共產黨統治的國家。

那個精密的系統中有「良心發現」的好人嗎？

光來到這個世界，黑暗卻不接受它。在《竊聽風暴》中，光戰勝了黑暗，人性善良的一面戰勝了邪惡的一面，結局充滿淒涼的美麗：掙扎在底層的衛斯勒，有一天突然在書店中看到他監視過的作家出版了新書，在書的扉頁上題寫著給那個保護過他祕密警察的獻詞，當然不是他的眞名，只有檔案中那個抽象的編號。那一刻，是他冰冷的一生中第二次感受到溫暖的時刻——第一次是他偷偷潛入作家家中，閱讀布萊希特詩集時。

這個世界需要正義，正義能帶來溫暖。《紐約客》雜誌評價說：「如果說世上有正義存在的話，美國電影藝術與科學學院就應該把最佳外語片頒發給《竊聽風暴》，因爲這是一部描述沒有正義世界的影片。」在「沒有正義的世界」裡，也許不會出現衛斯勒這樣冒著危險保護受害者的「鼴鼠」——正是這樣的原因，德國監獄博物館（其前身爲史塔西專屬監獄、爲惡名昭彰的霍恩軒豪森監獄）館長胡伯圖斯·柯納博拒絕影片攝製組借用場地拍攝的要求。他認爲，影片的情節不眞實。他的研究結果是，在史塔西內部，在數萬名工作人員當中，從來沒有出現過一個保護被監視對象的「好心人」，他們都是「用特殊材料製成的人」，影片美化了這些人。

即使如此，我仍然喜歡這部電影。北大文學教授錢理群說，可以對社會失望，但對人性要有信心。這是一種一廂情願的樂觀主義，人性是最靠不住的東西。我們不能相信人性的良善，但相信光的力量。大馬士革郊外的光照，曾賣力迫害基督徒、類似於「祕密警察」的掃羅，不就立即洗心革面，成了偉大的聖徒保羅？在我與祕密警察打交道時，提醒自己不要被他們激怒，不要將他們妖魔化，不要將他們看作「最壞」的那種人，而要讓自己表現得更好，更有尊嚴，也更加文明。在不被他們影響的同時，儘量影響他們。誰知道呢，未來我的某一本書不會題詞送給某某編號的「陌生的熟人」？

儘管史塔西內部沒有出現過像衛斯勒那樣戲劇性轉變的「好人」，但影片溫馨的結尾並非魯迅小說《藥》中虛擬的花圈。實際上，八〇年代後期，許多在東德強力部門工作的人，已有了種種自覺不自覺的變化。他們意識到黑暗不可能永遠繼續，不願充當黑暗的殉葬品，而以各種方式半推半就地等待光明。他們一邊勉強作惡，一邊有所收斂。他們將信將疑地接受當局的宣傳教育，不再全然相信官方的說法。他們經常使用暴力，但開始懷疑暴力的效果。他們執行上級命令，卻失去了積極工作的熱情。他們基本上靠「慣性」來工作和生活。

柏林圍牆的倒塌並非毫無徵兆：一九八九年秋天，學者丹尼爾·弗里德海姆針對東德政權中「祕密危機管理小組」的一百一十九名負責人做了一項調查。他選取的樣本是柏林、德勒斯登、羅斯托克等地區的祕密危機管理小組成員。從中央、地方和當地三個層面看，這些小組均聚集了高層黨支部書記、政府代表、正規警察、軍隊和祕密警察指揮官，他們手中掌握著使用武力鎮壓一九八九年秋示威者的決定權。此前，百分之七十八的人認爲國家有權使用武力鎮壓「非法反抗」；一九八九年秋，這個比例下降到不到百分之九。大部分強力部門官員表示：「使用武力是不合法的，也是不可能的，即使是爲了保衛社會主義。」[9]他們已失去了信念和信心，承認武力無法維持統治。於是，舊政權唯有「瓦解」一途。

儘管如此，那個系統內確實沒有「反戈一擊」的好人。他們被體制化了。蘇聯東歐各國的祕密警察頭子們，在舊政權崩潰之後，都寫過回憶錄。但他們的回憶錄充滿辯解，少有悔罪。他們聲稱他們的工作是「保護國家安全」——中國的國安和國保們也常以此自詡。權力無邊的史塔西聲稱，他們是爲了保護「人民」，即「那些對黨的政治路線不存異議的公民」；同時打擊「人民的敵人」，即「那些對黨的政治路線存在異議的公民」。曾被西德媒體戲稱爲「恐怖大師」的史塔西負責人米爾克，掌控這個情報單位長達三十二年。米爾克灌輸給屬下一條工作守則：「基本上，每個人都有嫌疑。」依據這個原則，人民任何可疑的言語、思想、計畫和行爲，都成爲史塔西偵察的對象。史塔西的經費不必經由議會審議、也不對大眾公佈。他們用金錢加威脅，招聘了不計其數的「線人」，將懷疑目標的日常生活的方方面面都搜集匯總。在這個國家，所有人的生活都是「透明」的，沒有任何「隱私」可言。

在我訪問德國時，好幾位德國朋友拿出他們個人檔案的影本給我看，那是他們的親人和朋友親筆撰寫的告密信。白紙黑字，誰也無法抹煞。我們可以體諒人性的軟弱，但不能過於仁慈地放過那些拒絕認罪和拒絕懺悔的加害者。我們要確信，這不是一個相對主義的世界，黑暗與光明不一樣，即使對在黑暗中生活太久的人而言，也不會混淆兩者之間的差別。

極權主義總有其相似之處，在每個極權主義國家，祕密警察都是所有政府部門中「組織得最好、最有效率」的那個。漢娜·鄂蘭分析說：「透過祕密警察網，極權主義統治者爲自己創造了一種直接執行的傳送帶，它與洋蔥結構的表面權力層級不同，完全脫離和孤立於其他一切機構。在這層意義上，祕密警察成員在極權主義國家裡是唯一公開的統治階級，他們的價值標準和價值衡量滲透了極權主義社會的整個結構。」[10]祕密警察將可疑分子的範疇擴大到所有公民，人類僅僅因爲具有思想的能力，便被認定爲可疑分子。於是，「相互懷疑的氛圍滲透進極權主義國家的一切社會關係，創造出一種無所不在的氣氛，甚至在祕密警察的特殊眼界之外亦是如此。」在此意義上，祕密警察所做的全是「負面工作」——不斷製造出愈來愈多的敵人，大部分反抗者都是自身權益受到傷害之後才成爲反抗者的。於是，祕密警察自身成爲國家安全最大的危害者。

那個特殊機構的強大和邪惡，超乎尋常人的想像之外——二〇〇五年，當我因爲計畫寫作一份獨立的中國人權問題報告而被北京警方傳訊，並遭到持續十四個小時的審問後，有一名身穿便衣的祕密警察惡狠狠地對我說過：「我們可以製造一起車禍，讓你神不知鬼不覺地從這個世界上消失。沒有人查得出原因來。」他不是在講笑話，我相信他們輕而易舉地便可以做到這一點——不久之後，我開車上路時，突然剎車失靈，幸虧我及時靠邊停車，才沒有釀成大禍。修車廠的工人告訴我，車子似乎被人動過手腳。

在《竊聽風暴》之中，史塔西動用了包括衛斯勒在內的監聽專家，去對付一名撰文披露東德自殺人數的作家。他們希望找到蛛絲馬跡將其定罪，他的情人、一位風姿綽約的女演員被當作突破口。一種恐懼的氣氛在這個家庭以及朋友圈裡瀰漫。馬基雅維利說過：「與其讓人愛戴，不如讓人恐懼。」這是較量實力的古代希臘羅馬世界的國際關係準則。對於政府與民眾的關係而言，僅有馬基雅維利式的力量的征服是不夠的。任何一個試圖長期維持的政權，都多多少少地希望獲得民眾之愛戴；只有當掌權者發覺該政權已然病入膏肓，才會三心二意地拆東牆補西牆，甚至絕望地破罐子破摔。早期的共產黨政權，有一種亢奮的激情，力圖讓老百姓愛戴它；晚期的共產黨政權，腐敗得不可救藥，只能讓百姓害怕它。這是判斷共產黨政權年輕或衰老的象徵。柏林圍牆倒塌之前十年的東德，已淪為只能通過軍隊和祕密警察讓老百姓恐懼的政權。

與當年的東德相比，今天的中共政權也是此類「不能讓人愛戴，便只能讓人恐懼」的政權。一個只能讓人恐懼的政權，離它的末日不遠了。

讓每個祕密警察都意識到：「出來混，遲早要還的」

在不民主的「民主德國」，存在著一種「鼓勵普通公民（不僅僅是情報專家）去告發或者監視其他公民的傾向」。德國總理梅克爾在東德長大，由於出生於牧師家庭，父母從小便告訴她和她的弟兄姊妹如何同安全部的人打交道，他們都知道什麼地方該說什麼話。當她博士畢業，去一所大學應聘助教的職位，她被告知，她的「幹部檔案」已在那裡，裡面記得清清楚楚，「我多長時間聽一次西方廣播，什麼時候更換了新的牛仔褲，全是同學探聽報告的」。梅克爾氣得牙癢癢。有一次，她去會計室報銷旅費，路上被史塔西的兩個工作人員攔住，直截了當地問她是否願意充當線人。她當場拒絕了。[11]

這個部門妄想將全體公民變得跟他們一樣。他們還未實現這一目標，他們賴以存在的和努力捍衛的制度便崩潰了。憤怒的東德民眾湧進安全局大廈，那裡已人去樓空——在大船即將沉沒時，跑得最快的是老鼠。在萊比錫街頭，當地祕密警察頭子被人認出並包圍。攝影機對準他。在眾人的詰問之下，他脹紅著臉，對著攝影鏡頭，還有電視機前幾百萬的人民，語無倫次地說：「我錯了，我為我過去的所作所為感到羞恥。」這名不可一世的警察頭子，終於公開承認其罪行。

柏林圍牆倒下之後，已於一九八六年退休的東德對外情報部部長、國外情報局和國家安全部副部長馬庫斯·沃爾夫，這隻曾經在祕密世界中花言巧語的變色龍，居然以「民主人士」的身分參與反對運動——難怪有不少人懷疑史塔西滲透了整個民主運動過程。在一九八九年十一月四日的大遊行中，沃爾夫發表演講，但他發現「整個氣氛讓國家安全組織的成員變成前領導政策的替罪羊」。很多人對他發出噓聲，「他們完全沒有心情聽取前國安部副部長提出的合理建議」。[12]

一九九一年八月，東西德統一前夕，沃爾夫逃往蘇聯，希望能得到「老大哥」的保護，這是他的「最後一個避難所」。蘇聯的「八一九」政變僅三天便失敗了，沃爾夫的密友、保護人、參與政變的格別烏頭子克留奇科夫自己也被捕下獄了。在一片混亂中，沃爾夫前往奧地利請求政治避難。奧地利拒絕了他的要求。沃爾夫被攔截在奧德邊界，幾個小時之後被德國警方拘捕。克留奇科夫在回憶錄中寫道：「如果情勢不允許我們幫助倒楣的朋友，該是多麼遺憾。德國同志，我們最眞誠的朋友，正在蒙受當局最殘酷的迫害與鎭壓。」兩個國家的祕密警察頭子都成了囚徒，克留奇科夫絕望地說：「對於沃爾夫及其許多同志和我們在原德意志民主共和國的朋友的悲劇，我感到非常痛心，也格外理解。我不認爲俄羅斯的監獄就比德國的監獄好，在那裡痛苦，在這裡也痛苦。」[13]他的回憶錄冗長沉悶，這是少有的「眞情流露」的段落。這兩個曾讓國人談虎色變的特務頭子，下場何其相似！他們在回憶錄中不約而同地埋怨獄中待遇不佳、獄卒對他們不夠禮貌，卻從不反省史塔西和格別烏的監獄埋葬了多少無辜者。

史塔西頭子米爾克亦不得善終。一九七五年，在蘇聯的授意下，東德獨裁者烏布利希被強迫退休，執掌國安大權的米爾克支持何內克上位，後者給他的回報是將其提升爲政治局委員並授予大將軍銜。但何內克沒有想到，米爾克搜集的六百萬人東德人的黑材料中，也有他的一份。

一九八九年十月十七日，是政治局的定期會議。上了年紀的米爾克仍然堅持在萬特利茲家中的游泳池晨泳，這一天他甚至比平時起來得還要早。他打電話給中央委員會大樓的安全科長，後者是史塔西軍官，也是其心腹。米爾克下令在會議室四周佈置可靠人員，若有危急情況發生，不能讓何內克傳喚他自己的保鏢。

在當天的會議上，政治局高官們紛紛向何內克發難。米爾克宣稱，何內克必須對大部分東德弊端的形成負責，他威脅說：「如果何內克不辭職，我將給出讓其名聲掃地的消息。」政治局一致投票支持罷免何內克，何內克看到大勢已去，也投票贊成自己被開除。[14]

爲了避免遭到清算，幾個星期後，米爾克在人民議會的發言中，一改往日冷酷無情的面孔，滿面微笑地聲稱自己「從來都是熱愛人民的」，卻得到一片嘲笑。接替何內克的克倫茨執掌政權僅四十六天，但他首先要做的就是清除身邊的「定時炸彈」——米爾克。十一月十七日，米爾克被剝奪人民議會議員資格；十二月三日，米爾克被德國統一社會黨開除；十二月七日，米爾克被逮捕，被關押在他曾經關押別人的史塔西屬下的拘留所。

在德國統一後的一九九二年，因涉嫌下令槍殺越境者，米爾克與何內克一道上庭受審——他們同時出現在法庭上，彼此默然無語。後來，由於高齡及健康原因，他被免予追訴。但在一九九三年，又被判處六年徒刑，其罪狀是在一九三一年的柏林遊行中涉嫌殺害兩名警察。兩年後，他被提前釋放。他早年參加過反納粹活動，得到了一千馬克的國家養老金，但在史塔西時代所積蓄的三十八萬馬克的銀行帳戶沒有解除凍結狀態。二〇〇〇年，米爾克在一家養老院中孤獨地離世。

歷史與現實密切相關。鼓勵告密的制度所形成的「以鄰爲壑」的社會氛圍以及它所造成的心理傷害，「冰凍三尺，非一日之寒」，難以在短期之內改變。同時，也給統一後的德國帶來巨大挑戰——絕大多數民眾都要求對國家機器進行一定限度的「清洗」（淨化）。[15] 儘管「清洗」不可能涉及每一個前共產黨官僚和祕密警察，但手上沾著鮮血的人無不憂心忡忡。他們用各種理由為自己辯護，然而，如香港電影《無間道》的台詞所說：「出來混，遲早要還的。」

東德時代活躍的人權律師舒羅爾就為此付出了後半生的代價。舒羅爾出身於東德的北部，年輕時已積極參與基督教會的事務，並活躍於民主活動。這位律師在這個獨裁國度裡，挺身替不少異見人士和民主人士辯護，從而贏得了民眾的尊重。

一九八九年柏林圍牆倒塌前一個月，舒羅爾和幾位民主人士成立了一個名為「民主突破」的組織，準備參與開放後的東德選舉。當時四十多歲的他聲望甚殷，被視為東德總理的熱門人選。他提拔了一位年輕物理教授當「民主突破」的發言人，她就是梅克爾。舒羅爾和梅克爾當牧師的父親是好友，在基督教會合作了多年。

誰知在選舉前幾天，東德祕密警察公開了這位律師的檔案，記述他曾為祕密警察當了二十多年線人。在選舉前幾天，舒羅爾還與指示他的上級會面過。資料公開後，舒羅爾被迫退出選舉，之後被他參與創建的政黨開除黨籍。

德國統一後，舒羅爾繼續當律師，亦成立了律師事務所。一九九三年，他因職業失德被除牌。一九九六年，他被控曾在東德時期告密，違反德國刑法中的「政治嫌疑罪」。這條法律懲治任何可導致對方遭政治迫害的告密行爲，包括人身侵害、剝奪自由和工作或經濟狀況受影響。一經定罪，可處一至十年的監禁。兩德統一後，聯邦政府將這條法律擴大至追究東德時期的告密行爲。

舒羅爾被控曾出賣兩位當事人，向東德政府披露他們與西德電視台有聯繫，以及在家中天花板收藏一份西德批評東德的文件。舒羅爾罪成被判囚一年。後來他生活拮据，悄悄搬到奧地利，直至二〇一六年離世。[16]此時，梅克爾早已貴爲德國總理，卻不曾對昔日的政治恩師施以援手。

林肯有一句名言：「你可以在某一時刻欺騙所有人，也可以在所有時刻都矇騙一部分人。但你不可能在所有時刻愚弄所有人。」中國有句俗話說：「平生不做虧心事，夜半不怕鬼敲門。」你所做過的每一件惡行，不會平白無故地消失。

沒有人可以一勞永逸地背叛良心，沒有人可以一手遮天地幹盡壞事。衛斯勒的良心發現，換來晚年心靈的平安。他每天都步履蹣跚地推著郵件走街串巷，當他買到那位被他保護的作家的著作，看到扉頁上寫給他的獻詞時，終於發出會心的微笑。

在中國，買盜版的《竊聽風暴》送給祕密警察看

電影中被竊聽的劇作家德瑞曼的生活，也是我的生活。二〇〇八年十二月，劉曉波被捕之後，中國的國保警察在我家中安裝了多個竊聽器，我和妻子在討論重要事情時，只能躲進

洗手間，先放著音樂，再低聲說話。

警察還在我家對面的牆上安裝了多個監視器，他們躲在從物業公司徵用的一個房間裡面監控我和家人的出入，以及來訪的客人的情況。

當我被軟禁在家時，推特上有一個網友，知道我住在二樓，建議我將床單做成繩索，從背面的陽台滑到一樓鄰居的後花園，再從鄰居家的後牆逃走。我手腳笨拙，當然不會採納這個建議。但是，警察看到了這則留言，第二天立即在我家陽台下的牆面安裝了紅外線警報器，一旦有人在此攀爬，這個設備就會響起警報。他們也太高估我的逃生能力了，我又不是詹姆士·龐德、伯恩或伊森那樣的「諜中諜」。

在我逃離中國十年後，中國祕密警察掌握的監控技術更是日新月異、無以倫比，讓《竊聽風暴》中的情節如同幼稚園孩童的遊戲。經過武漢肺炎病毒的洗禮，中國人淪爲網路「大數據」的奴隸，出行需要掃描智慧手機中的「健康碼」，「健康碼」納入每個人的生老病死的各種資訊，「老大哥」無所不知，甚至無所不能。

當年，東德的史塔西未能拯救黨國體制。儘管德國人不愧是大規模工業化生產歷練下的成熟民族，就連控制國家也組建了一整套嚴密複雜而又精確的體制，但在這個自上而下的金字塔結構中，只有極少數是眞正有共產主義信仰的，絕大多數是投機分子，讓他們盡忠職守的動力，不是工資、升職、房子，而是恐懼，深深的恐懼。米爾克長期主持的國家安全部犯下一個最嚴重的錯誤：它無法藉由本身的情資監控工作預防東德的崩解，或至少預測這個崩解，雖然這對於任何國家的情報組織而言是一項最重要、最迫切的任務。史塔西只能對內長期毒化東德社會，透過以黑函、惡意的流言、賄賂、摧毀個人前途、隨意判刑入牢及罪犯親屬連坐制度建立的精細而複雜的操作系統，成功地在東德全境建立一種彼此懷疑、互不信任的社會風氣。鄰人之間會相互告密，夫妻、親子、手足和師生之間也會彼此舉發對方。[17]

中國也一樣，當中國進入「後共產政權」時期，維繫此一政權的不是共產主義意識形態，而是對利益的糾纏和佔有——是高薪、住房、汽車、度假、子女的好學校，他們及其主人只相信「實用主義」。我的生活中確實從未出現過一個衛斯勒式的、有同情心的國安或國保警察，但我相信，中國的祕密警察已失去理想與信念。他們在奉命加害異議人士、知識分子、上訪者、宗教信仰者時，早已沒有原教旨主義式的階級鬥爭熱情。當然，他們依然有恃無恐地恐嚇天安門母親群體，雖然他們也有母親；他們依然用暴力驅散聚在一起上訪的汶川大地震中死難孩子的家長，雖然他們也有子女。他們的口頭禪是「拿人錢財，與人消災」，殊不知他們的薪水來自於他們逼迫的納稅的公民，而非共產黨的「黨產」。他們白天所做的一切，晚上不敢告訴父母和子女。他們不是魔鬼，但過著雙重人格的扭曲生活。他們私下偶爾會對施暴對象表示同情，但更多時候通常毫不羞愧地顯露人性邪惡的一面。

二〇〇八年「六四」祭日，那個剛剛對劉曉波施暴的警察頭子，轉瞬之間卻又「含淚」向劉曉波道歉說：「我也是兩頭受夾，我的日子也不好過啊！」他的這串眼淚，既有向溫家寶學習來的「作秀」的一面，也有「真情實感」的一面——這確實不是「人」做的工作！

在我所接觸過的特務當中，有人用無奈的口吻說：「我們彼此要多理解啊！我們沒有那麼壞呀！」很多與此類祕密警察打過交道的朋友都說，特務們常說的一句話是：「我們是吃警察這碗飯的，以後你們當權了，不也要用警察爲你們服務？」這些虛無主義的辯護和解嘲，並不能讓特務們內心獲得平安，也不能讓他們在未來獲得一條出路。未來的民主中國，不會是特務和告密者們的「樂土」；特務和告密者們將因爲昔日的若干惡行淪爲失業者或階下囚——民主的政府和聰明的雇主，不會雇用此類缺乏善惡標準和法治觀念的「打手」。

《竊聽風暴》中的故事，前半段仍在中國上演。一九八九年學運的參與者、維權律師浦志強講述過他的一段經歷：二〇〇七年六月四日，在「六四」十八週年的那個晚上，他到廣場上悼念亡靈，遭到警方「傳喚」。兩名警官，一個姓王，八九年還在念初中；另一個是剛剛從中國刑警學院畢業的年輕人，八九年應該還不記事。這兩位警察先將這天晚上抓人的性質，從輕定爲「口頭傳喚」；隨即詢問浦志強的目的和到廣場的細節，並一本正經地說，「六四」是政府做出了結論的歷史問題，他到天安門廣場這個「敏感」地方，倘有任何不軌都需承擔責任。

第二天早上，獲得自由之後的浦志強在警察護送著離開晨曦中的天安門廣場。他回到家中，寫下這段文字：「結束傳喚走出天安門公安分局接待室，已是午夜十一點三十五分。天安門廣場上方的天空，依然混濁血腥。六月四號上午直到此刻，我寫完了上面的文字。陪同前來兩位警察兄弟，看完了這屆奧斯卡評出的最佳外語片《竊聽風暴》——我買來幾十張盜版光碟放在車上，專門用來贈給我有幸與其交往的警察弟兄們。」我相信，穆埃和多納斯馬克不會「追究」浦志強購買盜版影碟的行爲——在中國，找不到地方購買「正版」的《竊聽風暴》，但盜版的數量大概超過全世界正版的數量。

昔日的東德，今天的中國，共產黨並非一塊抽象的招牌。它由一個又一個打手、貪官、酷吏、黨棍組成。抽象地譴責「共產黨」或「專制制度」毫無意義，必須將目光對準每一個參與罪惡的祕密警察、告密者、枉法的法官、不負責任的陪審員——製造師濤案件等現代文字獄冤案的警察和司法人員，定期向特務提供情報並炮製「新青年讀書會」冤案的線人，中宣部的新聞檢查官，發表虛假新聞的記者和編輯，在網路上巡邏的監視者（五毛黨）……無論是生還是死，無論是老還是少，法律的法庭、道德的法庭和歷史的法庭的審判席，不會讓任何一名祕密警察、告密者和造假者從容缺席並逃逸。無論貴爲帝王，還是卑若走卒；無論口含天憲、殺人如麻的獨裁者，還是在「服從爲天職」教條下對民眾開槍的士兵；無論像維爾古斯和邁傑希那樣的名流高官，還是平庸怯懦、奉命行事的警察、法官及線人——在最後時刻，都得獨自面對審判，沒有人替你頂罪，更不要存有「法不責眾」的僥倖心理。

當《竊聽風暴》公映之後，導演多納斯馬克每天接到很多來信。「有時候」，他說，「我不敢打開，因爲，裡面有太多痛苦。很多人想來跟我訴說，我只好說，我不是神父，沒法幫你告解。但是透過我的電影，人們似乎認識到一件事：你，是有選擇的。」人不是生產線上的機器，人有自由意志。沒有一個人可以說，他喪失了全部的選擇權利。不同的選擇必將結出不同的果子。許多人的自由選擇，能產生由量變轉化爲質變的結果。

半個多世紀以後，正義力量對納粹逃亡者的追捕仍在進行之中；三十多年後，正義力量對前共產黨政權同謀者的清查仍進行之中。和解和原諒是必須的，但審判和懺悔同樣不可或缺。如果罪犯不需要付出代價，公義便永遠處於被懸置狀態；如果沒有對罪惡及其文化土壤加以清除，便無法建構起以正義爲根基的道德倫理價值。

那些習慣黑暗的鼴鼠，最終還得生活在陽光之下。陽光，只有陽光是永恆的。陽光所帶來的正義，將充滿每一個曾經被邪惡所侵佔的黑暗角落。

有那麼多中國人，在黑暗的夜晚，一邊觀看著《竊聽風暴》，一邊將自己與片中的角色對應起來。觀眾驀然發現，東德的昨天，就是中國的今天。《竊聽風暴》裡的那點溫情與詩意，在現實的中國很難感受到。但這並不妨礙觀眾對這部電影的喜愛。

中國需要類似的電影，讓觀眾從黑暗中看到光明，從恐懼中發現希望。

我相信，有一天，我終將看到一部中國版本的《竊聽風暴》。

二〇〇九年二月二十二日完稿
二〇二一年四月五日修訂

註釋

第一章

1 〈焚教宗及其黨徒書宣言·導言〉，《路德文集》（一），（上海）上海三聯書店，二〇〇五年版，頁四三一。
2 路德，〈焚教宗及其黨徒書宣言〉，《路德文集》（一），頁四四七。
3 格拉漢姆，《真理的教師：路德和他的世界》，（北京）北京大學出版社，二〇〇四年版，頁四〇。
4 威爾·杜蘭，《馬丁·路德時代》，（北京）東方出版社，二〇〇七年版，頁一六五。
5 詹姆斯·基特爾森，《改教家路德》，（北京）中國社會科學出版社，二〇〇九年版，頁二三八。
6 呂迪格爾·薩弗蘭斯基，《榮耀與醜聞：反思德國浪漫主義》，（上海）上海人民出版社，二〇一四年版，頁一五〇至一五一、頁一六〇。
7 格拉漢姆，《真理的教師：路德和他的世界》，頁六〇。
8 路德，〈九十五條論綱〉，《路德文集》（一），頁四四六。
9 路德，〈焚教宗及其黨徒書宣言〉，《路德文集》（一），頁四四七。
10 艾米爾·路德維希，《德國人：一個民族的雙重歷史》，（北京）東方出版社，二〇〇六年版。
11 埃里希·卡勒爾，《德意志人》，（北京）商務印書館，一九九九年版，頁一九八。
12 昆廷·斯金納，《近代政治思想的基礎》（下卷：宗教改革），（北京）商務印書館，二〇〇二年版，頁二三。
13 池上俊一，《德國不思議：從森林、山川探索德意志的文化與哀愁》，（台北）世潮出版，二〇二〇年版，頁六七至六八。
14 在英國，翻譯《聖經》是丁道爾的工作，撰寫祈禱書是克蘭麥的工作，建立長老教會是諾克斯的工作，起草基督教教義問答是西敏寺牧師們的工作，講章的體裁由拉提美爾定型，讚美詩集則由華茲作成。而且，這些人並非生活在同一個世紀。路德在他並不算長壽的一生中做了許多人的工作，單是他所用字彙的豐富繁多與文體的精通，英文世界大概只有莎士比亞可媲美。
15 斯蒂芬·葛根，《不情願的大師：德國與歐洲》，（南京）江蘇鳳凰文藝出版社，二〇一七年版，頁二二。
16 馬德維·拉馬尼，〈從德國城市美因茨萌生的印刷革命〉，BBC中文網。

17 董豫贛，《文學將殺死建築》，（北京）中國電力出版社，二〇〇七年版，頁六八。

18 埃里希·卡勒爾，《德意志人》，頁一九八。

19 魯迅，〈文化偏至論〉，《魯迅全集》（一），（北京）人民文學出版社，一九八一年版，頁四七。

20 艾田蒲，《中國之歐洲：西方對中國的仰慕到排斥》（上），（桂林）廣西師範大學出版社，二〇〇八年版，頁二六。

21 韓書瑞、羅友枝，《十八世紀中國社會》，（南京）江蘇人民出版社，二〇〇八年版，頁九一。

22 金耀基，《海德堡語絲》，（北京）三聯書店，二〇〇八年版，頁一二六。

23 狄百瑞，《儒家的困境》，（北京）北京大學出版社，二〇〇九年版，頁一五。

24 李工真，《德意志道路：現代化進程研究》，（武漢）武漢大學出版社，一九九七年版，頁一四。

25 馬克斯·韋伯，《新教倫理與資本主義精神》，（北京）三聯書店，一九八七年版，頁六〇。

26 孫中興，《久等了，韋伯先生：〈儒教（與道教）〉的前世、今生與轉世》，（台北）聯經出版，二〇一九年版，頁一九六。

27 伍渭文，〈序言〉，《路德文集》（一），頁五。

第二章

1 彼得·蓋伊，《威瑪文化：一則短暫而璀璨的文化傳奇》，（合肥）安徽教育出版社，二〇〇五年版，頁六。

2 伊格爾斯，《德國的歷史觀》，（南京）譯林出版社，二〇〇六年版，頁一四。

3 俾斯麥，《思考與回憶：俾斯麥回憶錄》（第三卷），（北京）三聯書店，二〇〇六年版，頁一一七至一一八。

4 伊格爾斯，《德國的歷史觀》，頁五。

5 朱學勤，〈訪問德國的五篇專欄文章〉，見史迪凡博士主編《以史為鑒》，德國阿登納基金會系列叢書，二〇〇四年版，頁八六。

6 郭少棠，《德國現代化新論》，（台北）台灣商務印書館，一九九三年版，頁一三〇。

7 李工真，《德意志道路：現代化進程研究》，頁二三〇。

8 俾斯麥，《思考與回憶：俾斯麥回憶錄》（第三卷），頁五四。

9 克勞斯·費舍爾，《納粹德國：一部新的歷史》（上），（南京）江蘇人民出版社，二〇〇五年版，頁六一。

10 沃爾夫·勒佩尼斯，《德國歷史中的文化誘惑》，（南京）譯林出版社，二〇一〇年版，頁二二。

11 米夏埃爾·施蒂默爾，《德意志：一段找尋自我的國家歷史》，（天津）天津人民出版社，二〇〇七年版，頁一五三至一五四。
12 蓋達爾，《帝國的消亡：當代俄羅斯的教訓》，（北京）社會科學文獻出版社，二〇〇八年版，頁九。
13 瑪莎·葛森，《偉大的俄羅斯回來了》，（台北）馬克勃羅出版，二〇二〇年版，頁五五六。
14 張朋園，《立憲派與辛亥革命》，（長春）吉林出版集團，二〇〇七年版，頁一九三。
15 海因里希·奧古斯特·溫克勒，《永遠活在希特勒陰影下嗎？》，（北京）三聯書店，二〇一一年版，頁七五。
16 海因里希·奧古斯特·溫克勒，《永遠活在希特勒陰影下嗎？》，頁七七。
17 瑪麗·富布盧克，《劍橋德國簡史》，（台北）左岸出版，二〇〇六年，頁二四四。
18 嚴泉，《失敗的遺產：中華首屆國會制憲》，（桂林）廣西師範大學出版社，二〇〇七年版，頁六至七。
19 張朋園，《中國民主政治的困境：晚清以來歷屆議會選舉述論》，（長春）吉林出版集團，二〇〇八年版，頁二一八。
20 劉楚湘編纂，《癸亥政變紀略》，（北京）中華書局，二〇〇七年版，頁三九九。
21 嚴泉，《失敗的遺產：中華首屆國會制憲》，頁三〇六。
22 烏爾里希·拉本庫佩爾，〈「政治手腕」與「作戰藝術」——一八七一至一九一四年德意志帝國軍國主義問題〉，見史迪凡博士主編《以史為鑒》，德國阿登納基金會系列叢書，二〇〇四年版，頁八六。
23 伊格爾斯，《德國的歷史觀》，頁八。
24 彼得·蓋伊，《威瑪文化：一則短暫而璀璨的文化傳奇》，頁二二三。
25 陳志讓，《軍紳政權：近代中國的軍閥時期》，（桂林）廣西師範大學出版社，二〇〇八年版，頁六。
26 張朋園，《中國民主政治的困境：晚清以來歷屆議會選舉述論》，頁二一九。
27 米夏埃爾·施蒂默爾，《德意志：一段找尋自我的國家歷史》，頁一一一。
28 張朋園，《梁啟超與民國政治》，（長春）吉林出版集團，二〇〇八年版，頁四。
29 張朋園，《中國民主政治的困境：晚清以來歷屆議會選舉述論》，頁二二二。

第三章

1 徐佳和，〈一九三〇年，魯迅花二二四塊大洋買了二二件珂勒惠支原作〉，澎湃新聞，二〇一四年八月十三日。
2 魯迅，〈《全國木刻聯合展覽會專輯》序〉，《魯迅全集》（六），頁三三八。

3 魯迅，〈《凱綏·珂勒惠支版畫選集》序目〉，頁四七〇。
4 蕭紅，《回憶魯迅先生》，見魯迅博物館、魯迅研究室、《魯迅研究月刊》等選編《魯迅回憶錄》，（北京）北京出版社，一九九九年版，頁七一二。
5 魯迅，〈為了忘卻的紀念〉，《魯迅全集》（四），頁四八七。
6 柯偉林，《蔣介石政府與納粹德國》，（北京）中國青年出版社，一九九四年版，頁一八五。
7 柯偉林，《蔣介石政府與納粹德國》，頁一八九。
8 魯迅，〈寫於深夜裏〉，《魯迅全集》（六），頁四九九。
9 魯迅，〈《凱綏·珂勒惠支版畫選集》序目〉，《魯迅全集》（六），頁四七二。
10 魯迅，〈《凱綏·珂勒惠支版畫選集》序目〉，《魯迅全集》（六），頁四七一。
11 魯迅，《寫於深夜裏》，《魯迅全集》（六），頁五〇一。
12 魯迅，《近代木刻選集·小引》，《魯迅全集》（七），頁三二〇。
13 魯迅，〈《木刻創作法》序〉，《魯迅全集》（四），頁六〇九。
14 克勞斯·費舍爾，《納粹德國：一部新的歷史》（下），頁四七三。
15 區礎堅，《外國大師素描作品賞析：珂勒惠支》，（廣州）嶺南美術出版社，二〇〇六年版，頁六。
16 彼得·蓋伊，《威瑪文化：一則短暫而璀璨的文化傳奇》，頁一四九。
17 彼得·蓋伊，《威瑪文化：一則短暫而璀璨的文化傳奇》，頁一四八。
18 Nicholas Grindell，〈為什麼一五〇年后，德國現代藝術先驅珂勒惠支依然充滿爭議〉，見artnet新聞網。
19 沈祉杏，《穿牆故事：再造柏林城市》，（北京）清華大學出版社，二〇〇八年版，頁三〇五。
20 橫地剛，《藍天之虹：把二二八事件刻在版畫上的人》，（台北）人間出版社，二〇〇二年版，頁二七八。
21 橫地剛，《藍天之虹：把二二八事件刻在版畫上的人》，頁二九三。
22 莫明，〈愛憎間的衝動〉，《北京日報》，二〇〇六年八月一日。
23 安德魯·瑞格比，《暴力之後的正義與和解》，（南京）譯林出版社，二〇〇三年版，頁七一。
24 劉曉波，〈傾聽天安門母親的聲音〉，見丁子霖：《尋訪六四受難者》，（香港）開放雜誌出版社，二〇〇五年版，頁一一三。
25 萊芬斯坦，《萊芬斯坦回憶錄》，（上海）學林出版社，二〇〇七年版，頁二七〇。

26 阿洛伊斯·普林茨，《愛這個世界：漢娜·鄂蘭傳》，（北京）社會科學文獻出版社，二〇〇一年版，頁二六七。
27 維瑟爾，《一個猶太人在今天》，（北京）作家出版社，一九九八年版，頁三〇八。
28 漢娜·鄂蘭，《黑暗時代的人們》，（南京）江蘇教育出版社，二〇〇六年版，頁一五四。

第四章

1 威廉·夏伊勒，《第三帝國的興亡》（上），（北京）世界知識出版社，二〇〇五年版，頁三〇。
2 克勞斯·費舍爾，《納粹德國：一部新的歷史》（上），頁一一七。
3 威廉·夏伊勒，《希特勒的興亡》，（南京）江蘇鳳凰文藝出版社，二〇一七年版，頁二二。
4 彼得·羅斯·蘭奇，《一九二四：改變希特勒命運的一年》，（北京）中國友誼出版公司，二〇一八年版，頁六二。
5 約翰·托蘭，《從乞丐到元首：希特勒的一生》（上），（北京）同心出版社，一九九三年版，頁一三六。
6 威廉·夏伊勒，《第三帝國的興亡》（上），頁四七。
7 彼得·羅斯·蘭奇，《一九二四：改變希特勒命運的一年》，頁二三。
8 邁涅克，《德國的浩劫》，（北京）三聯書店，二〇〇二年版，頁一一三。
9 李普塞特，《政治人：政治的社會基礎》，（上海）上海人民出版社，一九九七年版，頁一二九。
10 彼得·羅斯·蘭奇，《一九二四：改變希特勒命運的一年》，頁四三。
11 艾米爾·路德維希，《德國人：一個民族的雙重歷史》，頁四四五。
12 彼得·羅斯·蘭奇，《一九二四：改變希特勒命運的一年》，頁一七五。
13 埃里希·卡勒爾，《德意志人》，（北京）商務印書館，一九九九年版，頁三一〇。
14 克勞斯·費舍爾，《納粹德國：一部新的歷史》（上），頁二一一至二一二。
15 霍斯特·布爾格，《父親，請你回答》，（北京）知識出版社，二〇〇〇年版，頁一五二。
16 沃爾特·C·蘭格，《希特勒的心態：戰時祕密報告》，（北京）中央編譯出版社，二〇一一年版，頁一六九。
17 迪克·吉爾里，《希特勒和納粹主義》，頁一三。
18 艾瑞克·拉森，《野獸花園：一九三三，納粹帝國元年，一個美國外交官在柏林》，（台北）漫遊者出版，二〇一四年版，頁一七九。
19 哈夫納，《解讀希特勒》，（北京）中國青年出版社，二〇〇五年版，頁四五。

20 海因里希·奧古斯特·溫克勒，《永遠活在希特勒陰影下嗎？》，頁九八。
21 亨·埃伯利、馬·烏爾編，《希特勒檔案》，（北京）金城出版社，二〇〇八年版，頁九至一〇。
22 伊格爾斯，《德國的歷史觀》，譯林出版社，二〇〇六年第一版，第三四五頁。
23 克勞斯·費舍爾，《納粹德國：一部新的歷史》（上），頁二四五。
24 古多·克洛普，《希特勒的追隨者》，（海口）海南出版社，一九九九年版，頁一九。
25 卡爾·雅斯培，《時代的精神狀況》，（上海）上海譯文出版社，一九九七年版，頁三四。
26 威爾海姆·賴希，《法西斯主義群眾心理學》，（重慶）重慶出版社，一九九〇年版，頁三五。
27 英克·布羅德森等，《他們為什麼效忠希特勒》，（北京）中央編譯出版社，二〇〇七年版，頁二二七。
28 汪詒年纂輯，《汪穰卿先生傳記》，（北京）中華書局，二〇〇七年版，頁一八七。
29 王學泰，《發現另一個中國》，（北京）中國檔案出版社，二〇〇六年版，頁一九一。
30 魯迅，〈忽然想到〉，《魯迅全集》（三），頁一七。
31 趙園，《明清之際士大夫研究》，（北京）北京大學出版社，一九九九年版，頁一九。
32 彼得·蓋伊，《威瑪文化：一個短暫而璀璨的文化傳奇》，頁一五七。

第五章

1 阿摩司·奧茲，《愛與黑暗的故事》，（南京）譯林出版社，二〇〇七年版，頁二三至二四。
2 佛克衛德曼，《焚書之書》，（上海）華東師範大學出版社，二〇一一年版，頁二八八。
3 阿洛伊斯·普林茨，《愛這個世界：漢娜·鄂蘭傳》，（北京）社會科學文獻出版社，二〇〇一年版，頁八九至九〇。
4 本雅明，〈悲悼劇與悲劇〉，見《德國悲劇的起源》，（北京）文化藝術出版社，二〇〇一年版，頁一一三。
5 佛克衛德曼，《焚書之書》，頁二八。
6 李贄，《焚書·自序》，（長沙）嶽麓書社，一九九〇年版，頁一。
7 安德斯·李戴爾，《偷書賊》，（台北）馬克勃羅出版，二〇一八年版，頁四五。
8 沈祉杏，《穿牆故事：再造柏林城市》，頁三〇六。
9 揚－維爾納·米勒，《另一個國度：德國知識分子、兩德統一及民族認同》，（北京）新星出版社，二〇〇八年版，頁三四六。

10 莫里・古皮提爾・曼寧（Molly Guptill Manning），《當圖書進入戰爭：美國利用圖書贏得二戰的故事》，（桂林）廣西師範大學出版社，二〇一七年版。
11 卡爾・洛維特，《納粹上台前後我的生活回憶》，（上海）學林出版社，二〇〇八年版，頁四。
12 威廉・夏伊勒，《第三帝國的興亡》（上），頁二七八。
13 艾瑞克・拉森，《野獸花園：一九三三，納粹帝國元年，一個美國外交官在柏林》，頁一二二。
14 克勞斯・費舍爾，《納粹德國：一部新的歷史》（下），頁四七〇。
15 安德斯・李戴爾，《偷書賊》，頁一一至一二。
16 沈祉杏，《穿牆故事：再造柏林城市》，頁三一九。
17 佛克衛德曼，《焚書之書》，頁三、頁一四。
18 亞思明，〈焚書：歷史感嘆號〉，德國之聲中文網。
19 邱辛曄，〈焚書：亞歷山大圖書館興衰〉，《世界週刊》，二〇〇八年一月十日。
20 佛克衛德曼，《焚書之書》，頁一至三。
21 赫塞致赫爾曼・胡巴赫的一封信，見《赫塞畫傳》，（上海）上海世紀出版集團，二〇〇九年版，頁二五六。
22 筱敏，〈書的灰燼〉，見《風中行走》，（北京）作家出版社，一九九八年版，頁五八。
23 柏楊，《柏楊曰》（下），（北京）中國友誼出版公司，一九九九年版，頁二三八。
24 邱辛曄，〈焚書：亞歷山大圖書館興衰〉，《世界週刊》，二〇〇八年一月十日。
25 提摩西・賴貝克，《希特勒的私人圖書館》，（台北）時周文化出版，二〇一一年版，頁一四至一五、頁一九。
26 阿倫・拉扎爾，《道歉》，（北京）商務印書館，二〇〇八年版，頁三〇〇。
27 「瘋狂的年代，清醒的極少數人如何渡過」，見中國數字時代網站，二〇二一年四月二日。
28 筱敏，〈書的灰燼〉，見《風中行走》，頁五八。

第六章

1 奧利弗・希爾梅斯，《柏林一九三六：納粹神話與希特勒的夏日奧運》，（台北）貓頭鷹出版，二〇一七年版，頁三一六。
2 弗朗索瓦・杜費、皮埃爾－貝特朗・杜福爾，《巴黎高師史》，頁九一。

3 讓·馬哈比尼，《希特勒時代的柏林》，（上海）上海人民出版社，二〇〇七年一版，頁三七。
4 理查德·J·埃文斯，《當權的第三帝國》，（北京）九州出版社，二〇二〇年版，頁一二六至一二八。
5 奧利弗·希爾梅斯，《柏林一九三六：納粹神話與希特勒的夏日奧運》，頁一〇七。
6 萊芬斯坦，《萊芬斯坦回憶錄》，（上海）學林出版社，二〇〇七年版，頁一四三。
7 萊芬斯坦，《萊芬斯坦回憶錄》，頁一五三至一五四。
8 沃爾特·拉克爾，《法西斯主義：過去、現在、未來》，（北京）北京出版社，二〇〇〇年版，頁九七。
9 奧利弗·希爾梅斯，《柏林一九三六：納粹神話與希特勒的夏日奧運》，頁二九一。
10 威廉·夏伊勒，《第三帝國的興亡》（上），頁二六九。
11 萊芬斯坦，《萊芬斯坦回憶錄》，頁一五六。
12 約阿希姆·費斯特，《無法回答的問題：希特勒小圈子裏的祕密》，（北京）中央編譯出版社，二〇〇六年版，頁二三。
13 阿達·彼特盧娃、彼得·沃森，《希特勒之死》，（海口）海南出版社，二〇〇二年版，頁一六四。
14 齊格弗里德·克拉考爾，《從卡里加利到希特勒：德國電影心理史》，（上海）上海人民出版社，二〇〇八年版，頁二〇六。
15 齊格弗里德·克拉考爾，《從卡里加利到希特勒：德國電影心理史》，頁三一二。
16 費舍爾，《納粹德國：一部新的歷史》（下），頁四三四。
17 艾米爾·路德維希，《德國人：一個民族的雙重歷史》，頁四四五。
18 萊芬斯坦，《萊芬斯坦回憶錄》，頁一五二。
19 奧利弗·希爾梅斯，《柏林一九三六：納粹神話與希特勒的夏日奧運》，頁三一六。
20 奧利弗·希爾梅斯，《柏林一九三六：納粹神話與希特勒的夏日奧運》，頁一〇六至一〇七。
21 博爾翁·班德洛，《隱疾：名人與人格障礙》，（北京）三聯書店，二〇〇八年版，頁一一。
22 約阿希姆·費斯特，《無法回答的問題：希特勒小圈子裡的祕密》，頁一五。
23 博爾翁·班德洛，《隱疾：名人與人格障礙》，頁一一。
24 萊芬斯坦，《萊芬斯坦回憶錄》，頁二八七。
25 奧利弗·希爾梅斯，《柏林一九三六：納粹神話與希特勒的夏日奧運》，頁一〇八至一〇九。
26 黛博拉·海頓，《天才、狂人的梅毒之謎》，（上海）上海人民出版社，二〇〇五年版，頁二七三。

27 弗朗索瓦·杜費、皮埃爾－貝特朗·杜福爾，《巴黎高師史》，頁八三至八四。
28 邁涅克，《德國的浩劫》，頁一七七。
29 奧利弗·希爾梅斯，《柏林一九三六：納粹神話與希特勒的夏日奧運》，頁一六八至一六九。
30 單士聯，《反抗現代性：從德國到中國》，（廣州）廣東教育出版社，一九九八年一版，頁一一四。
31 約阿希姆·費斯特，《無法回答的問題：希特勒小圈子裏的祕密》，頁一四。
32 白睿文，《光影言語：當代華語片導演訪談錄》，（桂林）廣西師範大學出版社，二〇〇八年版，頁九〇。

第七章

1 彼得·蓋伊，《威瑪文化：一則短暫而璀璨的文化傳奇》，頁八。
2 因惹·卡爾特斯，《命運無常》，（北京）作家出版社，二〇〇四年一版，頁一〇五至一〇六。
3 因惹·卡爾特斯，《船夫日記》，（北京）作家出版社，二〇〇四年一版，頁二八九至二九〇。
4 大衛·艾克敏，《二十世紀五人行》，（北京）社會科學文獻出版社，二〇〇八年版，頁二二九。
5 大衛·席爾茲、夏恩·薩雷諾，《永遠的麥田捕手沙林傑》，（台北）麥田出版，二〇一五年版，頁二一一、頁二一五。
6 大衛·席爾茲、夏恩·薩雷諾，《永遠的麥田捕手沙林傑》，頁二二〇。
7 齊斯·洛韋（Keith Lowe），《二次大戰後的野蠻歐陸》，（台北）馬可勃羅，二〇二〇年版，頁一二一。
8 埃里希·卡勒爾，《德意志人》，頁三二〇。
9 尼古拉斯·斯特加特，《德國人的戰爭：一九三九至一九四五納粹統治下的全民意志》，（北京）民主與建設出版社，二〇一七年版，頁三。
10 布衣，《罪孽的報應：日本和德國的戰爭記憶與反思》，（北京）社會科學文獻出版社，二〇〇六年版，頁二二一。
11 鮑曼，《現代性與大屠殺》，（南京）譯林出版社，二〇〇二年版，頁一三。
12 里奇，《納粹德國文學史》，頁一七七。
13 里奇，《納粹德國文學史》，頁一七八。
14 這三名中國人是：Wan Li Lei（中文名已不可考，下同），一八九七年十二月二十五日生於山東，職業是鎖匠和鞋匠，一九四三年九月十九日解到此，一九四四年七月二十三日被轉送他地，政治犯。Jo Ton Tschau，一九一四年生於浙江，職業是廚師，一九四五年二月六日解到此，政治犯。Wu Chung Ming，一九一二年十二月二十二日生於浙江，職業不詳，開始被關押時間不詳，一九四三年十二月十三日被轉送他處。

15 瓦爾特·本雅明，《德國悲劇的起源》，頁一九二至一九三。

16 鮑曼，《現代性與大屠殺》，頁一一。

17 維克托·法里亞斯，《海德格與納粹主義》，（北京）時事出版社，二〇〇〇年版，頁二七五。

18 楊顯惠，《夾邊溝記事》，（天津）天津古籍出版社，二〇〇二年版。

19 索爾·弗里德蘭德爾，《滅絕的年代：納粹德國與猶太人，一九三九至一九四五》，（北京）中國青年出版社，二〇一一年版，頁一七至一八。

20 維瑟爾，《一個猶太人在今天》，（北京）作家出版社，一九九八年版，頁二九二。

21 赫塞致庫諾·菲德勒的一封信，見《赫塞畫傳》，頁二四八。

第八章

1 維瑟爾，《一個猶太人在今天》，頁二七四。

2 徐賁，《人以什麼理由來記憶》，（長春）吉林出版社集團，二〇〇八年一版，頁一〇。

3 謝統勝、李蕙蓁，《德國製造》，（北京）三聯書店，二〇〇九年版，頁二〇五。

4 布衣，《罪孽的報應：日本和德國的戰爭記憶與反思》，頁七。

5 沈祉杏，《穿牆故事：再造柏林城市》，頁二九三。

6 維瑟爾，《一個猶太人在今天》，頁二九一至二九二。

7 沈祉杏，《穿牆故事：再造柏林城市》，頁二九三。

8 「希特勒的志願行刑者」是美國歷史學家戈德哈根提出的概念。他認為滅絕種族的排猶主義，是納粹時代德國的社會共識。德國民眾對猶太人的仇恨不是被希特勒煽動起來的，而是一種他們從來沒有放棄過的文化遺產。他在研究大量集中營的資料之後指出：「每一個劊子手都對種族滅絕計畫作出了自己的貢獻。……德國人忠誠地、積極地普遍參與對猶太人的殘殺，否則，大屠殺就不可能那麼順利地進行。」此觀點在德國和歐洲均引發巨大爭議。參見丹尼爾·約拿·戈德哈根：《希特勒的志願行刑者》，（北京）新華出版社，一九九八年版。

9 阿達·彼特盧娃、彼得·沃森，《希特勒之死》，頁四五。

10 索爾·弗里德蘭德爾，《滅絕的年代：納粹德國與猶太人，一九三九至一九四五》，頁三三四。

11 索爾·弗里德蘭德爾，《滅絕的年代：納粹德國與猶太人，一九三九至一九四五》，頁五三七至五三八。
12 尼古拉斯·斯塔加特，《德國人的戰爭：一九三九至一九四五納粹統治下的全民意志》，頁二。
13 羅伯·維特曼、大衛·金尼，《惡魔日記》，（台北）網路與書出版，二〇一七年版，頁三二一。
14 卡爾·洛維特，《納粹上台前後我的生活回憶》，頁一九。
15 揚-維爾納·米勒，《另一個國度：德國知識分子、兩德統一及民族認同》，頁四二。
16 格茨·阿利，《希特勒的民族帝國：劫掠、種族戰爭和納粹主義》，（南京）譯林出版社，二〇一一年版，頁四。
17 英戈·穆勒，《恐怖的法官：納粹時期的司法》，（北京）中國政法大學出版社，二〇〇〇年版，頁二二四至二二五。
18 英戈·穆勒，《恐怖的法官：納粹時期的司法》，頁二四二至二四三。
19 英戈·穆勒，《恐怖的法官：納粹時期的司法》，頁二五〇至二五一。
20 卡爾·施米特，〈兩座墳塋〉，見《論斷與概念：在威瑪、日內瓦、凡爾賽的鬥爭中》，（上海）上海人民出版社，二〇〇六年版，頁三四〇。

第九章

1 昆廷·斯金納，《近代政治思想的基礎》（下卷：宗教改革），頁二一一。
2 伊格爾斯，《德國的歷史觀》，頁一二。
3 《亞洲人權憲章》，香港亞洲人權委員會印刷。
4 尼古拉斯·斯塔加特，《德國人的戰爭：一九三九至一九四五納粹統治下的全民意志》，頁一〇至一一。
5 理查德·J·埃文斯，《當權的第三帝國》，頁二二八。
6 古多·克諾普，《希特勒時代的孩子們》，（北京）人民文學出版社，二〇〇六年一版，頁四。
7 克勞斯·費舍爾，《納粹德國：一部新的歷史》（下），頁四六〇。
8 迪克·吉爾里，《希特勒和納粹主義》，（上海）上海譯文出版社，二〇〇三年版，頁一〇六至一〇七。
9 理查德·J·埃文斯，《當權的第三帝國》，頁二二八至二二九。
10 歐文·路茨爾，《希特勒的十字架》，（北京）團結出版社，二〇一二年版，頁五三至五六。
11 歐文·路茨爾，《希特勒的十字架》，頁五三、頁五九。
12 理查德·J·埃文斯，《當權的第三帝國》，頁二二九。

13 里奇，《納粹德國文學史》，頁三。
14 羅伯·維特曼、大衛·金尼，《惡魔日記》，頁一五一。
15 叢日雲，《在上帝與凱撒之間：基督教二元政治觀與近代自由主義》，（北京）三聯書店，二〇〇三年版，頁三〇一。
16 沃爾特·拉克爾，《法西斯主義：過去、現代、未來》，頁五六。
17 尼古拉斯·斯塔加特，《德國人的戰爭：一九三九至一九四五納粹統治下的全民意志》，頁一二。
18 鮑曼，《現代性與大屠殺》，頁二二九至二三一。
19 維瑟爾，《一個猶太人在今天》，頁二四。
20 布魯斯·雪萊，《基督教會史》，（北京）北京大學出版社，二〇〇四年版，頁四八〇。
21 潘霍華，《獄中書簡》，（成都）四川人民出版社，一九九七年版，頁六。
22 艾瑞克·梅塔薩斯，《潘霍華：牧師、殉道者、先知、諜報員》，（台北）道聲出版社，二〇一三年版，頁五八三至五八六。
23 威廉·夏伊勒，《第三帝國的興亡》（上），頁二七六。
24 漢斯·約納斯，《奧斯威辛之後的上帝觀念》，（北京）華夏出版社，二〇〇二年版，頁三一至三二。
25 邁涅克，《德國的浩劫》，頁一二五至一二六。
26 漢斯·約阿希姆·馬茨，《情感堵塞：民主德國的心理轉型》，（北京）中央編譯出版社，二〇一三年版，頁四〇。
27 漢斯·約阿希姆·馬茨，《情感堵塞：民主德國的心理轉型》，頁四一。
28 漢斯·約阿希姆·馬茨，《情感堵塞：民主德國的心理轉型》，頁四二。
29 哥爾特·朗古特，《默克爾傳》，（北京）金城出版社，二〇〇五年一，頁二三。
30 漢斯·約阿希姆·馬茨，《情感堵塞：民主德國的心理轉型》，頁四二至四三。

第十章

1 里奇，《納粹德國文學史》，頁二六〇。
2 威廉·夏伊勒，《第三帝國的興亡》（下），頁一二七〇。
3 羅伯·維特曼、大衛、金尼，《惡魔日記》，頁三三至三四。
4 埃里希·卡勒爾，《德意志人》，頁三一〇。

5 漢娜·鄂蘭，《黑暗時代的人們》，頁二。
6 徐賁，《人以什麼理由來回憶》，頁三三九。
7 伊馮·謝拉特，《希特勒的哲學家》，（上海）上海社會科學出版社，二〇一七年版，頁一三九、頁一六一。
8 威廉·夏伊勒，《第三帝國的興亡》（下），頁一二七一。
9 因惹·卡爾特斯，《另一個人》，作家出版社，二〇〇三年第一版，第七〇至七一頁。
10 伊格爾斯，《德國的歷史觀》，頁二九六。
11 艾米爾·路德維希，《德國人：一個民族的雙重歷史》，頁四四九。
12 尼格爾·羅傑斯、麥爾·湯普森，《行為糟糕的哲學家》，（北京）新星出版社，二〇〇六年版，頁一九二。
13 伊馮·謝拉特，《希特勒的哲學家》，頁一六〇至一六一。
14 魯伯特·巴特勒，《圖說蓋世太保史》，（沈陽）遼寧教育出版社，一九九八年版，頁一八七至一八八。
15 古多·克諾普，《希特勒時代的孩子們》，頁七九。
16 杜思妥也夫斯基，《卡拉瑪助夫兄弟》（下），（北京）人民文學出版社，一九八一年版，頁一一五八至一一六八。
17 里奇，《納粹德國文學史》，頁八四。
18 貝克勒等編著，《向死而生》，（北京）三聯書店，一九九三年版，頁二〇一。
19 英格·紹爾，《白玫瑰一九四三》，（台北）左岸出版，二〇〇三年一版，頁一一五至一三四。
20 英格·紹爾，《白玫瑰一九四三》，頁二三一。
21 海因里希·奧古斯特·溫克勒，《永遠活在希特勒陰影下嗎？》，頁二二一。

第十一章

1 弗雷德里克·泰勒，《柏林圍牆》，頁一一八。
2 海因里希·奧古斯特·溫克勒，《永遠活在希特勒陰影下嗎？》，頁一五〇。
3 喬治·布希、布倫特·斯考克羅夫特，《重組的世界：一九八九至一九九一年世界重大事件的回憶》，（南京）江蘇人民出版社，二〇〇〇年版，頁一六八至一六九。
4 德瑞克·李波厄特，《五十年傷痕：美國冷戰歷史觀與世界》（下），（上海）上海三聯書店，二〇〇八年版，頁七四五。

5 喬治·布希、布倫特·斯考克羅夫特，《重組的世界：一九八九至一九九一年世界重大事件的回憶》，頁一六八至一六九。
6 沈祉杏，《穿牆故事：再造柏林城市》，頁二九五。
7 彼得·蓋伊，《威瑪文化：一則短暫而璀璨的文化傳奇》，頁一八一。
8 弗雷德里克·泰勒，《柏林圍牆》，（重慶）重慶出版社，二〇〇九年版，頁一〇三。
9 霍夫曼，《最後一道命令》，頁一〇五。
10 安德魯·瑞格比，《暴力之後的正義與和解》，頁一二一。
11 昆廷·斯金納，《近代政治思想的基礎》（下卷：宗教改革），頁二一。
12 安德魯·瑞格比，《暴力之後的正義與和解》，頁二〇二。
13 海因里希·奧古斯特·溫克勒，《西方的困局：歐洲與美國的當下危機》，（北京）中信出版集團，二〇一九年版，頁九。
14 邁涅克，《德國的浩劫》，頁一六九至一七一。
15 霍斯特·布爾格，《父親，請你回答》，頁八五。
16 林茨、斯泰潘，《民主轉型與鞏固的問題：南歐、南美和後共產主義歐洲》，（杭州）浙江人民出版社，二〇〇八年版，頁二四五。
17 菲利普·泰爾，《歐洲一九八九》，（台北）麥田出版，二〇一九年版，頁一二三至一二四。
18 揚-維爾納·米勒，《另一個國度：德國知識分子、兩德統一及民族認同》，頁一三。
19 安德魯·瑞格比，《暴力之後的正義與和解》，頁二〇一。
20 安德魯·瑞格比，《暴力之後的正義與和解》，頁二〇二。
21 沈祉杏，《穿牆故事：再造柏林城市》，頁二九七。
22 屠圖，《沒有寬恕就沒有未來》，（上海）上海文藝出版社，二〇〇二年版，頁二一三。
23 沈祉杏，《穿牆故事：再造柏林城市》，頁三〇一。
24 沈祉杏，《穿牆故事：再造柏林城市》，頁三〇〇。
25 屠圖，《沒有寬恕就沒有未來》，（上海）上海文藝出版社，二〇〇三年版，頁一九九。

第十二章

1 大衛·葛根，《美國總統的七門課》，（台北）時報出版，二〇〇二年版，頁二八一。
2 菲利普·泰爾，《歐洲一九八九》，頁八〇。
3 海因里希·奧古斯特·溫克勒，《永遠活在希特勒陰影下嗎？》，頁一五〇。
4 戈巴契夫，《真相與自由》，（北京）社會科學文獻出版社，二〇〇二年版，頁二九四。
5 帕特里夏·F·采卡特，〈大千世界馥郁芬芳——萊比錫國際書展與祕密閱讀〉，見齊格弗里德·洛卡蒂斯、英格里德·宗塔格等《民主德國的祕密讀者：禁書的審查與傳播》，（北京）社會科學文獻出版社，二〇一三年版，頁三五六至三五六、三六一至三六二。
6 弗雷德里克·泰勒，《柏林圍牆》，頁二九七至二九八。
7 安德魯·瑞格比，《暴力之後的正義與和解》，頁一一三。
8 彼得·艾克曼、傑克·杜瓦，《非暴力抗爭：一種更強大的力量》，（台北）究竟出版社，二〇〇三年版，頁五九〇。
9 托馬斯·克萊因，〈祕密閱讀與顛覆性寫作：八零年代東德圖書審查與反對派公眾〉，見齊格弗里德·洛卡蒂斯、英格里德·宗塔格等《民主德國的祕密讀者：禁書的審查與傳播》，頁七九至八一。
10 哥爾特·朗古特，《默克爾傳》，頁二四至二五。
11 林茨、斯泰潘，《民主轉型與鞏固的問題：南歐、南美和後共產主義歐洲》，頁二五一至二五二。
12 德瑞克·李波厄特，《五十年傷痕：美國冷戰歷史觀與世界》（下），頁七三五。
13 霍夫曼，《最後一道命令》，頁四。
14 卡爾·科里諾，〈向兩個方向穿越邊境——七零年代末萊比錫書展之所見所聞〉，見齊格弗里德·洛卡蒂斯、英格里德·宗塔格等《民主德國的祕密讀者：禁書的審查與傳播》，頁三八三、頁三八八。
15 奧列格·布洛茨基，《通往權力之路》，（杭州）浙江人民出版社，二〇〇三年版，頁一七三至一七四。
16 戈巴契夫，《真相與自由》，頁二九四。
17 德瑞克·李波厄特，《五十年傷痕：美國冷戰歷史觀與世界》（下），頁七四四。
18 屠圖，《沒有寬恕就沒有未來》，頁一九八。
19 霍夫曼，《最後一道命令》，頁三。

第十三章

1 廖天琪，〈仲夏夜之噩夢〉，見《觀察》網站。
2 以上諸人對葛拉斯之評價，均見於鈞特·葛拉斯，《我的世紀》之封底，（上海）上海譯文出版社，二〇〇〇年版。
3 揚－維爾納·米勒，《另一個國度：德國知識分子、兩德統一及民族認同》，頁八二。
4 鈞特·葛拉斯，《剝洋蔥》，（南京）譯林出版社，二〇〇八年版，頁一〇六。
5 鈞特·葛拉斯、哈羅·齊默爾曼，《啟蒙的冒險：與諾貝爾文學獎得主鈞特·葛拉斯對話》，（杭州）浙江人民出版社，二〇〇一年版，頁八〇。
6 揚－維爾納·米勒，《另一個國度：德國知識分子、兩德統一及民族認同》，頁九九。
7 鈞特·葛拉斯、哈羅·齊默爾曼，《啟蒙的冒險：與諾貝爾文學獎得主鈞特·葛拉斯對話》，頁五一。
8 STEPHEN KINZER，〈諾貝爾文學獎得主鈞特·葛拉斯去世〉，見《紐約時報》中文網，二〇一五年四月十五日。
9 鈞特·葛拉斯，《剝洋蔥》，頁一三四。
10 吉多·克諾普，《親衛隊檔案》，（上海）上海社會科學出版社，二〇〇四年版，頁一。
11 海因茨·赫內，《黨衛隊》，（北京）商務印書館，一九八四年版，頁一五七。
12 吉多·克諾普，《親衛隊檔案》，頁一。
13 鈞特·葛拉斯，《我的世紀》，頁一三九至一四〇。
14 鈞特·葛拉斯，《剝洋蔥》，頁一七八至一七九。
15 鈞特·葛拉斯、哈羅·齊默爾曼，《啟蒙的冒險：與諾貝爾文學獎得主鈞特·葛拉斯對話》，頁二四七。
16 揚－維爾納·米勒，《另一個國度：德國知識分子、兩德統一及民族認同》，頁一〇四。
17 鈞特·葛拉斯、哈羅·齊默爾曼，《啟蒙的冒險：與諾貝爾文學獎得主鈞特·葛拉斯對話》，頁三九。
18 揚－維爾納·米勒，《另一個國度：德國知識分子、兩德統一及民族認同》，頁五六。
19 菲力浦·羅傑，《美利堅敵人：法國反美主義的來龍去脈》，（北京）新華出版社，二〇〇四年版，頁六。
20 鈞特·葛拉斯，《剝洋蔥》，頁一五三。
21 鈞特·葛拉斯，《剝洋蔥》，頁一六七。
22 揚－維爾納·米勒，《另一個國度：德國知識分子、兩德統一及民族認同》，頁一一〇。

23 鈞特·葛拉斯、哈羅·齊默爾曼，《啟蒙的冒險：與諾貝爾文學獎得主鈞特·葛拉斯對話》，頁五〇。
24 鈞特·葛拉斯，《剝洋蔥》，頁一七六。
25 馬克·里拉，《當知識分子遇到政治》，（北京）新星出版社，二〇〇五年版，頁二〇六。

第十四章

1 桑克，〈桑克訪談錄：寫詩是一種嗜好〉，見桑克博客。
2 梅里杜爾，《一九一七列寧在火車上》，（台北）貓頭鷹出版，二〇一九年版，頁四三至四四。
3 彼得·施耐德，《柏林：歐洲灰姑娘的分裂與蛻變、叛逆與創新》，（台北）麥田出版，二〇一五年版，頁二六四。
4 彼得·施耐德，《柏林：歐洲灰姑娘的分裂與蛻變、叛逆與創新》，頁二六六。
5 尼古拉·梁贊諾夫斯基、馬克·斯坦伯格，《俄羅斯史》，（上海）上海人民出版社，二〇〇七年版，頁六二七。
6 安德魯·瑞格比，《暴力之後的正義與和解》，頁一一七至一一八。
7 喬治·布希、布倫特·斯考克羅夫特，《重組的世界：一九八九至一九九一年世界重大事件的回憶》，頁一六八。
8 https://en.wikipedia.org/wiki/Stasi_Records_Agency
9 林茨、斯泰潘，《民主轉型與鞏固的問題：南歐、南美和後共產主義歐洲》，頁三三三至三三五。
10 漢娜·鄂蘭，《極權主義的起源》，（北京）三聯書店，二〇〇八年版，頁四三〇至四三一。
11 哥爾特·朗古特，《默克爾傳》，頁七三。
12 弗雷德里克·泰勒，《柏林圍牆》，頁三〇二至三〇三。
13 弗·亞·克留奇科夫，《個人檔案：獄中自述》，（北京）東方出版社，二〇〇〇年版，頁一五八。
14 弗雷德里克·泰勒，《柏林圍牆》，頁二九八至二九九。
15 林茨、斯泰潘，《民主轉型與鞏固的問題：南歐、南美和後共產主義歐洲》，頁二五七。
16 《篤灰有罪》，見留德趣談臉書專頁。
17 彼得·施耐德，《柏林：歐洲灰姑娘的分裂與蛻變、叛逆與創新》，頁二五八。

Touch 系列 20

德意志的美與罪

作　　者：余杰
社　　長：鄭超睿
發 行 人：鄭惠文
主　　編：李瑞娟
封面設計：海流設計
排　　版：旭豐數位排版有限公司

出版發行：主流出版有限公司 Lordway Publishing Co. Ltd.
出 版 部：台北市南京東路五段 123 巷 4 弄 24 號 2 樓
電　　話：(02) 2766-5440
傳　　眞：(02) 2761-3113
電子信箱：lord.way@msa.hinet.net
劃撥帳號：50027271
網　　址：www.lordway.com.tw

經　　銷：紅螞蟻圖書有限公司
台北市內湖區舊宗路二段 121 巷 19 號
電話：(02) 2795-3656　　傳眞：(02) 2795-4100

華宣出版有限公司
新北市中和區連城路 236 號 3 樓
電話：(02) 8228-1318　　傳眞：(02) 2221-9445

初版 1 刷：2022 年 3 月
書號：L2202

ISBN：978-986-06294-7-7（平裝）
Printed in Taiwan

國家圖書館出版品預行編目資料

德意志的美與罪 / 余杰作 . -- 初版 . -- 台北市 : 主流出版有限公司 , 2022.03

面；　公分 . --（Touch 系列 ; 20）

ISBN 978-986-06294-7-7（平裝）

1.CST: 德國史　2.CST: 希特勒時代

743.257　　111002620